U0051141

歷史中國

西元前770～西元前476

春秋

原來是這樣

姜狼◆著

目錄

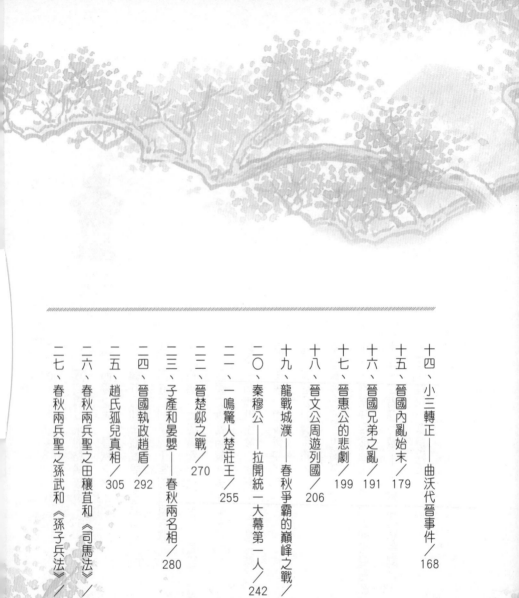

序

在中國古代的文明發展史上，春秋戰國是個無論如何都繞不過去的特殊時代，就像說歐洲文明史不可能繞開古希臘一樣。之所以說春秋戰國時代特殊，是因為這個偉大時代是中華文明的孕育期，中華文明的主要思想體系，就是形成於春秋戰國時代。

成語所謂「釜底抽薪」，如果將春秋戰國從歷史上抹去，就好像大樹被刨斷了根，中華文明也就無從談起。無法想像一個忘記管子、孔子、老子、孫子、孟子、荀子、墨子、莊子、韓非子的中國文明史會是個什麼樣子。

無論是思想史，還是政治史，或者是經濟史、文學史、軍事史，哪怕是恥辱血淚史，都是歷史有機結合的重要部分，割裂哪部分，都不是一個完成的整體。歷史可以被批判，甚至可以被否定，但不能被割裂，更不能忘記。一切歷史都是當代史，一個忘記歷史的民族，注定沒有未來。

都說春秋戰國是個偉大的時代，那麼春秋戰國的偉大到底體現哪個層面？簡單的說，主要體現在思想層面上，春秋戰國時期，中國思想界最大的特點就是「百家爭鳴，百花齊放。」各種不同的思想體系井噴而出，從而奠定了中華文明的基石。

不過從政治角度或從歷史角度來說，春秋和戰國又是兩個不同的歷史時期，但對於春秋和戰國的時代劃分，比較流行的有以下幾種劃分法：

一、春秋從周平王姬宜臼東遷雒邑的那一年（即西元前七七〇年）開始，至周威烈王二十三年

（西元前四〇三年），三家分晉，戰國開始。西元前四〇三年這也是司馬光《資治通鑒》的起始年代，這個時間劃分比較主流。

二、孔子修訂《春秋》時的起始年代，即魯隱西元年（西元前七二二年），至魯哀公十四年（西元前四八一年）結束，此年後進入戰國時代。

三、司馬遷認為春秋始於西元前七七〇年，止於周元王姬仁元年（西元前四七五年），此年後進入戰國時代。

四、從周平王姬宜臼東遷雒邑（西元前七七〇年）開始，至周敬王姬匄崩的那一年（西元前四七六年），春秋結束，此年後進入戰國時代。

五、《左傳》始記於魯隱西元年（西元前七二二年），至魯哀公二十七年（西元前四六八年）結束，此年後進入戰國時代。

六、從西元前七七〇年開始，至齊國大夫田恆發動政變殺齊簡公呂壬（即田氏代齊事件）的這一年，即西元前四八一年為止，此年後進入戰國時代。

將西元前七七〇年，周平王東遷雒邑為春秋的起點，這一點基本沒有爭議。但春秋和戰國之間的年代起點向來是比較混亂的，爭議也比較大。為了行文方便，決定另闢奚徑，以晉國六卿之一的知伯（智伯）被晉國的另外三卿趙氏、韓氏、魏氏聯合消滅的那一年，也就是周貞定王姬介十六年（西元前四五五年）為春秋的年代下限。

史學界公認「三家分晉」是中國奴隸制社會形態向封建制社會形態轉型的重大歷史事件，對於這一點，爭議不是很多。不過以周威烈王二十三年（西元前四〇三年）春秋年代下限，似乎有些略晚了些。

從經濟史的角度來看，一般將鐵器大規模取代青銅器作為春秋與戰國的起始點，但這種劃分並不嚴密，因為無法確定鐵器大規模使用的具體年限。所以還是用政治史的角度來劃分春秋與戰國的起始點比較穩妥。

以西元前四〇三年「三家分晉」作為春秋的結束年限，倒是一種比較方便簡捷的劃分法。但問題是西元前四〇三年「三家分晉」只是走的一個法律形式而已，實際上早在五十年前，趙氏、韓氏、魏氏三卿就已經淘汰掉了范氏、中行氏、知氏三卿，三家瓜分了晉國政權，魏、韓、趙三足鼎立的局面早已形成。

如果以「三家分晉」事件結束春秋時代，那就會出現一個問題。大家都知道，三國曹魏正式開始於西元二二〇年，而嚴格意義上來說曹魏始祖曹操應該算是東漢人。可是如果不將曹操算成三國人物，那整個三國歷史都將全部改寫，誰會接受一個沒有曹操、呂布、袁紹、孫策、周瑜、關羽、魯肅的三國呢？

曹操正式建立曹氏政權，是在漢獻帝建安元年（西元一九六年），曹操接受荀彧「挾天子以令諸侯」的建議，迎接漢獻帝劉協入許昌。也就是說，曹魏政權早在曹丕正式建立魏國前二十五年就已經出現了。

所以，綜合來看，以知伯之死（西元前四五五年）作為春秋的年代下限，這個觀點並沒有超出司馬光《資治通鑒》以「三家分晉」為戰國開始的時間概念，只是將這個時間概念往前推進了五十二年。

其實從法統層面上來看，春秋和戰國只是東周王朝的兩個不同的階段而已。在最正統的中國古代帝王世系表上，只有東周二十五位名不符實的周天子。當然嚴格來說，東周作為一個真正意義的王朝是不存在的，就像名存實亡的漢獻帝劉協、魏元帝曹奐、晉安帝司馬德宗、東魏孝靜帝元善見一樣，他們留給歷史的，只有一段段莫名的悲傷和一聲聲無言的歎息，以及一堆堆華麗的歷史碎片，東周也是如此。

史學界通常將東周和之前的西周合併稱為周朝，西周是中國歷史上最早有紀年的王朝，西元前八四一年，即共和元年。而西周之前的夏朝和商朝給後人的感覺總像是在雲山霧海裡若隱若現，看不真切。

元朝人郝經將夏、商、周列為前三代，漢、唐、宋列為後三代。古人提到周朝，一般是將西周和東周一起算進來的，最有名的一句，羅貫中在《三國演義》中借名士水鏡先生的大嘴吹捧諸葛亮：「興周八百年之姜子牙、旺漢四百年之張子房。」

周朝的八百年是從哪算到哪的呢？以前在提到西周建國的年代時，只是籠統的說始建於西元前十一世紀，現在有了具體的年代，就是西元前一〇四六年，周武王姬發滅商紂王的那一年。到了西元前七七一年，也就是周幽王姬宮涅（**史記作宮湦**）十一年，申侯聯合戎人攻破西周國都鎬京，殺掉周幽王，西周就掛掉了。

東周就比較好算了，從西元前七七〇年周平王東遷雒邑開始，至西元前二五六年，周赧王姬延被秦昭襄王滅掉結束。西周和東周合起來計算，國祚共有七百九十一年。如果要算上周文王和周武王（滅商之前）在關中地區的統治時間，姬姓建立的周朝在七百九十一年國祚的基礎上，還要再加上近七十年，確實是名副其實的八百年之姬周。

凡事有果必有因，要講春秋，就必然從西周開始講起。如果西周不是以超級荒謬、荒唐、荒誕的方式滅亡，周幽王平安坐天下，那也許歷史上就不會出現春秋戰國了。

我們這一代人有幸處在舊歷史階段的終點和新歷史階段的起點，曾經那一段段金戈鐵馬、廟堂謀略、兒女情長的故事，都被我們收攬眼底。「以銅為鏡，可以正衣冠；以史為鏡，可以知興亡；以人為鏡，可以明得失。」用現在時髦的話說，歷史是一個大課堂，我們能從中學到許多有益的東西。

站在浩蕩奔流的歷史長河面前，我們每個人都會感覺到渺小，我們應該滿懷敬畏的去回望歷史。一千個觀眾就有一千個哈姆雷特，歷史也有許多角度和側面，供我們切入，去尋找屬於自己心中的那一份感動。

每當在夜深人靜的時候，那一個個熟悉的身影，那一幕幕精彩的片段，總會悄悄的走近我們的內心深處，繼續上演著他們的傳奇。

一、夏商周以來的點滴故事

在中國的演義小說史上，商周之際的歷史題材庫比起東漢三國、隋唐之際毫不遜色，寫東漢三國的野史小說有《三國演義》，寫隋唐的野史小說有《說唐》。寫商周興亡的是哪部野史小說呢？說出來大名頂破天——《封神演義》。

就在民間的傳播度和知名度來說，《封神演義》可能要略遜於《三國演義》，但應該強過《說唐》，以及《明英烈》等演義小說。《封神演義》捧紅的歷史人物數不勝數：一代暴君商紂王、一代妖后妲己、崇侯虎、黃飛虎、兩代賢君周文王和周武王，以及在民間的智慧之神姜子牙。這老傢伙用直鉤子釣周文王的故事家喻戶曉，「姜太公釣魚——願者上鉤」，不管有沒有讀過《史記・齊太公世家》，都應該知道這個超級有名的歷史典故。

最有意思的是《封神演義》不僅捧紅了真實的歷史人物，甚至連太上老君、太白金星、元始天尊，還有什麼通天教主、南極仙翁，崑崙十二仙，甚至還有女媧娘娘，這些神話人物都跟著這部小說出盡了鋒頭。作為唯物論者，我們是不相信天上有這些神仙鬼怪的，天上除了看不到盡頭的臭氧層，什麼也沒有。而且即使是姜子牙這樣的真實歷史人物，也被《封神演義》塗上了一層層濃重的神話色彩，比羅貫中神話諸葛亮有過之而無不及。

由於那段歷史離現在太過遙遠，再加上《封神演義》的添油加醋，其本來的歷史面貌已經被弄得面目全非。在這裡有必要將商亡周興這段歷史簡單的講一講，正本清源，然後進入春秋正文。

如果單純的從文字上的歷史來看，中國公認的第一個出現等級制度的王朝是夏朝。夏朝的建立者是啟，姓姒，姒啟的父親就是那位為了治水三過家門而不入的大禹。在啟建立夏朝之前，中國遠古社會在權力傳承上採取的是「推選制」，屬於原始共產主義的社會和政治形態。

夏朝之前的國家形態其實是許多個不同的部落組成的聯盟，聯盟的大頭領去世後，由各個部落公推公選一位大頭領，堯舜禹的大頭領地位都是這樣產生的。堯舜禹其實都是後史的簡稱，真正的稱謂是帝堯、帝舜、帝禹。按照這個制度，大禹死後，大頭領的位置應該是東夷首領伯翳。不要小看這個在歷史上沒沒無聞的伯翳，著名的《山海經》相傳就是伯翳寫的。

但帝禹的兒子啟是個野心家，他不甘心父親大禹的江山被伯翳撈走，發動了政變，聯合諸侯搞掉了伯翳，自己做了大頭領，正式建立了中國歷史上第一個奴隸制王朝——夏朝。隨後姒啟又滅掉了不服他統治的有扈氏，「天下咸朝」，各個部落見啟如此剽悍，不敢惹這位爺，都低頭當了孫子。

從姒啟開始，遠古的「禪讓制」被家族傳承制完全取代，龍的兒子永遠是龍，老鼠的兒子永遠是老鼠，等級制度的根本其實就是權力的家族傳承制。夏朝的存在時間相當長，大約從西元前二一〇〇年到西元前一六〇〇年，將近五百年。

不算大禹的話，夏朝共有十七位天子，其中最有知名度的那一位不是啟，也不是啟的兒子太康，以及那位喜歡養龍的孔甲，而是夏朝最後一位天子，也就是歷史上鼎鼎大名的暴君桀。桀和後世商朝的暴君紂，成為歷代暴君的代名詞，誰要是以暴力治天下，必被人罵成「桀紂再世」。

自從孔甲以來，夏朝的統治力就被明顯削弱了，諸侯武裝反叛事件不斷發生。到了桀統治的時代，因為這位暴君寵幸妹喜，「不務德而武傷百姓」，被憤怒的各階層聯合起來打掉了，迎立商侯成湯，建立了歷史上赫赫有名的殷商王朝。

商朝之所以也稱為殷朝或殷商，是因為在商朝第二十位天子盤庚在位時，將商朝國都遷到了殷（今河南安陽），所以史稱殷商。

相對於歷史實物缺乏的夏朝來說，商朝出土的遺址文物相當豐富，被譽為「鎮國之寶」的司母戊大方鼎，以及曾經震撼世界的殷墟甲骨文，都證明是商朝的文物遺存。如果說夏朝是奴隸制社會的磨合期，那商朝就是奴隸制社會的鼎盛期，商朝的綜合國力非常強大，是當時舉世公認的東方霸主。

關於奴隸制社會和封建社會的定義，史學界向來是有爭議的。被稱為奴隸社會的夏商周時代都有平民，而夏商周之後的朝代，一直到清朝，都有奴隸。無論是奴隸社會還是封建社會，其社會形態的形狀都是啞鈴型，即兩頭大中間小的社會等級格局。

奴隸社會雖然有平民，但當時社會的主流形態是奴隸主與奴隸的階級存在，一般來說，奴隸制社會的定義是在生產活動中大規模使用奴隸。而戰國以後的封建社會雖然也有奴隸，但卻不是社會的主流形態，大多數人都是平民身分。從這個角度來講，奴隸社會確實是存在的。

關於封建社會的定義，爭議更大，「封建」的本意是夏商周的「封疆土建諸侯」，就是權力分封制。如果從政治角度來看，從夏商周到漢武帝下「推恩令」，這段歷史都屬於封建社會。從經濟角度來講，夏商周的封建領主制（有政治權和經濟權）和秦漢之後的封建地主制（只有經濟權），在經濟權力的壟斷上，是沒有太大區別的。

相對於雲山霧海裡的夏朝帝王來說，商朝有許多為後人所熟悉的帝王，如滅夏的商湯、被廢的太甲、遷都的盤庚、中興的武丁，以及那位著名暴君——紂王。

商朝還有許多著名人物，如輔佐商湯滅夏的賢相伊尹、輔佐武丁中興的賢相傅說、商亡後「義不食周粟」的伯夷叔齊。除了這一堆男性外，商朝還有兩位非常著名的女人，一個是武丁的老婆，號稱中國歷史上第一位女性政治家、軍事家的婦好，另一位就是紂王的姘頭，「史上第一妖女」妲己，她之前的妹喜和她之後的褒姒（史記做褒）的知名度都不如妲己。

「紂王」其實只是後人對他的泛稱，他真正的名字叫子辛，「紂」是後人給他安的諡號，是個惡諡，和隋煬帝楊廣的「煬」字諡號是一樣的。商紂和楊廣有很多相似之處，他們都不是長子、都是文武全才、都是歷史上的兩位超級敗家子，本來固若金湯的江山，沒幾年就被他們給折騰光了。

商紂和楊廣還有一個共同點，兩個都好大喜功、狂妄自大、總以為論文治武功，老子才是天下第一。要說商紂的治國能力還是有的，楊廣也一樣，只要他們端正態度，什麼樣的國家他們治理不好？最關鍵的問題恰就是他們的態度不端正，將一己私利置於天下萬民之上。

雖然世襲制是家天下的核心價值所在，但百姓和私權之間有一個利益平衡點，只有百姓吃能上飯，活得有尊嚴，自己的私權才能穩如泰山。掌握不好這個點，軍事力量再強大的王朝，也會分崩離析。當一個王朝觸犯了社會上大多數階層的利益時，統治基礎必然瓦解。

不否認商紂的私德很差，不過私德和能力之間往往不存在必然的因果關係，歷史上的暴君很多，但並不是所有的暴君都是亡國的。

商紂也貪酒好色，最有名的事件就是他召集一大幫淫男浪女，在酒池子邊脫光衣服，集體「練兵」。這是私德範疇，本來不算什麼大事。但問題的關鍵不在私德差上面，而在於商紂打壞了商朝與統治內部其他利益集團（以及百姓）之間的利益平衡。

不管是什麼人，什麼地位，只要惹紂王不高興了，商紂就其抓來施以酷刑，殺人無數。商紂崇尚暴力治國術，掠奪別人的利益存在空間，必然會導致各階層的群體反抗。

這時在商朝統治核心區域的西邊，也就是現在的陝西關中附近，出現了一個諸侯國，就是西周。關於西周的起源，根據《史記》記載，周朝始祖是黃帝曾孫帝嚳（即三皇五帝的三皇之一）的兒子后稷。在中國古代的法統傳承上，凡是能和黃帝扯上親戚關係的，都屬於「根紅苗正」的正統，當然都是紙面意義上的。

周族早期一直在關中地區活動，到了商紂統治時期，周族的勢力日益壯大，尤其是公季時代，周族在江湖上的威望高漲，「篤於行義，諸侯順之。」公季死後，兒子姬昌繼位，他就是歷史上著名的周文王，不過當時的封號是西伯，時人稱為西伯昌。姬昌在歷史上的受尊崇程度和漢文帝差不多，可以說沒有姬昌，就沒有日後威震天下的周朝。雖然這時的姬周地盤並不大，但其發展速度卻非常驚人，無論是在軍事上還是在政治上，都已經嚴重威脅到了商朝的統治。

到了姬昌統治晚期，周國的實力已經超過了商朝，但姬昌似乎從來沒有以武力滅商的計畫。從法統角度來說，周國再強大，也只是商朝治下的一個方伯，與商紂有君臣名分。所以姬昌雖然三分天下有其二，但他在名義上對商紂稱臣，至於推翻商朝的歷史任務，準備交給兒子姬發。

姬昌在位時間很長，大約有五十年，西元前一〇五六年，姬昌駕崩，據說他活了九十六歲。商朝的歷史墳墓，姬昌都給兒子姬發挖好了，周武王姬發唯一要做的，就是將商紂拽進這座墳墓，然後砌上最後一塊磚頭。

不過姬發做事比較穩重，他並沒有急於伐商，而是在等待最合適的機會。雖然商紂殘暴荒淫，得罪了周邊方伯，但商朝內部的統治基礎還算牢固，因為商紂身邊還有一個著名的忠臣，就是太師比干。比干不死，姬發伐商就沒有把握，所以姬發在和比干耗時間，看誰死在前頭。果然，兩年後，比干因為勸商紂改邪歸正，商紂非常惱火，把比干給殺掉了。比干是商朝統治集團健康力量的象徵，比干被殺，商紂的名聲就徹底臭了，這時的商朝只剩下一副華麗的空殼，是時候動手了。

大約是在西元前一〇四六年，姬發率甲士四萬五千人東向伐紂，此役對姬發來說是命運大決戰，一旦失敗，九族俱毀。

殘暴無文的商紂王也知道這場戰役的重要性，他和姬發必將有一個下地獄。不過此時商朝的軍事實力已經大不如前，商紂王抓耳撓腮，勉強糾合了七十萬（一說是十七萬）軍隊在牧野抵抗周軍，企圖欺騙歷史，蒙混過關。

戰爭講究的是兵貴精不貴眾，更何況商紂派來的多是沒有經過正規軍事訓練的奴隸百姓，哪裡是周國正規軍的對手？而且商朝的奴隸百姓早就對商紂的殘暴無道恨之入骨，正愁沒機會反戈一擊呢，姬發來的正是時候。商軍大多數人在陣上易幟倒戈，這就是歷史上著名的牧野之戰。

天上掉下來一塊大肉餅，姬發當然笑納。氣勢如虹的周朝軍隊迅速推進到了商朝國都朝歌城下，商紂被逼上了絕境，他不會選擇投降，而是「悲壯」的抱著珠玉寶貝，在鹿臺上點火自焚。沖天的火光無情的向歷史宣告殷商王朝統治的徹底終結。

其實這場牧野之戰在軍事上沒什麼可討論的，牧野之戰的歷史價值在政治層面，如果商紂能善待國人，至少不用那麼極端的方式來對待國人，誰會在陣前倒戈？這就說明了一個問題，作為最高統治者，一定要給階級金字塔最底層的廣大草根一條活路，至少要讓草根們看到希望。統治者如果不顧百姓死活，把老百姓逼得走投無路，草根們唯一的出路就是反抗到底。

歷史上有句名言：「殷鑒不遠，在夏后之世」，說的就是商朝亡國。歷史上幾乎所有新王朝的初期都吸取了前朝亡國的歷史教訓，在政治上都是相對比較開明的。周朝統治集團取代商朝統治天下後，立刻「散鹿台之財，發巨橋之粟，以振貧弱萌隸。」就是給貧苦的底層百姓生路，收買人心，穩定局勢。

除了收買人心之外，還需要建立一整套完備的統治體系，鞏固姬周天下。在這方面，最著名的例子就是周朝創造性的實行了「封建制」，所謂封建制，其實就是諸侯分封制，周朝統治集團將自己的宗族子弟和功臣分封到各地做諸侯，用生理血緣關係和政治血緣關係，以「眾星拱月」的政治模式來維持周朝的統治。

周朝號稱分封了八百個諸侯，但因為周朝的地皮有限，所以各諸侯國之的疆域大小不一，大的如晉、秦、楚、齊，據城數十，擁甲數萬。中等的衛、魯、宋、吳、越，而有些小的諸侯國甚至只有現在鄉鎮大小。

這些諸侯國都有自己的軍隊，在自己的封地裡可以為所欲為，周天子也懶得管他們，但事先都給諸侯們劃了一條政治紅線：不能造反，要聽話。

周朝推翻商朝統治後的第一個天子就是周武王姬發，不過姬發在位時間很短，只有五年。姬發死後，他的弟弟周公姬旦輔佐年少的周成王，開創了西周王朝近二百年的盛世。

西周如果從周武王開始算，共有十二位周天子。大家最熟悉的周王無非就是周文王姬昌、周武王姬發、周穆王姬滿，再加上兩個活寶周厲王姬胡和他的孫子周幽王姬宮湦。周穆王之所以出名，因為他有一段傳奇的「西遊記」經歷，傳說姬滿到西天極樂世界，並在瑤池見到了王母娘娘……。

至於周厲王姬胡，也是個混球，在位期間，他胡作非為，卻在國內實行「鉗口」政策，不讓百姓說話，人們只能「道路以目」，引起眾怒。大臣召公為了勸姬胡改邪歸正，說了一句非常有名的話：「防民之口，甚於防川。」君子動口不動手，但如果連話都不讓人說，那君子們就只有動手，來捍衛自己說話的權利。

姬胡是個「良言勸不了該死的鬼」，依舊我行我素，最終引發了歷史上著名的「國人暴動」，憤怒的百姓將姬胡趕跑了。這一年是西元前八四一年，也就是中國歷史上有明確紀年的開始，史稱共和元年。

姬胡被趕跑後，周朝並沒有立太子姬靜為天子，而是由周公和召公等貴族聯合執政。直到十五年後，也就是西元前八二七年，被廢黜的周厲王姬胡病死，太子姬靜才正式繼位，就是周宣王。

姬靜是個好大喜功的君主，在他在位的四十六年間，經常發動對外戰爭，對威脅周朝安全的狄、戎和淮夷等部落進行大規模圍剿，並征服江淮地區強大的徐國。一時間，萬方稱臣，周朝的武功之盛，達到極點。

歷史反覆證明，對外擴張的同時不修內政，所謂的武功只是曇花一現，大風一吹就倒。後世的先不說，周宣王之前的商紂就是這麼垮掉的。到了周宣王晚期，周朝的統治已經危機四伏，如果周朝能出一位賢君，也許還能力挽狂瀾，苟延殘喘幾十年。可繼周宣王上位的偏偏是個超級昏君，時也命也！

二、西周之末，春秋之始

西元前七八一年，周宣王駕崩，繼位的是他的太子姬宮湦，就是著名昏君周幽王。

不知道周宣王有多少個兒子，不過周朝是嫡子繼承制，講的是「子以母貴」，姬宮湦不僅有一個好老爹，更有一個好老媽，所以姬宮湦沒有任何懸念的當上了至尊無上的周天子。

由於西周距離現在時間過於久遠，當時留下的史料極少，姬宮湦早期的活動於史無載，只知道他生於周宣王三十三年（西元前七九五年），生母不詳。

按照中國傳統史家書史的慣例，開國帝王出生時，都會出現祥瑞，比如沖天的火光，烏龜兔子大麻雀們蜂擁上街慶賀。如果是末代帝王，他們出生前後總會莫名其妙的跳出幾個怪獸，向人們預告劇情。

周幽王作為末代昏君，自然少了這樣的「待遇」。根據東晉人干寶《搜神記》的記載，周幽王出生的那一年，不知道在什麼地方，突然有一匹馬做了「變性手術」，一抹馬臉，就變成了一頭風騷嫵媚的狐狸。

物種變異不太可能，但周幽王即位初期，周朝統治區域內卻發生了一場著名的自然災害，就是周幽王二年（西元七九三年），在今陝西關中一帶發生的那場大地震。這場大地震給關中地區造成了極大的損失，關中三大河流——涇河、渭河、洛河的水位直線下降，幾乎都能看到河床。

就在關中大地震的同年，周朝的發源地岐山突然無故自崩，一連串的自然災害給周朝統治高層造成了極大的心理震撼。周朝大夫伯陽父精通陰陽八卦，他從這個角度對地震及山崩在政治上大做文章，伯陽父神神祕祕的告訴身邊人說：「天地陰陽皆有序，失其序則天下亂，民陷水火。現在三川枯竭，岐山崩摧，此陽氣失序而陰氣上升之故。三川無水，則民無以飲用，地無以澆灌，民必由此乏財，民生艱，必有亂作。昔日夏亡時，伊洛之水枯竭；商亡時，黃河之水枯竭。如今三川無水，不出十年，周朝必亡。」

不知道是巧合，還是伯陽父真有通曉古今的本事，果然在地震之後的第十年，周幽王很「配合」的把一座錦繡如畫的大周朝搞得分崩離析。

伯陽父的這通感慨，後半段確實是實情。在任何時代，農業生產都不可能離開優質水源，西周的統治核心地區就在關中，現在關中幾大河流都見了底，魚蝦們都躺在河床上曬太陽，西周的農業經濟必然會遭受到重創，百姓無糧，天下必亂。

伯陽父預言天下將亂時，姬宮湦只是當了兩年的周天子，他的劣跡還沒有來得及全面鋪開，伯陽父怎麼就知道姬宮湦將禍亂天下？當然，常言道：「三歲看老」，作為統治核心層的大臣，伯陽父在姬宮湦繼位前就有機會接觸他，所以從某些方面看透姬宮湦的惡劣人品完全是有可能的。

伯陽父的預感很準確，或者說伯陽父很幸運地猜對了骰子的大小，姬宮湦果然是個無道昏君，後世的秦二世嬴胡亥、北齊後主高緯、宋徽宗趙佶都是姬宮湦的徒子徒孫。

不過在這些亡國帝王中，有人是因為糊塗而亡，比如胡亥；有人因為殘暴而亡，比如高緯；有人因為不務正業而亡，比如趙佶。但姬宮湦亡國和他們都不一樣，按傳統史家的觀點說，西周亡於「紅顏禍水」。一個名叫褒姒的絕世美女，是西周亡國的頭號罪人。

舊式史觀有個很不好的傳統，總是把一個政權的滅亡歸罪於女人，動輒曰紅顏亡國。這是典型的大男人主義，對女人是非常不公平的，沒有帝王寵愛女人，又怎麼會有亡國慘禍？《國語．鄭語》就指責周幽王「周法不昭，而婦言是行。」但姬宮湦給褒姒當孝子賢孫，可不是褒姒逼他做的。

英明帝王之好色者亦非少見，魏武帝曹操、北齊神武帝高歡、唐太宗李世民都是有名的好色饞貓，可在他們治下，他們的帝國如日中天，又當何解？

真正導致西周亡國的罪魁禍首，正是周幽王姬宮湦本人。不過從八卦的角度講，談到西周亡國，就不可能不講遠古時代的三大「紅顏禍水」之一的褒姒，另外兩個「紅顏禍水」是著名的妹喜（夏桀寵之亡國）、妲己（商紂寵之亡國）。

褒姒是褒國人，褒國是西周時期罕見的與夏朝同姓的部落國家，位於現在陝西漢中附近。褒國和夏朝的關係，類似於另一個諸侯國——宋國與商朝的關係，屬於遺民政權。在西周國勢最強大的時期，褒國已經完全臣服於周朝的統治，就像南宋初建時，著名的「逃跑專家」趙構低眉順眼的給女真人當侄子一樣。

在姬宮湦即位的第三年，也就是西元前七七九年，褒國向周天子進獻了一名絕世美女，算是褒國向周朝交的「保護費」。因為這個美女是褒國人，而褒國又姓姒，所以後世稱其為褒姒。男人幾乎沒有不好女色的，面對如此絕色，姬宮湦的口水直流，當即就笑納了如此厚禮。

此時周王朝的國勢明顯出現衰落的跡象，但整體實力還在，屬於「百足之蟲，死而未僵」。自姬宮湦繼位，國勢開始不可逆轉的向懸崖邊滑去，與此同時，在這個昏君身邊出現了一位絕代美女，心甘情願地替昏君丈夫背上了亡國的政治黑鍋。

姬宮湦自從得到了褒姒之後，不僅愛得魂飛魄散，連骨頭都酥掉了，至於原來的正妻，姬宮湦已經不記得長什麼樣了。

姬大王的王后姓申，是申國國君申侯的女兒。申國是西周王室的姻親關係戶，專門批發女兒嫁給周天子的，周文王姬昌的祖母就是申國人。遠的不說，周幽王的祖父，那位著名的昏君周厲王姬胡的王后也是申國人。

西周封建五等：公、侯、伯、子、男，春秋的楚國實力強大，但終歸只是個子爵，而小小的申國卻是侯爵，略低於魯國，與齊國相等，可見申國在當時政治格局下的地位。

姬宮湦和申后的婚事，是周宣王姬靜出於拉攏地方諸侯的政治考慮給安排的，從一開始，姬宮湦就和申后不來電，只不過履行了夫妻間該有的一切手續，申后給薄情寡義的姬宮湦生下了一個王子，就是後來的周平王姬宜臼。

姬宜臼出生的那一年，他的父親姬宮湦繼位為周天子，在姬宜臼三歲之前，姬宮湦還給予他一定的父愛，但自從姬宮湦得到了沉漁落雁氣死牛的褒姒後，一切都發生了天翻覆地的變化。

不知道是在哪一年，姬宮湦最寵愛的小老婆褒姒給他生了一個大胖兒子，取名姬伯服（《左傳》記為「伯盤」）。男人多是喜新厭舊的負心漢，疼愛小老婆生的兒子，姬宮湦也沒有免這個俗。姬宮湦越看伯服越順眼，再加上他對褒姒的愛已經到了喪心病狂的程度，姬宮湦打算廢掉申后和姬宜臼，改立褒姒為王后，姬伯服為太子。

姬宮湦自恃國力強大，敢想敢做，根本沒把老婆的娘家申國當盤菜。在某年某月某日，薄情寡義的姬宮湦將髮妻申后廢黜出宮，姬宜臼也自然失去了太子位，跟著老媽回到了娘家申國，找申侯哭訴去了。申侯是個性烈如火的老頭，看到女兒和外孫無端被廢，申侯的老臉頓時掛不住了，因為這將影響到申國在諸侯國中的實際地位。只是周朝實力強大，申侯暫時還不便發作，但卻在心裡記下了前女婿姬宮湦的這筆爛帳。

老丈人報仇，十年不晚！

頂住了來自各方面的壓力，姬宮湦如願以償的將褒姒和伯服扶正，成為名正言順的女主角和未來的男主角。

雖然姬宮湦是貨真價實的昏君，但不可否認的是，他對褒姒的感情是非常真摯，不摻一絲雜質。為了討褒姒的歡心，姬宮湦不惜和髮妻嫡子決裂，冒著得罪申國等地方實力派的危險，在他力所能及的範圍內，給了褒姒他能給予的一切。

褒姒是個聰明的女人，她知道自己侍奉的是天下身分最尊貴的男人，「率土之濱，莫非王臣。」跟著這個大金主，褒姒不僅確保了自己一生的榮華寶貴，還使用各種盤外招，替兒子姬伯服爭來了太子位，將來周朝天下就是伯服的，褒姒本人就是雙料國母，褒姒的人生不可謂不成功。

但不知道為什麼，褒姒已經掙來了她所能得到的一切，她卻有一個常人難以理解的怪癖，成為姬宮湦心中最大的一塊心病。原因很簡單：自從褒姒來到宮裡之後，無論姬宮湦用了什麼手段逗她，褒姒居然從來沒有笑過！

姬宮湦無法理解，他幾乎是把褒姒當老娘一樣供著，享受人間最尊貴的生活，這小娘們為什麼連個笑臉都不肯給他。這個問題糾結了姬宮湦很長時間，用什麼辦法才能讓褒姒開口一笑？姬宮湦每天茶飯不思，成天琢磨。

看到姬宮湦被褒姒不笑折磨得快不成人樣了，西周史上著名的末代奸臣虢石父知道拍馬屁上竿子的機會來了，精明過人的虢石父給幽王出了一個絕妙的主意。虢石父這個妙計，就是周朝史上著名典故「烽火戲諸侯」的由來。

烽火戲諸侯，嚴格來說，其實是「烽火戲諸猴」。虢石父為了討幽王的歡心，把在臺下看熱鬧的地方諸侯們無端扯進來，諸侯們變成了一群猴子，在臺上被姬宮湦當成猴子戲耍。

所謂「烽火」，實際上是指散建在周王朝與各諸侯國之間要道上的烽火臺。自周宣王以來，周朝和關中附近的犬戎族經常大打出手，雞毛亂飛，關中地區歲無寧日。為了抵抗犬戎族對周王朝核心統治地區的軍事進犯，周朝在各地興建了許多烽火臺，一旦發現犬戎武裝進攻，就點燃烽火臺上的柴木。沖天的大火迎風飄散，諸侯聞警，白日見煙，黑夜見火，知道周王有難，立刻率兵救駕勤王。

只要看到烽火臺煙塵大起，諸侯出兵勤王，這本是諸侯的分內事，並沒有諸侯抱怨過。不過君子貴在誠信，只有受到犬戎軍事侵犯時，周王才敢點燃烽火，平時誰都不敢拿自己的誠信開玩笑。

這個故事和周幽王烽火戲諸侯講的是一個道理：千萬不要浪費自己的誠信儲量！人的誠信儲量是有限的，做人一定要守誠信，以欺騙別人為生的，最終必將被命運所欺騙，出來混遲早要還的，這是鐵律。不報及己身，必報及子孫！所以那個放羊的小孩子和周幽王都沒有意識到這一點，為了一個極小的目標，而以犧牲整體利益為代價，見過愚蠢的，沒見過這麼愚蠢的。

雖然《史記·周本紀》上並沒有說「烽火戲諸侯」這個餿主意是虢石父出的，而是說姬宮湦本人想出的絕世妙計，但虢石父只有建議權，沒有拍板權。如果姬宮湦能分得清輕重緩急，也不會讓虢石父之流的佞臣得逞。所謂蒼蠅不叮無縫的蛋，先有昏君（有縫的蛋），後有佞臣（蒼蠅），就是這個道理。

姬宮湦立刻讓人竄到各處烽火臺上，嬉皮笑臉地點燃了柴火堆，然後他帶著褒姒來到城牆上，等著要「諸猴」的好戲。因為之前的周王在「燃烽」的問題上從來不弄虛作假，誠信度非常高，所以地方諸侯們看到沖天的火光，不敢怠慢，立刻點齊兵馬去鎬京救駕。

遠處煙塵大起，車馬喧囂，諸侯的軍隊以最快的速度衝刺，姬宮湦和褒姒在城牆上已經看到了他們的到來。在離鎬京不遠處的時候，諸侯們就已經發現有些不太對勁，往常犬戎來犯，鎬京附近都是雞飛狗跳貓上吊，現在卻異常的安靜，不符合常理啊。

諸侯們揣著一肚子的疑問來到城下，拍拍身上的塵土，抖抖疲憊的精神，瞪著牛一般的大眼四處觀察，犬戎在哪？

秋風吹過，一地雞毛，諸侯變成了「諸猴」。一陣陣粗魯的罵娘聲響徹鎬京城外……

看到「諸猴」們氣急敗壞，在城下吹鬍子瞪眼，被姬宮湦強行拉到城頭上的褒姒終於忍不住，仰天大笑，眼淚都流出來了，這個遊戲太有趣了。褒姒花一樣的身軀不停的顫抖著，姬宮湦見虢石父的妙計果然奏效，臉上頓時堆滿了桃花狀的笑容。難得有機會拍褒姒的馬屁，姬大王跟著褒姒放肆地大笑。

看到天子和王后笑得前仰後合，城下的諸侯們似乎察覺出他們被耍了，一個個怒氣沖天。在城下等了大半天，也不見周天子出來給他們一個說法，這些倒楣的諸侯只好強忍著一肚皮的不快，打馬回國。

雖然按禮數君尊臣卑，諸侯們不敢強行找姬宮湦討說法，但經過這麼一折騰，周天子的威信在諸侯心中已經大打折扣。權力存在的一個重要因素就是在統治者在被統治者中心中的威信指數，何況周朝中央朝廷和地方諸侯的權力從屬關係是鬆散型的，諸侯只是把周天子當成實力最強的江湖老大，而不是可以主宰他們生死的主人。諸侯們的實力如果單獨和周朝相比，自然不成比例，如果這些被戲耍的諸侯聯合起來，就是一股強大的足以對抗周朝的力量。

作為一國之君，最忌諱的就是拿國家社稷的前途命運開玩笑，權力和威信是官場中人的吃飯傢伙，沒有人敢在這上面玩火。偏偏姬宮湦不知此中利害，他只管褒姒是否開心，並不在乎他這塊周天子的金字招牌已經嚴重褪色，更沒有察覺到危險已經一步步向他逼來。

褒姒笑完之後沒多久，姬宮湦又故伎重施，再次點燃了烽火臺的柴火堆。在姬宮湦的想像中，那些彪呼呼的諸侯們會馬不停蹄的趕到鎬京城下，接受周天子和周王后的再次戲耍。

結果秋風再次掠過，地上沒有一根雞毛，城下連個鬼影也沒有。

《史記．周本紀》：「為數舉烽火。其後不信，諸侯益亦不至。」

姬宮湦本就不多的誠信儲量終於消耗完了，這也意味著西周王朝在諸侯那裡已經完全沒有了市場，威信處在瀕臨破產邊緣。諸侯們已經達成默契，無論周天子發出什麼指令，他們都集體拒絕。

周天子姬宮湦還在為諸侯不聽他的號令而生氣，但他卻忘記了在鎬京不遠的申國還有三個恨他入骨的人。申侯作為被廢黜的申后的父親，他無法容忍姬宮湦對女兒的背叛。

申侯對前女婿有了殺心，不僅是因為女兒被廢，更重要的原因是姬宮湦昏庸無道，讓申侯看到了除掉姬宮湦，立自己的外孫姬宜臼的希望。如果姬宜臼即周王位，申侯便可以以外戚身分執政。

憑申侯自己的力量還難以推翻姬宮湦，申侯一個人摘不了果子，那就叫來幾個同樣對果子垂涎三尺的圍觀者，比如繒國和犬戎人。雖然這場戰爭的發起者是申國，但實際上申國和繒國都是打醬油的。無論是《史記·周本紀》，還是《史記·鄭世家》，都明確記載犬戎人才是真正的主力部隊。

犬戎和西周久有過節，當年周穆王差點把犬戎一鍋端掉，現在周朝危在旦夕，犬戎人自然不會放過這個千載難逢的機會。周幽王十一年，即西元前七七一年，強悍的犬戎人怒吼著衝進了鎬京。在得知犬戎人進攻的消息後，還在為褒姒不笑愁眉苦臉的姬宮湦被逼得走投無路，幻想周邊諸侯能勤王救駕。烽火臺再次熊熊燃燒，但姬宮湦始終沒有盼來一個救兵。

二百五十七年前，鹿台的沖天大火宣告一個時代的偉大終結。二百五十七年後，鎬京附近的沖天大火再次宣告一個時代的偉大終結。唯一不同的是，商朝之亡，取而代之的是周朝更為穩固的統治，而西周之亡，則拉開了轟轟烈烈的春秋時代的大幕。

《史記·鄭世家》：「犬戎殺幽王於驪山下，並殺桓公。」桓公就是周幽王的叔父鄭桓公姬友，這位倒楣的國姓爺本來在鄭國過得有滋有味，因為治政非常出色，被侄子姬宮湦調到京城做司徒。結果沒做兩年，姬友就遇到了犬戎之亂，命喪鎬京。

至於「紅顏禍水」褒姒則是被犬戎人當成戰利品帶回國，下落不明。但相信以褒姒的美色，足以打動犬戎的大首領，也許褒姒會開啟新的美麗人生，並在不久後，忘記了被犬戎人殺掉的前夫姬宮湦和兒子姬伯服。

申侯的目的基本達到了，姬伯服的死，造成了周朝天子繼承的真空。唯一能填補這個真空的，只有申侯的外孫姬宜臼。但問題是鎬京已經被犬戎人嚴重破壞，而且距離犬戎的勢力範圍太近，不再適宜做國都，只有向東遷徙。周朝的東都雒邑有幸被選中成為新的國都，在申侯、魯公和許文公等諸侯的擁戴下，年輕的姬宜臼在雒邑即周天子位，這就是歷史上有名的「平王東遷」。

申侯的算盤打錯了，他應該沒有料到犬戎人對鎬京的破壞會如此嚴重，周朝國都會東遷雒邑。問題恰恰出在這裡，西周名義統一天下，實際上西周不過是天下諸侯的領導者，對東方諸侯並沒有予奪生死的權力。

東方諸侯敬畏周室，是因為周室實力強大，政治穩定。當西周滅亡，王室衰微之際，周室之於東方諸侯的實力優勢已經蕩然無存，號令不出雒邑，還會有哪個諸侯繼續把周王室當盤菜？

類似君弱臣強的局面在後世不斷上演，比如漢末藩鎮割據和唐末藩鎮割據，都是趁中央權威衰落之際逞強自立。更極端的事例，是控制中央政權的原地方諸侯可以根據自己的利益需求而廢立帝王，有些實力強大的地方諸侯甚至也可以自己過把皇帝癮，中央帝室的權威喪失殆盡。

東周新都雒邑並非周朝傳統意義上的直系領地，數百年來，周室的根據地一直在岐山為中心的關中。平王東遷，就意味著放棄了自己的三居室，跑到別人的二居室當免費房客，難怪房東不給好臉色看。有些野心勃勃的「房東」開始盤算能從落難的王室身上多拔下幾根漂亮的羽毛……

我們都知道申侯等諸侯擁立姬宜臼做周天子，實際上還有一個不太為人所熟知的歷史事件，就在周平王即位的同時，虢國的君主姬翰在攜（地名，實址未詳，當在洛陽附近）另立周幽王姬宮湦的庶子姬余臣為周天子，史稱周攜王。

在至少十年的時間裡，東周是二王並立，不過正史只承認申侯所立的周平王。這段歷史很容易讓人們想到一千三百多年的另一段歷史：隋煬帝楊廣在江都被殺，唐公李淵佔領長安後，立楊廣之孫楊侑為過渡性的隋天子，史稱隋恭帝。同時在洛陽，軍閥王世充也立楊廣的另一個孫子楊侗為隋天子，史稱「皇泰主」。

其實不論是周平王，還是周攜王，他們都不過是諸侯手上的提線木偶，後世的楊侑、楊侗兄弟幾乎就是東周二王的翻版。帝王之所以尊貴，是因為他們手上握有至高無上的權力，失去了權力，他們將一無所有。

姬宜臼運氣還算不錯，至少他還繼承了祖先留下來的政權法統。雖然這在野心勃勃的諸侯們看來，這不過是一塊鋁合金招牌，但卻在無形中保護了東周王室長達五百多年的存在。即使後來爭霸如齊桓公者，依然高舉著「尊王」的大旗，不過這一切，並不是姬宜臼想要得到的。

中央政權的崩潰，帶來的最直接後果就是諸侯割據、軍閥混戰，東周如此，漢末如此，唐末如此，乃至清末都是如此。《史記．周本紀》記載：「平王之時，周室衰微，諸侯強併弱，齊、楚、秦、晉始大，政由方伯。」

漢靈帝劉宏禍亂天下，結果身後不久，東漢朝廷便土崩瓦解，各路軍閥粉墨登場，最終演變成曹操、劉備、孫權的三足鼎立，其精彩程度讓後世歎為觀止，歷史原來可以如此精彩！

周幽王姬宮湦的「歷史貢獻」也在於把本來鐵桶一般的西周江山搞得支離破碎，各路英雄好漢蜂擁而出，驕傲地站出燈光閃耀的舞臺上。甚至可以這麼說，西周之後春秋時代的出現，對中華文明的發展起到了決定性的作用。

按現在的行話說：東周的建立，揭開了歷史新的一頁。

盛世的終結，傳統社會秩序被徹底打亂，往往意味著新的時代在孕育發展。新的歷史時期，必定湧現出代表新時代歷史發展方向的傑出人物，也許後人會慶幸周幽王姬宮湦的昏庸無道。若非如此，豔絕千古的春秋時代也許就胎死腹中，後人就無法領略到春秋風流人物的無限精彩。

三、鄭莊公和母親武姜的恩怨情仇

說到鄭莊公姬寤生，相信大家並不陌生，雖然他的功業無法和齊桓、晉文相提並論，但他卻佔了一個天大的便宜，導致他在歷史上的知名度非同一般。原因很簡單，因為姬寤生是記錄春秋歷史最權威的史書《左傳》中第一個出場亮相的主要演員。姬寤生在春秋的地位，和《水滸傳》中第一個出場的九紋龍史進非常相似，姬寤生運氣不錯，一個不經意間的精彩亮相，就讓歷史牢牢記住了他。

在姬寤生不怎麼波瀾壯闊的人生中，他實際上只做了兩件「大」事：

一，姬寤生和他的母親武姜之間不可思議的恩怨情仇，並設計除掉了有奪位野心的弟弟。

二，姬寤生以諸侯的身分與周天子互換人質，並因為爭奪領地最終大打出手，還射了周桓王一箭。

因為這兩件事情，姬寤生在歷史上的形象並不怎麼光彩，有關他的評價也以負面居多。不過這些負面評價主要集中在批判姬寤生的私德上，對他的小霸之功基本上還是持肯定態度的。

《春秋穀梁傳．隱西元年》就對姬寤生的能力有很高的評價：「鄭伯（即姬寤生）既為人君，有威怒之重，自為戎首，設賞罰之柄，故君師用命，戰士爭先。」這樣的評價送給秦皇漢武同樣合適，說明姬寤生混江湖的能力不可小覷。不過現在先不講鄭莊公的宏圖霸業，先講一講他和母親武姜的恩怨情仇。

姬寤生出生在一個根紅苗正的王室家庭，而春秋五霸之首齊桓公再怎麼囂張，也只是王室外姓。姬寤生的曾祖父非常著名，就是西周歷史上頭號大暴君，開創中國歷史有明確紀年的周厲王姬胡，換言之，西周末代天子姬宮湼是姬寤生的堂叔。

姬寤生的祖父，實際上前文曾經提到過，即在鎬京之亂中隨同姬宮湼一起被殺的司徒、鄭桓公姬友。姬友的知名度遠低於他的孫子姬寤生，但姬友曾經和政治預言家——太史伯展開一場關於姬周國運的大討論，此事詳細記載於《國語．鄭語》，且稱之為《國運論》。

中國歷史上有三部著名的政治預言讀本，即《馬前課》、《推背圖》、《燒餅歌》。其實太史伯的《國運論》對姬周國運的推演相當神奇，特別是太史伯準確預言到姬姓晉國、姜姓齊國、嬴姓秦國、羋姓楚國必將隨著周朝的國運衰落而崛起。

鄭桓公是兩周交替之際最為可惜的一位諸侯兼賢臣，他是西周末年少有的賢明宗室，他善於治國，勤於愛民，治理鄭國三十年，「百姓皆便愛之」。隨後入京任司徒，「和集周民，周民皆悅，河雒之間，人便思之。」

如果周宣王姬靜在臨終之前把天子之位傳給弟弟姬友，而不是荒唐的兒子姬宮湼，也許西周不會這麼早的退出歷史舞臺。姬靜擅長武功，征伐天下，而姬友擅長文治，調和五行，是姬靜最合適的政治繼承人。姬靜以天下為小私，不為小公，致使先祖辛苦打下來的大周天下一朝土崩，遂至瓦解。

姬友稀里糊塗為姬宮湼陪了葬，鄭國的第二任國君是鄭武公姬掘突。姬掘突在歷史上沒有太大的作為，他在歷史上有那麼一點知名度，完全是他那位喜歡多事的老婆給招惹出來的。

武公的夫人來自申國，因姓姜，又嫁給武公，所以後人稱她為武姜。春秋時代的著名女人多被稱為某姜，如武姜、莊姜、宣姜、文姜、齊姜，「姜」代表著她們所在的姜姓諸侯國，比如姜姓齊國、姜姓申國、姜姓許國、姜姓呂國。這些在一定程度上改變春秋歷史的美女「名姜」的風流故事，以後會做重點介紹。

在武姜的人生中，做出的第一件「青史留名」的偉大事蹟，就是在生長子姬寤生的時候難產，差點母子雙亡。武姜為人非常迷信，因為長子的出生差點要了武姜的老命，武姜特別討厭這個兒子。等到武姜再次懷孕生產時，次子共叔段的生產特別順利，所以武姜把她所有的母愛都給了共叔段。姬寤生在母親武姜的眼中，不過是一個與她毫無關係的路人甲。

一般來說，在政治舞臺上，性格強悍的女人特別容易涉足政治，武姜也沒有例外。因為姬寤生是嫡長子，所以鄭國太子的位置非他莫屬，但武姜卻執意干政，逼老公姬掘突廢長立幼。

共叔段的能力，姬掘突是清楚的。這位少爺是典型的權貴二代作派，仗著母親的寵愛，「持寵驕恣」，姬掘突此時已經身染重病，沒幾天活頭了，所以斷然不敢把江山傳給這個敗家子的。姬掘突拒絕了武姜的逼宮，姬寤生也有驚無險的繼承了鄭國的統治權。

武姜替幼子奪權行動的失敗，在這個好強的女人內心深處形成了強大的幽怨之氣，她實在嚥不下這口氣，總想著要扳回一局。姬寤生做了鄭伯又如何，她照樣要把她不喜歡的長子拉下馬來。

現在的問題是，姬寤生已經獲得了合法的統治權，並且姬寤生得到了許多朝中重臣的支持，用政變的辦法似乎很難扳倒姬寤生。武姜為共叔段想到了「曲線奪位」的妙計，就是把共叔段封在外地的大邑，多置辦兵馬，俟機會成熟，母子二人理應外合，拿下姬寤生。

據現有史料記載，武姜應該是中國歷史上第一個企圖廢長子、立幼子的太后。

武姜想要得到什麼，姬寤生心知肚明，這位新任鄭國君主也不是個省油的燈，他首先拒絕了武姜為共叔段請封為制邑（即後世著名的虎牢關舊址）的請求，理由有兩個：

一、制邑地處偏遠，不易管理。

二、制邑曾經是東虢國的封地，後東虢國為鄭所滅，把弟弟封在這裡，恐為不祥。

除了制邑之外，姬寤生答應母親選擇其他封地，他都會接受。

姬寤生拒絕把制邑封給共叔段的真正原因，其實是因為制邑是東虢國舊都，北依黃河，南臨汜水，地勢險要，糧草充足，進可攻，退可守。如果把制邑封給共叔段，就等於放虎歸山，再難控制。更重要的是，制邑距離鄭國都新鄭太遠，一旦有變，姬寤生將鞭長莫及。

武姜應該察覺到了姬寤生對她已經有了防備，但她又不好多說什麼，只好退而求其次，為共叔段請到了京邑為封地，姬寤生微笑著答應了母親的請求。京邑位於新鄭東北方向，正處在新鄭與制邑之間，而且京邑四周無險可守，以後姬寤生要通過軍事手段拿下京邑要遠比拿下制邑容易。

武姜把最喜歡的幼子送到了京邑，並讓共叔段暗中招兵買馬，成立嫡系部隊，以便為日後的武裝進攻做準備。對於武姜明目張膽的干涉政治，鄭國的核心統治階層非常不滿，大夫祭仲非常不理解姬寤生為何放掉野心勃勃的共叔段，留在新鄭就近監視豈不是更好？

姬寤生似乎是出於保密的考慮，並沒有告訴祭仲自己的長遠計畫，只是假模假樣的說母命難違。祭仲一時沒轉過彎來，還繼續發生善意的警告：「姜氏心懷詭詐，公豈不知？不如先下手為強，斬草除根，以絕後患。等到彼等勢力坐大之時，再欲除之，恐非易事。」

姬寤生本來是不想過早的暴露自己的想法，被祭仲逼急了，姬寤生才慢吞吞回了一句，結果立刻成為千古名言：「多行不義，必自斃。」我都不急，你急個毛！慢慢等著吧，不久之後就有一場大片上映，你準備看熱鬧吧。

姬寤生的性格比較內斂陰鷙，他不會把心裡的真實想法說出來。這種性格的君主，往往給人的感覺比較陽光，做事坦蕩，實際上一肚子壞水。唐朝第一奸臣李林甫，人稱「笑裡藏刀」，其實姬寤生的所作所為更符合「笑裡藏刀」的標準。姬寤生和李林甫有一點不同，李林甫奸詐陰刻是天生的，為了上位不擇手段，而姬寤生的「壞」很大程度上是母親武姜一碗水端不平給逼出來的。

祭仲的反對意見，姬寤生何嘗不知？祭仲只看到了武姜對姬寤生的咄咄逼人，卻忘記了一點，武姜再怎麼可惡，她畢竟是姬寤生的親生母親。自從姬寤生懂事起，他就一直生活在母親偏愛幼弟的陰影之中，這讓他對武姜產生了深深的怨恨：難產的罪過怎麼能推到我頭上，我還不是你生的？

每次看到武姜寵愛共叔段的時候，姬寤生心裡總會泛起難以克制的酸苦和忌恨。但無論武姜對姬寤生的態度有多刻薄，但母子二人的矛盾有多深，姬寤生始終對武姜還抱有一絲幻想，他多麼希望母親能把她給予弟弟的母愛分出一點給他，一點就足夠了。

姬寤生一直在給武姜機會，但武姜卻對這個曾經讓她受過驚嚇的長子絲毫不感興趣，她現在滿腦子都在想什麼時候幫助共叔段奪取鄭國統治權。至於姬寤生的生死，武姜並不關心。

姬寤生的心態一直處在矛盾和糾結之中，一方面他必須打掉母親和弟弟對國君之位的窺視，另一方面他又希望母親能懸崖勒馬。不過從現在的形勢來看，武姜是打算一條道走到黑了。在武姜一意孤行的時候，姬寤生對她的態度明顯是怨恨多於期望。

而且姬寤生已經得到情報，共叔段不斷擴大自己的地盤，勢力範圍越來越大。這個消息更加激怒了姬寤生，他堅信共叔段的背後一定有母親的支持。鄭國的統治階層對此坐立不安，都出面勸姬寤生不要再拖下去了，遲則生變，應該趁共叔段羽翼未豐之時果斷拿下此賊。

姬寤生還是搖搖頭拒絕了，他此時已經基本放棄了對母親的幻想，但他的理由是：「不義不暱，厚將崩。」意思是說共叔段的所作所為公不合君臣大義，私不合兄弟親情，失敗是遲早的事情。

面對弟弟的得寸進尺，姬寤生不是選擇以大義責之，矯正共叔段的錯誤做法。而是任由其胡作非為，並且挖坑引誘共叔段，這也是後世對姬寤生詬病最多的地方。共叔段是姬寤生在政治上最大的敵人，姬寤生早就欲除之而後快，但他如果之前就動手，沒有合法的理由，弄不好會身敗名裂。等共叔段謀逆暴露之時再動手，罪過全都由共叔段和武姜背著，自己反倒落了一個好名聲。

明人馮夢龍在小說名著《東周列國志》中就評論姬寤生此舉是「養成段惡，以塞姜氏之口，真千古奸雄也。」

首先要承認姬寤生對共叔段獨佔母愛有強烈的吃醋心理，但如果沒有武姜的存在，姬寤生是否就不會「陷害」共叔段了？答案顯然是否定的。姬寤生恨弟弟是一方面，但弟弟隨時有可能取代自己做鄭國國君，這才是姬寤生給共叔段設套的主要原因。

在家天下時代，權力的性質從來都是屬私的，特別是一個官場中的強勢男人，他可以和別人分享富貴，但絕對不會讓別人分享自己的權力和女人。姬寤生制定了幾近完美的除弟計畫，導火索也應該是共叔段的為臣不忠、為弟不友，姬寤生的行為可以認定屬於自衛性質。

從姬寤生即位那一年算起，武姜和共叔段已經騎在姬寤生頭上擅作威福長達二十年。都說勾踐隱忍二十年，終滅強吳，姬寤生的忍，從難度來說甚至可以說在勾踐之上。勾踐面對的夫差只是外人，而姬寤生卻要面對自己的親生母親和同胞弟弟，何況姬寤生並非冷血之人，他始終對母親和弟弟的幡然悔悟抱有幻想。這種親情上的痛苦糾結，不身處其境，是很難理解的。

由於《左傳－鄭伯克段于鄢》這篇文章在歷史上的知名度實在太過響亮，許多正統的封建史家對姬寤生口誅筆伐，譏其教弟不嚴，卻很少有指責武姜偏愛幼子的，這對姬寤生來說太不公平。人非聖賢，曹操曾經對十幾萬手無寸鐵的百姓痛下殺手，卻得到了歷史的原諒。姬寤生只不過是想守住本就屬於他的權力，並沒有枉殺一人，不應該對他的這點毛病揪住不放。

從後來姬寤生對母親的思念來看，他還是特別渴望得到那份本應該屬於他的母愛，所以在整個事件的發展過程中，姬寤生始終採取比較文明理性的手段來對付母親與弟弟。只是武姜和共叔段已經被貪婪沖昏了頭腦，只想著奪嫡易位，不讓他們撞下南牆，他們不知道天有多高，地有多厚。

姬寤生早已經布好了局，就等著共叔段起兵造反了，只有這樣，姬寤生才能佔據道義上的絕對優勢。共叔段卻絲毫沒有察覺到兄長的陰險用心，還在努力「配合」兄長的「剿賊計畫」。

在表面上，共叔段在京邑招兵買馬，但他的整體實力和姬寤生掌握的鄭國精銳部隊還是沒法比，這也是姬寤生敢於放縱共叔段擴建私軍的重要原因。

姬寤生從來沒有把弟弟的這些蝦米兵當回事，但最讓姬寤生傷心的是，母親武姜還是沒能懸崖勒馬，反而陷得越來越深。據內線的可靠情報，武姜和共叔段的奪位計畫已經到了實施階段，具體方案是共叔段率兵南下進攻新鄭，武姜趁機打開城門，裡應外合，一舉除掉人嫌狗憎的姬寤生。

姬寤生一直沒有把共叔段當回事，他更在意母親的態度，但武姜最終的選擇卻嚴重激怒了由失望變絕望，再由絕望變恨之入骨的姬寤生。該來的遲早會來，二十多年的恩怨情仇，是到了算總帳的時候了。

鄭莊公在位第二十二年的夏五月，一場意料之中的兄弟奪位之戰精彩上演。不過出乎武姜意料的是，戰爭的主攻方不是共叔段，而是姬寤生。姬寤生的實力非常強大，他拜叔父姬呂為將，一次就出手二百輛戰車，浩蕩北上。

春秋的兵制上承西周，軍事實力多以「車」為計算單位，每輛戰車由四馬拉載，上有甲士三人，步卒七十二人，後勤兵二十五人，共計百人，此外還配有後勤牛十二頭。二百輛戰車，單論人數，就是兩萬人的兵力，在這春秋時期算是比較大規模的用兵了。

優勢一直都在姬寤生這邊，但還有個細節不太為後世所注意。當鄭軍北上的時候，共叔段營建多年的根據地京邑突然宣布脫離共叔段陣營，歸降鄭伯。這一點說明了什麼？很簡單，這是姬寤生給京邑的官員做過策反工作。如果京邑都是共叔段的人馬，不至於仗還沒打就投降了，甚至共叔段的嫡系部隊中都有可能被姬寤生提前收買了。

其實這場所謂的戰爭並沒有打起來，共叔段安身立命的那支部隊在鄭軍沒到達之前就已經做鳥獸散了，一陣尖叫之後，共叔段成了孤家寡人。已經「累累若喪家之狗」的共叔段為了躲避兄長的追殺，一路向南逃到鄢（今河南鄢陵）。姬寤生當然不能讓弟弟有喘息復甦的機會，共叔段不想成為兄長的階下囚，更無臉面對失望的母親。共叔段轉折北上，逃到了共國，此後下落不明，也有一說是共叔段被姬寤生的軍隊殺死。

共叔段已經成為了歷史，姬寤生可以就當沒有過這個弟弟，但他必須要面對視他如仇讎的母親武姜。

除了鄭莊公與母為仇外，還有兩個著名的例子，一是秦始皇和他的母親趙姬，二是遼興宗耶律宗真和他的母親蕭耨斤。武姜、趙姬、蕭耨斤有一個共同點就是不喜歡在位的大兒子，更喜歡小兒子，密謀發動兵變，結果都失敗了。最巧合的是，她們三人都被自己的親生兒子關了禁閉，死不相見，但最終都和好如初，母子團圓。

不過此時的姬寤生，對武姜卻只有恨，恨之入骨。他恨武姜的偏心，二十多年的屈辱湧上心頭，幾乎讓姬寤生難以自制。姬寤生不想再見到這個薄情寡義的女人，只是厭惡的揮一揮手，讓人把武姜強行押到了城潁（今河南臨潁），距離新鄭約三百多里。

姬寤生託人給每日在城潁以淚洗面的武姜帶了句狠話：「不及黃泉，不相見也。」這算是姬寤生對母親的絕別之言，母子之間已經恩斷情絕，自此便是陌路人，老死不再相見。

武姜在城潁的孤苦伶仃，姬寤生是知道的，他感覺非常的解恨，這是這個薄情的女人應該得到的下場。但當姬寤生猛地看到殿外和煦陽光的時候，他的心突然被狠狠的刺痛了，他又想到了他從來沒有得到的那件東西——母愛。

人生在世，不一定有子女，但一定有母親，只是並非所有的母親都會把母愛給予自己的孩子，姬寤生不幸嘗到了這種痛苦的滋味。這些年所受到的屈辱，在姬寤生徹底取得勝利之後，變本加厲地爆發出來。但在發洩之後，姬寤生突然感覺到一陣強烈的孤獨感向他襲來，幾乎把他擊倒。直到這個時候，姬寤生才痛苦的發現，他從骨子裡就沒有恨過母親。

姬寤生對自己把母親放逐到城潁並關了禁閉感覺到後悔，只是問題是他作為一國之君，不可戲言，狠話都說出去了，天下盡知。現在如果變卦，把母親接回來，世人會笑罵他是個賤骨頭，威望盡失，以後還有什麼臉面在江湖上混？

一方面是權力的誘惑，一方面是天生母子之情的召喚，但姬寤生一時又想不出更好的辦法解決這個問題，這位英明的鄭國君主陷入了痛苦的糾結中不可自拔。

替姬寤生解決這個感情難題的，是鄭國大夫潁考叔。

此時的潁考叔並不在新鄭，而是鎮守潁谷，當他從側面了解情況後，立刻動身來到新鄭，打著向國君進獻禮物的名義見到了姬寤生。小弟來拜見老大，按慣例，老大自然要留小弟吃頓飯，好酒好肉是少不了的。

不過讓姬寤生奇怪的是，明明案上擺著肉食，潁考叔卻不動筷子，而是把肉輕輕放在一邊，難道這貨是個素食主義者？面對姬寤生的疑問，潁考叔帶著善意的微笑，說臣不是不喜歡吃肉，而是家中有老母，臣要把肉帶回家孝敬老娘。

潁考叔是故意這麼說的，目的是要勾起姬寤生的思母之情，為他下面勸國君母子和好做鋪墊。果然，姬寤生聽完潁考叔的話，差點沒哭出來，別人可以得到母親的疼愛，自己卻和母親老死不相往來。姬寤生強忍著心中的淒苦和悲涼，看著潁考叔，作羨慕狀：「寡人真的非常羨慕先生，還有機會孝敬老母，寡人卻孤苦一人，無母可敬。」姬寤生平素為人較為詭詐，但他的這句獨白卻是發自肺腑的。世界上即使再邪惡的人，在他的內心深處，總會留有一個柔軟的空間，何況姬寤生人品並不算太糟糕。

潁考叔當然知道姬寤生和武姜之間發生了什麼事情，他明知故問，逼得姬寤生說出了自己心裡最真實的想法。姬寤生不停的在潁考叔面前表達著當初把母親流放到外地的後悔之情。

潁考叔大笑，他此來就是為國君解決這事的。他知道姬寤生是一國之君，君無戲言，但他有個好辦法，即讓姬寤生保住面子，又能和母親和好。「君何患焉？若闕地及泉，隧而相見，其誰曰不然？」這是潁考叔給姬寤生出的好主意。

姬寤生說過不及黃泉不相見，那就在地下挖出一眼黃泉出來，具體的辦法就是挖一個能見到黃泉（應該是地下水）的隧道，讓國君和武姜相見。而且潁考叔相信武姜一定會接納國君，因為她在感情上已別無選擇。

事實也證明了潁考叔的判斷，當武姜聽完了潁考叔的計畫安排，突然淚流滿面，她對潁考叔的感激之情無以言表。武姜對自己的糊塗和絕情悔恨不已，幾十年來，她視寤生如路人，卻忘記了自己作為母親的一種責任和擔當。一對兒子的反目成仇，罪魁禍首其實就是她自己。

共叔段已經成為過眼雲煙，她眼下只有寤生一個兒子，她甚至在想，只要寤生能原諒她，她願意把失落的母愛加倍還給這個內心孤苦的兒子。現在機會來了，武姜內心的起伏是非常劇烈的，久久難以平靜。

當姬寤生借著火把的照亮，流著淚走進隧道，激動的賦詩：「大隧之中，其樂也融融！」他已經聽到了隧道深處傳來一陣熟悉的腳步聲，武姜淚流滿面的站在兒子面前，和著淚吟誦著她的夾雜著太多悔恨的幸福：「大隧之外，其樂也泄泄！」

姬寤生激動得給母親行大禮，武姜情緒異常激動，直到今天，她才真正理解做母親的含義和幸福。在武姜之前的潛意識中，在生姬寤生時難產的陰影總是揮之不去，繼而對姬寤生產生反感。可她卻從來沒有想過，姬寤生當時只是一個不諳人事的嬰兒，他有何罪？

好在上天已經厭倦了這場人間悲劇，給了武姜一個贖罪的機會，還了姬寤生一個公道。

《左傳．隱西元年》：「遂為母子如初」。

四、鄭莊公和東周王室的扯皮大戰

接著講鄭莊公姬寤生。

在潁考叔的妙計安排下，姬寤生既保住了面子，又和母親和好如初。這是一則很溫馨的家庭故事，姬寤生對母愛的渴望讓人感動，這是人性中最本真的一面。

但話說回來，世界上每個人都具有人性的雙重性，心中各有一個魔鬼和天使，這兩種人性時刻處在一種矛盾和糾結的狀態，姬寤生也不例外。當姬寤生放下個人感情，以鄭國國君的身分出現在諸侯爭霸的舞臺，他還有著另一張人性面孔：囂張霸道，蠻橫無理，以及他所謂的江湖義氣。

姬寤生被稱為春秋小霸，在歷史上也算是大名鼎鼎，他平生做過兩件事，最受後人詬病。一是他設計除掉了弟弟共叔段，二是他對東周王室的不敬。共叔段的悲劇已經講過了，下面主要講姬寤生與東周王室的扯皮大戰。

在東方諸侯中，有許多姬姓諸侯國，比如說晉、魯、燕、衛，但這些諸侯與西周末、東周初的周天子的血緣關係非常疏遠。而要說與周平王血緣關係最近的姬姓國，首選鄭國。

鄭國之所以和東周王室血緣近，是因為鄭國出現得太晚，鄭國第一任君主鄭桓公姬友是周厲王姬胡的兒子，而晉、魯、燕、衛等國已經存在二百多年了。先把鄭國與東周王室的做個簡表：

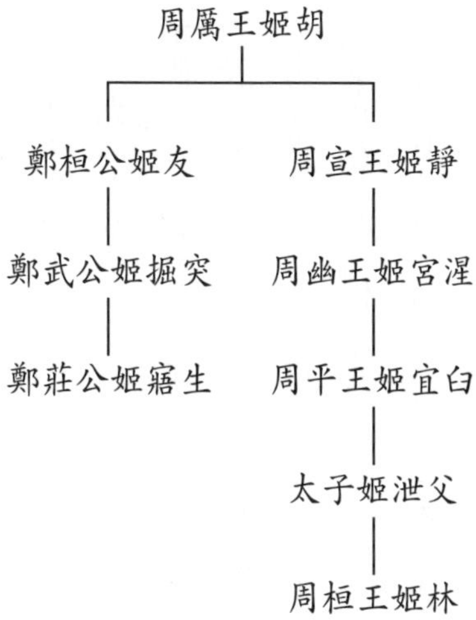

從這張表中可以看出，姬寤生是周平王姬宜臼未出五服的堂弟，他們有一個共同的曾祖，但姬宜臼卻比姬寤生大了二十五歲。

說到二人的關係，早期還是不錯的，因為姬寤生的父親姬掘突還有另外一個身分，就是周王左卿士。所謂卿士，其實就相當於後世的宰相。與後世宰相不能世襲所不同，周朝的宰相是可以世襲的，姬掘突死後，姬寤生很自然的就接了老爹的位置。

可能是姬宜臼為了限制姬寤生的權力，準備由西虢國的國君姬忌父出任右卿士，從中制衡姬寤生，以免其坐大。姬寤生不是個省油的燈，他通過各種手段，打聽到了這件事情。

宰相的位子是一人之下，萬人之上，就近控制周王室，對姬寤生的爭霸天下來說具有特別重大的意義。該死的姬宜臼不讓自己吃肉喝湯，姬寤生豈能答應？

姬寤生做事風格向來比較高調，而且為人心狠手辣，連同母弟弟都敢做掉的人，還會在乎八杆子打不著的堂兄麼？仗著鄭國軍事實力強大，姬寤生闖進大殿，吹鬍子瞪眼的質問姬宜臼：「聽說陛下要廢掉臣，可有此事？」

姬宜臼雖然貴為周天子，但他所控制的「周朝」只有今河南、山西交界地區。鄭國地大兵多，姬宜臼暫時惹不起姬寤生，只好忍氣吞聲，不敢當場頂撞姬寤生，只能違心的說沒有此事。

姬宜臼以天子的身分，向諸侯低三下四的自辯，並沒有打動蠻橫霸道的姬寤生，憑什麼相信你？讓我相信你的保證，那你就必須用實際行動證明這一點。

姬寤生步步緊逼，最後把姬宜臼逼到了牆角上，姬宜臼才不得不做出一個嚴重違法君臣大義的荒唐決定：周王室與鄭國互派人質。姬宜臼把自己的兒子姬狐打發到鄭國，由姬寤生就近控制，這就是春秋史上有名的「周鄭交質」事件。

雖然表面上姬寤生也派自己的兒子姬忽到東周做人質，但姬忽有強大的鄭國做後盾，姬宜臼根本不敢動姬忽一根寒毛。這筆買賣，姬寤生是穩賺不賠的。

對於姬寤生強迫天子送人質的做法，歷代史家多有指責。左丘明就批評姬寤生的荒謬要求，他有一段極有見地的評語：「信不由中，質無益也。明恕而行，要之以禮，雖無有質，誰能間之。」大意是周天子和鄭莊公互相之間已經沒有最基本的信任，互送人質也改變不了他們之間的爾虞我詐。

姬宜臼作為天下共主，卻被一個小霸欺負成這樣，心中的委屈窩囊可想而知。

不過對姬宜臼來說相對有利的是，雖然周王朝早已破敗不堪，但周平王上承祖宗之德，他的威望在諸侯心中的分量還是很重的。再說鄭國再強，也不過是一個諸侯，同時存在的晉、齊、魯、宋、楚等國哪個也不是省油的燈，當然不會任由姬寤生騎在周天子頭上擅作威福。正因為這一點，姬寤生對周平王的態度還算客氣，沒有把事情做絕，互相都留有餘地。

周鄭交質事件發生在周平王駕崩的當年，即西元前七二〇年。沒過多久，在位五十一年，六十二歲的周平王姬宜臼在委屈窩囊中含恨去世。因為周太子姬泄父早死，所以周天子的位子交給了姬泄父的兒子姬林，就是周桓王。

和祖父含垢忍辱不同，姬林正當少壯，年輕氣盛，他早就看不慣姬寤生的飛揚跋扈。而且姬林應該深知一點，祖父平王是周幽王之子，好歹還能繼承一點西周王朝的餘威，但到了姬林這一輩，周王室的威望還剩下多少？

如果他對姬寤生的囂張不聞不問，其他諸侯會如何看自己？擺不平橫著走路的姬寤生，姬林的江湖威望無法樹立，以後他也沒法在江湖上混了。出於這種考慮，姬林一上臺，就一改祖父偏於保守的外交政策，對外咄咄逼人，四處放火。

姬林點燃的第一支火把，果然就扔在了姬寤生的頭上。

姬林初生牛犢不怕虎，做事情充滿了年輕人應有的朝氣和果敢，姬寤生哪裡疼，他就專往哪裡戳。姬寤生佔著周王卿士的位置不肯撒手，姬林就對外宣布，他即將任命西虢公姬忌父為新任卿士。姬林以為此舉能鎮住張牙舞爪的姬寤生，讓姬寤生畏服於王權，結果卻捅了一個大大的馬蜂窩。

周平王此前雖然有打算任命姬忌父，但懾於姬寤生的淫威，沒敢對外承認，好歹保住了姬寤生的面子。現在姬林公然拿掉姬寤生，等於在江湖圍觀者面前狠狠抽了姬寤生一個響亮的耳光，如果姬寤生不做出強烈反應，以後還有什麼臉面在江湖上混？

按輩份，姬寤生是姬林的堂叔祖。為了利益，父子可以反目成仇，更何況是血緣漸漸疏遠的堂祖孫。既然姬林不給他面子，姬寤生也沒打算給姬林面子。

姬林專戳姬寤生的痛處，那姬寤生就以牙還牙，專踢姬林的下三路。東周是個疆域並不大的「諸侯」國，經濟實力有限，而東周賴以生存的經濟基礎，說白了，就是河南的糧食。摸清了姬林的家底，事情就好辦了。

姬寤生做事非常陰辣，在西元前七二〇年的夏秋兩季，姬寤生派大夫祭仲帶著大隊人馬，竄到溫縣和雒陽兩地，強行割取屬於東周的麥子，然後打包回國。老話說，「功高莫過救駕，計毒莫過絕糧。」姬林的飯碗被姬寤生砸了，這位年輕的天子頓時火冒三丈，跳腳大罵姬寤生是個無恥的強盜。

事情發展到這一步，姬林和姬寤生的關係算是鬧翻了。祖孫二人擼胳膊挽袖子，互相指責對方虛偽無恥，場面非常搞笑，史稱「周鄭交惡」。

按封建禮法，姬寤生以諸侯冒犯天子，明顯佔不住理。姬寤生敢公開給周天子難堪，說穿了，還是強大的實力做後盾。真理在哪裡？

姬寤生眼裡只有實力，不講道義，信奉強人哲學：「打得過我，你就是爺爺；我打得過你，你就是我孫子。」強大的實力支撐著姬寤生的霸道蠻橫，周天子在他眼裡只不過是個乳臭未乾的黃口小兒，不高興就上前踹姬林兩腳。

對於姬林來說，當眾被姬寤生扇耳光，是件極沒面子的事情，天子威嚴何在？換成周平王，姬宜臼能忍下這口惡氣，但年輕氣盛的姬林哪裡能忍得住這種屈辱。

在西元前七一七年，姬寤生打著朝見天子的旗號竄到了洛陽，名義上是向天子彙報工作，實際上是來探姬林口風的。姬林恨透了這個假仁假義的堂叔祖，一看到姬寤生，氣就不打一處來，對姬寤生也沒有好臉色，賭氣的話沒少說。

倒是姬林身邊的大臣周桓公姬黑肩在私下場合勸姬林不要意氣用事，現在姬寤生自恃實力強大，不拿東周當盤菜，陛下能忍則忍。姬黑肩勸姬林在公開場合多給姬寤生留點面子，透過善待鄭國對其他諸侯做好表率，爭取更多諸侯對王室的支持。

姬黑肩的話其實並沒有說透，他的潛臺詞是如果面對諸侯的不禮，周天子就咬牙切齒的記仇，會讓諸侯覺得周天子胸懷太窄。周天子對鄭國無禮的反應，在很大程度上影響著諸侯對於周天子人品的看法。雖然史料並沒有記載姬林是否聽進了姬黑肩的建議，但從後來姬林和姬寤生大打出手來推斷，姬林對姬寤生只有恨，恨入之骨。

和握有強大軍隊的姬寤生相比，姬林手上的牌並不多，最值錢的只有「周天子」這塊鋁合金招牌了。姬寤生對天子不敬，但他始終堅守自己的政治底線——只打不殺。

無論姬寤生如何抽天子的耳光，天子的人身安全是必須得到保證的，這倒不是姬寤生發善心，而是出於外交戰略的考量。而這個底線恰恰是姬林得以自保的最大優勢，如果姬寤生滅掉天下諸侯，姬林早不知道被踢到哪喝西北風去了。

姬寤生一邊忙著與宋、陳、齊諸國爭霸，一邊要花心思對付滿腦袋仇恨的周天子。在春秋早期，秦、晉、齊等國還沒有發展起來，雖然姬寤生在江湖上有不少仇家，但鄭國是諸侯中當之無愧的大國，在江湖上影響甚大。

西元前七〇六年，齊國受到北狄的進攻，姬寤生派太子姬忽出兵相救。齊僖公姜祿甫為了感謝鄭國，不惜自降國格，以小弟的身分跟在姬寤生的後面，竄到洛陽，朝見周桓王。在江湖上，只要有姬寤生出沒的地方，就一定能看到姜祿甫鞍前馬後的跟著，可見姬寤生的勢力之大。

姬寤生在事業上的成功並非偶然，其中有一個很重要的原因，就是姬寤生善得人心。姬寤生在接人待物方面，有著濃厚的江湖習氣。帶有這種處事風格的領導者，往往蔑視禮法，輕儒尚俠，凝聚力強，麾下文武對他們的忠誠度非常高。

有一個例子可以證明這一點。大夫潁考叔曾經幫助過姬寤生獲得母愛，姬寤生視他如兄弟。潁考叔也知恩圖報，對姬寤生忠心不二，每逢大戰，潁考叔都要身先士卒，與敵人血戰。在討伐許國的戰爭中，潁考叔執旗登城，結果被妒忌心極強的莊公堂弟公孫子都暗箭射死。姬寤生得知噩耗後，痛不欲生，下令全軍向天詛咒射死潁考叔的那個賊人。

姬寤生善用人，能得人死力，所以他的統治時期是鄭國歷史上最強大的。姬黑肩反對周桓王姬林和姬寤生撕破臉皮，也是因為這一層的考慮。打，我們是打不過的，當不了大爺，那我們就得裝孫子。

姬林很有血性，但他的這種血性卻嚴重脫離了現實。沒有實力做後盾的血性之舉，往往會釀成悲劇，成為敵人茶餘飯後的笑柄。

姬林始終沒有看透這一層，他也說服不了自己容忍姬寤生的囂張跋扈。在姬林的潛意識中，他希望能用武力征服諸侯，恢復西周時的王權強盛局面。基於對恢復祖業的強烈渴望，姬林決定玩一把輪盤賭，武力解決人嫌狗憎的姬寤生。

在動武之前，姬林先在政治上打擊姬寤生，罷免了姬寤生的左卿士職務，把左卿士的職權交給右卿士姬忌父。姬林此舉的用意非常明顯，就是激怒姬寤生，讓姬寤生在衝動之下做出對王室不敬的舉動，然後姬林可以打著討伐不臣的旗號收拾姬寤生。

姬林的算盤不謂不精明，姬寤生果然被此舉刺激到了，一怒之下，姬寤生再也不上朝了。雖然《左傳》對姬寤生的態度一筆帶過，但可以想見，以姬寤生的暴驢脾氣，他不把姬林罵了個底朝天才怪。

姬寤生的無禮之舉，正是姬林所需要的。在西元前七〇七年的秋天，周天子姬林率江湖上反姬寤生的諸侯軍，浩浩蕩蕩朝著新鄭的方向殺來。周軍來勢洶洶，除了王師之外，還有虢、蔡、衛、陳等當時的中等諸侯國軍，姬寤生當初和姬林撕破臉，就知道姬林會玩這一手，早就做好了軍事準備。

這場發生在繻葛（今河南長葛）的荒唐戰爭，實際上是姬林和姬寤生多年交惡後的必然結果。姬林要恢復祖業，姬寤生要爭霸天下，雙方的利益完全是不可調和的。這兩位大爺互相給對方挖坑，使盤外招，迎風灑狗血，最終大打出手，雞毛漫天飛舞，出盡了洋相，堪稱春秋時代第一鬧劇。

姬林的情緒越來越激動，他恨不得在瞬間打垮鄭軍，砍下姬寤生的狗頭。周天子親自披掛上陣，自主中軍，虢公姬忌父主右軍，蔡、衛二諸侯軍從之；周桓公姬黑肩主左軍，陳軍從之。三軍並列，中軍稍前，形成「品」字陣形。

周軍的陣法很講究，但鄭國內部同樣有高人，公子姬子元眼光非常毒辣，他提出了一個絕妙的對策。在周天子的僕從國中，陳國正在內亂之中，陳桓公媯鮑死後，媯鮑的弟弟媯圉殺掉太子媯免，陳國的政治形勢極度不穩。

在這種情況下，陳軍的戰鬥力是值得懷疑的，姬子元認為先擊潰陳軍，讓陳軍的潰卒自行衝擊周軍聯盟，然後鄭乘隙攻之，必能大勝。姬寤生聽從了他的建議，擺出了著名的「魚麗陣」，以祭仲居左軍，檀伯居右軍，原繁和高渠彌隨姬寤生居中軍。

春秋戰爭主要是以車戰為主，己方士兵站在戰車上，拿著戈矛與敵軍戰車上的士兵交戰，很少有步兵全副武裝在地面上進行肉搏戰。步兵戰沒有成為戰爭的主要方式，也是春秋以前戰爭規模較小的原因之一。

「魚麗陣」雖然也沒有改變車戰的主流模式，但卻創造性的發明了即傷即補的後勤供應體系。具體戰法是：在每一「偏」（即二十五輛戰車）的後面，緊隨著二十五名步兵。這些步兵的任務是跟戰車後面與敵人搏殺，一旦戰車上出現戰鬥力減員，他們就上車補員。在面積相對狹小的作戰區域內，與步兵相比，戰車顯得笨拙，不夠靈活，而增加了步兵協同作戰後，可以有效地解決這個問題。

隨後的戰事也證明了魚麗陣的威力不是吹出來的，再加上陳國的軍隊是一群沒有鬥志的烏合之眾，鄭軍號令嚴明，進退如一人，戰局的優勢很快就倒向了鄭國一邊。史稱「蔡、衛、陳皆奔」，打掉了這三個打醬油的僕從軍，姬林所率領的周王師光棍一般晾在了姬寤生統帥的強大鄭軍面前。

東周地少人寡，所能徵用的兵力有限，而鄭國的國力、軍力都明顯處在上升的階段，雙方實力不可同日而語。更要命的是，姬林只有一支中軍，而姬寤生手上三軍完好，可以有效的對周軍進行鉗形包圍。

如果不算西周末年申侯聯合犬戎殺周幽王的話，鄭莊公姬寤生是歷史上第一個敢與周天子出兵對攻的諸侯，而且他還是姬姓諸侯，典型的宗室內亂。姬寤生的膽量還絕不止向周天子開戰，更在於他對天子權威的極度蔑視，在周王師已經大敗的情況下，他還指使部下祝聃對準周天子放冷箭，一箭正中姬林的肩膀。不過姬林的傷勢並不嚴重，沒有危及性命，姬林還能強忍著繼續指揮軍隊。

敢於當場踐踏天子權威的梟雄，我們最熟悉的是曹操當著漢獻帝劉協的面，派華歆虐殺伏皇后，撲殺二皇子。但曹操和姬寤生相比，也只是小巫見大巫。曹操敢殺皇后、皇子，但終曹操之世，他對劉協本人始終敬奉臣禮，不敢少違。姬寤生做了曹操不敢做的事情，直接操刀上陣，與天子大打出手，甚至還惡意傷害周天子。

但如果說姬寤生暗中放冷箭是想直取姬林性命的話，那也太小瞧姬寤生的政治智慧了。和曹操一樣，無論對天子如何不敬，絕不會超越給自己劃定的政治紅線，天子只可欺不可殺，否則就要觸雷了。

出於這層考慮，姬寤生制止了莽撞的祝聃欲乘勝追擊姬林的舉動，因為他要考慮政治風險。要單論雙方實力，姬寤生可以輕易滅掉周天子，但之後呢？正如曹操拿著孫權勸他稱帝的信告訴文武：「是兒欲使我居火爐上邪！」姬寤生同樣不會做傻事，別忘了，齊晉楚宋等諸侯都等著姬寤生犯錯。

姬寤生很聰明，他編了一個美麗的花環，然後戴在自己的脖子上。他告訴祝聃：「做人不能隨意欺負人，更何況是至尊天子？這場戰爭我只不過想自衛圖存，不敢與天子為敵。你擅自放箭，傷了天子，這已經是我天大的罪過。萬一你用力過猛，致天子於死地，我豈不是弒君的逆賊！」

世人多說漢高祖劉邦深得厚黑學之真諦，實際上姬寤生的厚黑功力比劉邦有過之而無不及。姬寤生這通鬼話，除了最後一句是真的，其餘全是假話。姬寤生很善於洗白自己的醜行，兩瓣嘴唇上下一碰，罪過全成別人的，自己落得一身乾淨，可謂「厚顏無恥」。

更絕的還在後面，就在姬林被射傷的當天晚上，姬寤生就派祭仲去周軍大營，代他向天子請罪。祭仲說完一通言不由衷的鬼話，甩掉吹鬍子瞪眼的姬林，和周朝大臣攀肩搭背，替姬寤生說好話，估計沒少給這些大爺們餵銀子。

祭仲此行，還有一個不能說出來的目的，就是向落敗的周天子顯示鄭國的實力，警告姬林別拿豆包不當乾糧。再有下次，射中的可就不是你的肩膀，而是你的腦袋。

明人馮夢龍在《東周列國志》中對姬寤生的虛偽大加嘲諷，作詩一首：「漫誇神箭集王肩，不想君臣等地天。對壘公然全不讓，卻將虛禮媚王前。」這場戰爭雖然是姬林主動挑起來的，但導火索卻是姬寤生對周天子的不敬和戲弄，追根溯源，問題還是出在姬寤生身上。

是姬寤生的野心，導致了這場傳為後世笑柄的周鄭大戰，天子挨箭，鄭伯挨罵，一地雞毛，全是荒唐。不過，還是要為姬寤生說句公道話，在當時周天子權威淪喪的情況下，即使姬寤生不出頭，照樣有其他梟雄冒出來。

春秋初期，宋國的實力也在中上，與鄭國不分伯仲，只是宋與周之間夾著強大的鄭國。如果把宋國和鄭國的位置調過來，周天子可能要遭到比姬寤生更為殘酷的打擊，因為宋國是商朝王室的直系後人，和姬姓周朝有刻骨的滅國之恨！而姬寤生與周天子同宗，血脈關係是諸侯中是最近的，姬寤生即使廢掉周天子自立，姬姓血脈也不至於斷送。

從這個角度講，鄭國的存在，實際上對東周王室起到了戰略屏障作用，隔斷了子姓宋國向西擴張的企圖。當然，姬寤生對周天子的戲弄是姬林一生都無法洗清的恥辱，不過兩害相權從其輕，被同宗的堂叔祖戲耍，總比被仇人砍了自己的腦袋要划算的多。

五、石碏「大義滅親」與祁奚的「舉賢不避親仇」

周朝的爵位分為五等，周天子以外，以爵位高低排列，分別是：公、侯、伯、子、男，即著名的五等爵位制度。

在泥腿子陳勝高呼「王侯將相，寧有種乎！」之前的夏商周（春秋戰國）時期，王侯確實都是有「種」的，老子打江山，兒孫坐江山，從來沒有人質疑過。

周朝的等級制度極為嚴格，鳳凰生的兒子，天生就是鳳凰，麻雀生的只能是麻雀。和諸侯有五等之分一樣，官僚階層也分為五等，即上大夫（也可單獨稱為卿）、下大夫、上士、中士、下士。和諸侯的爵位高低要看與周王室的關係親疏而定不同，諸侯轄下的官僚階層並非鐵板一塊。能力出眾的，又生逢其時，就可以擠進官僚統治集團，最典型的就是百里奚和孫叔敖。

在春秋諸侯的官僚體系中，二大夫的地位要高於三士，士是統治階層的最低一級，再往下就是庶人（自由民），之下還有奴隸。雖然士在官僚體系中地位不高，但卻是權力金字塔的基座，人數最多。歷代的官僚體系，都是以帝王（天子）為塔頂，高級官僚（大夫）為塔身，士人為塔基。

在周朝各級統治階層的政治待遇名單中，士都列入其中，比如按制度，天子有七廟，諸侯有五廟，大夫有三廟，士有一廟。再如統治集團所冠戴的冕旒，天子有十二旒，諸侯有九旒，上大夫有七旒，下大夫有五旒，士有三旒。這應該是上承夏商兩朝的禮儀制度，可見早在夏商之際，就已經有了士的存在。

大夫的政治待遇雖然比士要高一些，但都是領工資的打工仔，不過大夫算是金領，士算是白領。在春秋諸文獻中，大夫和士被連稱為「大夫士」，直到戰國之後，逐漸演變成「士大夫」。不論是大夫士，還是士大夫，他們都有著一個最顯著的共同點，就是他們都屬於知識壟斷階層，也就是知識份子。

「士大夫」的存在意義，大致從三個角度可以切入解讀：

一是文化意義，這是士大夫的根基，沒有文化便談不上士大夫。

二是道德意義，在春秋以後的語境中，「士」和「君子」基本上是同義詞，而這兩種身分到了唐宋以後，基本實現合流為儒。在他們看來，士君子應當臨危不苟，行事磊落，坦蕩無私。

三是政治意義，食君之祿，謀君之事，以天下之憂為己憂。

在這三重意義上，士大夫群體最看重的是第二種，即道德意義。《孔子家語．儒行解》中著重講了士的道德標準，「儒有內稱不避親，外舉不避怨；程功積事，不求厚祿，推賢達能，不望其報；君得其志，民賴其德，苟利國家，不求富貴；其舉賢援能，有如此者。」

從道德層面解讀儒家思想，有一個很重要的標準，就是潔身自好，不貪不佞。《孔子家語．儒行解》：「儒有委之以財貨而不貪，淹之以樂好而不淫，劫之以眾而不懼，阻之以兵而不懾；見利不虧其義，見死不更其守。」能做到以上舉的這兩條標準，基本上就符合了儒家士大夫的行為規則。

儒家之士在社會人群中的存在，講究的以德服人，以仁義教人，如以上所舉的「內稱不避親，外舉不避怨」。春秋時代的卿大夫們多出身貴族，如錢穆先生在《國史新論》中所舉的臧文仲、子罕、吳季札等二十人，但後人從春秋的高級官僚身上已經看到明顯的儒家行為特質。

正如錢先生所說：「其人雖都是當時的貴族，但已成為將來中國典型學者之原始模樣。他們的知識對象，已能超出天鬼神道之迷信，擺脫傳統宗教氣，而轉重人文精神，以歷史性世界性，在當時為國際性社會性為出發點。專在人生本位上講求普遍的道德倫理規範，而推演到政治設施，絕不純粹以當時貴族階級自身之狹隘觀念自限。」

雖然儒家思想因為孔子而發揚光大，實際上儒家真正的創始人是周公姬旦。孔子的儒家學說只是集大成而已。孔子平生最大的偶像就是周公，他曾經說過：「如有周公之才之美」。從西周開始，卿大夫們就開始積極的融入政治生活中，如反對周穆王窮兵黷武的祭公謀父、勸周厲王多聽社會下層民意的邵公虎，以及和鄭桓公姬友進行國運大討論的太史伯等人。

「道德」一詞，不僅為道家所用，也成為儒家的主流社會意識形態，只不過各方對「道德」的解讀不盡相同。儒家經典著作《禮記》開篇就講到：的「道德仁義，非禮不成」，說明儒家思想在早期階段就已經非常注重培養知識份子兼愛天下的普世情懷。

先賢的表率作用，也深深影響了春秋時代有社會責任感和道德使命感的大夫士們，促使他們堅持自己的道德及政治操守。今天講兩個故事，有兩位早期儒家的代表人物，他們用實際行動完美闡釋了「內稱不避親」和「外舉不避怨」。

先來講一下「內稱不避親」，代表人物是衛國的大夫石碏。

歷史上有一個特別著名的成語「大義滅親」，這個成語的創造者，就是石碏。在講述石碏的故事之前，先把衛國的世系簡單的介紹一下。

在春秋前期，衛國是個非常重要的諸侯國，處在晉、宋、齊、鄭之間，統治區域大抵在今晉冀豫魯四省交界之處。以與周朝王室的關係親疏來說，衛國是正宗的龍子鳳孫出身，衛國的第一任君主衛康叔是周武王姬發的同母弟弟，深受千古一相周公旦的喜愛。

衛國是姬姓諸侯國中比較嚴格遵從周公政治思想的國家，衛康叔是衛國最著名的賢明君主，能「和集百姓」，曾經被周成王通令表揚。衛國國祚傳到衛武公姬和時，已經是第九代了。

可以說姬和是小一號的衛康叔，他在位期間，奉行祖先康叔的仁政，史稱「百姓和集」。衛國本來是侯爵，但在著名的幽王之亂時，姬和曾經出兵幫助周平王，所以平王很感激姬和，把衛國的爵位由侯升為公。姬和在位時間相當長，足有五十五年，西元前七五八年，姬和壽終正寢，太子姬揚即位，就是衛莊公。

姬揚在歷史上沒什麼名氣，但他卻有幸娶到了一位著名的美女，跟著老婆在歷史上出了一把小名。這位美女就是莊姜，因為她出身姜齊，又嫁於衛莊公，所以稱為莊姜。關於莊姜的愛情故事，以後會專門講述。

除了莊姜，姬揚旗下還有兩個女人替他生了兒子，一個是陳國宗室女，生下了公子姬完，還有一個無名妾室，生下了公子姬州吁。姬揚非常喜歡那個無名妾室及她所生的兒子姬州吁，雖然姬完是長子，又為夫人莊姜所養，按禮法有資格繼承大位，但姬和卻讓姬州吁控制軍隊，明眼人都能看出來姬州吁有奪嫡的野心。

第一個站出來反對國君「嫡庶無別」的，就是上大夫卿石碏，他反對的理由非常明確，「庶子喜歡舞槍弄棒，掌握兵事，則置長子於何地？若國君立州吁，請即立之，如果不立州吁，則請罷州吁之兵，否則州吁持寵奪嫡，大亂將啟。」

同時石碏還提出了六逆、六順之說，六逆是賤妨貴，少陵長，遠間親，新間舊，小加大，淫破義。六順是君義，臣行，父慈，子孝，兄愛，弟敬。州吁之所以不入石碏的法眼，主要原因就在於州吁的身分和行為不符合石碏堅持的以春秋禮法為內核的先儒思想。

石碏滔滔不絕、大義凜然講完了，差點口吐白沫，結果姬揚全都當成了浮雲，根本聽不進去，繼續聽任姬州吁胡作非為。石碏實際上是希望國君能立長子姬完為太子的，但並沒有達到目的。

更讓石碏憂心的是，他的那個寶貝兒子石厚似乎已經看出姬州吁得寵，將來必能繼承國君之位，成天和姬州吁在一起鬼混。石碏已經認定了姬州吁將來必成為作亂衛國的禍首，勸兒子不要上這條破船，石厚已經鬼迷心竅了，根本聽不進去父親的勸告。

衛國的二子爭嫡，幾乎就是鄭國二子爭嫡的翻版，只不過鄭國有個偏心老媽，衛國有個偏心老爸。不過姬揚雖然疼愛幼子，但並沒有易儲，等姬揚去世後，姬完很順利的繼承了國位，史稱衛桓公。

姬完為人忠厚，性格偏於怯懦，在氣場上很難壓制弟弟姬州吁。其實姬完也不是無能之輩，至少他已經看清了弟弟的野心，根據《史記．衛康叔世家》的說法，在姬完即位的第二年（西元前七三三年），姬完以姬州吁為人驕縱不法為由，罷免了姬州吁的所有職務，轟出國都。

說來好笑的是，姬州吁雖然流落江湖，但他卻結識了一個志同道合的外國朋友，就是同樣被國君兄長打敗，逃到國外的鄭國京城大叔共叔段。共叔段的失敗，深深刺激了姬州吁，如果自己不有所作為，下場可能還不如共叔段。

衛桓公十六年（西元前七一九年）三月十六日，野心勃勃的姬州吁糾結大批流亡的衛國人，在衛國發動叛亂，殺掉了毫無防備的姬完，自立為衛公。姬州吁弒君奪位，開創了歷史的先河。

對於姬州吁的為人，魯國大夫眾仲看得非常透徹，他和魯隱公談論姬州吁就說：「州吁為人剛忍，好弄兵，眾叛親離，無德無行，必將玩火自焚。」

事實也證明了眾仲的判斷，姬州吁殺兄奪位僅僅半年後，就被憤怒的衛人除掉了，迎立了州吁在邢國做人質的弟弟姬晉，是為衛宣公。而設計除掉姬州吁的，正是已經告老居家的上大夫石碏。

如前面所講，姬州吁即位之前的所作所為就已經和石碏的政治理念相衝突，而州吁弒君殺兄，以暴治國，殘虐百姓，更是突破了石碏政治理念所能容忍的底線。強烈的歷史使命感讓年邁的石碏挺身而出，不惜一切代價剷除亂臣賊子姬州吁，以及他那個助紂為虐的兒子石厚，他要對歷史負責。

石碏在江湖上闖蕩久了，從政經驗非常豐富，他並沒有採用力取之計。雙方實力懸殊，以力拼之，石碏未必是姬州吁的對手，只有智取。石碏智取姬州吁計畫的核心，就是「調虎離山」，想辦法誘使姬州吁離開他的大本營衛國，去了一個人生地不熟的地方，然後一舉擒之。至於把姬州吁騙到什麼地方，石碏想到了一個最合適的所在——陳國。

被弒的衛桓公姬完正是陳桓公媯鮑的外孫，姬州吁殺了自己的外孫，媯鮑對姬州吁恨之入骨，必欲除之而後快。當然，姬州吁也不是不知道陳桓公對自己的態度，但最終他還是聽從了石碏通過石厚轉達的建議，帶著石厚赴陳國轉一圈。

姬州吁成功奪位，大權在握，威福自專，但他還少了一樣東西，就是合法認證。根據制度，諸侯即位，必須得到周天子的承認，否則就是非法奪位，政治上非常被動。石碏設計，說陳桓公是周桓王身邊的紅人，「有寵於王」，只要陳桓公在周桓王面前美言幾句，就能拿到合法執照。姬州吁為了得到天下的承認，只好硬著頭皮去了陳國。

與其同時，石碏已經派出心腹人，搶在姬州吁之前趕到陳國，把自己的除賊計畫通告了鴆鮑，由於利益一致，二人一拍即合。雙方達成協議，只要姬州吁和石厚來到陳國，鴆鮑就立刻拿下姬州吁。

石碏始終堅持自己的士大夫情操，為國為民，儒之大者。雖然石厚是他的親生兒子，但由於石厚的「反動立場」，讓石碏對這個不爭氣的兒子由怨轉恨。而且石碏在給鴆鮑的請求中，明確指出，姬州吁和石厚二人合謀弒君。說明石厚在石碏的心中，父子之情已經斷絕。

事情辦得非常順利，姬州吁和石厚剛到陳國，還沒見過陳桓公，就被陳國的武士拿下，關進牢獄。鴆鮑的任務已經完成，接下來要做的就是把處置權交還給石碏，雖然鴆鮑知道石碏必殺此二人，但他還是想把髒水潑給石碏，自己落得一身乾淨。

接到鴆鮑的請求後，石碏沒有做任何猶豫，派出官員右宰醜去陳國殺掉了姬州吁，同時，石碏派出自己的家臣孺羊肩殺石厚於陳。這個細微的用人區別顯示了石碏的政治成熟，姬州吁是前國君，只能由衛國官員出面殺掉，而石碏是自己的兒子，可以家事處置。如果右宰醜和孺羊肩互換，那問題就非常嚴重了。

不清楚石碏總共有幾個兒子，也許就只有石厚這個獨子，但在私愛與公器的選擇中，石碏毫不猶豫的選擇了後者。「大義滅親」，是《春秋》對石碏以義滅子的肯定，「石碏，純臣也，惡州吁而厚與焉，大義滅親，其是之謂乎！」評價不可謂不高。

到了宋朝，許多士大夫對石碏的大義滅親高度讚賞，北宋人蘇軾對石碏也稱讚不已，在《論鄘寄倖免》中，蘇軾對石碏的殺子給予了非常高的評價：「石碏之子厚與州吁遊，碏禁之不從，卒殺之。君子無所譏，曰大義滅親。」

南宋人洪皓有詩：「惡吁及厚篤忠純，大義無私遂滅親。後代奸邪殘骨肉，屢援斯言陷良臣。」石碏以義誅州吁和石厚，後世每逢帝王廢嫡立庶，多以石碏事為史據，比如北魏孝文帝廢太子元恂，唐高宗廢太子李賢，但這並不是石碏的過錯。明人徐三重在《授芹錄》中也歌頌石碏的大義之行，「石碏以詭言殺州吁石厚弒逆之賊，春秋豈得非之哉！」

石碏殺子，並非石碏冷血無情，而是石碏拎得清私情與公器的輕重，想必石碏看到石厚的人頭時，心裡會非常悲酸，畢竟父子骨肉連心。明燕王朱棣攻進南京，以滅十族威脅一代大儒方孝孺，方孝孺眼睜睜看著親人故舊一個個慘死在他的面前，他始終不降。這樣的例子非常多，說明一點：真正人格獨立的士大夫，往往輕名而重義，身可死，子可殺，但是他們的政治操守是不會動搖的。

前面講的兩個故事，鄭莊公與母親的恩怨情仇，石碏大義滅親，因為被著名的古代散文選編《古文觀止》收錄，分列第一和第三篇，所以他們的故事為大眾所熟知。

下面講的晉國大夫祁奚，雖然他營救叔向的故事也被收錄進《古文觀止》，但此事卻是發生在祁奚「內舉不避親，外舉不避仇」之後。祁奚以國事為重，先後推薦自己的仇人解狐和兒子祁午出任高級軍職中軍尉的故事，千載之下，仍然讓人非常感動，所以接下來講講祁奚的坦蕩胸懷。

祁奚，實際上應該稱為姬奚，字黃羊，因為他的封地在祁地，所以世稱為祁奚。祁奚出身非常高貴，他是晉獻公姬詭諸的玄孫，正宗的金枝玉葉。嚴格意義來說，祁奚應該劃為宗室貴族，不過士大夫階層是開放式的，只是言行舉止符合士大夫的價值觀，都可以算進來。

當然，祁奚的政治起點遠高於一些出身普通的大夫士，從史料中第一次出現祁奚的名字時，他就已經是晉國的中軍尉了。春秋兵制，天子六軍，諸侯三軍，分為上軍、中軍和下軍，中軍尉是中軍的主將，也稱為元尉。

祁奚有能力，有人品，懂得謙和讓人，又兼是晉國公族（即宗室），所以很受晉悼公姬周的器重。不過祁奚卻在任官多年後，突然向姬周請求辭掉中軍尉的職務，回家養老。

按春秋禮制，人生七十歲而稱老，這也是官員退休的年齡。可祁奚生於西元前六二〇年，到此年，祁奚也只有五十歲，遠不及致仕年齡。而上文提到的祁奚營救叔向，已經是十幾年後的事情了。祁奚辭官的具體原因已經於史無考，推測一下，最大的可能是祁奚已經厭倦了官場生活。在官場中混，表面上風光無限，但容易人紅事非多，不如撂挑子，落得一身輕閒。

從史料的記載來看，晉悼公姬周並沒有挽留祁奚，但這並不能說明姬周輕視祁奚，因為接下來姬周給了祁奚一個巨大的榮譽。姬周把下一任中軍尉的選擇權交給了祁奚，只要祁奚說出人選，姬周一定會無條件答應。

不過當祁奚說出「解狐」這個名字時，卻讓姬周吃了一大驚，祁奚莫非瘋了，怎麼會選擇解狐？晉國高層都知道，祁奚和解狐之間有很深的仇恨，具體什麼仇恨不清楚，但一定會是刻骨銘心的仇恨。

對祁奚推薦仇人解狐的這段歷史，《左傳》只用了一句話帶過，語焉不詳。其實這很好理解，國君讓祁奚推薦的是下任中軍尉的人選，這是國家用人大事，並非個人家事。祁奚公私分明，對解狐的痛恨並不影響祁奚對解狐能力的認可，仇人未必皆飯桶，親人未必皆幹才。

首先要承認，官員也是人，也有七情六欲，喜怒哀樂，當一個人走進官場，他的私人身分和官方身分是幾近重疊的。官員犯罪，特別是貪污罪，往往是因為當事官員沒有分清公利與私欲的邊界，把官場當成菜市場，擺攤做買賣，批零兼營，公器私用，大肥腰包。

祁奚很好的把握住了公利與私欲的邊界尺規，祁奚是晉國公族，從這個角度講，晉國的安危也事關祁奚本人的利益。所以他推選解狐，只是站在晉國的利益立場上看問題，和私人仇怨毫無關係。

古往今來，在官場上撈飯吃的官員無數，但真正能做到祁奚這樣舉賢不避仇的並不多。面對官場中的仇人，挖坑埋雷、落井下石的不可計數。人品稍好些的，也不過冷眼旁觀，黃鶴樓上看翻船。

祁奚更為難得的一點，是他明知道他推薦解狐後，解狐有可能利用新獲得的權力對他進行打擊報復，祁奚依然沒有改變自己的選擇。不清楚解狐為人如何，但祁奚卻只在乎公器的利益，他相信解狐的能力可以於國家有所裨益。至於解狐會不會打擊報復他，那是另外一個概念。

祁奚克制住自己對對解狐的私仇，為國家社稷著想，力薦解狐。早在春秋時，就有一種說法，認為祁奚推薦解狐出任中軍尉，是想通過此舉向解狐獻媚，化解二人的私怨。以祁奚的行事風格來看，他完全沒有必要這麼做，《左傳》作者左丘明也稱讚祁奚「稱其仇，不為諂。」

劇情發展到這裡，一段感人肺腑的故事應該結束了，實際上這才僅僅是個開始，精彩的還在後面。

極富戲劇性的是，解狐天生就沒有當中軍尉的命。晉悼公姬周被祁奚深深感動後，已經同意了讓解狐出任中軍尉，委任狀剛發下來，解狐就突然去世了。

解狐死了，中軍尉的職務再度空缺，晉悼公姬周在惋惜解狐薄命的同時，再次讓祁奚推薦合適的人選。之前祁奚推薦仇人解狐讓姬周震驚，而這次的人選再次讓姬周驚掉了下巴，因為祁奚力薦的第二位中軍尉人選名叫祁午，是祁奚的親生兒子。

官場上歷來都有迴避原則，推薦或安排自己的親朋好友出任重要職務，很容易被人認為是結黨營私。官場就是戰場，身邊沒幾個心腹幫手，就敢在官場上蹚渾水是非常危險的。祁奚的兩次推薦人選讓所有人感到莫名驚詫，祁奚在搞什麼？先推薦仇人，後推薦兒子，從一個極端跳到另一個極端。

祁奚推薦兒子祁午出任中軍尉，道理和推薦解狐一樣的。解狐因為有才幹，雖然他是祁奚的仇人，祁奚以國事為重，推薦解狐，這就是祁奚的邏輯。同理，祁奚認為解狐能勝任中軍尉，值得推薦，祁午同樣可以勝任，所以祁奚不避嫌疑，推薦兒子。

很多人評價祁奚這兩個舉動時，都會突出了解狐、祁午之於祁奚的關係，一個是仇人，一個是兒子。實際上祁奚在推薦二人時從來沒有考慮到這一層關係，當他推薦人選時，解狐和祁午的身分只是國家公務人員，至於仇人和兒子，那都是私人感情問題，不會影響祁奚對國家大事的判斷。

晉悼公讓祁奚推薦中軍尉的人選，是國家大事，雖然姬周知道解狐、祁午和祁奚的關係，但那都是私人問題。姬周只問公事，祁奚自然也要把自己的角色限定在公事範圍內。

推薦仇人，祁奚可以給人留下胸懷豁達的印象，推薦兒子，卻很容易抵消祁奚推薦解狐時獲得的印象分。祁奚當然清楚其中的利害，但祁奚在這兩次推薦時都坦坦蕩蕩，沒有任何私心。

其實除了對祁午「舉賢不避親」之外，祁奚同時還推薦了已經病故的中軍尉副官羊舌職的兒子羊舌赤接任其父的職務。祁奚的理由依然非常簡單：羊舌赤能勝任中軍尉副，這與他是羊舌職的兒子毫無關係。如果因為單純的迴避制度，而造成人才的重大浪費，對政權來說是得不償失的。

公職人員的自我身分界定，是對其政治品格的重要考量標準。多數人在進入官場中，經不起利益的誘惑，放棄自己的人格操守，徇私枉法、拉幫結派已成常態。在這種情況下，祁奚的坦蕩胸懷尤其難能可貴。

六、齊國文姜亂倫殺夫事件始末

前幾篇主要講了鄭莊公姬寤生，以及衛國（石碏）、晉國（祁奚）的事情，接下來把鏡頭轉向地處黃海之濱的齊國。

西周建立後，對姬姓宗室子弟大行分封，天下諸侯半數姓姬，而且都封到了肥地。比如周武王弟姬旦（即周公）封在魯國、弟姬鮮封在管國、弟姬度封在蔡國、弟姬封封在衛國，周武王子姬虞封在晉國，即使是姬姓旁支召公姬奭也封在燕國。

姬姓之外也有許多分封，但無論是楚之熊氏、秦之嬴氏，都封在當時遠離中原文明的邊荒地區，算不上是肥封。在外姓諸侯國中，唯一自西周創建以來就算得上大國的，只有齊國。

說起齊國的首位君主，可以說是大名鼎鼎，婦孺皆知，就是直鉤釣來周文王，輔佐周武王滅商得天下的太公姜子牙！

姜子牙在歷史上的知名度不用多介紹，可以說有多少人知道諸葛亮，就會有多少人知道姜子牙。一部《三國演義》成就了諸葛亮的千秋盛名，一部《封神演義》也成就了姜子牙的萬古不朽之名。如果說諸葛亮是蜀漢建立的第一功臣，姜子牙就算得上是姬周滅商的第一功臣，無論是在當時，還是在後世，這一點都沒有太大的爭議。套用現在的政治語言，姜子牙是偉大的政治家、軍事家、思想家，他在西周王朝從小到大、從弱到強的的事業進程中建立了不朽的功勳。

基於此，武王滅商後，把姜子牙封在齊國，史稱「齊太公」。這位齊太公自己豐富的政治智慧運用到齊國的政權建設上，「修政，因其俗，簡其禮，通商工之業，便魚鹽之利，而人民多歸齊，齊為大國。」

從姜子牙到春秋初期，傳了十三代齊侯，齊國幾乎沒有鬧過太大的動靜，但情況到了齊僖公姜祿甫（也稱「齊釐公」）發生了變化。姜祿甫即位於西元前七三〇年，卒於西元前六九八年。在姜祿甫統治時期，他經常跟著春秋小霸姬寤生在江湖上闖蕩，也混出了一些知名度。鄭莊公姬寤生「春秋小霸」的盛名在外，實際上與姬寤生同時代的還有一個春秋小霸，就是齊僖公姜祿甫。

姜祿甫在政治上有所作為，而後世記住他，不是因為他的所謂春秋霸業，而是他那幾個成為「人中龍鳳」的兒女。這幾位活寶把本來好端端的春秋歷史搞得烏煙瘴氣，一地雞毛，其荒唐、荒謬程度比周鄭交惡有過之而無不及。

姜祿甫生有一個兒子，就是日後繼承君位的齊襄公姜諸兒，以及兩個女兒：宣姜、文姜。宣姜的故事特別精彩，先嫁給衛國太子姬伋子，但被在位的衛宣公姬晉看中，強行搶過兒媳婦，立為夫人。

宣姜拋棄丈夫，轉投公公懷抱，後來又嫁給了宣公的兒子姬頑，生下一堆女兒，已經讓人驚掉了下巴，但她的妹妹文姜的亂倫「事業」比她更上一層樓，「事蹟」也更為驚人。宣姜亂倫只是在外姓父子，而文姜亂倫則是和自己的親哥哥姜諸兒！

姜祿甫真是前世修來的好福分，兩個寶貝女兒在嫁為人婦後，大搞亂倫八卦。說來奇怪，但凡是姜氏諸侯國的宗女嫁到國外後，幾乎都鬧出過大動靜。除了武姜沒有亂倫及私通外，其他諸姜幾乎都有，比如宣姜和衛宣公父子、文姜和兄長齊襄公、哀姜和丈夫的兄長慶父、齊姜與晉獻公父子。

我們都知道文姜後來嫁給了魯桓公姬允，成為魯國國母。實際上文姜在姬允之前，是許過婆家的，只是後來被準夫婿退了貨，這才轉了二手，去了魯國。

文姜的準夫婿名叫姬忽，姬忽在歷史上名氣不大，但姬忽的父親是我們再熟悉不過的大人物，就是前幾篇的主人公——鄭莊公姬寤生。姜祿甫之所以要把女兒嫁給鄭國公子，應該是他看到鄭國國勢如日中天，而姬忽將來會繼承鄭國君之位，所以把想女兒嫁給姬忽，提前在鄭國內部插個釘子。

不知道出於什麼原因，姬忽決定放棄這門親事，理由是鄭是小國，齊是大國，他高攀不上，這就是著名成語「齊大非偶」的由來。以當時齊鄭兩國的國力來看，鄭國絕不遜於齊國，姬忽說齊強於鄭不過是個藉口。

推測一下，姬忽悔婚，最有可能的一個原因，就是他可能已經風聞到了文姜和其兄姜諸兒之間的「閨房密事」。被扣了綠帽子的姬忽不想娶進這個掃把星，一怒之下放棄了文姜。

鄭國退掉了婚事，總要給女兒尋個婆家，姜祿甫把主意打到了鄰居魯國的頭上，魯國君主就是魯桓公姬允。這位魯國第十五位君主可不是一個省油的燈，他本是魯隱公姬息姑的弟弟，為了奪得君位，與公子翬合謀，一刀做掉姬息姑後，姬允大模大樣的繼位。

文姜色藝雙絕，卻被退貨，而姬允對文姜卻非常中意，你不要，我要。西元前七〇九年，姬允親自跑到齊國，和姜祿甫在嬴（今山東萊蕪附近）碰頭，商量迎娶文姜過門事宜。

文姜和兄長姜諸兒暗中保持情人關係，做為父親，姜祿甫應該是知道的，但家醜不可外揚，與其讓齊公室蒙羞，成為天下人的笑柄，不如趁早拆散這對野鴛鴦。齊魯雙方達成協議後，公子翬以特命全權大使的身分，代表姬允去臨淄迎娶文姜。

按當時禮制，國公的同生姐妹出嫁外國，應該由該國上大夫陪送，如果是國君之女，則由下大夫陪送。而文姜出嫁魯國，卻是由姜祿甫親自陪送的，此舉在當時引發了很大的爭議。姜祿甫和姬允都談了些什麼，不得而知，但能肯定的是，姜祿甫不會把兒女亂倫的事情告訴女婿，否則老臉往哪擱？

從歷史記載來看，姬允是非常疼愛文姜的，夫婦二人和敬有禮，舉案齊眉，小日子過得有滋有味。在婚後的第四年（西元前七〇六年）九月，魯公夫婦的第一個兒子來到人間。因為兒子和自己的出生日期相同，所以姬允給兒子起名為姬同，這就是後來著名的魯莊公。

如果生活能這樣平淡而幸福的過下去，對文姜來說未必不是件好事。她和兄長之間的那段感情太不正常，從姜諸兒那裡，她能得到肉體與靈魂的雙重快感，但她不會感受到夫婦和敬的快樂。這段所謂感情一直處在地下，會對文姜的性格造成很大的負面影響，進而變得壓抑，甚至發生扭曲。

自嫁到魯國後，文姜就和兄長很少有機會見面了，時間會沖淡掉曾經的海誓山盟，文姜也應該斷了對兄長的非份之想。但當魯桓公十四年（西元前六九八年）十二月二日，父親姜祿甫去世、兄長諸兒即齊侯位的消息傳到曲阜時，文姜又彷彿感覺到了冥冥之中，她和兄長之間，又將要發生什麼。

愛情就像鴉片煙，一旦上癮，根本拔不出來，文姜就是如此。她和兄長之間的「愛情」故事，經歷了十多年的沉寂，文姜對亂倫的欲望不但沒有轉淡，反而越來越強烈。恪守婦道十年，對文姜來說只是火山爆發前可怕的寂靜。

魯桓公十五年，姬允和自己的大舅哥姜諸兒在艾（今山東萊蕪東）舉行齊魯領袖級會談，商談的議題是如何平定許國之亂。史料並沒有記載文姜是否跟著丈夫去見兄長，從後來魯大夫申繻的勸諫來看，文姜應該沒有出行。但姜諸兒不會忘記這個和自己曾經有過一段不倫之戀的妹妹，與姬允的談話中，姜諸兒有可能會向姬允詢問妹妹的近況。

姜諸兒想妹妹想得眼都綠了，但禮法森嚴，春秋時規定「男女之別，國之大節」，姜諸兒也不敢輕易逾制。思念是一種無解毒藥，越想越難受，簡直如百爪撓心。如何能讓姬允帶著妹妹來見自己，這是擺在姜諸兒面前最重要的一個問題。

也許是機緣巧合，也許是姜諸兒的刻意安排，在他即位後的第三年（西元前六九六年），姜諸兒準備迎娶周莊王姬佗（周桓王姬林的長子）的妹妹做夫人。然後，姜諸兒以此事為藉口，請魯公姬允來齊國替他主婚。

如果是國家公事，姬允可以不帶夫人前來，但這是個人私事，又是姬允的大舅哥結婚，於情於理都應該帶上文姜。但從魯國大臣強烈反對文姜赴齊的態度上來看，姬允本人似乎並不想帶文姜去齊國，多一事不如少一事。

大夫申繻反對的理由非常明確：「女人嫁夫，男子娶妻，所謂男女授受不親，不再有私相往來，這是禮法的規定。如果國君執意帶夫人前去，必生禍亂。」細測申繻的話，估計申繻已經知道文姜和姜諸兒之間的精彩故事，就差直接把話挑明了。

姬允不是傻子，申繻的話中話，他當然聽得出來，但姬允最終還是帶文姜上路去見姜諸兒。個中原因，《左傳》沒有交代，《公羊傳》和《穀梁傳》對此事卻有一些記載。從其中的蛛絲馬跡不難看出，姬允此行，基本上可以認定是被文姜「綁架」過去的。

如果按傳統慣例，姬允攜夫人出行，應該寫成「公與夫人姜氏如齊」，文姜的地位應該低於丈夫。而《公羊傳》、《穀梁傳》均記載為「公、夫人姜氏遂如齊。」把文姜放在此句記載的主體地位，與姬允並列，就很能說明問題。

這個「遂」字用的很巧妙，「遂」的字面意思是「終於能」，姬允以魯公身分去見齊侯很正常，用不著做什麼努力，這只是說明特別想見姜諸兒的正是文姜本人。

《穀梁傳．桓公十八年》還有這麼一句話：「以夫人之伉，弗稱數也。」意思是文姜處事霸道，對魯公傲慢無禮。《穀梁傳注疏》也記載「夫人驕伉」，說明姬允已經失去了對文姜的控制。文姜在私下不知道用了什麼手段，強迫老公帶她去齊國，姬允應該是反對過，但沒有成功。

姬允想必已經知道了文姜和姜諸兒那些拎不上桌面的風流故事，他明知道此行去見姜諸兒，難保文姜不會舊情復發，再和姜諸兒亂搞一腿。但來自文姜的壓力又讓姬允感到窩火，同時又無可奈何，他唯一能做的，就是祈禱什麼事情都不要發生，好去好回。

姬允與姜諸兒會面的地點在濼（今山東濟南西北），雖然史料上沒有記載，但完全可以推想出，當姜諸兒和文姜碰面的時候，二人的心中會激盪出怎樣的浪花。這就好比妻子帶上丈夫去見舊情人，妻子當著丈夫的面對舊情人投懷送抱，把一頂綠帽子扣在丈夫的腦袋上。丈夫成了電燈炮，燃燒自己，照亮情敵，這是多麼讓人尷尬和憤怒的事情。

當姬允已經意識到帶文姜此行是個巨大的錯誤時，錯誤已經不可避免的發生了，應了那句老話：「該來的，遲早會來」，躲是躲不掉的。有一次，文姜外出，雖然理由千奇百怪，但姬允知道她是去幹什麼的。果然兄妹二人一見面，乾柴烈火一點就著，立刻寬衣解帶，紅綃帳中成了好事。

對於一個已婚男人來說，野男人和自己的老婆通姦，是件極傷尊嚴的事情，沒有哪個正常的男人願意綠帽子。姬允對文姜本來抱有希望的，他希望文姜能懸崖勒馬，戒掉「毒」癮，好好跟他過日子。

文姜帶著雙重滿足回到姬允的駐地時，已經忍無可忍的姬允，對著坐在銅鏡前自我欣賞的文姜大發雷霆，咆哮之聲震動瓦屋。維繫夫妻感情的最重要紐帶，就是忠誠，特別是在男權社會裡高端女人對感情的背叛，必然會在政治上造成很大負面影響，甚至直接改變歷史發展進程。

雖然姬允得國不正，但他對文姜的感情確實是非常真摯，當年姬允接納在江湖上幾乎無人問津的文姜，從某種角度講，是在拯救文姜。不過文姜從來沒有這麼認為，她甚至認為是姬允破壞了自己和兄長的甜蜜愛情。如果讓文姜自己選擇的話，她一定會選擇留在齊國，與兄長長相廝守。

正是出於這種心態，文姜對姬允毫無好感，更多的是憎惡。在文姜的潛意識中，兄長才是她的丈夫，此生最可託付的人，姬允不過是個同床的路人。姬允衝著文姜發脾氣，不但不能改變文姜的執迷不悟，反而激化了這種文姜對他的憎惡之情。對姬允懷恨在心的文姜在丈夫這裡挨了罵，轉身就去找她的姘頭姜諸兒，把自己受的「委屈」全都倒了出來。

歷史上還有一個相似的例子，就是南朝宋前廢帝劉子業和自己的姑媽劉英媚之間的亂倫故事，劉子業為了長久霸佔姑媽，毒死了姑父何邁。但劉英媚深愛自己的丈夫，對自己和侄子的亂倫深以為恥，只不過畏於強權，不敢反抗而已。

相比之下，文姜的行為尤為惡劣，這是一齣紅杏出牆被揭穿後，對受害者反攻倒算的人倫鬧劇。為了捍衛她所謂的愛情，她不惜在錯誤的道路上越走越遠，直到釀出一場駭人聽聞的政治變局。

話題再回到姜諸兒身上。老話說：「一個巴掌拍不響」，文姜再怎麼折騰，如果沒有姜諸兒的配合，事情也不可能發展到不可收拾的地步。姜諸兒可不是一盞省油的燈，為了鞏固自己的權力，和堂弟公孫無知勾心鬥角，最終導致齊國大亂，二公子爭位，齊國差點跌入萬劫不復的深淵。

以姜諸兒的地位，什麼樣的女人他得不到？偏偏喜歡自己的同胞妹妹。以姜諸兒的本意，如果不是封建禮教所束縛，他都敢立文姜為夫人，這種事情他絕對能做得出來。

和文姜一樣，姜諸兒對姬允也有一種莫名的憎惡，他始終把姬允當成自己不共戴天的情敵。正在這種非理性情緒的推動下，再加上文姜的哭訴，讓姜諸兒咬牙決定：做掉姬允，然後和文姜做一對長久的露水夫妻。

姜諸兒明知道殺掉姬允會引發不可預知的外交麻煩，但他還是義無反顧地做了，原因應該有二：

一、他深愛著自己的妹妹，不能容忍妹妹受「欺負」，雖然明明他勾搭人妻在前。

二、自持齊國實力強大，殺掉姬允，魯國也不敢把自己怎麼樣。

特別是第二點，是姜諸兒敢於下黑手的主要原因，自古強權即真理，有了槍桿子，即使所有人罵自己，又能改變什麼？鄭莊公姬寤生與天子交惡，甚至箭傷天子，依然不影響鄭國的小霸事業。

自古殺人有罪，但強者無罪，出於這種考慮，姜諸兒理直氣壯地幹起了這票殺人買賣。其實這個故事的情節其實很老套：淫婦不喜歡自己的丈夫，和姘頭密謀，殺死丈夫。

我們都知道名著《水滸傳》中有西門慶和潘金蓮謀殺武大郎的精彩故事，施耐庵以他的如花妙筆，把這段故事寫得跌宕人心，是《水滸》最經典的橋段之一。對比一下，不難發現，西門慶、潘金蓮謀殺武大郎，幾乎就是全盤照抄姜諸兒、文姜做掉姬允的情節。唯一不同的是，在這兩場情殺案中，文姜主動出手謀殺親夫，而潘金蓮則是被動的謀殺親夫。潘金蓮淫則淫矣，但未必毒辣，文姜則是「五毒俱全」。

西門慶很狡猾，他雖然策劃謀殺，但卻是唆使潘金蓮給武大郎灌下毒藥，而姜諸兒乾脆親自披掛上陣，置情敵姬允於死地。事情發生在西元前六九四年四月十日，姜諸兒打著國宴的幌子，請姬允赴宴。

當時沒有「鴻門宴」一說，但明眼人都能看出來，姬允此次赴宴，肯定與文姜亂倫一事有關係。不過姬允雖然想到了文姜會把自己發脾氣的事情捅給姜諸兒，但他不相信姜諸兒敢冒天下之大不韙，會對魯公下毒手。

姬允對姜諸兒和文姜的性格都不是很了解，這對「姦夫淫婦」為了他們所謂的愛情，是什麼事情都能做得出來的。而且姬允也忘記了當年自己是如何殺兄奪位的，他自己做事心狠手辣，卻希望別人發善心，豈非荒唐。

這場「鴻門宴」的結局沒有任何意外，姜諸兒先是用甜言蜜語打消姬允的戒防心理，然後勾肩搭背，稱兄道弟，把姬允忽悠得找不著北。等姬允已經醉得不省人事時，姜諸兒給守候在旁邊的大力士彭生遞個眼色。彭生心領神會，把如同一灘爛泥的姬允抱進了魯國公的專用馬車，在車上，彭生「拉殺」了姬允，就是折斷肋骨，姬允慘叫吐血而亡。

姦夫姜諸兒一直在不遠處等待著彭生的好消息，而淫婦應該不在現場，但以她對姬允的刻骨仇恨，當她得知姬允死訊時，可以想像到她的慶祝方式是何等的誇張。

姬允的死，也就意味著姜諸兒可以和文姜長相廝守了，但來自魯國強大的外交壓力，也迫使姜諸兒不得不做出一些虛假的姿態，以緩解魯國的憤怒。打手彭生為主人辦完了事，還沒來得及數賞錢，就被姜諸兒殺掉了。

殺彭生，是魯國對齊國提出的唯一要求。魯人知道桓公之死，是姜諸兒的傑作，但懾於齊國強大的實力，魯國不敢提出「更過分」的要求，只好退而求其次，殺彭生洩憤。

魯國突遭這種彌天大禍，而天下皆知桓公死因，如果不對齊國施加一點壓力，以後還有什麼臉面在江湖上混跡？這就是魯人所說的「無所歸咎，惡於諸侯。」

姜諸兒遠比西門慶幸運，因為他是大國之君，魯人奈何他不得。西門慶雖然在陽穀縣勢力大，但奈何武松是個楞頭青，一刀就把他宰了。而文姜之所以沒有落得潘金蓮身首異處的下場，原因有二，一是她背後站著齊侯姜諸兒，二是因為她是新任魯公姬同（即魯莊公）的親生母親。

特別是第二個原因，雖然姬同痛恨自己的母親，斷絕了母子關係，但在文姜回到魯國辦事期間，姬同並沒有加害母親。估計是文姜受不了兒子的冷眼，在魯莊西元年的三月，文姜裹著金銀細軟，乘車狼狽逃回齊國。

如果唯心一些講，魯桓公姬允的被殺，不過是在為當年他殺害隱公還冥債，也算得上「死有餘辜」，但魯國世系自桓公以下，皆是姬允的子孫。所以魯國史家對文姜殺害桓公一案耿耿於懷，極力將文姜描繪成一個萬惡不赦的淫婦。

《左傳．莊公二年》記載文姜在禚（今山東長清西）幽會時，用了一個特別刺眼的「姦」字。《左傳》作為一部正史，書中卻記載了大量社會上流人物的八卦故事，如婚外戀、養小三、兄妹亂倫、公媳亂倫，甚至還有祖母和孫子的亂倫。

作為最有名的春秋八婆之一，文姜的「精彩故事」讓後人驚歎，《左傳》自然不肯放過這個絕好的題材。何況文姜和魯國有世仇，自然會極盡醜化之能事。文姜和姜諸兒的每次幽會，《左傳》都會記錄在案。

從魯桓公被殺，到姜諸兒後來在齊國內亂中被殺，前後相隔八年。在這八年中，《左傳》共記錄文姜和姜諸兒幽會五次，每次記載都筆帶辛辣，極力挖苦。這一次記載文姜請姜諸兒共赴宴會，共用二人甜蜜世界，下一次記載文姜竄到齊國軍隊中見齊侯通姦。

歷史是男人寫的，特別是封建禮教極為森嚴的春秋時期，文姜的行為嚴重違反了當時人共同遵守的行為約束，她在史書被抹黑也就不足為怪。「天作孽，猶可恕；自作孽，不可活。」文姜在歷史上留下千古罵名，是她自找的，不值得同情。

路是自己走的，坑是自己跳的，怨不得別人。

七、一個西瓜引發的血案——齊國宮變

接著上一章，繼續講齊國的話題。

由於兄妹亂倫事件，讓齊襄公姜諸兒在八卦史中出盡了鋒頭，歷史也牢牢記住了這位另類的齊國君主。在歷史上，像姜諸兒以八卦花邊聞名的帝王還有不少，比如明憲宗朱見深。朱見深在位二十三年期間的政治作為，早已經淹沒在發黃的舊紙堆中，但人們卻對他和萬貞兒的愛情耳熟能詳。

姜諸兒的人生和朱見深非常的相似，總結起來有兩點：

一，他們都是愛情世界的偏執狂，他們的另類愛情故事不為世人所理解。

二，他們在童年時都受到父輩不公平的對待。朱見深的父親明英宗土木堡兵變被瓦剌俘虜，叔父朱祁鈺即位，朱祁鈺廢掉朱見深的太子位，貶居冷宮。姜諸兒的叔父夷仲年早死，留下一個兒子姜無知，而姜諸兒的父親姜祿甫特別疼愛姜無知，允許姜無知享受太子待遇，讓姜諸兒在感情上受到了嚴重傷害。姜諸兒和朱見深的嚴重偏執症，應該是受到了童年陰影的影響。

不過，二人仔細比較的話，會發現朱見深接人待物的性格要比姜諸兒寬厚一些。叔父朱祁鈺那麼薄待他，他依然能以德報怨，給叔父上尊號，並給父親英宗的「仇人」于謙平反洗冤。明朝有兩個被隱藏的盛世，一個是明孝宗弘治盛世，一個就是明憲宗的成化盛世。

朱見深追求另類的愛情，但並沒有亂傷無辜。而姜諸兒為了滿足私欲，不惜大開殺戒，做掉了妹夫姬允，在歷史上臭名遠揚。都說童年的不幸會影響到一個人的一生，這話很有道理，姜諸兒在即位後，變得敏感而多疑，甚至是窮兵黷武，正是這種內心沒有安全感的外在表現。

雖然姜諸兒和妹妹亂倫的事情為世道所不容，但換個角度看，姜諸兒略顯平庸的性格中卻隱藏著一股剛狠強戾之氣，他想做的事情，不惜代價也要做到。至少姜諸兒懂得一個道理，在亂世中混江湖，一定明斷果決，做事不要拖泥帶水。

當姜諸兒還在做太子的時候，堂弟姜無知因為受到僖公的寵愛，在官場上的地位急驟上升，嚴重威脅到了姜諸兒的政治地位。如果任由姜無知在官場發展自己的勢力，姜諸兒不知道什麼時候就會被薄情的父親拿掉，立姜無知為太子。

從小一起長大，姜諸兒太了解姜無知的性格，這也是個睚眥必報的狠角兒。一旦讓姜無知騎到自己頭上拉屎撒尿，姜諸兒會死得很慘，對於這一點，他堅信不疑。

正因為如此，姜諸兒為了保住自己的太子地位，不得不和姜無知展開殘酷的政治鬥爭。二姜之爭，讓我們很容易就想到了歷史上另外一例著名的奪嫡之爭，就是曹操的兩個兒子，曹丕和曹植幾乎見血透骨的政治決鬥。

姜諸兒在失寵之後的悲涼心情，曹丕最有體會，作為最有資格繼承大位的公子，卻不得不接受來自弟弟的嚴重挑戰。姜諸兒的性格和曹丕非常相似，都是表面波瀾不驚，實則陰狠剛戾的人物。而姜無知和曹植自持受到君主寵愛，根本不把兄長放在眼裡，步步緊逼，步步驚心。

由於史料所限，姜諸兒即位前和姜無知的奪位之爭幾乎沒有記載，但從曹丕防守的慘烈程度上可以推想出姜諸兒當時的困難。曹丕之所以能取得最終的勝利，原因不外三點：

一、曹丕做人低調，從不表現出對世子嫡位的渴求，一切隨遇而安，這贏得了曹操的好感。

二、曹丕積極拉攏曹操身邊能說得上話的大員，比如拉攏鬼才賈詡，賈詡果然替曹丕美言，幾乎是賈詡一言之力，助曹丕上位。

三、曹植不斷犯下讓曹操憤怒的愚蠢錯誤。

曹丕一直不太受曹操的寵愛，姜諸兒同樣如此。姜祿甫喜歡侄子姜無知的原因，不得而知，估計是姜無知平時接人待物嘴甜勤快，還有可能有些文學上的才華，這才壓倒了堂兄姜諸兒，距離齊侯的大位僅一步之遙。

在奪位的競賽中，姜無知已經將姜諸兒遠遠甩在身後，但當姜祿甫大限將至的時候，他還是把齊侯的位子傳給了姜諸兒，姜無知空歡喜一場。究其原因，應該是有齊國的重臣勸說姜諸兒不要廢子立侄，只是史料無載而已。

這個道理能說得通，侄子再親，也不是自己親生的。如果姜無知繼位，他會不會視姜祿甫如父都是個疑問，姜諸兒再不討自己的歡心，總是自己的親生兒子，將來傳承自己這一脈的香火，還得靠姜諸兒。

姜諸兒有驚無險的得到了他做夢都想得到的東西，接下來他需要做的，就是打擊報復自己的政敵姜無知。不要說姜諸兒心胸狹窄，在任何時代，勝利者都有權利懲罰失敗者，不過手段輕重而已。千古一帝唐太宗殺兄屠弟之後，將十個侄子全部殺死，相比之下，姜諸兒的手段文明了許多。

姜諸兒對姜無知的報復，實際上只是剝奪了姜無知之前享受的太子待遇，嚴格來說，這都算不上打擊報復。天無二日，國無二主，姜諸兒身為齊侯，不能再讓國中出現另外一個統治中心，換了誰當統治者，都做不到這一點。

父位子承，齊侯的位置本來就是姜諸兒的，結果半路殺出個姜無知，差點搶走姜諸兒的蛋糕。從人性惡的角度講，姜諸兒有無數個理由處死姜無知，而且也不存在技術手段問題，看看魯桓公姬允和彭生是怎麼死的就知道了。

姜諸兒具有典型的外狠內柔性格，對外人如冬天一般冷酷，對自己人如春天一般溫暖。姜無知妄想得到本不屬於他的東西，姜諸兒對他還講些兄弟情面，沒有大開殺戒。但即便如此，姜無知對自己失去特殊的政治待遇依然懷恨在心，在他的潛意識中，他既然無限接近了太子之位，那麼他就有資格繼承齊侯之位。

話是這麼說，但當姜諸兒逐漸鞏固統治時，姜無知沒有任何機會下手奪權，只能心字頭上一把刀——忍！自己窩在老鼠洞裡，看到敵人風光無限，這種痛苦的煎熬滋味是用語言無法表述的。

從《史記．齊世家》的記載來看，姜無知出現在姜諸兒即位後的歷史舞臺上，主要有兩個時間段。一是姜諸兒即位之初，二是姜諸兒即位的第十二年，也就是說，姜無知整整忍了十二年。雖然史料有限，不過從邏輯上判斷，姜無知在這十二年中不會做出格的事情，他依然在忍，同時在等待報復的機會。

關於姜無知的性格，史無詳載，但面對強勢的敵人，一忍就是十二年，這不是輕易可以做到的。特別是襄公四年，姜諸兒設計害死了魯公姬允，但魯國依然對姜諸兒畢恭畢敬，這一點應該對姜無知產生了很大的刺激。男人有權有勢有美女，殺人還不受追究，這正是姜無知所追求的人生。對姜諸兒的風光無限，姜無知只有羨慕、妒忌、恨。

同樣是忍，姜無知和後世的勾踐有所區別，勾踐雖然給夫差當馬奴，吃糞便，但後來勾踐回到越國，有自己的政權和軍隊。而姜無知什麼都沒有，無權無勢，即使姜無知暗中和齊國官僚階層往來，也不敢明目張膽。再者，對齊國官僚上層來說，跟著齊侯，富貴等身，誰會和受國君猜疑的落魄公子混在一起？此時的姜諸兒還沒有犯下明顯的錯誤，統治一如既往的穩固，讓姜無知絲毫看不到翻身的希望。

姜諸兒的統治到了第十二年，突然出現了朝著姜無知有利的方向發展的轉機。

姜諸兒不算是個明君，也不是算是個十足的昏君，他更準確的歷史定位是中庸之主。這類帝王在執政時有個明顯的特徵，就是政治上基本不犯錯，生活中小錯不斷。但話說回來，帝王的家事就是國事，私生活中的一些不太為人所注意的細節往往被歷史的放大鏡放大，直到釀出影響歷史發展進程的變局。

細節決定成敗，這話說的很有道理，特別是位高權重的人物，平時都把精力放在大事上，所以他們最容易在一些小問題上犯下不可思議的低級錯誤。

最典型的就是明世宗朱厚熜，朱厚熜守國有成，但性格過於偏執，好仗勢凌人，下人經常被他責打，最終惹出駭人聽聞的「壬寅宮變」，朱厚熜差點被憤怒的宮女用繩子勒死。

姜諸兒文治平庸，但武功還算不錯，在江湖上拎刀亂砍，和鄭、衛等國四處結盟拜把子。在姜諸兒治下，齊國國勢雖不說是如日中天，也算得上是穩健發展。但姜諸兒沒有朱厚熜那麼幸運，同樣是下人作亂，朱厚熜逃過一劫，姜諸兒卻萬劫不復。

姜諸兒被殺的原因，按這幾年流行的文藝範說法，就是「一個西瓜引發的血案」。西瓜是不會殺人的，姜諸兒之死，是因為姜諸兒把瓜當成忽悠大臣的工具，結果大臣被他惹毛了，一怒之下，做掉姜諸兒。

被姜諸兒戲耍的大臣就是齊國大夫連稱和管至父，在姜諸兒出事的前一年或前兩年，他們被國君派到葵丘（今山東臨淄西）駐守。雖然說葵丘距離齊都臨淄不遠，但畢竟不如國都錦繡繁華，沒人願意去外面喝風受苦。

從《左傳》所載相關資料的字面意義來推測，連稱和管至父是不想駐外的，雖說君命難違，但他們應該是向姜諸兒表達過自己的不滿。為了平撫二人的不滿，姜諸兒也做了妥協，與二人達成了一個口頭協定。

因為二人是在當年七月瓜熟時節被派駐葵丘的，姜諸兒做出承諾：你們只在葵丘駐守一年，等到明年瓜熟的時候，寡人就把你們調回臨淄。連稱和管至父覺得一年很快就會過去，也就痛快地的答應了。老話說：「君無戲言」，因為君主的權威，一言九鼎，讓連稱、管至父相信了姜諸兒的承諾。

轉眼到了第二年的瓜熟時節，連稱、管至父開始打點行裝，準備回臨淄享福，誰願意待在這個鳥不拉屎的地方喝涼風。但讓二人的失望的是，等了多日，齊侯的調防令始終沒有發到他們手上。

作為臣下，是不能違抗國君命令的，沒有姜諸兒的手令，他們不敢貿然回去。唯一能做的，就是提醒齊侯，這也是不得已而為之的。這就如同甲借錢給乙，約定一年後歸還，但時間到了，乙裝聾作啞，甲只好「厚著臉皮」催促乙還錢。欠錢的趾高氣揚，債主低三下四，連管二人窩囊憋屈的心態和債主甲是一樣的。

連稱、管至父催齊侯調他們回臨淄，結果遭到了姜諸兒的拒絕，「請代，弗許」。欠債的成了大爺，借錢的倒成了孫子，沒人能嚥得下這口惡氣。姜諸兒「欠錢不還」，自然讓連稱、管至父感覺到上當受騙，憤怒可想而知。於是，二人「謀作亂」。

姜諸兒應該不是忘記了自己一年前的承諾，拒絕調防，而是另有隱情。推測一下，應該有三個原因：

一、據《左傳》記載，連稱有個妹妹，被送入宮，成為姜諸兒的姬妾，但不知道出於什麼原因，姜諸兒不喜歡連稱的妹妹，「無寵」。姜諸兒很可能是因為這個原因，恨屋及烏，所以對連稱沒有好感。

二、姜諸兒從一開始就沒理由的討厭連稱。

三、連稱或管至父曾經在不經意間得罪過姜諸兒，而他們自己沒有察覺到。

不論是出於什麼原因，姜諸兒作為國君，言而無信，戲耍大臣，都理虧在先。更致命的是，姜諸兒在不知不覺得罪了許多官場中人，而當這些失意者站在一起時，他們對姜諸兒的恨就會在瞬間爆發，比如姜無知、連稱、管至父，以及連稱那個因無寵而生恨的妹妹。

連稱、管至父對姜諸兒嚴重不滿，最高興的莫過於苦苦等待機會復仇機會的姜無知了。姜無知已經忍了整整十二年，從現有史料上看，姜無知在齊國上層應該沒有太硬的關係，否則他不會一忍就是這麼多年。

敵人的敵人就是朋友，而且連稱、管至父在軍界人脈甚深，如果能把這二人攏在袖中，姜無知就有很大的勝算扳倒姜諸兒。鬱悶了十二年，姜無知當年的雄心壯志也幾被磨平，在他即將絕望地沉入水底裡，突然發現眼前有一根救命稻草，可以想像姜無知內心的狂喜。

更讓姜無知興奮的是，連稱和管至父密謀策劃政變的藉口，就是姜諸兒當年剝奪姜無知的太子待遇，他們要為姜無知討還公道。天上掉下來一塊大肉餅，不吃那是傻子。

幾個政壇失敗者聚在一起，為了一個共同的目的，三人喝雞血插草標，結成犯罪小團夥。連稱、管至父同意殺死姜諸兒之後，就立姜無知為齊侯，大家共用富貴，作為交換條件，連稱和管至父也得到了自己心儀的價碼。更讓連稱高興的是，他還得到一個額外的紅包，姜無知已經答應，事成之後，立連稱的妹妹做齊國第一夫人，這還是姜無知當著連妹妹的面親口說的。

不過姜無知等人暫時無法對姜諸兒下手，倒不是公室戒備森嚴，而是這幾日，姜諸兒不在宮中。在當年的十一月，姜諸兒到臨淄西北百餘里地的貝丘打獵去了。要想下手，只能等姜諸兒回來再尋找機會，至於能不能成功奪權，「成敗得失，非臣所能逆睹也。」一切只能聽天由命。

姜諸兒當然不會知道姜無知在暗地裡都忙些什麼，他的心思早就放在貝丘的田野上，因為這裡有數不清的狼豺虎豹，可以讓姜諸兒在大自然的懷抱中盡情的歌唱自己的美好生活。至於姜諸兒有沒有帶「夫人」文姜，不得而知。

但讓姜諸兒萬沒有料到的是，他在貝丘的田野中並沒有發現狼豺虎豹的足跡，反而碰到了一頭奇怪的豬。這頭豬的體形非常龐大，這應該是一頭野豬。

離奇的還在後面，姜諸兒身邊有個侍從，看到這頭大豬後，突然莫名其妙的來了一句：「國君請仔細看，這不是一頭豬，這是彭生！」彭生，就是八年前受姜諸兒之命殺死魯桓公姬允的大力士。侍者的話讓姜諸兒毛骨竦然，彭生居然投胎變成了一頭豬，來陽間找自己索命來了。

從道理上來講，是姜諸兒命令彭生殺死姬允的，但為了推卸責任，姜諸兒又殺掉彭生，是姜諸兒負彭生在此。但讓人不可思議的是，姜諸兒居然理直氣壯的大罵這頭據說是彭生投胎的豬，說你這個畜生居然還有臉來見寡人，然後搭箭朝著「彭生」射去。當年姜諸兒殺彭生是殺人滅口，不讓彭生把自己殺害姬允的罪惡陰謀捅出來，現在他要殺豬滅口，同樣是這個原因。

怪事年年有，今年特別多。彭生投胎變豬已經把姜諸兒嚇個半死，更不可思議的是，當這頭豬被箭射中後，豬突然前蹄離地，站了起來，並衝著姜諸兒發出淒厲的啼叫聲。

姜諸兒雖然嘴裡強硬，但他心裡是有鬼的，心虛得見不得陽光，被豬這麼一驚嚇，姜諸兒頓時手足無措。一個不小心，姜諸兒從馬車上栽了下來，摔個狗啃屎，把腳給扭了，鞋子也丟了。

接下來的場面更加搞笑，姜諸兒光著臭腳丫子，被侍人強行架上馬車，車夫不敢停留，揮鞭打馬，狼狽逃回臨淄。

對於治療外傷，「傷筋動骨一百天」，至少要有幾個月的安靜休養。姜諸兒回到宮中後，他沒有安心養傷，而是對身邊人非打即罵。姜諸兒在貝丘丟了鞋子，就把怨氣發洩在了主管齊侯衣服鞋帽的寺人費身上，賞了寺人費三百鞭子，打得渾身是血。姜諸兒大富大貴，並不缺少鞋子穿，打寺人費只是洩心中的無名火，純屬沒事找事。

好在寺人費人品不錯，對姜諸兒非常忠誠，即使差點被打死，寺人費也沒有絲毫怨恨姜諸兒（奴性深重）。

但吊詭的是，寺人費似乎非常神通，他提前預感到了姜無知等人會趁齊侯養傷的時候發動叛亂。寺人費咬牙忍著疼痛，前去宮門外等候叛軍，雖然他力不能縛雞，但至少可以通過一些策略，來拖延時間。

對於寺人費被打，姜無知並不知情，但姜諸兒墜車受傷，這事他一定知道，否則他不會在這個時候突然發動政變，和連管二人帶著人馬殺進宮中。《史記．齊世家》也記載：「無知、連稱、管至父等聞公傷，乃遂率其眾襲宮。」姜諸兒受傷，他的精力都集中在養傷上面，宮中戒備應該不如以前森嚴，肯定有空子可鑽，這是千載難逢的機會。

叛軍殺進宮後，見到的第一個人就是準備投靠姜無知的寺人費。寺人費的出現把姜無知嚇了一跳，他幾乎是下意識的命令弟兄們把寺人費綁起來，不能讓他逃回去通報姜諸兒。

在被綁的時候，寺人費大聲呼冤，說我不是姜諸兒一夥的，我是來給你們帶路的。口說無憑，寺人費把自己的上衣撩開，露出背來，數十道血印證明了寺人費沒有說謊，這才取得了姜無知的信任。

這個故事情節，和《三國演義》中黃蓋苦肉計詐騙曹操非常相似，但姜諸兒和寺人費似乎沒有必要搞什麼苦肉計，如果發現叛軍進宮，姜諸兒早就被人背著跑了，不至於出此下策，從時間上來講是說不通的。

寺人費現在唯一能做的，就是用花言巧語拖住姜無知進宮，給還蒙在鼓裡的姜諸兒贏得逃跑的時間。寺人費拍著胸脯，說這事交給我了，我知道昏君藏在哪，公子稍等，我這就進宮，割下姜諸兒的人頭來獻。

不得不承認姜無知、連稱、管至父等人完全是一夥白癡，他們難道會相信此時的姜諸兒身邊會一個侍人都沒有，能讓寺人費輕易殺死姜諸兒？對姜無知來說，最穩妥的辦法是讓寺人費前頭帶路，叛軍緊隨其後，一舉除掉姜諸兒。偏偏姜無知就相信了寺人費的鬼話，這夥白癡站在宮門外，讓寺人費去取人頭。

寺人費是個聰明人，他知道如果自己耽擱的時間太久，很容易引起姜無知的懷疑，所以寺人費很麻利的做好了三件事情：

一、和其他寺人一起把腳部受傷的姜諸兒從床上抱起來，藏到了門後邊避難。

二、如果叛軍看到床上無人，會很自然的想到床下，所以需要一個人來冒充姜諸兒躺在床上送死。寺人孟陽很爽快地接受這個任務，估計是孟陽的身材和姜諸兒非常相似，能起到以假亂真的效果。孟陽穿上姜諸兒的衣服，從容上床，然後鋪上被子閉眼等死。

三、把宮裡所有的人員集合起來，衝出門和叛軍決一死戰，盡可能的阻止叛軍進宮。

這個過程依然用時很長，《史記．齊世家》稱「良久」，至少也應該在半個小時左右。這麼長的時間，不可能不引起姜無知的懷疑，在宮外等了大半天，姜無知還沒見寺人費拎著姜諸兒的人頭出來，終於明白被寺人費給耍了。姜無知並不清楚宮裡發生了什麼，情況不明，益發引起姜無知的恐懼。

雙方交戰的地點是在宮門前，具體人數不詳。《史記》雖然沒有說寺人費帶了多少人出去決鬥，但卻留了這麼一句「宮中與公之幸臣攻無知」，姜諸兒的幸臣人數應該不會太多，而「宮中」應該是指姜諸兒留在宮裡的守衛部隊，少說也有百餘人。至於姜無知、連稱等人的叛軍數量，從宮軍被叛軍被悉數殺死來推斷，叛軍人數至少是宮軍的兩倍以上。

論知名度和地位，寺人費在歷史上是一個連三線都算不上的小人物，而且他的努力最終也沒有讓姜諸兒逃過一劫，但他的忠誠和勇氣卻讓歷史百般不得其解。在無端被暴打的情況下，他為什麼還願意為喪心病狂的姜諸兒送死？

寺人費以德報怨，固然可敬，但孔子說過：「以直報怨，以德報德」，寺人費最正確的做法是殺死姜諸兒，然後再和姜無知決鬥。面對污辱和壓迫，一味講究以德報怨，是一種怯懦的表現，算不得真的勇士。

當然，寺人費在這場混亂的戰鬥中戰死，至少不能認為寺人費是懦夫，只能說他對德與怨的理解有誤，真正的懦夫不會為了別人的生存而犧牲自己的生命。對於寺人費，姜無知想必是充滿了恨意，但姜無知更關心的是姜諸兒的下落。

一直有一個難以解開的疑問，連稱的妹妹得不到姜諸兒的寵愛，已經答應做姜無知的內應。但這場政變中，絲毫看不到連妹妹的身影，史家皆無著墨。當初姜無知告訴連妹妹，說你給我刺探姜諸兒的情況，事成之後封為夫人。

這是一筆明碼標價的交易，連妹妹為了能當上齊侯夫人，肯定是使盡渾身解數，全程監控姜諸兒的動向，她也有這個便利條件。她身邊應該有自己的心腹人，對外傳達絕密消息並非難事，寺人費在宮內使詐，連妹妹沒有任何反應，這一點非常奇怪。

不過當叛軍闖進宮裡，連妹妹之於姜無知的作用已經降至冰點，有沒有這個所謂的內應，姜無知都已經基本控制宮內。宮中姜諸兒派系的人馬被掃除乾淨，姜無知相信宮裡只有姜諸兒一個人，躲在床上絕望的顫抖。

說姜無知是個白癡並沒有冤枉他，他沒有想過這一點，即然寺人費是姜諸兒的嫡系，寺人費肯定會把自己發動政變的消息通知姜諸兒，姜諸兒又怎麼可能還平靜的躺在床上等死？

當姜無知闖進寢室，看到床上躺著一個人，他居然沒有反應過來，真以為這個人是姜諸兒，揮刀一通猛砍。殺死孟陽的，極有可能就是姜無知本人，因為他太痛恨姜諸兒了。但快感過後，姜無知才發現上當了，姜諸兒根本沒在床上，是孟陽替姜諸兒挨的刀。房間裡沒有發現姜諸兒的蹤跡，姜無知幾乎絕望，如果讓姜諸兒逃到宮外，以齊侯身分號令天下勤王，勝負尚未可知。

話題再回到之前寺人費藏匿姜諸兒，寺人費對姜諸兒的忠誠沒得說，但他缺少急智。有藏姜諸兒的時間，不如把姜諸兒背出宮，或者藏在一個更安全的地方，而不是藏在極易被發現的門板後面。

北朝的齊王高澄遇刺時，就是鑽到了床下，雖然最終高澄也難逃一死，但總比藏在門後的安全係數相對高一些。更要命的是，姜諸兒的腳部有傷，根本不可能站立太長的時間，等姜諸兒堅持不住的時候，他的末日也就到了。

細心的姜無知果然發現了破綻，在門的後面露出一隻沒穿襪子的大腳，不問可知，姜諸兒就藏在門後。隨著姜無知發出一聲淒厲的指令，叛軍亂刀齊下，姜諸兒嗚呼斃命。

姜無知忍了十二年，終於手刃仇人，報了當年被貶的一箭之仇，心中的快意可想而知。齊國的天下，也很自然的落在了姜無知的手上，在一幫狐群狗黨的歡呼聲中，姜無知春風滿面地即位。

雖然在科學技術的現代社會裡，不應該相信陰陽輪迴之說，但有時在翻看歷史書的時候，總能強烈感覺到冥冥之中彷彿真有天意。直言之，就是「你用什麼方式得到的東西，就會以什麼方式失去。」姜諸兒因為薄待大臣，被連稱、管至父糾結姜無知亂刀砍死，而讓人大呼荒謬的是，姜無知居然絲毫不長記性，剛上臺沒多久，就走上了姜諸兒的老路。

姜無知只記得姜諸兒當年欺負自己，卻忘記了自己在受欺負的同時，還在欺負別人。這個人就是葵丘大夫雍稟。姜無知欺負雍稟的時間和原因均不詳，但可以肯定的是，雍稟對姜無知的仇恨，遠勝於姜無知對姜諸兒的仇恨。

人的本性是記仇不記恩，雍稟牢記姜無知曾經帶給自己的恥辱，無時無刻不想報仇雪恨。最讓人不可思議的是，姜無知似乎已經忘記了自己當年虐過雍稟，他居然有膽量大搖大擺的跑到雍稟的地盤上撒野。西元前六八五年初，姜無知來到雍林打獵，結果剛到雍林，還沒來得及射兔子，就被雍稟的人馬突襲車駕，姜無知就這麼稀里糊塗地掛掉了。

歷史有時很有趣，姬允殺死了姬息姑，姜諸兒為姬息姑報了仇；姜無知殺死了姜諸兒，為姬允報了仇；雍稟殺死了姜無知，又為姜諸兒報了仇。江湖的魅力就在於此：自己不知道是誰的終結者，誰又是自己的終結者。

自鄭莊公姬寤生和周天子交惡以來，江湖上就屬於齊國發生的事情最熱鬧，先是兄妹亂倫，接著兄弟群毆，精彩橋段接連上演。姜諸兒、姜無知這對兄弟的恩怨情仇已經化為一縷煙雲，消散在空中，但齊國兄弟之爭的精彩故事還沒有結束。

八、千古一相說管仲

說到千古一帝，我們在第一時間會想到誰？肯定是秦始皇嬴政。歷代數百個皇帝，無論功業如何，都無法超越秦始皇的歷史地位，因為嬴政是開天闢地第一帝，僅此足矣。

那麼，千古一相呢？

有人會提名諸葛亮，因為諸葛亮的知名度最高，三歲小兒都知道諸葛亮。有人會提名王安石，因為王安石那場轟轟烈烈的變法運動，影響後世一千年。有人會提名張居正，因為張居正的鐵腕改革幾乎挽救了搖搖欲墜的大明王朝。當然，也會有人提名管仲。

管仲何人？集政治家、改革家、經濟學家、軍事家、戰略家、陰謀家、民族英雄於一身的一代鐵血梟雄！從某種意義上講，管仲堪稱春秋第一人，偉大如孔子，對管仲也是伏首膜拜。說春秋，道春秋，是不可能繞過管仲的。

自古英雄出亂世，曹操之所以垂名青史，建立不朽功業，和他所處的大分裂時代是分不開的。如果生在承平時代，曹操即使能位列三公，也不會像今天這麼名聲震破天。

管仲同樣如此，正如英國作家狄更斯在名著《雙城記》開篇所講的：「那是最美好的時代，那是最糟糕的時代；那是智慧的年頭，那是愚昧的年頭；那是信仰的時期，那是懷疑的時期；那是光明的季節，那是黑暗的季節；那是希望的春天，那是失望的冬天；我們全都在直奔天堂。」

一個風從虎、雲從龍的偉大時代，風雲際會之時，必有英雄橫空出世，書寫著屬於他們、也屬於歷史的熱血傳奇。春秋初期，諸侯征伐，天下未定，霸主不知何在。強橫如鄭莊公姬寤生者，也不過是春秋一小霸，還不足以鎮服天下。正是管仲的出現，才算拉開了春秋五霸轟轟烈烈的舞臺大幕。

曹操的成功，有一部分功勞可以歸於荀彧、郭嘉等超級謀士，但曹操本人就是智計雙絕，而且性格霸道，曹操要成不了大事，天理也不容。而管仲在本集團中所處的政治地位，更接近諸葛亮之於劉備。沒有諸葛亮，就沒有劉備的乘龍上天；沒有管仲，就沒有齊桓公姜小白的不世霸業。

姜小白能力是有的，但他的性格過於隨意好動，如果沒有一個性格強硬的管家看著他，別說成霸業了，能活到哪天都不知道。歷史上「君強相更強」的例子，除了姜小白與管仲，還有一對著名的君臣組合，就是五胡時前秦名相王猛和天王苻堅。

不比這兩對君臣的功業，只說性格。王猛與苻堅的性格對比，簡直就是管仲和姜小白的翻版，相似度高達百分之九十九。

管仲、王猛：性格霸道，做事果斷，心思縝密，遇事穩重，絕不動搖的推行自己制定的政策，具有濃烈的梟雄氣質，是中國歷史上少見的鐵血宰相。最不可思議的巧合是，他們在出任宰相之前都曾經做過小買賣糊口。

姜小白、苻堅：天生貴族，性格活潑好動，待人接物過於感性，自己主要負責對外戰略，內政基本交由管仲、王猛處理。二人的自控能力較差，耳根子軟，經不起糖衣炮彈的進攻，容易犯戰略性錯誤。

結局：管仲、王猛都死在君主之前，他們死後，姜小白、苻堅無人看管，任性胡為，最終釀成不可挽回的歷史慘劇，姜小白破家，苻堅亡國。

從年齡上看，管仲應該比姜小白年長二十多歲，王猛比苻堅年長十三歲，可以算是父輩人物。

實際上，姜小白一直尊稱管仲為「仲父」，苻堅對王猛也幾乎以父禮相待。從這個角度講，管仲和王猛承擔著政權的內政外交重任，同時也是自己君主的監護人。

如果說王猛是五胡時代最耀眼的政壇巨星，那麼春秋早期最耀眼的政壇巨星，也只能是管仲。對後人來應該值得慶幸的是，歷史在不經意間選擇了這個之前並不起眼的中年人，他卻還給歷史一段不可磨滅的江湖傳說。

根據《史記》記載，管仲是潁上人。潁上就是今天的安徽省潁上縣，潁上縣在安徽中部的淮河北岸，與歷史名城壽陽（今安徽淮南）一水之隔。對於這個改變春秋歷史的偉大人物，史書上稱為管仲，其實他的名字叫管夷吾，因為他死後的諡號是「敬仲」，所以後人就稱他為管仲。

關於管仲的生年，史書上沒有明確的記載，一般來說有兩種說法，一是生於周平王四十八年（西元前七二三年），一是生於周桓王四年（西元前七一六年）。此時西周早已經滾進歷史墳墓了，由鄭莊公姬寤生開始，各路諸侯夾雜著周天子，紅頭脹臉的大打扯皮戰，江湖上雞毛亂飛。

三國人韋昭說管仲本姓姬，又出自管地，所以管仲極有可能是西周初年發動叛亂的管叔後裔。不過就算管仲是周天子的後人，也無法遮掩他的寒酸出身，漢末那位劉皇叔成天扛著「大漢孝景皇帝陛下玄孫、中山靖王之後」的鋁合金招牌四處跑馬拉贊助，也沒見他摟到幾文銅錢。

社會底層出身的人物，對權力的渴求度，遠遠高過出身高貴、有良好施政平臺的官後代。但沒有官場中的關係，想進入官場呼風喚雨，難度可想而知。

在春秋及以前的時代，社會階級是固化的，奴隸主天生是奴隸主，奴隸天生是奴隸，只有中間的平民階層，偶爾會打破這種權力壟斷，擠進統治核心層。

管仲沒有關係，沒有背景，他現在最需要做的，不是要出將入相，笑傲淩煙閣上，而是先活下來。和歷史上那些草根英雄未發跡前做小生意糊口一樣，管仲也做起了小買賣，劉備賣過草鞋、王猛賣過畚箕、劉裕賣過草席、柴榮賣過傘，而朱元璋乾脆就是個叫花子。

管仲家貧如洗，身無分文，沒本錢還做哪門子生意？好在朋友鮑叔牙很支持管仲，出資幫助管仲經商。不過在春秋時代，經商做買賣的多是出身平民階層的人物，貴族是不屑於經商的。

管仲曾經給商人的社會地位定調，就是著名的「士農工商」，商人排在士農工之後，說明當時商人是沒有社會地位的。君子恥於言利，出身士人家庭的，甚至都有權利折辱商人，地位也只比奴隸高一些，屬於社會下層人士。

春秋時代的商人，就相當於現在在市場上流動經營的小商販，受欺負是免不了的。管仲在南陽（當是齊地，非今河南之南陽）做生意，就至少三次被當地的潑皮惡霸砸過攤子，同行的還有鮑叔牙。

漢人劉向所著的《說苑．尊賢》說管仲在成陽經商時，曾經做過「狗盜」，就是高級扒手，「身手」也應該十分了得，可見管仲當時的落魄。管仲淪落到這種地步，足以讓後人唏噓，好在管仲並沒有因此喪失生活的勇氣。

管仲做生意賺到多少錢，史料上沒有明確記載，但管仲經商卻對他後來的人生產生了重大影響。通過經商，管仲熟悉並掌握了經濟原理，為日後管仲偉大的經濟改革奠定了最堅實的基礎。

再用王猛與管仲對比一下，二人都曾經在落魄時經過商，天南海北的跑，對各地的風土人情有了很深的了解。王猛執政後，對如一潭死水般的官場進行雷厲風行的大變法，特別是轟轟烈烈的經濟變革，直接奠定了前秦統一北方的經濟基礎。

在歷史上，再也找不出除王猛之外，人生軌跡、性格特質與管仲如此相似的鐵腕人物。更讓人不可思議的是，二人不僅性格優點相似，他們的性格缺點也幾乎如出一轍，就是貪婪權與錢。具體的說，王猛貪權，管仲貪錢。

前燕吳王慕容垂在國內受猜忌，西奔投奔苻堅，受到苻堅的重用，這引發了王猛強烈的嫉妒。王猛為了打倒慕容垂，玩了一把金刀計，雖然沒有害死慕容垂，卻直接斷送了慕容家族日後復興的希望——英明神武的慕容令。

管仲情況稍好一些，他沒有因為貪權而害人，但他貪財的行為卻讓人搖頭。鮑叔牙每次外出經商都帶著管仲，然後賺到錢後，兄弟二人準備分錢。也許是管仲窮怕了，見著錢就眼紅，根本不顧鮑叔牙出的力比他大，獨貪了大頭。好在鮑叔牙大度，從來不以此事責怪管仲。

對於一個出身社會底層的人來說，一下子擁有這麼多金錢，很容易迷失人生方向。不過管仲雖然貪錢，但他並沒有喪失自己的人生理想，他知道他想要得到比金錢更重要的東西。

雖然史書上沒有記載，管仲積累這麼多財富，應該是準備用在官場疏通關係上。官場從來就是菜市場，按斤稱金銀，買賣公平，童叟無欺。管仲暗中存錢用在官場上，是可以說得通的。也許是鮑叔牙理解管仲這一點，所以他在金錢上不和管仲做這些計較。

春秋時代的官員仕進之途和魏晉非常相似，基本上靠血緣傳承，階層基本固化。像管仲這樣沒有關係的底層人物，僅憑金錢也未必能爬到多高的位置，畢竟商人的社會地位比較低下，管仲所能選擇的職務範圍非常狹窄。

管仲在官場上謀得的第一個職務，史學界一般認為是管仲做公子姜糾的傅（相當於後來的諸王師傅），梁啟超說這是「管子初入政界之始」。不過也有一種說法，認為管仲在跟著姜糾做事之前，曾經在官府中做過「弼馬溫」，應該是個養馬的官，地位低下，為人所輕視。

不清楚管仲是通過什麼門路和公子姜糾搭上關係的，不排除管仲為此花費了大把銀子，有錢能使磨推鬼，歷代都是如此。姜糾是齊僖公姜祿甫的次子，長子是上面講到的齊襄公姜諸兒，幼子便是日後威震天下的齊桓公姜小白。姜祿甫應該只有這三個兒子，否則在姜諸兒死後，齊國大臣沒必要等待身在異國的姜糾和姜小白回國即位。

雖然姜祿甫確定姜諸兒的繼承人身分，即使姜無知有奪嫡的希望，但能傍上公子糾，說明管仲已經進入了齊國的權力最高層的周邊，一旦姜糾有機會乘龍上天，管仲就是現成的齊國宰相。另外說一點，給公子（王子）當先生，首先不可能是胸無點墨。這說明管仲在之前經商時肯定惡補過詩書，為日後進入官場做準備。

值得一提的是，管仲是和他的兩位好友攜風捲雲殺進來的，一位就是鮑叔牙，另一位是召忽。「管鮑之交」感動千古，實際上確切的稱呼是「管鮑召之交」，劉關張誓死不分，管鮑召同樣如此，《呂氏春秋．不廣》就說管鮑召「三人相善」，羅貫中寫「桃園三結義」時，很可能就是受管鮑召之交的靈感。

姜祿甫似乎對管鮑召三人都非常欣賞，從現有史料上來看，管仲、召忽相姜糾，應該在鮑叔牙相公子姜小白之前。也就是說，管仲進入官場後，鮑叔牙可能還在做生意，但應該在官場有一定知名度。

前文講過，姜祿甫最喜歡的是侄子姜無知，三個兒子皆無寵。除了姜諸兒有驚無險地保住了太子位置，對於另外兩個兒子，姜祿甫也沒有特別安排，只是找來管仲等人給小哥倆當管家，別讓這倆小子墮落成野孩子就行。

應該是得到管仲、召忽的推薦，或是其他人力薦，姜祿甫準備請鮑叔牙出山，給姜小白當管家，沒想到鮑叔牙卻推辭了。這不僅讓姜祿甫感到意外，管仲同樣意外，不過召忽卻支持鮑叔牙的決定。

召忽為人非常重情義，他不希望鮑叔牙輔佐姜小白，而是想把鮑叔牙拉到姜糾的旗下，兄弟三人一起謀富貴。召忽之所以如此看中姜糾，可能是因為姜糾在兄弟中排位僅次於姜諸兒，一旦姜諸兒有三長兩短，姜糾是最有希望繼位的。至於姜小白，在召忽看來並沒有特別之處，所以召忽把寶都押在了姜糾身上。

鮑叔牙不想給小白做傅的原因居然是和齊僖公慪氣，鮑叔牙同樣輕視姜小白，在他看來，姜小白只是一具政治僵屍。國君讓他輔佐姜小白，分明是瞧不起他。

但召忽和鮑叔牙的決定卻遭到了管仲的強烈反對。管仲出任姜糾的師傅，看來並非他的本意，如果能自主選擇，管仲寧可放棄姜糾，投身姜小白旗下。

在幾乎所有人都輕視姜小白的情況，管仲卻慧眼識珠，一眼就看出姜小白雖然落魄，但絕非池中之物。理由大致有以下幾點：

一、自姜諸兒以下，諸公子中最有希望即位的，除了姜糾，就是姜小白。即使姜小白劣勢非常明顯，誰又敢說姜小白一定不能即位？我們不能把所有的雞蛋都放在一個籃子裡，應該多點投資，確保我們的利益。

二、姜糾雖然比姜小白在政治上更具優勢，但姜糾的母親是魯國人。齊人和魯人恩怨甚深，所以恨屋及烏，並不喜歡姜糾，姜糾在國內沒有民意基礎。而姜小白的母親是衛國人，曾經得到國君（齊僖公）的寵愛，小白之母早亡，齊人普遍同情這個孤兒。

三、姜糾能力一般，即使獲得齊侯之位，也未必守得住。如果姜糾守不住，上臺的必然是姜小白。

綜合以上考慮，管仲勸鮑叔牙去輔佐姜小白，也算是給我們兄弟三人留條後路。管仲已經把話點得非常明瞭：萬一姜糾不成氣候，姜小白上臺，勢必對姜糾的勢力，比如管仲和召忽進行政治清洗，但如果有鮑叔牙在身邊，管仲和召忽的人身安全就有了最起碼的保障。反過來講，如果姜小白倒臺，則管仲、召忽也會盡全力保護鮑叔牙。

這就是管仲的過人之處，知道兩邊下注，旱澇保收。狡兔三窟，做事時一定要給自己留條後路，不要把自己置之死地。從後來姜小白要殺管仲洩憤，但被鮑叔牙死命相救來看，管仲布下這招閒棋冷子是何等的英明！

但讓人感到不可思議的是，管仲如此看中姜小白的政治能力，卻勸說鮑叔牙一定要忠於姜小白，對姜糾不惜往死裡整。而管仲對他所欣賞的姜小白同樣是往死裡打，半點情面和後路也不留了。最經典的一幕，就是後來姜小白在路上與管仲狹路相逢，管仲惡狠狠的那一箭，差點射死姜小白。

至於管鮑召討論鮑叔牙是否輔佐小白的時間，應該在齊襄公姜諸兒即位之後，《韓非子．說林下》對此事的時間有明確記載，「君（姜諸兒）亂甚矣，必失國。」而管仲、召忽奉姜糾，鮑叔牙奉姜小白為避齊國內亂，狼狽出逃國外，具體的時間，從《左傳》記載來看，應該是在姜諸兒即位之初。也就是說，管仲在姜諸兒即位之後，勸鮑叔牙輔佐姜小白，就是在為出逃避難做長遠打算。

按照管仲「雞蛋不能放在一個籃子裡」的理論，姜糾和姜小白是分開逃的，姜糾帶著管仲、召忽逃到魯國，這是姜糾的姥姥家，姜小白則去了莒國。二國距離齊國都不遠，一旦姜諸兒出事，國內無主，也方便他們回國爭位。

姜糾和姜小白殘酷爭位的「龜兔賽跑」故事，會在《齊桓公》一篇詳細解讀，這裡只說姜小白即位後，魯國在姜小白的壓力之下殺死姜糾，召忽絕望自殺後，管仲被押解回臨淄見姜小白的事情。

從表面上看，管仲輔佐的姜糾徹底失敗，管仲的政治生命也幾告終結，但管仲並沒有恐慌。原因其實很簡單，管仲安排的「臥底」鮑叔牙是姜小白最信任的人，有鮑叔牙在，管仲雖置身虎口，卻安如泰山。本質上，姜小白非常的情緒化，容易記仇，如果不是鮑叔牙從中打圓場，憤怒的姜小白早就把仇人管仲撕得粉碎。

姜小白雖然自控能力差一些，但他是愛賢的。在鮑叔牙的反覆勸導下，他已經接受了鮑叔牙的大度讓賢，先把管仲從魯國撈回來，然後出將入相，共圖大業。當然管仲很聰明，姜小白對自己還是有些怨恨的，心裡憋著一股無名火。不如因勢利導，把小白的無名火引出來，年輕人心裡有氣會憋壞身子的。

管仲的演技很好，在見姜小白的時候，管仲讓人拎著把大斧頭站在自己身後，語態謙卑的請姜小白處死他。姜小白知道管仲在演戲，大家都是跑堂會的演員，在做作一番後，姜小白正式赦免了管仲的射君之罪，與管仲同乘一輛車，回到宮裡。「禮之於廟，三酌而問為政。」正式拉開了歷史上這一段熱血傳奇的序幕，歷經漫漫嚴冬的刀侵霜逼，管仲的春天終於來了。

這一切其實皆在管仲的預想與掌控之中，先讓鮑叔牙輔佐姜小白，等姜糾失敗後，由鮑叔牙出面勸說姜小白重用自己。算盤打得如此精明，分毫無差，已經讓人對管仲的戰略水準無語凝噎了。

算計人到了這種程度，在佩服的同時，也會讓人倒吸一口涼氣。

歷史上能在自己不得志時就把自己的未來算得如此精細的，除了管仲，也就是王猛了。王猛的過人之處，就是在苻生還在位的時候，就一眼看出苻堅是池中潛龍，通過各種關係慢慢接近苻堅，最終取得苻堅的信任，一飛沖天，立下不世功業。

像管仲、王猛這樣的鐵血人物，決定了他們的帝王級合作者在性格上不能和他們相同，否則性格上的矛盾是很難讓這樣的強強君臣組合發揮出自己最大的潛能。要說歷史上君主與宰相皆是鐵血人物的組合，只有五代周世宗柴榮和他那位性格剛硬的宰相王朴了。

姜小白為人孩子氣，卻有主見，骨子裡是非常陰狠的，像這種性格，鮑叔牙就很難控制得了。鮑叔牙為人過於謙和，手腕不狠，他可以得到姜小白自發內心的尊重，但姜小白卻不怕他。而管仲不同，管仲陰狠霸道，做事剛硬，發起火來，天不怕地不怕，正好能在性格上壓制住姜小白，這也為管仲日後的施展才能提供了一個絕佳的性格平臺。

姜小白和管仲的攜手是「珠聯璧合」，就如同苻堅與王猛的「婚姻」一樣，劉備與諸葛亮也是如此。管仲獲得了他所希望得到的所有內部有利條件，姜小白買來了菜，鮑叔牙準備打下手，現在就看管仲如何切菜下鍋了。

講到管仲在齊國的全方面改革，就不得不提及管仲留給後世那部震爍千古的政治巨著《管子》，先講一講《管子》一書的來龍去脈。

歷代對《管子》是否為管仲所作，爭議非常大，在疑古派陣營中，以宋人朱熹的意見最有代表性。朱熹在《朱子語類．戰國漢唐諸子》中認為：「管子非仲所著。仲當時任齊國之政，事甚多。

稍閒時，又有三歸之溺，絕不是閒功夫著書底人。著書者是不見用之人也。」大意是管仲作為齊國宰相，日理萬機，根本沒有時間著書立說。另外，作為法家的管仲，其《管子》書中夾雜著大量道家語言，有明顯的老莊文風。

在先秦諸子中，《管子》號稱最為難讀。因為其他諸子之作多限宥於一種學術範圍內，如《論語》講仁義，《老子》講哲學，《韓非子》講法術，而《管子》什麼都講，包括政治、經濟、軍事、文化、思想、哲學、外交、貨幣、全民道德，涵蓋範圍極廣，可以說《管子》是中國歷史上第一部百科全書。

學術界普遍認為《管子》是戰國時齊國稷下學宮管子學派的集晶之作，這個觀點倒也有道理，但問題是，清人章學誠針對眾多疑古派對管仲著《管子》的問題就說過：「皆不知古人並無私自著書之事，皆是後人綴輯。」

春秋時諸侯是有史官的，齊國史官會把管仲在公開場合談論的話記錄下來，然後最終由稷下學宮整理而成。清人孫星衍也說過：「古之愛士者，率有傳書，由身沒之後，賓客記錄遺事，報其知遇。如《管》、《晏》、《呂氏春秋》，皆不必其人自著。」

不要說《管子》，就是《論語》，也是孔子的後人根據孔子的言論輯錄而成。本來一個很簡單的問題，結果弄成了哥德巴赫猜想，實在沒有必要。所以《管子》所載的關於管仲的施政方針，是完全可信的。

管仲留給後世的精神財富之多，讓人驚歎不已，而且各門類實現了全覆蓋。從某種意義上講，齊桓公姜小白只是一個管仲用來實現個人抱負的工具，換句話說，與其說春秋五霸第一霸是姜小白，不如說是管仲。管仲留下了許多後人耳熟能詳的傳世名句，大致有以下幾條：

倉廩實則知禮節，衣食足則知榮辱。——《牧民》

禮義廉恥，國之四維，四維不張，國乃滅亡。——同上

十年樹木，百年樹人。——《權修》

大者王，小者霸。——《五輔》

眾勝寡，疾勝徐，勇勝怯，智勝愚，善勝惡，有義勝無義，有天道勝無天道。——《樞言》

凡五穀者，萬物之主也。穀貴則萬物必賤，穀賤則萬物必貴。——《國蓄》

匹夫為鰥，匹婦為寡，老而無子者為獨。君問其若有子弟師役而死者，父母為獨。——《揆度》

特別是前三條，小學生都能倒背如流，可見管仲思想之於後世的巨大影響。

《管子》洋洋灑灑八十六篇（現存七十六篇），數十萬字，但關於管仲的施政綱領，在《小匡》中記載的最為詳細。這也是齊桓公姜小白在與管仲一笑泯恩仇後，以學生之禮請問管仲何以治國時，管仲的回答。這段問答，姑且稱為《君臣問對》。

在《君臣問對》中，管仲首先講的是君王治人之術，具體怎麼做，實際上就四個字，「賞罰分明」。管仲的原文是「勸之以慶賞，糾之以刑罰。」通過有效公正的賞罰制度，穩定人心，然後才能施政。

管仲是歷史公認的法家鼻祖，他關於法術治國的思想深深影響了歷史，晚管仲三百多年的韓非就是管仲的忠實崇拜者，《韓非子．二柄》幾乎就是管仲法術思想的後現代版解讀。

姜小白問管仲：「何以禦民？」管仲的回答強硬有力：「在於六秉，即殺、生；貴、賤；貧、

富。」不過管仲沒有韓非那麼重的殺氣，動輒喊打喊殺，《韓非子》一書瀰漫著濃重的血腥味。

韓非更側重於法術，而管仲則要考慮經濟發展之於社會安定的重要性。沒有良好的經濟基礎，也就不可能有社會安定，這正是管仲所說的「倉廩實則知禮節，衣食足則知榮辱。」百姓都吃不上飯了，再講什麼以法治國，完全是空中樓閣。

關於管仲的經濟思想，一言以蔽之：富民主義。

這是管仲比韓非看得更透的地方，特別是在《五輔篇》中，管仲講了一段極富人性哲理的談話，原文是「夫民必得其所欲，然後聽上；聽上，然後政可善為也。」社會安定與否，其實評判標準再簡單不過，就是管仲所說的這個標準。

關於「欲」，儒家推崇仁義道德，強調個人對物欲的節制，而法家又推崇物質刺激，強調以利誘人，忽略了社會教化功能。管子是法家，但他的「法」屬於輕法，因為管仲在強調人的動物性（追求物質）的同時，更注重人的社會性（仁義道德）。

儒家說性本善，法家說性本惡，都有道理，又都有偏頗之處，只看到了硬幣的各一面。管仲的偉大就在這裡，他看到了硬幣的兩面。人的動物性決定了人是有物質欲望的，這是社會教化的基礎。

《呂氏春秋．孟冬紀》對人性看得很清楚，「民之於利也，犯流矢，蹈白刃，涉血抽肝以求之。」《荀子．國富》也提出了類似的觀點，「欲多而物寡，寡則必爭矣。」物質是有限的，人的欲望是無限的。對於人的本能欲望所形成的對物質利益的追求，應該因勢利導，在一定程度上滿足百姓的欲望，而不是一味打壓，這是非常愚蠢和危險。

只有滿足社會各階層的物質需要，才能讓人們心甘情願的受官府統治，才能在此基礎上進行社會教化，進而鞏固統治。歷代之所以興，無不使民得其所欲；歷代之所以亡，無不輕民欲，盡天下之財貨以奉一人。

現在我們講和諧社會，和諧社會的本質其實就是社會各階層在利益分配上達成一定程度的共識，或者說是妥協。管仲所說的「民欲」，其實就是社會各階層，特別是中下階層對物質的合理追求。中下階層是任何一個政權維護穩定的基礎，滿足了這部分人對物質的基本需求（活得有尊嚴），社會是亂不起來的。不要動輒指責老百姓仇富，老百姓只要滿足了自己並不多的物質需求，對富裕階層最多只是羨慕，而不是嫉妒恨。

人的動物屬性，決定了人的利益需求，特別是佔人口大多數的社會底層。雖然百姓是被統治者，但他們可以決定一個政權是存在還是滅亡，即所謂水能載舟，亦能覆舟。

如何才能實現強國富民，以安天下？管仲開出的藥方是：

一、減輕對勞動者的壓榨程度，即「薄賦斂」，讓老百姓更多的獲得自己的勞動所得，這是讓民致富最簡單的辦法。

二、減輕刑法，不論是肉刑還是死刑，都會減少青壯年勞動力，進一步影響國家的安全穩定。

三、建設社會道德價值體系，在鄉間多設賢士，通過榜樣的作用帶動人心向善。

四、增加人口，這是執行第一、第二條政策後所產生的效果。

這裡有一個問題，如果政府減少稅收，財政怎麼辦？無論是政府開支，還是軍事開支，以及社會教化，哪項不需要花錢？姜小白並沒有理解這一點，反而要對民間徵收房產稅、樹木稅、甚至是六畜稅，但都被管仲否決了。

姜小白有些不爽：「沒錢，我吃什麼？」

管仲笑了：「我們可以向大自然要效益。」管仲的原話是「唯官山海為可耳。」所謂山海，指的就是鐵和鹽。齊國地處渤海之濱、黃海之側，有豐富的海鹽資源，而且境內多山，鐵資源豐富。管仲敏銳地發現了礦產資源之於國家經濟的重要性，向大自然攫取財富，不是直接從老百姓身上剪羊毛，老百姓的利益沒有受到太大損害。即維護了社會穩定，又擴展了政府財政，政治、經濟皆得其利，可謂兩全齊美之上策。

當然，管仲提出的課鹽鐵之稅，最終買單的還是老百姓。特別是鹽，鹽與糧食一樣，是人為了保持正常生存狀態必須吃的，「無鹽則腫」。而管仲的鹽鐵政策是官方絕對控制，壟斷經營，你買也得買，不買也得買。

管仲給姜小白算了一筆帳，一個成年男子每月吃五升半的鹽，成年女人每月吃三升半，未成年人每月吃二升半。每升鹽市價多收二錢，每月的國家收入能有二百萬錢。一個千萬人口的國家，每月的國家收入就能達到六千萬錢。如果我們只徵收稅賦，那麼徵收範圍只能限定在成年人，未成年人這塊的收入我們就得不到了。向成年人徵收稅賦，每月我們只能收到三千萬錢，比賣鹽少了一半收入。如果要想通過稅賦達到六千萬的收入，就只能搜刮未成年人了，這勢必引發百姓的不滿，社會動盪。

不過，並不能因此就說管仲是繞著彎的搜刮民財，管仲這麼做，實際上更體現他的愛民情懷。如果管仲貪百姓之財，大可以一方面加重百姓稅賦，一方面再高價賣鹽。反正無論提不提高稅賦額度，老百姓都是要吃鹽的。

商品經濟的發展，說穿了，就是讓老百姓手裡有餘錢買東西，這樣才能刺激市場繁榮。如果老百姓的那點錢都被官府搜刮了去，或被套牢，拿不出錢買東西，市場只會進一步萎縮，進而影響國家財政收入和社會穩定。

管仲的邏輯就是少徵收稅賦，讓老百姓多積蓄，然後拿出一部分錢來購買國家專營的商品，如鹽鐵。這樣一來，國家財政有了收入，老百姓手上還有大量餘錢。老百姓手上有了錢，會從政府設置的官商那裡購買生產生活材料，擴展生產規模，提高生活品質，形成一個良性循環。

上面講的是管仲的經濟思想，但具體如何實施？管仲也給出了答案，就是著名的「士農工商，各行其業」，這應該是中國歷史上首次對社會生產體系進行細緻分工的記載。

人不是萬能的，總要有個專長，不可能既會寫文章、種地，又會打鐵、紡織、做生意，所以社會生產就有了明確的分工。管仲提出的社會分工理論，要求士、農、工、商各自形成了一個圈子，互相之間不跨行，這樣才能形成產業優勢，雖然士與農的地位排在工與商的前面，但齊國的經濟支持產業卻是「工」，主要是紡織品。《漢書．地理志》對此有明確記載：「（自管仲經濟改革之後，齊國的）織作冰紈綺繡純麗之物，號為冠帶衣履天下。」唐人顏師古在這一條後注釋：「言天下之人冠帶衣履，皆仰齊地。」來自齊國的紡織品幾乎壟斷了國際市場，這份功勞，主要是管仲的。

如果沒有合理成熟的商貿運營體系，再好的商品也要爛掉。管仲最讓人佩服的一點，就是有意識的將商人出國經商置於自己的經濟外交戰理論之下，通過經濟戰打垮諸國的經濟體系，使之在經濟上失去與齊國對抗的可能性，從而進一步加速齊國的稱霸事業。

管仲的對外貿易是有選擇的，理論根據就是「以其所有，易其所無，市賤鬻貴。」敵國缺少什麼商品，我們就製造大量這樣的商品，實行價格壟斷，逼著你出高價買我的商品。有哲人說過，控制敵國的政治，不如控制敵國的經濟，一旦齊國的商品填滿了各國的市場，天下盡在管仲掌中！

在鼓勵本國商人出國經商的同時，管仲還出臺一系列優惠政策，吸引外國商人來齊國進行貿易。管仲規定，凡外國商人，來齊國交易一車商品，齊國政府會給他提供飲食住需；拉三車商品，政府會給他的馬匹提供草料；拉五車商品，政府會提供五人的專門服務。看到來齊國經商有厚利可圖，各國商人潮水般湧向齊國，「天下商賈歸齊若流水」，齊國的商品貿易空前繁榮。

表面上看，管仲是個經濟學家，把齊國經濟搞的有聲有色，實際上管仲是個為了齊國利益無所不用其極的陰謀家，經濟只是管仲對外稱霸的一個工具。最經典的案例，就是管仲通過魯縞打垮魯國的經濟基礎，迫使魯國承認齊國的霸主地位，歸於齊國霸業之下。

春秋初期，魯國算是中等強國，有能力給齊國製造大麻煩，比如著名的長勺之戰。柯地會盟時，魯人曹沫執刀劫持姜小白，逼迫姜小白吐出之前強搶的魯國地盤。齊國霸業初建，羽翼未豐，很難用軍事手段解決來自魯國的威脅，那就只能在經濟戰線上給魯國找找麻煩了。

管仲是打經濟戰的行家，具體的「作戰」任務由管仲來安排。管仲深知要打垮魯國的經濟，首先要想辦法使魯國多種經濟變成單一經濟，而且是受制於齊國的單一經濟。

在管仲的授意下，齊桓公姜小白突然下令，禁止齊人穿齊國生產的紈布衣服，而改穿魯國生產的縞布。由於齊國的外貿大頭就是紡織，此舉對齊國紡織業的打擊可想而知，民怨四起，但姜小白還是堅定地執行了管仲的計畫。

天上掉下來一塊噴香的大肉餅，魯人都笑傻了，沒有多想，就張嘴接住了。因為齊國人口非常多，所以魯國生產的縞布供不應求，為了多從齊人身上拔毛，魯莊公姬同發動國內所有的紡織作坊，沒日沒夜的趕製縞布。

看到白花花的銀子源源不斷地流進魯國，上至國公，下至百姓，興奮地合不攏嘴。但魯人很快發現有個問題需要解決，就是魯國的紡織業工人太少，跟不上齊國發來的訂單。

魯莊公估計是想趁此機會控制齊國的紡織品市場，下令讓國內的農民都改行做紡織工，種地的收成微薄，不如改行織布，一來能賺錢，二來也能緩解國內的階級矛盾，何樂不為？

魯人一窩蜂地的棄農從織，導致田地荒蕪，魯人的糧食問題日漸突出。等到姬同發現中了管仲的圈套時，已經來不及了。管仲下令，嚴禁齊國從魯國進口縞布，同時立刻恢復齊國本國的紡織生產，齊人並不缺衣服穿，但魯人因為得不到齊國的縞布訂單，已經沒糧食吃了。

齊國不但是紡織品大國，更是糧食生產大國，有足夠的糧食銷售到魯國。但問題是，管仲「無恥」地提高齊國的糧食價格，魯人沒糧食吃，只能一邊罵著管仲，一邊出高價購買齊國的糧食。魯人之前通過銷售縞布從齊國賺來的銀子，統統還給了齊國。更要命的是，魯國的糧食命脈至少在一年時間內被齊國牢牢扼住，姬同實在沒辦法，只好向姜小白求饒，答應奉齊國為老大。

管仲的經濟外交戰之厲害，於此可見一二！不過並不能因為這件事責備管仲心腸惡毒，孟子曾經說過：「春秋無義戰」。

對於一個國家來說，維護本國利益的最大化，才是世界上最大的道德。姬同指使曹沫不顧道義的劫持姜小白，這本身就不是什麼光彩的事情，管仲通過經濟戰戲耍姬同，不過一報還一報而已。

管仲是齊國國相，他首先要為齊國統治集團以及齊人負責，他沒有為其他國家利益負責的義務。但同時我們應當看到，當時春秋雖然諸國林立，但卻有同一個宗主國——周朝。這一點也決定了各國除了「地方主義」之外，還兼有「天下主義」，而管仲正是如此。

除了要為齊國謀霸業，管仲肩上更承擔著保護中原華夏文化不受外族侵犯的責任，正如《詩經》所說「兄弟鬩於牆，而外禦其侮。」管仲所理解的「霸」，絕不只是齊國獨為天下之尊，更要鐵肩擔道義，率諸國捍衛華夏文明。

自西周末年以來，中原地區承受著來自周邊各民族強大的軍事壓力。特別是春秋的出現，諸國內戰不斷，實力此消彼長，間接的增加了諸邊各民族的軍事實力。東有夷，北有狄，西有戎，南有蠻，特別是北方諸狄戎部族，連年內犯。管仲曾經說過：「戎狄豺狼，不可厭也；諸夏親昵，不可棄也。宴安酖毒，不可懷也。」

管仲本人是堅定的民族主義者，他與姜小白，高舉「尊王攘夷」的大旗，強硬執行反擊戎狄的戰略，為捍衛華夏文明做出了偉大的貢獻。如果任由戎狄從四面八方向中原撲來，也許華夏文明早就夭折了。

先聖孔子對管仲的人品基本執否定態度，在《論語．八佾》對管仲的人格缺陷大加鞭撻，說「管仲之器小哉！」理由是管仲曾經有過「三歸」的醜事。關於三歸作何解，在歷史上有一定爭議，一種說法是管仲結了三次婚，一種說法是管仲大治府第，花錢不心疼。孔子鄙視管仲的人品，是個不通情達理的野人，甚至還嘲諷管仲：「如果管仲懂禮，那世界上還有誰不懂禮！」語言之刻薄，很難想像這是出自「溫良恭儉讓」的孔老二之口。

不過孔子有一個最大的優點——就事論事，功是功，過是過，有過則貶，有功則褒。對於管仲「尊王攘夷」的偉大功業，孔子極為推崇，稱讚管仲是偉大的民族英雄。

孔子的學生子路認為管仲作為公子姜糾的相傅，姜糾之死，召忽隨之，而管仲卻覥顏事姜小白，為人不仁。孔子當即反駁：「齊桓公九合諸侯，成就霸業，這就是管仲最大的仁德！管仲不仁，天下無仁矣。」

孔子另一個學生子貢也向老師發難，說管仲不忠於姜糾，即為不仁。孔子義正辭嚴的告訴子貢：「管仲相桓公，霸諸侯，一匡天下，民到於今受其賜。微管仲，吾其被髮左衽矣！」沒有管仲橫空出世，拯救華夏文明，我們現在就要服從夷狄風俗，披散頭髮，穿夷狄服式，豈有今日！

歷代評管仲者多矣，唯有孔子的這句讚語最具分量，一是由於孔子的歷史地位所決定的，二是這句話高度概括了管仲之於歷史的貢獻。眾所周知，春秋戰國時代是中華文明最為關鍵的發展期，中國兩千多年的歷史發展，只是在春秋戰國的基礎上發揚光大。如果沒有管仲，夷狄入主中原，之後中華文明的輝煌是不可想像的。

孔子對管仲的評價，管仲完全當得起，但孔子指責管仲不知禮，則有失偏頗。《左傳．僖公十二年》記載了這麼一件事情，這一年（西元前六四八年），為了調解東周王室與戎狄的緊張關係，姜小白派管仲出使雒邑，周惠王姬閬接見了管仲。

姬閬知道管仲的分量，所以破例以上卿之禮接待管仲，遭到了管仲的拒絕。管仲的理由是我只是齊國的下卿，按禮制，天子就應該以下卿之禮待我，齊國中有高、國二位上卿，如果他們來朝天子，到時天子又將用何種禮節接待他們？

雖然姬閬很欣賞管仲，甚至稱呼管仲為舅父，堅持上卿之禮，但管仲半步不讓，堅持尊卑有別的江湖規則，受到了士大夫的高度稱讚。《左傳》就說管仲懂禮節，不犯上，他受到歷代的推崇是理所應當的。以此事來看，管仲何處不講禮？

孔子最重視人的自我修養，他在《論語．學而》中對弟子做出以下要求，「弟子入則孝，出則悌，謹而信，泛愛眾而親仁。行有餘力，則以學文。」而《管子．弟子職》中也有相同的內容，「先生施教，弟子是則。溫恭自虛，所受是極。見善從之，聞義則服。溫柔孝悌，毋驕恃力。志毋虛邪，行必正直。」要求弟子要尊敬師長，友悌兄弟。

雖然《管子．弟子職》是戰國時齊稷下學宮的管子學派所作，但並不能因此認為這是稷下學宮抄襲儒家著作《論語》。當時的儒家還沒什麼社會地位，經常受到其他學派的批判，稷下學宮本就是百家爭鳴之所，而且《弟子職》是當時稷下學宮的學則（校規），稷下諸先生們不可能去拍儒家的馬屁。之所以出現《管子．弟子職》的思想接近於儒家的現象，最多只能說明管仲的思想與儒家有著某種程度上的巧合，甚至是不排除儒家借用引申了管仲關於人生自我修養的觀點。

自西漢董仲舒提出「罷黜百家，獨尊儒術」以前，孔子開始被拔高，禮敬為聖人。實際上，如果要評出春秋時期的第一聖人，管仲比孔子更合適。不僅因為管仲比孔子早生一百多年，更重要的是管仲是全才，除了不會英語，幾乎沒有管仲不會的。

前面講過，管仲有許多後人加上的頭銜，比如政治家、戰略家，其實管仲還應該有一個頭銜，就是權術家，這往往是後世研究管仲時所忽略的。說到權術，晉朝的創始人司馬懿堪稱三國第一權術大家，但司馬懿和管仲比，還不太厚黑。

司馬懿多多少少還受到禮教思維的約束，做事不敢放肆，至少不敢當著曹睿的面要官要權，但管仲就敢。姜小白已經接受了鮑叔牙的建議，赦免管仲之罪，並準備重用管仲。按道理上講，管仲應該假意推讓一番，給自己塗上一層謙遜的脂粉，可管仲卻反其道而行之，就是當著姜小白的面要官要權，不給還撒潑耍賴。臉皮如此之厚，可謂千古少見。

老話說，做人要有自知之明，不能蹬鼻子上臉，管仲不吃這一套，他需要得到他想到的東西。在管仲的潛意識中，這些東西是他應該得到的，所以管仲理直氣壯的張口索要。

《韓非子．難一》記載，就在姜小白和管仲的「君臣問對」之後，管仲就開始伸手要官了，他一臉委屈的告訴姜小白：「臣現在得到了國君的寵信，臣感激不盡，但臣現在的官職太卑微，請國君提高我的政治地位。」

此時的姜小白對管仲還不是特別了解，就像劉邦被蕭何逼著拜韓信為大將軍一樣，不過是受人之託而已。管仲交淺言深，讓姜小白很無語，世界上怎麼還有這等不要臉的人。姜小白為了顯示自己的豁達大度，對管仲做出了承諾，寡人一定要讓先生位居國內大族高氏與國氏之上。

姜小白沒想到管仲會得寸進尺，提高了他的政治待遇，他還不滿意，又不滿的告訴姜小白：「臣有地位了，但臣還是個窮光蛋，請國君提高我的經濟待遇。」姜小白為了求賢，只好答應了管仲的請求，給管仲以其他大夫三倍的經濟待遇。

更搞笑的在後面，管仲不依不饒，說臣有權有錢了，但臣和國君的關係還比較疏遠，請國君以後尊稱我為仲父。估計姜小白看到管仲一臉真誠的樣子，差點沒氣到吐血，鮑叔牙推薦的這都是什麼人？姜小白現在已經沒有其他的人選，只好咬牙尊管仲為仲父，姜小白的心裡別提多彆扭了。

管仲和姜小白剛剛和好，就向姜小白要這要那，是管仲不識好歹麼？當然不是，春秋時人胥略就為管仲的行為辯護，說管仲之所以這麼做，是因為管仲做齊國的首席執政官，如果沒有比其他人都高的政治、經濟待遇，以及國君的尊重，他很難推行新政。霄略認為管仲這並不是貪婪，而是為了方便管理。

按霄略的說法，管仲這麼做是很有道理的，位卑何以號令天下？既然姜小白已經同意讓管仲做宰相，那就應該給管仲以宰相的權威，否則何以服人？劉邦拜韓信為大將軍時，就授韓信一柄劍，敢不服大將軍號令者可斬之，道理是一樣的。

為管仲辯護的還不只是在歷史上不知名的霄略，還有戰國時偉大的思想家荀子。荀況在《荀子．仲尼篇》也談到了這個問題，荀況認為管仲的做法完全正確，沒有足夠的權威，如何推行新政？當然，荀況這麼說是歌頌姜小白的大度，但也說明了管仲伸手要官要錢，並非出自私心。

上面說孔子指責管仲「器小」，實際上，管仲不但不「小器」，反而很「大器」，比如管仲的用人方面。如果管仲出於私心要官做，他一定會獨攬大權，任人唯親。可管仲獲得執政權之後，卻立刻提名齊國的幾位賢人出任要職，曾經和姜小白一起出逃莒國的隰朋，因為擅於辭令，辯才甚佳，所以管仲請隰朋出任「外交部長」。

《呂氏春秋．勿躬》記載了管仲向姜小白推薦五位賢人的事情，大意是：管仲說搞農業，我不如寧速；搞外交，我不如隰朋；搞紀檢，我不如東郭牙（東郭牙應該就是鮑叔牙）；搞軍事，我不如王子城父；搞法治，我不如弦章。

當然，管仲非常的自負，在推薦完了五位賢人後，冷不丁的來了一句：「國君治國強兵，用五賢人足矣，國君欲稱霸天下，有管夷吾在此！」單就這一點來說，管仲做的要比諸葛亮好，諸葛亮自負全才，事必躬親，忽略了培養下一代治政人才。管仲很聰明，抓大放小，他只負責戰略布局，具體事務由其他人去辦。

對管仲的自負，姜小白鼓掌曰：「善！」

剛開始的時候，姜小白對管仲還有所懷疑，畢竟管仲還沒有開始伸展自己的錦繡抱負，僅憑一張大嘴，誰知道你是英雄還是狗熊？但在管仲不可思議的天才表演後，生性狂妄的姜小白對管仲佩服得五體投地。此時再稱管仲為「仲父」，應該是姜小白發自內心的尊敬了。

從此管仲基本獲得了齊國的最高統治權，也就是說管仲是齊國政策的制定者，姜小白只是執行者。前面講過，姜小白的性格過於隨意任性，所以他需要一位嚴父來管教約束他，管仲是再合適不過的人選。隨著霸業的不斷推進，姜小白早就已經忘記當年管仲差點射死他的那段如煙往事，在他眼中，管仲就像一位慈愛而不失嚴厲的父親。

從氣質上說，管仲和姜小白都是不世出的梟雄，屬於腹黑一族，只不過管仲張揚霸道，姜小白內斂沉靜。如果說結識鮑叔牙是管仲的幸運，那麼能得管仲為相，則是姜小白的莫大幸運。

管仲性格外揚，但心思非常縝密，這是宰相群體的一個普遍特徵，有一件小事情可以反映出管仲的心細到了什麼程度。姜小白派人去魯國，把管仲押回齊國，因為管仲已經知道姜小白準備重用他，所以管仲擔心的不是見到姜小白，而是魯國的施伯。施伯勸魯莊公不要放管仲回齊，此人是天下奇才，如果不能效力魯國，不如殺掉，以絕後患。

姬同迫於齊國的壓力，沒有同意，但管仲不敢保證姬同不會中途變卦。為了加快回齊的行程，管仲告訴拉囚車的衙役：「你們這樣拉我實在太辛苦了，我給你們唱歌吧，這樣你們就能心情愉悅的拉車了。」管仲放聲高唱，衙役們聽著悅耳的歌曲，也忘記了疲勞，速度也不斷加快，最終趕在魯人變卦之前回到齊國。

管仲不僅是心細縝密，眼光更是出了名的毒辣，任何魑魅魍魎在管仲眼前一過，他立刻就能看穿對方。有一次姜小白和管仲在密室中商議討伐衛國，結果這件事情讓會察顏觀色的齊侯夫人發現了，因為她是衛國人，當然要想辦法保護母國。在夫人的軟硬兼施之下，姜小白對衛國的態度明顯軟化。

第二天上朝時，管仲當場打了姜小白的臉，「國君是不是要放棄了對衛國的軍事計畫？」姜小白很驚訝，這老頭怎麼會知道？管仲大笑：「國君見著我，聲音謙恭，面帶愧色，所以我知道國君變卦了。」至於變卦的原因，管仲當然知道是衛姬從中作梗，只不過他不好意思當面揭穿。姜小白為了掩飾尷尬，也大笑說道：「仲父治外，夫人治內，天下不足平也。」

管仲輔佐桓公四十年，「九合諸侯，一匡天下」，世人皆知齊桓霸業是管仲一手促成。在西元前六四五年，管仲病重，眼看著不行了，姜小白前來探視，並請管仲安排了以後的人事。

姜小白首先推薦了鮑叔牙為國相，但被管仲堅決否定掉了。管仲的理由是鮑叔牙為人剛直，眼裡揉不得沙子，嫉惡如仇，不懂得權術平衡，不是做宰相的合適人選。除此之外，可能還有另外一個原因，就是管仲和鮑叔牙都老了，當時的年齡至少在七十歲左右。而且在管仲即將嚥氣之前，鮑叔牙就已經去世了。

管仲在政治上將鮑叔牙說得一文不值，並不是恩將仇報，事實上管仲從來沒有忘記鮑叔牙對自己的大恩大德，他只是就公事論公事而已。鮑叔牙去世的消息傳來，管仲失聲痛哭，悲不自勝。管仲流著淚告訴身邊的人：「當年我與鮑叔做生意，獨貪大頭，鮑叔知道我上有老母需要奉養，從來不以為我貪。我受困於魯國，是鮑叔捨命救我，又推薦我於國君之前，才有今日。生我者父母，知我者鮑子也！」

這才是真實的管仲，熱血、敢擔當、重情重義，而不是孔子所批判的那個貪財小器的管仲。從時間上來看，管鮑之交至少經歷了五十年的風風雨雨，早年一起迎風冒雨做買賣，然後一起為官，幾乎天天見面，這種真摯的戰友情，沒有親身經歷過，是很難理解的。

戲曲小說裡的包公鐵面無私辨忠奸，忠奸善惡，管仲同樣有這個本事。姜小白身邊有三個著名的寵臣——豎刁、易牙、姬開方，在姜小白後期，已經和這三個寵臣穿上一條褲子了。管仲一眼就看出這三個人不是好東西，將來必亂齊政。在臨死前，管仲苦勸姜小白遠離這些人。姜小白雖然按管仲的話做了，但管仲死後，姜小白又把三人召了回來，結果一年後，豎刁等人就將姜小白送上了西天。老話說：不聽老人言，吃虧在眼前。管仲最擅長品鑒人物，也就是會相面，成功率幾乎是百分之百，簡直不可思議。

管仲還有一個優點，就是通權達變，在形勢不利時會用急智，化解危險。比如在著名的「曹劌劫齊桓公」事件中，管仲的急智發揮得淋漓盡致，幫助姜小白逃脫了一場可怕的災難。

西元前六八一年，齊魯兩國在柯（今山東東阿）會盟，齊桓公姜小白和魯桓公姬同走上臺之後，魯人曹劌突然拔劍劫持姜小白。這場劫持事件是姬同之前計畫好的，姬同用「同歸於盡」來威脅姜小白：不答應我提出的「齊魯以汶水分界」的要求，今天我們同死於此。

姜小白即位不久，年輕氣盛，不想答應姬同的無禮要求。管仲與鮑叔牙執劍欲衝上臺救駕未果後，他在臺下勸姜小白：「只聞用土地來保衛君主，沒聽說過用君主來保衛土地，國君先答應魯人的要求，回來我們再作計較。」言下之意是好漢不吃眼前虧，先保住命要緊，君子報仇，十年不晚。姜小白聽從了管仲的建議，這才避免一場駭人聽聞的悲劇出現。

管仲是個有缺點的偉大人物，這樣的人物才顯得真實，而不像孔子被後世神話得不成樣子，已經失去孔子原有的真我本色。人不是萬能的，神才是萬能的，但我們從來沒有看到神的出現。管仲雖然能看透世間人情，但也有馬前失蹄的時候，比如他對重臣甯戚提出的問題就始終沒有想明白。

甯戚有次當著管仲的面說了三個字「浩浩乎！」管仲被弄得一頭霧水，不知道甯戚想說什麼，吃午飯的時候還在想「浩浩乎」到底是什麼意思。倒是管仲身邊的婢女博學聰慧，她一語點破甯戚的心思：「甯大夫是想成家了。」管仲不解，婢女笑著回答：「《詩》有云：浩浩者水，育育者魚，未有室家。」管仲這才恍然大悟。

管仲不是無所不能的先知，但他更像是一座散發著耀眼光芒的燈塔，照亮了初步擺脫蒙昧，進一步走向成熟的春秋戰國時代，也照亮了整個中國歷史。春秋戰國諸子爭鳴，學術成果之燦爛，歷史影響之深遠，可以說是空前絕後。

孔有儒家，老有道家，孫有兵家，韓有法家，管仲學派到底算是什麼家？這在歷史有很大的爭議，甚至在有些學術先驅的評比中，居然沒有管仲，實在不可理解。管仲的學說涵蓋了儒、道、法、兵、形勢、陰陽、縱橫等各個學派，可以說管仲是諸子之父，天下第一家。

孔子的忠實門徒朱熹稱讚孔子：「天不生仲尼，則萬古如長夜。」站在儒家思想的陣營中，朱熹對孔子的稱讚並不為過。至於管仲，則應該站在天下萬國的立場上稱讚管仲：「天不生夷吾，則萬古如長夜。」

這個評價並不過分，管仲完全當得起！因為他是獨一無二的管夷吾。

九、齊桓公的賢臣們

有句老話說的好：一個籬笆三個樁，一個好漢三個幫。英雄拎著人頭，在江湖的腥風血雨中闖蕩，身邊總要有幾個稱心的幫手，單打獨鬥是成就不了大事的，如果沒有張良、蕭何、韓信，劉邦早被項羽幹掉了。

一個利益集團的成功，不可能歸功於一個人，這樣的人造神話在歷史上是從沒有出現過的。沒有法正，諸葛亮將困死荊州；沒有李威，王猛如蛟龍睡沙灘；沒有朱升，劉伯溫也將無用武之地，管仲同樣也不會例外。

在齊桓公姜小白震爍千古的霸業中，我們可以列出許多偉大的名字。雖然這些人不如管仲那麼出名，但英雄的偉大與否，並不能看出現在鎂光燈下的次數，而要看他實實在在的歷史功業。不否認管仲在姜小白的霸業中貢獻最大，但僅有管仲一人，是做不出什麼事情的。今天就講一講輔佐齊桓公「九合諸侯，一匡天下」的那些幕後英雄。

說到齊桓公時的賢臣，排在第一位的，當然是鮑叔牙。如果只論人品之賢，即使把管仲算起來，依然在排在鮑叔牙的後面。「管鮑之交」感動千古，但在「管鮑之交」中，主角卻是鮑叔牙。地球人都知道，沒有鮑叔牙的寬宏大度，管仲不死於姬同之手，必死於姜小白之手。和管仲出身帝王之家一樣，鮑叔牙的出身也非常高貴，甚至比管仲的「級別」更高，因為鮑叔牙是夏朝始祖大禹的後裔，姒姓。人都是現實的，管仲是姬周之後又如何，家徒四壁，照樣被人瞧不起。鮑叔牙雖然上距夏朝滅亡已經整整一千年，但鮑叔牙家境優越，標準的中產階層出身，吃穿不愁。

鮑叔牙在很早的時候就認識了管仲，二人外出做生意，本錢都是鮑叔牙出的，他知道管仲兜裡沒錢。如果用一個字來給鮑叔牙的人品蓋棺論定的話，這個字毫無疑問是「賢」字，管仲能交上這樣的朋友，不客氣的說，是管仲積三代之德修來的造化。

管仲貪財的毛病，鮑叔牙是知道的，但他從來不當面指責管仲，反而替管仲辯解，換成心胸狹窄的，早就恨透了管仲。而當管仲被囚禁魯國時，鮑叔牙幾乎拼了老命，也要把管仲從魔爪下救出來，這更能體現鮑叔牙的胸懷寬闊。因為忠心侍奉自己，又共同外逃避難的緣故，姜小白對鮑叔牙非常信任，也有意用鮑叔牙為相。只要鮑叔牙點頭，歷史上將不會有屬於管仲的傳奇。如果鮑叔牙坐視魯人殺掉管仲，那齊國宰相的位子非鮑叔牙莫屬，這是一個讓人很難抗拒的誘惑。

誰不想揚名立萬，青史留名？但鮑叔牙考慮的不是個人利益，而是齊國的國家利益，只要齊國能在管仲的治理下稱霸天下，鮑叔牙給管仲當馬夫，他都毫無怨言。

至於姜小白念念不忘管仲的一箭之恨，也是鮑叔牙苦口婆心勸姜小白以國事為重，重用管仲的。甚至為了保護管仲平安回到齊國，鮑叔牙親自率領一支部隊來到魯國，名義上說是把管仲押回齊國處死，實際上是公開保護。更讓人感動的是，鮑叔牙在魯國殿上對著管仲放聲痛哭，說歸齊之後，兄弟之交就到此為止了，成功騙取了魯人的信任，可見鮑叔牙的心思是非常縝密的。

唯一看出鮑叔牙在演戲的，是魯國大夫施伯，鮑叔牙這邊痛哭，施伯在那邊大笑，說管仲必不死，必受齊重用。只是姬同已經完全被鮑叔牙的高超演技騙倒了，施伯也無力挽回了。

鮑叔牙心地善良，同時也有自知之明，他知道自己的治國之才遠不如管仲，所以極力向姜小白推薦管仲。他告訴姜小白他不如管仲的五點地方，分別是：一、寬惠愛民；二、以法治國；三、外結諸侯；四、匡範社會道德；五、帶兵打仗。

此時的姜小白還沒有忘記管仲的那一箭，恨恨的說：「管夷吾差點讓寡人做鬼，寡人不計較也就算了，憑什麼還要重用我的仇人？」鮑叔牙說當時管仲的主人是姜糾，他射國君一箭，是為了讓姜糾即位，此為大忠。鮑叔牙幾乎磨破了嘴皮子，才說服姜小白重用管仲。

更為難得的是，管仲執政之後，鮑叔牙能心甘情願的服從於管仲的領導，全力配合管仲，沒有任何怨言，做到這一點非常不容易。管仲在齊國政壇的不斷被神話，幕後推手，實際上就是鮑叔牙。真正封神的，不是威震天下的管仲，而是鮑叔牙。如果說管仲「千古第一相」的地位還存在爭議，那以，鮑叔牙「千古第一友」的地位則沒有什麼爭議。

朋友相處到了這種程度，帶來的已經不是感動，而是震撼。所以在春秋以來的士林圈中，士大夫對鮑叔牙更為推崇，《史記．管子列傳》肉麻的歌頌鮑叔牙的仁友之情：「天下不多管仲之賢，而多鮑叔能知人也。」多是稱讚的意思。

鮑叔牙之於管仲的作用，不僅體現在私人交情上，在工作中，鮑叔牙依然是管仲最為得力，也是最為信任的助手。鮑叔牙對管仲的內外政策基本上是認同的，管仲說一，鮑叔牙不說二。這不是說鮑叔牙胸無主見，恰恰相反，這正說明鮑叔牙有著不遜於管仲的政治才能。

姜小白和管仲在工作中也有理念不相同的地方，難免互起爭議，每當這個時候，鮑叔牙都堅定的站在管仲一邊。僅在《管子．大匡》中，鮑叔牙就三次勸告姜小白對管仲言聽計從，其中姜小白聽了兩次。唯一沒有聽進去的那次，姜小白增加了關稅和市場稅，結果齊人不滿。

管仲拜相，號令齊國，但他和姜小白的關係主要還是君臣關係，論與姜小白的私交，管仲是趕不上鮑叔牙的。所以在管仲與姜小白之間，鮑叔牙起到了潤滑作用，如果沒有鮑叔牙從中溝通，憑管仲和姜小白「寧進勿退」的霸道性格，翻臉是遲早的事情。

管仲也知道這一點，所以讓鮑叔牙做了「大諫」，相當於後世的御史大夫。同樣一句話，管仲說了，姜小白未必當回事，但從鮑叔牙嘴裡說出來，分量就不一樣了。

有一次，姜小白和管仲、鮑叔牙、甯戚等重臣飲酒談心，等喝得五迷三道時，姜小白嬉皮笑臉的問鮑叔牙：「鮑叔何不敬寡人一杯酒，以為祝壽。」像這樣戲謔的話，不是私交極好，是說不出口的。

看到姜小白沒有個國君的體統，鮑叔牙舉杯而起，滿臉嚴肅的說道：「我祝國君不要忘記當年在莒國受的苦難。」同時，鮑叔牙也善意的警告管仲和甯戚不要忘記曾經那段屈辱的日子，不要因為一時的得志就忘乎所以。無論是以大諫的身分，還是以老大哥的身分，這樣的話由鮑叔牙來說，遠比其他人說更合適。

孔子說「其身正，不令則行；其身不正，雖令不行。」鮑叔牙正是如此，嚴於律己，寬於律人，這樣胸懷寬廣的君子，誰會不喜歡呢？

說完了著名的鮑叔牙，再來講講一位隱形的重臣。此人在歷史上幾乎沒有知名度，他在齊國政壇上的地位卻遠在管仲之上，管仲這麼厲害的人物，見了此人都要畢恭畢敬。他就是齊國的頂級貴族、大夫高傒。

高傒其實姓姜，齊國宗室，他是周天子在齊國正式任命的兩個監國上卿（另一個為國歸父）。

而管仲雖然統領齊國軍政，但管仲只是個下卿。高傒之所以能獲得如此高的政治地位，原因大致有兩點：一、和齊侯同宗同脈，肥水不流外人田；二、沒有他，姜小白就不可能做齊國之主。換句話說，高傒是姜小白的頭號政治恩人。

短命的齊侯姜無知被雍林所殺，齊國無主，公子姜糾和姜小白進行了慘烈的「龜兔賽跑」。姜小白計高一籌，騙過了魯國和姜糾，搶先一步回到臨淄，此時臨時主持齊國國政的就是大夫高傒。

更為重要的是，高傒之前就和姜小白私交甚密，在小白回國的過程中，高傒和國歸父發動自己的情報網，給姜小白通風報信，所以姜小白才能順利回來。高傒和姜糾沒什麼交情，自然希望姜小白即位。既然姜小白回來了，高傒生怕夜長夢多，立刻奉姜小白為齊侯。先下手為強，姜小白即位後的第六天，姜糾就回來了，如果高傒再慢一步，到嘴的鴨子可能就飛走了。

政治交易和到菜市場買菜一樣，價格公道，童叟無欺。他幫助姜小白即位，作為報答，姜小白是不會虧待他的，有一件事情可以證明高傒從姜小白那裡獲得多少豐厚的回報。

在管仲的建議下，姜小白把齊都臨淄分為二十一個鄉，相當於現在的市轄區。當時臨淄人口為四萬二千，每鄉二千人，除了工、商共有六鄉外，其他十五鄉，姜小白和高傒、國歸父各管理五鄉，即各管轄一萬人。

這些人可不是普通的居民，而是準軍事化的民兵部隊。《管子．小匡》對此有記載，「萬人一軍，五鄉之師率之。」通俗一點講，齊國分為三軍，姜小白自主中軍，高傒領左軍，國歸父領右軍。雖然姜小白給高傒開出了巨額支票，但高傒卻心安理得的接過了五鄉的統治權，這是他應該得到的回報。

高傒並不是那種每天飽食終日、大腹便便的飯桶型貴族，他本人的治政能力其實並不在管仲之下。至於鮑叔牙告訴姜小白：「我認為管仲之才當在高傒之上，請國君立管仲為相。」應該這麼看，鮑叔牙和管仲是莫逆之交，和高傒沒什麼私交，所以在潛意識裡，鮑叔牙還是想肥水不流外人田。

不過從姜小白的利益角度講，他是不想、也不敢立高傒為相的。高傒世代為齊大夫，在齊國官場的勢力盤根錯節，如果使高傒為相，很容易形成臣強君弱的局面，姜小白可不想做傀儡。姜小白任管仲為相，不用承受高額政治風險，管仲在官場上無門無派，沒有自己的勢力，一旦姜小白對管仲不滿意，隨時可以拿掉。

像高傒這種級別的老臣，如果只是養著，實在太浪費了，應該讓高傒發揮自己的餘熱。上面講了，隰朋是齊國的「外交部長」，而高傒也從事外交工作，但他的政治身分應該是齊國特命全權大使，代表姜小白與與諸國會盟。

在西元前六七二年，齊國與魯國在防地（今山東諸城西北）會盟，魯國方面的最高代表是魯莊公姬同，而齊國派出的最高外交代表就是高傒。能代表國君出席如此高級別的會議，管仲都沒有享受到這個待遇，可見高傒在姜小白心中的地位。

高傒有時也參與軍事工作，著名的魯國慶父之亂，就是高傒率領精銳的南陽軍平定的，隨後高傒立魯莊公幼子姬申為魯公，就是歷史上著名的魯僖公。魯人對高傒立僖公非常的感激，數代不忘其德，《春秋公羊傳》稱「魯人至今以為美談，曰猶望高子也」。

上面講鮑叔牙是管仲與姜小白之間的潤滑劑，其實高傒也能起到這個作用。高傒有著鮑叔牙所沒有的優勢，就是高傒是齊國的三位大股東之一，管仲只是姜小白聘用的首席執行官。如果高傒看管仲不順眼，憑他的通天能力，十個管仲也被扳倒了。

看到CEO管仲為齊國大把撈銀子，大股東高傒自然樂得合不攏嘴，誰會把管仲這隻會下金蛋的雞趕走？除非瘋了！不論高傒和管仲私交如何，他都會全力支持管仲，甘願給管仲打下手，修個牆，補個鍋什麼的。

CEO不能世襲，但股東可以世襲，高傒出身高貴，有花不完的銀子，自然要傳給子孫。高傒手上的這只金飯碗一直傳到他的曾孫高固，依然沒有變色，高固世襲上卿，權勢暄天，他可以逼迫齊惠公劫持魯宣公姬俀，讓姬俀把原齊昭公姜潘的夫人叔姬改嫁給他，並親自去魯國迎親，齊國高氏的勢力之大，讓人咋舌。

齊國三大股東，高氏、國氏、呂氏（即齊國姜姓公族），在齊桓公執政的四十多年中，這三家大股東各有一個代表人物，跟著姜小白立正了不朽功業。高氏的代表是高傒，國氏的代表是國歸父，而呂氏的代表就是隰朋。

如果按輩分，隰朋是姜小白未出五服的堂侄，隰朋的曾祖父齊莊公姜購是姜小白的祖父。不過從年齡上看，隰朋和管仲、鮑叔牙是同一輩人，應該比姜小白大幾歲。從派系上說，隰朋則是姜小白的貼身死黨，是姜小白最信任的少數幾個重臣之一。

早在姜小白還做公子的時候，隰朋就已經進入他的幕府，甚至比鮑叔牙進幕府更早一些。姜小白逃到莒國避難，隰朋、鮑叔牙、賓須無不離不棄，忠心無二，讓姜小白非常感動。

等到姜小白即位時，自然要給兄弟們分蛋糕，在重要的崗位上，都會安排自己的嫡系人馬，古今中外莫不如此。齊國的權力分配很有意思，「總統」姜小白先任命管仲為「總理」，然後由管總理提名各部部長人選，姜總統批准，內閣就算成立了。鮑叔牙的職務相當於第一副總理，而隰朋由於懂得外交禮儀，能言善辯，毫無意外地出任「外交部長」，這也是管仲提名的。管仲在提名隰朋時是這麼評價隰朋的：「升降揖讓，進退閒習，辯辭之剛柔，臣不如隰朋，請立為大行。」大行就是外交部長。

隰朋出任外交部長，如魚得水，這裡才是他施展錦繡抱負的天空。在隰朋的外交生涯中，最輝煌的一次外交成就，就是在西元前六五一年的平定晉國之亂。這一年，晉獻公卒，嫡庶爭位，晉國形勢大亂，隰朋以齊國特命全權大使的身分，率領軍隊直入晉國，與秦軍一起推立獻公子姬夷吾為晉侯。而姬夷吾的兄長，就是春秋第二霸——晉文公姬重耳。

因為姬夷吾的地位需要獲得周天子的承認，所以在第二年的四月，周天子的代表周公忌父、大夫王子黨與隰朋共同舉行儀式，正式冊立姬夷吾。如果沒有隰朋與秦國的及時出手，穩定住了晉國局勢，任由這場空前的宗室之爭鬧下去，難說不會出現更可怕的後果。

姬夷吾即位，實際上是為十幾年後，其兄姬重耳回國即位掃清了障礙。從這個角度看，隰朋為晉國的穩定做出了突出貢獻，完全有資格獲得諾貝爾和平獎。本來隰朋的名氣不算大，但經過這件事情，隰朋在江湖上出盡了鋒頭，各國都知道齊國的隰部長是個厲害人物。

隰朋活躍在外交戰線上，是管仲稱霸事業中最重要的一環，由於這個原因，隰朋和管仲走得非常近。許多史料都把隰朋與管仲並稱，如《韓詩外傳》稱「齊桓公得管仲、隰朋，南面而立。」

管仲最感激的人，肯定是鮑叔牙，但管仲在工作上最器重的卻是隰朋，管仲經常說上天生此隰朋，做我的舌頭。隰朋在國際事務中的作為，完美的闡釋了管仲的外交思想，可見隰朋在管仲心中的分量。

管仲臨死前，姜小白問管仲：「鮑叔可繼為相否？」立刻被管仲否定掉了。姜小白讓管仲提出下一任首相的人選，管仲毫不猶豫地說出了隰朋的名字。姜小白問理由，管仲答：「隰朋為人謙和，對上不諂，對下不驕，在私不忘公，在公不忘私，對國君忠心耿耿。以仲來看，能稱得起大仁的，只有隰朋。」

在管仲看來，鮑叔牙、賓須無、甯戚各有優勢，但也各有劣勢，只有隰朋在具備其他人優點的同時，並沒有明顯的弱點。宰相的職位決定了坐在這個位置上的人，一定要有全才，通觀全域，隰朋顯然能勝任這個職務。

從歷史記載來看，管仲死後的第十個月，隰朋也去世了，說明隰朋只做了十個月的宰相，都卒於西元前六四五年。歷史就是這麼無情，兩年後，齊桓公被豎小所殺，齊國幾近崩盤，如果隰朋多執政幾年，完全可以避免這場塌天的政治災難。

上面講的三位賢臣鮑叔牙、高傒、隰朋有一個共同的特點，都是他們的出身，非富即貴。都說王侯將相，寧有種乎，其實在齊桓公的肱股重臣中，還真有一位出身貧賤，甚至比管仲還要落魄，他就是甯戚。

管仲好歹跟著鮑叔牙做生意，也能混個小康，甯戚窮得四面光棍。不過甯戚很有農業方面的才能，但苦於沒有門路和齊桓公搭上關係，情急之下，甯戚想出了一個辦法接近姜小白。

甯戚先是跟著一支商隊來到臨淄，然後牽著一頭牛站在門下，等姜小白的車隊路過他身邊時，甯戚突然猛敲牛角，放聲歌唱，吸引姜小白的注意。甯戚的苦心果然得到了回報，姜小白聽完歌後，大呼：「此人絕非凡品！」

激動的姜小白把甯戚帶回宮，請甯戚教他治國之道。甯戚也不客氣，穿著姜小白新賜的衣冠，坐在小白對面，抵掌而談。第二天，姜小白再次接見甯戚，這次談的是稱霸天下之術，沒想到甯戚也精於此道，不遜於管仲，姜小白興奮地大笑。

不過外交部長的位子已經有隰朋了，根據甯戚對農業的興趣，加上管仲的提名，姜小白即日任命甯戚為「大司田」，即農業部長。管仲在提名甯戚時，是這樣說的「開荒墾田，修建城邑，向土地要效益，增加人口，我不如甯戚。」

在任何時代，農業都是一個國家的立國之本，更何況生產力不發達的二千多年前。沒有農業收成，農民吃不飽飯，就會操起鋤頭造反。姜小白把事關國家命脈的農業交給甯戚，足見他對甯戚的信任。

也許是都出自社會底層，價值觀相同，管仲和甯戚很能談得清，私交不錯。甚至甯戚沒有老婆，也找管仲敲邊鼓，就是《管仲篇》提到了婢女解詩的故事。

除了鮑叔牙、高傒、隰朋、甯戚之外，齊國還有許多賢臣，比如司法部長賓須無、國防部長王子城父、人事部長晏子（不是晏嬰）、宰相辦公廳主任弗鄭、科技部長皇子告敖，他們都為齊桓公的不世霸業做出了各自貢獻，因為篇幅有限，就不再一一介紹了。

十、齊桓公的不世霸業

講完了管仲、鮑叔牙、隰朋等不世賢臣，再來講一講不世賢君姜小白。不得不承認管仲的偉大，但如果沒有姜小白這棵梧桐樹，管仲這隻金鳳凰連個落腳的地都沒有，更遑論建立功業，青史垂名了。正如唐人盧照鄰所說：「如果不是遇到齊桓公，管仲只能去做陽城的上門女婿。」話雖刻薄，但也有幾分道理。

在《管仲篇》中，著重分析了管仲與王猛的相同之處，實際上姜小白和苻堅也幾乎是一個模子裡刻出來的帝王，各方面相似度極高。如果把姜齊稱霸、前秦統一北方的功勞都歸於管仲和王猛，這對姜小白和苻堅來說是不公平的。

別的不說，姜小白對管仲的建議幾乎言聽之，計從之，嚴格執行管仲制定的內外政策，能做到這一點就很不容易。如果讓管仲輔佐姜諸兒那樣的荒唐君主，不出三年，管仲準被姜諸兒氣死。

《呂氏春秋．任數》記載了一個小故事，說有關部門來找姜小白，請他對某事做出批示，姜小白讓他們去找管仲。有關部門不知道出於什麼原因，又向姜小白請示了兩次，姜小白還讓他們找管仲。有些人對姜小白當甩手大掌櫃非常不滿，當面嘲諷姜小白：「什麼事都找管仲父，當國君實在太容易了。」姜小白的回答是：「在沒有仲父之前，國勢艱難，自得仲父之後，國勢如日中天，仲父如此多能，我就不用摻和了。」

姜小白說這些話，其實只是給管仲臉上塗脂抹粉，增加管仲在官場上的權威，方便管仲處理政務。姜小白從來不是任由管仲擺布的傀儡，他也有自己的主見。實際上姜小白和管仲在工作上是有分工的，管仲主要處理國內政務，發展經濟，提高綜合國力。姜小白主要負責國際戰略，縱橫殺伐，為齊國的增強國力贏得良好的生存空間。

翻閱一下《管子》，就能發現一個問題，凡是《管子》一書涉及內政的內容，幾乎找不到姜小白身影，而凡涉及齊國對外交往的篇章，比如《大匡》、《小匡》、《霸形》、《封禪》、《小問》，都有大量專於姜小白的記載，足以說明這一點。

姜小白的野心非常大，他應該知道鄭莊公姬寤生的小霸故事，但姜小白顯然瞧不上姬寤生的檔次，他要做春秋大霸，一統江湖，萬載尊代。但老話說，心急吃不了熱豆腐，在他初即位，管仲還沒有來得及進行全方位改革、提升國力的時候，姜小白就開始了他所謂的大霸之路。

姜小白時代的第一場爭霸戰爭，就是歷史上著名的長勺之戰，發生於西元前六八五年，也就是姜小白即位的第二年。當時齊強魯弱，姜小白以為吃掉魯國比吃口西瓜還容易，哪知道他的大牙磕在了核桃上。魯國名將曹劌的「一鼓作氣」，將毫無思想準備的姜小白打得滿頭開花，姜小白狼狽逃回。

第一次的失敗，是成功之路最完美的開始，這話說得很精彩，姜小白被曹劌迎頭棒喝後，才對齊國的綜合實力有了一個更清醒的認識。以現有的國力，守成是沒有問題的，但要稱霸天下，首先還是要積累內功，發展經濟，培養人才，建立起一套有效的人才運作機制。

四百多年後，楚人李斯上書秦始皇帝，即著名的《諫逐客書》，李斯認為秦應該以寬廣的胸懷接納天下賢士，而不是搞地方保護主義。其實李斯所呼籲的用天下之才的機制，早在齊桓公時就已經運作得相當成熟了。

與秦朝被動的接納外國人才相比，齊國是主動到國外發現並招攬人才的。姜小白派出一隊隊的伯樂，每隊伯樂配備好車好馬，帶上足夠的糧食和貨幣，遊走於諸國，「以號召收求天下之賢士」。當然，這些伯樂還肩負著另外一樣任務，就是做間諜，凡發現所在國朝局不穩、內亂漸彌者，立刻向臨淄通報，以方便齊軍對該國進行準確的軍事打擊。

按照管仲的稱霸計畫，執政三年之內不對外用兵，集中精力發展國力，第四年做準備工作，第五年鐵血出擊。諸葛亮應該就是汲取了齊伐魯失敗的教訓，用了五年時間恢復國內經濟，等到內和外通之際，諸葛亮高舉興復漢室的大旗，發動了天下震動的北伐。

姜小白也接受了這個教訓，不打無準備之仗，在前五年的時間裡，姜小白口不言兵，一心發展經濟。打仗，說白了，就是燒錢，兜裡沒錢，還打個雞毛！姜小白初出江湖的第一槍，對準了剛剛經歷過國內政治動盪的宋國。

宋閔公子捷因為在打獵時和大臣南宮萬發生了矛盾，被南宮萬殺死在蒙澤，立公子子游為國君。不久後，宋國的反南宮勢力聯合起來，幹掉了南宮萬和子游，改立子捷的弟弟子禦說，就是宋桓公，即宋襄公子茲甫的父親。

宋國的形勢逐漸穩定下來，但與宋為鄰的齊桓公姜小白卻從中看到了無限「商機」，姜小白大笑：發財的機會來了。在西元前六八一年的春天，姜小白糾集了魯、陳、蔡、邾等國，在齊國境內的北杏（今山東東阿附近）召開了臭名昭著的「宋國之友大會」，當然，出席的還有當事國宋國。

姜小白的邏輯非常簡單：宋國不能沒有動亂，否則齊國就失去了稱霸之路上的戰略支撐點。為了齊國的利益，姜小白理直氣壯地打著維護世界和平的旗號，赤裸裸地干涉宋國內政。

這次干涉宋國內政，姜小白的目的並不是推翻子禦說，而是旨在建立以齊國為主導的國際新秩序。姜小白明白無誤的告訴子禦說：「國際社會依然承認你是宋國合法的領導人，但是，你要聽我的指揮。否則，後果你是知道的。」

宋國的整體實力要弱於齊國，而且子禦說剛剛即位，統治基礎還不太牢固。在這種情況下，子禦說不敢當面對姜小白說「不」，只好忍氣吞聲地答應了姜小白的無理要求。

等到子禦說回國後，越想越窩囊，大罵姜小白趁火打劫，做人太不地道。子禦說可不是一個省油的燈，南宮萬逃到陳國後，被陳人送回宋國，子禦說親手將南宮萬剁成肉醬。這樣的刺頭人物，豈會心甘情願的受姜小白擺布？就在北杏「宋國之友大會」結束後的當年年底，子禦說就強硬地撕毀了與姜小白之前達成的各項協定，宋是宋，齊是齊，地位平等。

如果宋國不向齊國交保護費，齊國還拿什麼稱霸？更重要的是，子禦說當著天下人的面，狠狠的抽了姜小白幾個響亮的耳光，如果不狠狠教訓宋國，以後姜小白還有什麼臉面在江湖上行走？他的所謂稱霸事業只能淪為國際笑柄。即使姜小白顧忌宋國的強硬反擊能力，至少也要做做表面文章。

西元前六八〇年的春天，姜小白糾集陳、曹國兩個醬油國，三國聯軍浩浩蕩蕩地朝著宋國殺來。這次姜小白對宋國出手，也不是真打，主要還是對宋國進行武力恐嚇。為了給自己的強盜行為披上一件人道主義干預的外衣，姜小白非常聰明的把周天子也拉進了這趟渾水。

春秋時代的中原，更像現在的地球村，村裡住著二百多村民，村子裡最大的領導就是村長，不過村長早就已經被架空了，大家各玩各的。等到有人需要利用村長的名義為自己謀利益時，就會把村長抬出來，指著被打的一方說：「看清楚了，不是我要打你，是我奉村長之命打你。」

新即位不久的周僖王姬胡齊為了從財大腰粗的姜小白手上多賺些活動經費，自然願意跑場子。姬胡齊派單伯來到宋國，對宋國進行「勸解」，實際上是逼迫子禦說接受姜小白制定的不平等條約。

具體的談判內幕不太清楚，但子禦說應該在周天子和齊國的強大壓力下屈服了。當年年底，單伯代表周天子，齊、宋、衛、鄭各國在衛國的鄄城（今山東鄄城北）舉行第二次宋國之友會議，落實之前達成的一攬子協定。

在這場近乎鬧劇般的外交活動中，姜小白最漂亮的一招就是得到了周天子的支持，這也是子禦說不得不向姜小白示弱的重要原因。雖然這次會盟，齊國並沒有得到實際利益，但最重要的是姜小白已經在國際社會中打出了自己的威望。

經過幾年的發展，齊國整體國力不斷上升，已經初具超級大國的雛形，所以姜小白才有底氣突破國際道義約束，明目張膽的為自己謀取利益。強權即公理，古往今來，莫不是如此。

不過話說回來，任何一個國家的稱霸，都需要披上一件仁義牌襯衣，一手拎根粗大棒子，一手捏著一把棗子，軟硬兼施才是王道。跟著姜小白混江湖的那些醬油國很注意觀察齊國的國家品質，看看姜小白是否具有江湖老大的寬宏大度。

管仲很敏銳的發現了這一點，就在那一年的年底，發生了魯宋柯之盟時曹劌劫持事件，事後，姜小白不想承認與魯國的邊界劃定條約，被管仲及時勸住。管仲的理由是大國之君，應當言而有信，不能出爾反爾。管仲堅持按原定條約辦事，其實是做給江湖上各路諸侯看的，讓大家看到齊侯是個信人君子，為日後的齊國稱霸鋪平了道義之路。

各方面的因素綜合起來，姜小白在江湖上的威望日益高漲，有槍桿子，有錢袋子，還滿嘴仁義道德，這樣的老大打著燈籠也難找。西元前六七九年春，各路諸侯再次在鄄城召開武林大會，會議的主題很清楚：尊齊國為諸侯長。齊國的爭霸之路，至此邁出了關鍵的第一步。

姜小白的做事風格充滿了霸權主義的狡詐和貪婪，但他的本質還是不錯的。至少他知道收了兄弟們的保護費，老大就要負責兄弟們的安全，保護費不是白拿的。什麼叫老大？老大就是既為自己的利益插兄弟兩刀，也為兄弟的利益插別人兩刀。

第二次鄄城會盟的當年秋天，姜小白接到了他出任諸侯長以來的第一單買賣，附屬於宋國的小郳國突然宣布脫離與宋國的臣屬關係，舉旗造反。小弟家中出了亂匪，姜小白作為老大，自然要拎刀上陣砍人。小郳國位於今山東滕州附近，距離齊國非常近，姜小白當然不會錯過這個樹立老大威信的大好機會。

超級大國齊國帶著一幫僕從國，凶神惡煞般的撲向小郳國，要為宋國討說法。雖然史料記載不多，但可以肯定的是，膀大腰圓的聯軍把和豆芽差不多大的小郳國揍得七葷八素，找不著北。

姜小白的鋒頭還沒有出完，在小郳國叛宋的同時，與宋堪稱百年世仇的鄭國趁機渾水摸魚，賺了宋國一票。姜小白現在是宋國的帶頭大哥，小弟被人揩了油，豈有不出頭替小弟討公道的道理？西元前六七八年，姜小白帶著僕從國軍，大搖大擺的圍著鄭國一陣狂毆，鄭厲公被打得吱哇亂叫。

隨著齊國的國力不斷增加，姜小白的賊手也越伸越長，只要是齊國能夠得著的地方，都被姜小白看成是需要被保護的齊國利益。哪個小弟受欺負了，姜小白拎刀上陣；哪個小弟家裡出了亂子，姜小白都要出面擺平。比如著名的魯國慶父之亂，就是姜小白派高傒出兵搞定的。

姜小白有一點很聰明，他只欺負一些中等國家，卻從來沒有打算消滅對方。換句現代語言，就是齊國只注重在其他國家保護齊國的利益，卻不會對某個國家提出領土要求。在政治上，姜小白要的是諸國服從於齊國權威之下；在經濟上，姜小白要的是諸國開放本國市場，以便齊國的商品打開國際市場。

對於那些不服從於齊國霸業的小國，姜小白堅定不移地執行武力打壓的政策，直到將對方打服為止。鄭、宋、魯這類的中等強國，以及衛、陳、蔡這樣的偏小國家，接二連三地被齊國摁倒在地，一頓胖揍。姜小白的武林盟主地位基本上得到了確認，除了楚國之外。

楚國是長江流域新崛起的超級大國，其時在位的楚成王熊惲同樣野心勃勃，而且論能力、手段均不遜於姜小白。熊惲不甘心做一個偏安君主，成天和一群「蠻貉」打交道，他更渴望做中原的霸主。熊惲即位以來，楚軍像一台大馬力的推土機一樣，不斷向北平推過去，所過之處，雞飛狗跳貓上吊，江湖上一片驚呼。

當時的國際格局，北有晉，東有齊、魯，西有秦，南有楚，中有鄭、宋。特別是鄭、宋二國，是中原地區防禦楚國的最後一道戰略屏障，一旦讓楚國突破鄭、宋防線，後果不堪設想。

西元前六六六年，熊惲派一代名將子元率戰車六百乘北伐鄭國，只要拿下鄭國，熊惲就能初步實現稱霸中原的計畫。楚軍的戰鬥力確實不是吹的，很快就殺到了新鄭城下，甚至突進了新鄭內城。幸虧鄭文公姬踕玩了一齣空城計，子元懷疑城中有埋伏，沒敢貿然進入，這就為諸侯救鄭贏得了寶貴時間。

熊惲想稱霸，先問問老牌霸主姜小白答不答應，如果蛋糕被熊惲吃了，姜小白只能喝西北風了。在諸侯聯軍的威脅下，楚軍連夜撤軍回國，一場新老霸主之間的戰略決戰往後推遲了三十年（即西元前六三二年晉楚城濮之戰）。

雖然大戰沒有打起來，但楚國這次伐鄭，在姜小白看來，依然是對齊國霸主地位的嚴重挑釁行為，是姜小白所不能容忍的。而且姜小白已經意識到楚國將來必是中原大患，如果不在楚國崛起之前打掉對方的囂張氣焰，以後中原就別想過安生日子。

西元前六六二年，姜小白向江湖遍發英雄帖，號召中原各門派聯合起來，共同討伐楚國，為鄭國報仇。不過在當年年底，魯莊公姬同病死，魯國諸公子爭位，形勢大亂，姜小白只好將伐楚的事情擱置一邊，先派上卿高傒去穩定魯國局勢。

直到七年後，也就是西元前六五六年，姜小白才準備和楚國熊惲攤牌。之所以選擇在這一年動手，原因是熊惲又對鄭國動手動腳了。形勢對聯軍不太有利，因為鄭文公姬踕有些承受不住來自楚國的軍事壓力，準備向楚屈服。

還是大夫孔叔警告姬踕：齊國已經出兵來救我們，如果我們背叛姜小白，國君認為姜小白會放過我們嗎？與其叛齊附楚，還不如維持現狀，何況齊國加上聯軍的實力，贏面要遠大於新興的楚國。

這一次的伐楚動靜非常大，不僅齊國主力盡出，再加上宋、魯、陳、衛、許、曹，算上鄭國，正好是「八國聯軍」，甚至管仲也來湊了一回熱鬧。聯軍先是急馳數百里，以疾風驟雨之勢打爆了楚國的前線嘍囉蔡國，然後尖刀直插楚國北線防禦重鎮陘邑（今河南郾城）。

蔡軍的崩潰，實際上對楚國並沒有太大的損失，以楚國強大的軍事實力，完全有能力與姜小白決一死戰。但楚成王熊惲也要考慮戰爭成本問題，如果和姜小白拼個魚死網破，自己能得到什麼？

姜小白同樣考慮過這個問題，姜小白此次大張旗鼓的伐楚，主要目的還是想通過軍事行動逼迫楚國承認齊國的霸主地位。

放眼天下，具有超級大國骨架的，只有齊、晉、楚三國。而晉國此時正發生破壞力空前的內耗，幾十年內不會威脅到齊國的地位，只有楚國是齊國的心腹大患。即使用武力打敗楚國，也注定是一場高消耗的戰爭，所以能不戰而屈楚之兵，讓楚國承認齊國的霸主地位，對姜小白來說是最有利。

形勢正如姜小白所預料的那樣，楚國的對齊之策是以強硬對強硬，熊惲親自率軍北上，來找姜小白要個說法。表面上，齊楚兩國劍拔弩張，似乎一場大戰不可避免，但其實雙方都不想打這場沒有贏家的戰爭。

齊國由管仲出面，和熊惲面對面進行談判。管仲指責楚國不向周天子進貢，所以齊師來伐，實際上這是管仲給熊惲找臺階下，只要熊惲承認自己對周天子有失臣禮，齊國就有藉口罷兵，然後各回各家。

熊惲知道管仲的深意，自然也要成人之美，姜小白不就是想做霸主麼，那就成全他吧。熊惲也明白楚國暫時還不具備挑戰齊國霸主地位的實力，不如暫且低頭，日後再作計較。

當年夏天，齊楚兩國在召陵（今河南漯河東）舉行結盟大會，楚國方面的最高代表是大夫屈完。屈完雖然嘴硬，說如果齊軍膽敢過漢江一步，楚軍將與齊軍決一死戰，但他也看到了齊軍的強大，乖乖地在協議書上簽字畫押，正式承認齊國諸侯長的地位。

獲得了新興強國楚國的承認，姜小白的霸主地位再也無人可以撼動了，包括周天子也承認這一點。其實周惠王姬閬並不喜歡姜小白，因為姜小白自恃國力強大，粗暴干涉周朝的內政。

周惠王不喜歡太子姬鄭，有意廢掉姬鄭，改立幼子姬帶。姬鄭也不是省油的燈，為了鞏固自己的地位，姬鄭暗中和姜小白達成了有利於齊國的某種約定。姜小白自然不會放過這個控制下任周天子的絕佳時機，對此事大肆炒作，把事情鬧得滿城風雨，周天子姬閬對姜小白極為不滿。

西元前六五五年，姜小白率魯、宋、陳、衛、鄭、許、曹等國在首止（今河南睢縣）公然會見姬鄭，表達了對姬鄭的支持。雖然姬閬暗中指使鄭國背盟，但並不影響姜小白在諸侯中的威望，有了以齊國為首的「八國聯軍」的支持，姬鄭的腰桿也硬了，最終順利的即位，就是周襄王。

姬鄭即位後，準備對弟弟姬帶痛下殺手，姬帶搶先一步逃到了齊國避難，隨後姜小白就派管仲來雒都替姬帶求情。姜小白收留姬帶，原因很簡單，留下姬帶，就能威脅到姬鄭的天子地位，可以從側面控制住姬鄭，以保證姬鄭不會做出傷害齊國利益的事情。國際生存法則就是這樣，沒有永遠的敵人，也沒有永遠的朋友，法大理大，說到底利益最大。

被姜小白敲打後，姬鄭終於老實了，他也摸清了姜小白的戰略底線，從此再不敢對齊國有什麼非分之想，只能乖乖地聽從姜小白的指揮。姬鄭也知道姜小白想從自己這裡得到什麼，說穿了，就是需要姬鄭以周天子的身分正式確認姜小白的霸主地位。

姜姓齊國歷史上的最高潮終於到來了，西元前六五一年，齊桓公姜小白大會諸侯於葵丘（今山東曹縣西）。出席大會的還有衛、鄭、魯。許、曹等衛星國，當然，這場大會的主角，其實是周天子姬鄭派來的外交代表——太宰姬孔，他是來代表周天子向姜小白表示臣服的。

按當時的禮制，齊國是外姓諸侯國，所以沒有資格獲得天子賜的胙肉。但周天子這回破了例，賜齊桓公胙肉，這對姜小白來說是極高的政治禮遇。

另外，在感謝天子賜肉的儀式上，姜小白要給周天子遙拜，姬孔說天子有命，齊侯不必下拜，這一點也說明了周天子姬鄭已經認可了姜小白的地位。

天子都如此器重姜小白，那些混出場費的醬油國們自然也沒意見。姜小白為之奮鬥三十年的稱霸大業，在葵丘會盟之時，達到了後人不可逾越的頂峰。後來晉楚相繼稱霸，但都沒有達到姜小白的這個高度。

晉楚兩國是繼齊國之後，舉世公認的兩大超級強國，但問題是這兩個超級大國同時存在，互相制衡。而在姜小白時代，齊國是唯一的超級大國，楚國在楚成王時代也只是地區性大國，關於這一點，沒有任何人否認。

這場由齊國主導的葵丘會盟，諸國達成了五項協定，具體內容是：

一、誅不孝、無易樹子，無以妾為妻。（弒父者死，不許國君廢嫡立庶，不許妻妾易位）

二、尊賢、育才，以彰有德。（建立有效的人才選拔任用機制，鼓勵民間的教育發展）

三、敬老、慈幼，無忘賓旅。（尊老愛勸，禮待客人，樹立良好的社會風氣）

四、士無世官，官事無攝，取士必得，無專殺大夫。（反對基層權力世襲，不許國君殺害士大夫）

五、無曲防，無遏糴，無有封而不告。（諸國之間要團結協作，互通有無，不許大家亂挖鄰國的牆角）

老大發話了，弟兄們誰敢不聽，都唯唯拱手，肅然聽命。

葵丘會盟，是春秋時代第一次國際戰略格局的調整，出現了以齊國為諸侯長的國際新秩序。這就是做老大的好處，可以制定遊戲規則，從古至今，真理永遠掌握在最高統治者手上，他的意志就是真理。

葵丘會盟，是一個人的舞臺，江湖莫不仰視。鬚髮皆白的姜小白以江湖盟主的身分，發表了熱情洋溢的講話：「凡我同盟之人，既盟之後，言歸於好。」這同時也是姜小白對國際社會發出的警告：世界和平協定已經簽署，以後大家都要遵守這份協議，否則老大我是不會放過你們的。

雖然不知道姜小白確切的年齡，但在周公姬孔勸止姜小白給天子遙行大禮的時候，說「伯舅耋老，無須下拜。」耋是指七十歲以上的老人，說明這一年（西元前六五一年），即使姜小白沒有七十歲，也應該六十多歲了。

人生七十古來稀，半截身子埋進土，在人生的夕陽時分乘風入雲，江湖中人山呼伏拜，姜小白此生無憾。

十一、性格決定命運——齊桓公的家庭悲劇

和春秋小霸姬寤生充滿笑料的人生相比，姜小白這一生幾近完美。生在富貴之家，有這麼多的賢臣輔佐，年少得志，老年稱霸，身邊妻妾如雲，膝下兒孫滿堂。這樣的人生，誰不想擁有呢？有時不得不承認姬寤生、姜小白等人的投胎技術好，龍生龍，鳳生鳳，老鼠的兒子會打洞，他們一生下來就頂著公子的頭銜，過著錦衣玉食的生活。不過話說回來，收入與所付出的風險是成正比的，不能只看到他們在舞臺上的風光無限，也要看到他們在頂層官場上混跡所要承擔的政治風險。

生在大富大貴之家的孩子，長大後就必須面對財富與權力的分配問題。嫡庶之爭，妻妾之爭，拎著腦袋玩命，一旦失敗，下場非常淒慘。

在家天下時代，君主的家事即國事，鳳子龍孫一生來，都會被捲入權力鬥爭的漩渦，姜小白自然也不能例外。官場之中充滿了險惡，稍有一步不慎，粉身碎骨也沒人憐惜。

李世民之所以以次子的身分敢於殺兄屠弟，一個很重要的原因就是李世民在唐朝建立並統一的過程中立下奇功，而李建成為是嫡長子就平白佔了太子的位置，讓李世民如何服氣？唐高祖李淵在立李建成為太子的那一天起，兄弟仇殺的種子就已經埋下。

姜小白的情況要比李世民好多了，雖然姜小白的母親衛姬深受父親姜祿甫的寵愛，但據現有史料看，姜祿甫從來沒有立姜小白做太子的打算。正因為這個原因，所以在一定程度上反而保護了姜小白的安全，至少齊襄公姜諸兒不會猜忌這個異母弟弟。姜小白的堂兄姜無知因為威脅到姜諸兒的

地位，差點被沒姜諸兒整死，這是一個很好的例子。

如果姜諸兒能把心思都用在治國上，做一個守成的明君，姜小白至死也只是一個富貴終生的公子哥。就像周世宗柴榮多活十年，趙匡胤也會心甘情願地在柴榮麾下做一個將軍一樣。

歷史老人的安排讓人無法琢磨，姜諸兒在執政後期突然變成了二百五，國內形勢一片混亂，大家都在給自己找後路，這才把沒有心理準備的姜小白推到了風口浪尖上。此時的姜小白應該還沒有做齊侯的野心，他逃到莒國的唯一目的，只是避難。

在之前的齊國政治舞臺上，並沒有多少人在意姜小白，因為按長幼順序，姜諸兒如果掛掉，繼位的只能是姜諸兒的次弟姜糾。只有少數高層人士看準了姜小白，認為他必能成為一代明君，和姜小白走得很近，比如兩位齊國上卿高傒和國歸父。

說到姜小白從普通的公子一躍成為爭奪國君之位的最熱門人選，就不得不提及另外一個著名帝王，就是前面講到的前秦皇帝苻堅。姜小白有許多和苻堅相似的地方，大致有以下幾點：

一、他們都是時任君主的弟弟，姜小白的兄弟姜諸兒，苻堅的堂兄苻生。

二、他們的帝王兄長都荒唐得可以，姜諸兒亂倫殺妹夫，苻生以虐殺動物為樂。

三、他們在朝中都有大佬支持，高傒、國歸父支持姜小白，梁平老和呂婆樓支持苻堅。

四、他們都有一個足以威脅到自己即位的哥哥，姜小白的哥哥姜糾，苻堅的同父兄長苻法。

五、他們都把一個江湖上的中等國家打造成一代鐵血帝國，姜小白稱霸天下，苻堅統一北方。

六、他們都得到一位曠世絕古的名相，姜小白有管仲，苻堅有王猛。

七、他們都非常好色，姜小白有幾十個姬妾，苻堅霸佔了慕容垂的夫人，一代美男慕容沖和他的姐姐清河公主。

八、他們都狂妄自負，濫施仁義，把最危險的敵人當朋友。

九、他們的性格都屬於小白兔型的，外表純潔，內心腹黑。

十、他們結果幾乎相同，由於不聽管仲、王猛臨終前的勸告，姜小白和苻堅都被自己最親近的人殺掉，淪為千古笑柄。

像姜小白、苻堅這樣因為一時的用人之差而導致被臣下殺死的帝王，歷史上還有很多，比如著名的菩薩皇帝蕭衍。他們三個人有一個共同點，就是前半生異常的英明雄武，如果他們各自早死一年，他們的人生都可以用「偉大」來形容，可惜歷史不能假設。

苻堅在發動雲龍門之變時，由於忌憚苻生的強悍，猶豫不敢動手，是苻法和梁平老等人率先衝進宮裡，苻堅才壯膽殺掉苻生的。相比之下，姜小白比苻堅更有主見，做事果斷，而且應變能力非常強。

姜諸兒被殺的消息分別傳到魯國和莒國，姜糾、姜小白看到了回國繼位的希望，開始了慘烈的「龜兔賽跑」。魯國希望自己的外甥姜糾能做齊侯，為了防止姜小白搶先一步入臨淄，派管仲帶著一隊人馬，在從莒國去臨淄的要道上劫殺姜小白。

雖然管仲認為姜小白的能力更強，但此時各為其主，為了姜糾，管仲必須殺掉姜小白。就在姜小白沒有對管仲有太多防備的時候，管仲突然放了一支冷箭，想置姜小白於死地。可管仲的箭法實在不怎麼樣，結果一箭射在姜小白佩帶的鉤子上。

如果此時被箭中帶鉤的不是姜小白，那麼這個人很可能會從鉤子上把箭打掉，然後大罵管仲暗箭傷人太無恥。但如果管仲發現這一箭沒有射死姜小白，他很可能會指揮魯軍包圍姜小白，亂刀砍死，以絕後患。

姜小白的應變能力讓人驚歎，在被箭射中帶鉤電光火石般的瞬間，他想到的卻是利用這一箭來給自己爭取回臨淄的時間。姜小白假裝被這一箭射中腹部，然後大叫一聲，當場作斃命狀，果然騙過了管仲。

管仲也粗心大意，沒有上前察看真相，還以為姜小白已經倒地身亡，急沖沖的回曲阜覆命。告訴魯莊公姬同說姜小白已經死了，公子糾回臨淄即位已經沒有任何障礙了。姜糾也放鬆了警惕，慢悠悠的往臨淄進發，結果比姜小白慢了六天，大好局面徹底葬送。

當然，管仲沒有射死姜小白，還有另外一種可能。管仲早就看出姜小白非池中物，將來必能與他進行合作，成就一番霸業，所以有意留姜小白一條生路，然後回曲阜騙姜糾，讓姜小白提前一步即位。至於姜小白會不會因為此箭記恨管仲，管仲應該沒有這個擔心，畢竟鮑叔牙在姜小白身邊，足以勸止姜小白。

即使如此，姜小白能放棄對管仲的一箭之恨，說明他並不是一個心胸狹窄的人。因為姜小白心裡始終懷有一個稱霸天下的夢想，鮑叔牙堅持欲霸天下，非管仲不可，姜小白信人不疑，重用管仲，這絕非一般人能做到。李世民也對魏徵當初勸李建成殺掉自己而懷恨在心，但為了天下大業，李世民與魏徵親密合作，最終成就了一段偉大的歷史傳奇。

姜小白和苻堅、李世民一樣，都是極具個人浪漫色彩的理想主義者，但苻堅的理想主義嚴重脫離實際，特別是王猛去世之後，局面一發不可收拾。姜小白的情況好一些，為人理性沉穩的管仲死的較晚，所以管仲能在相當程度上控制姜小白的浪漫病，姜小白在江湖上追求著他的理想主義，沒有後顧之憂。

管仲並不是一個容易和他人相處的人，但姜小白顯然更喜歡結交朋友。姜小白有一個「朋友」是不得不提的，就是後來繼姜小白之後稱霸江湖的晉文公姬重耳。其實姜小白和姬重耳還有一層拐彎抹角的親戚關係，姜小白的女兒齊姜就是姬重耳的異母兄長——太子姬申生的生母。

因為晉國內亂，申生自殺，姬重耳流落江湖，受盡了白眼。但當姬重耳來到齊國之後，受到了姜小白的熱情接待，不但送給姬重耳大量財物，包括二十輛豪華馬車，還把齊國的宗女嫁給了姬重耳，讓姬重耳在異地他鄉依然能感受到家的溫暖。

姬重耳也是個非常重感情的男人，姜小白待他如親生兒子，姬重耳非常感動。在他來到齊國的兩年後，姜小白因為內亂被殺，姬重耳的處境相當危險，姬重耳依然不想離開齊國。還是他的齊國妻子苦苦相勸，姬重耳才依依不捨的離開國齊國。

姜小白的浪漫理想主義還體現在一件事情上，姜小白聽說齊國有個隱士，名叫小臣稷，姜小白很想見到這位隱士，就屈尊去找小臣稷。不知道出於什麼原因，姜小白連去三次，都沒找到小臣稷。侍從有些不耐煩，說國君已經盡到待賢之禮了，反正也找不到這個野人，國君就不要再去了。

姜小白當即反駁說：「即使是小臣稷故意不見寡人，也不是他的過錯，士人視國君如糞土是理所應當的。」《呂氏春秋》對姜小白這個舉動非常欣賞，評價姜小白「雖然齊桓公的私生活亂七八糟，但他對賢人如此，這正是他能成為霸主的主要原因。」

這個評價很準確，姜小白的霸業無人可及，但他的私生活實在亂得不成樣子。上面講到姜小白與苻堅的十點相似之處，但他們有一點不同的是，苻堅的失敗不是因為家庭原因，而姜小白的最終悲劇，最主要的原因就是姜小白沒有平衡好家庭成員的利益分配。在這一點上，姜小白和李世民倒有很多相似的地方。

首先，這兩位偉大的君主都是好色之徒，李世民的好色是出了名的，姜小白也不遑多讓。在姜小白的春宮中，就養著數百位美豔婦人，隨時準備接受齊侯的臨幸。

不過做姜小白的女人，是要冒一定政治風險的，因為姜小白喜新厭舊的速度非常快，稍不滿意，姜小白就會休掉她。有一次，姜小白和夫人蔡姬在湖裡乘船遊玩，蔡姬天生活潑，想和丈夫開個玩笑，她故意搖晃船槳，造成要翻船的假象。姜小白不會游泳，蔡姬這個玩笑差點沒把姜小白嚇死，一怒之下，姜小白休掉蔡姬，趕回了蔡國。

姜小白對蔡姬下如此重手，可能還有一個不便明說的原因，就是蔡姬與他共同生活多年，卻沒能生下一個兒子。其實不止是蔡姬，蔡姬之前的兩個夫人王姬和徐姬同樣命中無子，這讓姜小白如坐針氈。

在家天下時代，財富或權力的擁有者沒有子嗣，是一件非常危險的事情。為了生出兒子繼承家業，姜小白在宮裡塞進了上百個女人，實行「廣種薄收」，不信生不出兒子。

姜小白的「努力」沒有白費，在這些女人中，有六位深受姜小白的寵愛，享受夫人的待遇。她們也很爭氣，各生下了一個兒子，分別是：大衛姬生姜武孟、小衛姬生姜元（即齊惠公）、葛嬴生姜潘（即齊昭公）、鄭姬生姜昭（即齊孝公）、密姬生姜商人（即齊懿公）、宋華子生姜雍。

姜小白以為收穫了六個龍子，哪知道卻生出了一堆跳蚤。等跳蚤們長大後，對老爹的齊侯之位虎視眈眈。兒子們都想當太子，但姜小白卻最終打算長子姜武孟做太子，雖然當時的太子是姬昭。個中原因，並不是因為姜武孟的母親大衛姬受寵，其他姨娘都一樣的受寵，而是姜武孟攀上了當時著名權臣易牙。

提到易牙，就很自然的扯出了姜小白最終悲劇的另一個原因——寵信佞臣。更加要命的是，姜小白不是寵信一個，而是和好幾個小人廝混在一起。這些人分別是：易牙、豎刁、姬開方、雍巫，這是姜小白旗下的四大佞臣。

論受寵程度，這四位大爺不相上下，但易牙和豎刁相比姬開方、雍巫更為知名，他們也成為後世佞臣的代名詞。先說易牙，此君文不能治國，武不能安邦，但他有個別人不具備的特長——善於烹飪。可以這麼說，易牙是春秋第一大廚，姜小白不為色迷，居然被易牙的美食迷倒，甚至得了美食依賴症。

易牙不但會善烹美食，而且為人機敏，善於察言觀色，知道如何討姜小白的歡心。有一次姜小白隨口說了句：「寡人嘗遍天下美食，唯獨不知道人肉是什麼滋味？」易牙為了能進一步取得姜小白寵信，他居然喪心病狂地殺了自己的兒子，然後用兒子的肉做了一盤美食獻給姜小白。

姜小白早已經沒有年輕時打天下的英武和睿智，面對用人肉做的「美食」，姜小白不但不指責易牙喪失人倫底線，反而大塊朵頤。易牙會做人，姜小白很喜歡他，打算讓易牙接替病重的管仲做宰相，但遭到了管仲的極力反對。管仲的理由很充分：對於這樣連自己親生兒子都敢殺的人，還能指望這種人忠君愛國麼？

至於豎刁和姬開方，管仲對他們也極為反感，特別是豎刁，為了能得到姜小白的信任，他不惜自殘身子，進宮做了宦官。姬開方雖然出身貴族，但也不是什麼好鳥，他在衛國的父親去世後，姬開方也沒有回國奔喪，這在講究禮孝的春秋時代，是不能被社會主流輿論所容忍的。

管仲看人的眼光非常毒辣，這三個以阿諛拍馬為能的小人在管仲眼前一過，就現出了原形。管仲行將就木之際，幾乎是哭著勸姜小白：千萬千萬不要用這些佞臣，否則社稷危矣！

晚年的姜小白剛愎自用，根本聽不進去管仲的良言。雖然在管仲死後，姜小白遵照管仲的遺訓，驅逐了三人，但不久後又把他們召回來，加倍重用。這是一個非常危險的信號，說明姜小白已經完全失去了獨立的判斷能力，被佞臣玩弄於股掌之中。

《論語》：「君子喻於義，小人喻於利」，無論君子對小人如何規勸引導，小人追求利益的原始本能是永遠不會改變的。而在小人逐利的過程中，違背道義和良知是根本不可能避免的。姜小白以為他能用自己的仁愛感化易牙等人，實際上這只是姜小白的一廂情願。

易牙等人並沒有感激姜小白對他們的再次重用，而是考慮一個問題：今天國君能廢掉我們，明天同樣也會這麼做，不如趁早給自己謀條後路。所謂的謀後路，其實就是殺掉年老昏聵的姜小白，另立符合他們利益的新君。

至於如何做掉姜小白，其實非常的容易，齊宮內外已經被易牙等人牢牢控制，姜小白對他們來說只是一具行將就木的死屍。此時的姜小白已經完全沒有當年的銳氣英武，年老多病的他躺在榻上靜候死神的召喚。

易牙指揮自己的心腹，在姜小白所居的壽宮外修建高牆，禁絕姜小白對外聯繫的一切通道，甚至連食物、水都不得送進去，坐看姜小白自生自滅。可憐一代梟雄姜小白困病於床，求食而不得，狂呼「嗬嗬」，羞病交加，死於冰冷的榻上，「九合諸侯，一匡天下」的霸業也如煙消雲散，時間是西元前六四三年十月十八日。

更可悲的是，在知道國君已經去世的情況下，無論是易牙、豎刁、姬開方，還是五位公子依然在為了獲得最高權力而進行慘烈的爭奪，甚至都沒有去榻前看一眼已經死去的姜小白。直到六十七天後，姜小白的屍體才被人發現，可人們看到的卻是一副讓人噁心的場面：國君的屍體已經基本爛掉了，無數隻屍蟲順著門縫往外爬……

同樣是寵信奸臣，同樣是年老餓死，梁武帝蕭衍死後的待遇就比姜小白好多了，蕭衍死後的當月，就被叛臣侯景以高規格下葬，至少落了個全屍。《南史》評價蕭衍：「留心俎豆，忘情干戚，溺於釋教，弛於刑典。既而帝紀不立，悖逆萌生，反噬彎弧，皆自子弟，履霜弗戒，卒至亂亡。」這句評價，送給姜小白再合適不過了。

正如《說苑．尊賢篇》所說：「九合諸侯，一匡天下，畢朝周室，為五霸長，以其得賢佐也；失管仲隰朋，任豎刁易牙，身死不葬，蟲流出戶。」姜小白落得這麼一個可悲可憐的下場，完全是他自找的，典型的自作孽、不可活。

在姜小白屍體腐爛變臭的這六十七天裡，他的寵臣們和兒子們正在為各自的利益大開殺戒。聽說老爹死了，五位寶貝公子率自己的人馬抱成團的廝咬，你咬我，我咬他，雞毛漫天飛舞，史稱「桓公病，五公子各樹黨爭立。及桓公卒，遂相攻。」老爹死了不心疼，丟了國君位子才心疼。

宮外，五公子在臨淄展開激烈的巷戰；宮內，易牙、豎刁、姬開方徹底剷除了異己，接下來就要按他們的利益需求來選定下一任國君了。在幾位公子中，要數長公子姜武孟與易牙等人的關係最好，姜武孟的母親大衛姬早就和易牙他們組成了內宮政治集團，共進共退。最關鍵的是，姜小白在生前就許諾立姜武孟為太子，有了這句話，易牙們就可以明正言順地立姜武孟為齊侯了。

這些人以為立了姜武孟就萬事大吉了，卻忽略了一個更為關鍵的因素，就是來自外國的干預。此時的齊國霸業衰落，整體國力大不如前，而齊國的鄰居宋國在子茲甫（即大名鼎鼎的宋襄公）的治理下，國力蒸蒸日上，基本具備對外稱霸所需要的硬體設施。

子茲甫野心勃勃，他渴望能成為第二個姜小白，但苦無機會對外下手。齊國發生內亂，正是子茲甫擴大自己在國際上影響的絕佳時機，他當然不會錯過這個機會。在子茲甫的強力干預下，齊人只好將即位三個月的姜武孟殺死，改立子茲甫心儀的人選姜昭為國君，就是著名的齊孝公。

關於宋襄公子茲甫的稱霸事業，包括他對齊國國君人選的強力干預，接下來進行專門的講述。

十二、仁者亦有敵——宋襄公的悲喜劇

關於春秋五霸到底是哪五位君主，而在最流行的那份春秋五霸名單中，一般認為是齊桓公姜小白、晉文公姬重耳、楚莊王熊侶、秦穆公嬴任好，外加今天這篇的主人公——宋襄公子茲甫。因為子茲甫這個名字比較拗口，所以下面皆稱為宋襄公。

嬴任好的霸主之位雖然在歷史上也有不同看法，但爭議不是特別大，而宋襄公的「春秋霸業」，卻往往引來後人無數的嘲笑聲。

說到宋襄公的家世，那可不是一般的顯耀。論血統之高貴，姜小白、姬重耳、熊侶、嬴任好之流遠遠不能望其項背，因為宋國國君是商朝後裔。宋國的遠祖微子開，就是史上著名暴君——商紂王子受辛同父異母的兄長！

在西周建立後分封的諸侯國中，宋國是最特殊的一個。宋國的特殊之處在哪？可以從《詩經》找到答案，《詩經》分為風、雅、頌三部分，其中的《頌》是西周王室才能享用，由於魯國是周公姬旦的封國，所以特許進入。而在姬姓之外唯一有資格進入《頌》的，就是商朝的後裔宋國。其他強大的諸侯，如齊、晉、鄭，只能在《風》中找到自己的座位。

宋國之所以能得到周朝如此高的禮遇，主要是微子開見紂王無道，棄暗投明，歸順了周朝。商朝滅亡後，是微子開代替自焚身亡的紂王向周軍投降，「肉袒面縛」。因為微子開無罪，又如此識時務，所以得到了周朝統治集團的普遍同情。分封諸國時，周朝把商朝故地（以河南商丘為中心的地區）劃為微子開的封地，這就是宋國的起源。

宋襄公的父親，就是在《齊桓稱霸篇》講到的那位敢當眾戲耍齊桓公姜小白的宋桓公子禦說。不過子禦說敢於挑戰強權的剛硬性格並沒有對宋襄公的性格形成產生多少影響，相反，宋襄公的性格更接近於他的遠祖（微仲）之兄微子開，「仁賢，殷人愛而戴之」。

不僅是宋襄公知書懂禮，謙讓友愛，他的異母兄長子魚同樣仁且賢，兄弟二人互敬互愛，比姜小白那幫爭風吃醋的寶貝兒子強多了。西元前六五二年冬，子禦說病重，因為是嫡子身分，所以之前就被立為太子的宋襄公請求父親改立兄長為太子，理由是「長且仁」。

還沒等子禦說開口，子魚就拒絕了弟弟的請求，說：「弟弟能想到把太子之位讓給我，這就是世界上最大的仁德，說明他比我更有資格繼位，何況我還是庶出。」

如果從陰謀論的角度看，宋襄公也有可能是故意讓位，給自己臉上抹上一層道德的脂粉，實際上他根本不想讓。或者是宋襄公想到了一個歷史典故，遠祖之兄微子開同樣是庶兄，而作為嫡子繼承人的子受辛卻是一個千古暴君。當時天下，談「紂」色變，宋襄公可不想做紂王第二。

不過宋襄公有一點做的要比紂王好，紂王即位，微子開沒有進入統治核心層，而宋襄公在西元前六五一年即位時，就拜兄長子魚為左師（相當於國相），兄弟二人齊心闖蕩險惡而未知的江湖。

宋襄公即位後，應該做的第一件事就是給父親下葬，但還沒等宋襄公操辦父親後事，江湖上就發生了一件大事。就在宋桓公去世的當年夏天，齊桓公姜小白率諸侯在葵丘舉行武林大會，周襄王姬鄭正式承認姜小白的江湖霸主地位。做為中原重要的諸侯國，宋國自然也要參加，而宋國外交代表團的團長，正是宋襄公本人。

宋襄公初出江湖時，在江湖上沒什麼名氣，那些江湖老油子對他也不太了解。宋襄公只不過是臣服於齊國霸業的醬油國之一，姜小白也沒有太在乎這個來自宋國的年輕君主。宋襄公在葵丘大會上能做的，就是遵照姜小白的意志，在《葵丘聯合聲明》中簽字畫押，承認齊國是天下霸主，然後領盒飯下場。

但作為一名臨時演員，看到圈中一線大腕無限風光的走紅地毯，拿小金人，心裡不受觸動是不可能的。姜小白在臺上以武林盟主的身分宣讀《葵丘聯合聲明》，在臺下，宋襄公滿臉的「羨慕嫉妒恨」，憑什麼你能住豪宅，開名車，我就只能吃盒飯，住籠屋？

其實宋襄公所想的，他的父親子禦說就曾經想過，只是苦心國力微弱，沒有足夠的實力在江湖上稱霸，只能俯首甘做姜小白的僕從國。子禦說的立國戰略是先苦練內功，然後等天道有變，乘勢取之。宋襄公繼承了父親這個比較穩妥的發展戰略，他和兄長子魚並肩作戰，暫時不過問江湖上的事情，發展經濟，積蓄軍力。《左傳．僖公九年》記載：「（宋襄公）使（子魚）為左師以聽政，於是宋治。」

宋襄公手上有了足夠的牌面，開始把戰略重心向外轉移，四處伸頭探腦，看什麼地方有噴香的肉餅。正好齊國發生內亂，五公子爭位，讓宋襄公看到了無限的財路。易牙等人扶持公子姜武孟即位，這是宋襄公所不能接受的，因為他已經有了合適的人選，就是齊國太子姜昭。

早在姜小白時代末期，名相管仲就已經看出了齊國內亂的苗頭，為了能讓太子姜昭日後順利繼位，管仲需要給姜昭找一個有相當實力的外國靠山。宋國距離齊國較近，而且宋襄公勵精圖治，國勢蒸蒸日上，是一個非常合適的人選。通過各層關係，管仲和宋襄公達成了共識，一旦姜昭的地位受威脅，宋襄公就出手相救。正因為有這一層緣故，所以姜昭和宋襄公走得很近，如果姜昭即位，能在最大程度上確保宋國在齊國的戰略利益。現在易牙這夥小人把姜武孟弄上臺，明擺著是要斷宋襄公的財路，換了誰也不能答應。

姜昭為了躲避易牙等人的追殺，捲起包裹逃到宋國避難，並請求宋襄公給予軍事援助。自己在齊國的政治代理人受了委屈，作為未來的宗主國，宋襄公不能坐視不管。

雖然史料上沒有記載，但可以肯定的是，宋襄公通過某種管道給齊國傳達了自己的意願：必須立姜昭為齊侯，否則我和你們沒完。不要指責宋襄公粗暴干預別國內政，當年姜小白可沒少幹過這種事，春秋無義戰，不講什麼仁義道德，只看誰的胳膊粗。

宋襄公的態度如此強硬，是基於宋國和齊國實力對比的變化，經過這些年的發展，宋國國力雖不能說超過了齊國，但至少可以持平。來自宋國的強大軍事壓力，迫使易牙等人不得不做出違心的選擇，殺掉了倒楣鬼姜武孟，準備迎立宋襄國的政治代理人姜昭。

雖然易牙、豎刁、姬開方對宋襄公公開服軟，但齊國的另幾位奪位失敗的公子卻堅決反對姜昭即位。蛋糕就這麼一塊，如果讓姜昭一口吞掉了，弟兄們都去喝西北風？本來這幾個鳥人互相廝咬，現在大敵當前，他們抱成團的反對姜昭。正由於幾個公子的反對，立姜昭為齊侯的手續始終辦不下來，大家就這麼乾耗，誰也別想私吞蛋糕。

宋襄公威脅齊國必須立姜昭，等於把自己置於無路可退的境地。一旦齊國四公子當場打臉，木宋襄公又不對齊國使用武力，宋襄公就將成為江湖上的笑柄，他在江湖上好不容易樹立起來的威望將遭到毀滅性的打擊。

政治手段解決不了問題，那就用武力解決問題，用雪亮的刺刀來證明真理在自己這一邊，古往今來，都是這樣。

西元前六四二年正月，宋襄公糾集了曹、衛、邾等國，組成聯軍，帶著姜昭，朝著臨淄的方向殺來，要為姜昭討個說法。不久後，魯國也發現了這條財路，自然不肯落後，也擠進來入了股。這一年的五月十四日，以宋為首的「五國聯軍」與人心不穩的齊軍在甗（位於山東濟南）大打出手。

統治齊國的易牙集團和四公子這些人，迎風拍馬搞陰謀是把好手，但讓他們冒充軍事家，自然會穿幫露餡的。當年的五月，亂哄哄的齊軍被氣勢如虹的聯軍殺得慘敗，連內褲都輸掉了。

從《左傳．僖公十八年》的記載「（宋襄公）立孝公而還」來推斷，以宋襄公為首的聯軍應該至少殺到了臨淄城下，迫使戰敗的齊國的飯桶集團迎接姜昭入臨淄，即齊侯位。

背靠大樹好乘涼，姜昭抱著宋襄公的粗大腿，自然無人敢招惹。雖然四個弟弟對姜昭坐在齊侯的寶座上恨得牙根癢癢，但懾於宋國的武力，他們都只能忍氣吞聲，看著姜昭吃香喝辣。

西方有個寓言故事，說有一隻猴子看到火中有個香噴噴的栗子，就唆使旁邊的貓幫忙把栗子撈出來，這隻蠢貓用燙傷爪子的代價，把栗子撈出來給猴子吃，宋襄公就是這樣的蠢貓。

姜昭即齊侯之位後，就開始疏遠宋襄公，姜昭並不想做宋襄公的傀儡。齊國不像曹、邾、陳、蔡這樣的醬油小國，能被大國武力懾服，齊國雖然內亂，但大國骨架還在，骨子裡的大國基因是不可能消失的。姜昭借宋襄公的勢力達到自己的目的，宋襄公到頭來白忙一場，別提多丟人了。

西元前六四一年的冬天，姜昭聯合了楚、陳、蔡、鄭諸國在齊國召開了國際會議，會議的主題是恢復齊桓公制定的國際舊格局，還在做霸主夢的宋襄公非常尷尬地被拒之門外。這次會議打著維護世界和平的旗號，實際上是各國建立反對宋國霸權的同盟。

宋襄公為人不明時務，自以為是，總認為齊桓公第一自己第二，沉迷在做中原霸主的黃粱大夢中不能自拔。看到宋襄公到處出洋相，左師子魚勸弟弟有多少米吃多少飯，不要做超過國力承受範圍之外的國際形象工程。就在齊楚陳等國結盟之前，因為曹國拒絕承認宋國的霸主地位，宋襄公拎著菜刀砍上門，圍著曹國一頓拳打腳踢。子魚實在看不下去，委婉指責宋襄公不修內德，不以德服人，成天妄想要征服世界，遲早會栽跟斗的。宋襄公滿腦子霸權主義，誰的話他都聽不進去。

西元前六三九年的春天，宋襄公對楚國展開了大規模的外交攻勢，與楚成王熊惲舉行鹿上之盟，當面請求楚國支持宋國的稱霸大業。讓宋襄公驚喜的是，熊惲居然很痛快地答應了他的請求。做為新興超級的超級大國，熊惲會心甘情願地做宋襄公的小弟？別開玩笑了，熊惲笑裡藏刀，分明是在戲耍宋襄公。

宋襄公越來越狂熱的追求霸業，他的兄長子魚當頭潑了弟弟一盆冰涼的洗腳水。子魚說宋是小國，和楚國根本不是一個重量級上的，熊惲根本不可能放下身段屈服於宋，你別做春秋大夢了。宋襄公現在鬼迷心竅，他不相信熊惲會出爾反爾，他現在唯一考慮的事情，就是接受熊惲在自己這位偉大霸主面前低眉順眼。

當年的秋天，熊惲和幾個醬油小國率兵來到宋境內的盂（今河南睢南西），說要尊宋襄公為天下霸主。宋襄公得到消息後，笑得合不攏嘴，當即跳上高頭大馬拉的豪華車駕，猴子一般竄到盂地。

但讓宋襄公萬沒有想到的是，迎接他的不是胙肉和周天子派來的上卿，而是熊惲的反客為主和背信棄義。從字面上分析，熊惲帶的楚兵人數應該遠在宋襄公之上，所以當熊惲大笑著命人把宋襄公軟禁的時候，宋兵絲毫沒有反應。

……

霸主？不好意思，這裡沒有霸主，只有一隻被關在籠子裡任人免費觀賞的猴子。隨後熊惲挾持著目瞪口呆的宋襄公，指揮楚軍，風疾電掣般的殺向宋國本部，在宋國境內大巡遊，搞得宋國人心惶惶。

熊惲搞突然襲擊，原因並不難猜，宋襄公想做霸主，熊惲何嘗不想？二十多年前，齊桓公姜小白逼迫熊惲向齊低頭，熊惲憋著一股無名火，但好歹齊國是超級大國，暫時低頭也就算了。宋國算哪根蔥，也敢在老虎頭上拔毛？

不過宋國好歹也是個中等強國，不是楚國一口就能吃掉的，熊惲囚禁宋襄公，只是想給這個妄想症患者一個警告。在魯僖公姬申的調停下，當年冬天，熊惲在亳地（今山東曹縣南）釋放了宋襄公。

按道理講，初出茅廬的江湖新銳受到這等羞辱後，應該對自己的張狂行為有所收斂，閉關苦練，十年後再來華山論劍。可宋襄公與眾不同，他從這次羞辱事件出得出的結論不是宋國實力不如楚國，而是應該和楚國決一死戰，以報此仇。

左師子魚早就瞧出弟弟是個什麼貨色，別人撞了南牆就回頭，他是撞了南牆也不回頭。子魚私下對人說：「熊惲這麼羞辱他，也改變不了他的本性，遲早要出更大的洋相。」

西元前六三八年的夏天，怒氣沖天的宋襄公糾集了衛、許、滕等醬油國，集中優勢兵力，對宋的鄰國鄭國進行襲擊。之所以拿鄭國開刀，是因為鄭國在江湖上是公認的楚國小弟，如果能打垮鄭國，對宋有兩個好處，一是用武力逼迫鄭國棄楚歸宋，二從北線壓縮楚國向北上展的空間。

想法倒是不錯，但問題是熊惲根本不可能坐視鄭國被打，一則關乎臉面，二則關乎楚國的戰略利益。熊惲也意識到不解決宋襄公這個刺頭，以後別想過安生日子。楚軍大舉北上，朝著商丘的方向殺來。

宋襄公非常期待這場復仇之戰，拒絕了子魚的勸告，把主力部隊拉到了泓水（今河南惠濟河）北岸，靜待楚軍前來送死。不知道是出於什麼原因，在宋襄公即位之後，對子魚提出的事後證明正確的建議一個也聽不進去，子魚勸他不要拿雞蛋碰石頭，再次被拒絕。

有一種可能是宋襄公的自大心理在作怪，如果事事都聽你的，那還要我這個國君做什麼？所以子魚說打狗，他偏攆雞，專和哥哥擰著幹，讓子魚徒呼奈何。

最讓子魚窩火的是，在泓水之戰時，楚軍開始大規模的從河南岸涉水到北岸，子魚提議乘楚軍濟水未半而擊之。因為楚軍楚軍渡河時，並沒有作戰時必要的陣形和思想準備，如果在此時對楚軍發動猛攻，已經上岸的楚軍必然潰亂，回頭往河裡擠，宋軍必能大獲全勝。這樣一條幾乎完美的作戰建議，又被愚蠢自負的宋襄公拒絕了。

更令人髮指的是，等楚軍完全上了岸，還沒有列好作戰陣形時，子魚認為不能再等了，這是我們取勝的最後一根稻草。楚宋實力差距太大，被打哭的只能是我們。宋襄公還是沒有同意，氣得好好先生子魚差點沒爆粗口。

宋襄公和子魚的兄弟情還是有的，他之所以屢次拒絕兄長的建議，主要還是出於他心中那份廉價的自信與仁義。至於宋襄公自己所謂君子不傷二毛之類的假話，實際上他自己也不信，最關鍵的核心在於，宋襄公想堂堂正正地用一場陣地戰打敗楚軍。只有這樣，他的霸主地位才比姜小白更有含金量，畢竟姜小白從來也沒有打敗過強大的楚軍。

和偶像姜小白一樣，宋襄公也是一個理想主義者，但姜小白的理想主義有深厚的現實土壤，而宋襄公的理想主義完全是在空想做夢，嚴重脫離現實。自古兵不厭詐，在戰場上，取得勝利才是最大的道德，宋襄公一味拘泥於道德的約束，屢失戰機，他自以為能得到敵人的尊重，但現實卻狠狠嘲弄了這位崇尚假大空的滑稽君主。

宋襄公要仁義之名，但對手熊惲卻只要實實在在的勝利，在渡河未半和上岸後未排列好陣形時，他也擔心宋軍會搞突襲，結果卻讓他大呼意外。敵人的慷慨就是對自己最大的道德，那還客氣什麼。

楚軍的實力本就在宋軍之上，打大規模陣地戰，齊軍都不敢言必勝，何況這豆芽菜一般大小的宋軍。等楚軍做好了戰鬥準備，宋軍才在宋襄公的率領上，張牙舞爪的撲了過來，結果一口咬在了冰冷堅硬的石頭上。

結果不用多說，是役，楚軍大勝，宋軍幾乎被全殲。仁義的宋襄公在這場戰役中身負重傷，被楚軍的亂箭射中了大腿。幸虧子魚眼疾手快，拉著這個只會出國際洋相的弟弟狼狽逃回宋國。

熊惲笑瞇瞇地的回國數銀子，而回到商丘的宋襄公則和憤怒的國人發生了激烈爭吵。對於這場近乎鬧劇般的戰役，宋人氣得直搖頭。宋國怎麼會有這樣豬一般的國君，不但煮熟的鴨子飛了，還被鴨子反咬了一口。

宋襄公面對輿論炮轟，他還在用所謂的戰爭道德來自我辯護，有兩點：一、楚軍中有不少老年人，我不忍心殺他們（不傷二毛）；二、楚軍未布好陣形（不鼓不成列）就發起攻擊，不是君子所為。

看來子魚對這個弟弟已經忍夠了，對宋襄公的謬論當面進行駁斥。《左傳・僖公二十二年》記載了子魚的原話，雖然說的洋洋灑灑，但不如《史記．宋世家》批判的更有力度，也更能堵住宋襄公的臭嘴，原文是「兵以勝為功，何常言與！必如公言，即奴事之耳，又何戰為？」

這句話翻譯過來就是：「自古兵不厭詐，取得勝利就是英雄，而不是像你這樣成天君子曰，聖人云。對著鏡子照照，你是個君子嗎？如果你想做君子，那何必和楚人開戰，不如去做楚人的奴隸，熊惲一定稱讚你是個君子。」

子魚不僅在政治上很有一套，從他對戰局上的判斷，說明子魚具有相當高超的軍事素養，稱之為軍事家並不為過。只可惜子魚是庶出，不能繼承宋子（宋國君的爵位）之位。如果子魚做宋子，他的內政外交政策會根據宋國的國情來安排，而不是好高騖遠的做什麼武林盟主。

宋襄公稱霸事業的慘敗，正是由於他沒有意識到他的稱霸構想已經遠遠超出國力所能承受的極限。其實最符合宋襄公實際的，是做鄭莊公姬寤生那樣的小霸，而不是姜小白那樣的大霸。

宋襄公沒有自知之明，姜小白都不敢和楚軍進行戰略決戰，他怎麼就敢拎著菜刀上陣？熊惲是好惹的麼！被兄長不留情面的嚴厲斥責，宋襄公應該有所醒悟，但已經來不及了。第二年（西元前六三七年）的五月，因為大腿的箭傷復發，「春秋霸主」宋襄公一命嗚呼，帶著遺恨去了天堂，卻給人間留下了千古笑柄。

宋襄公有稱霸的野心並沒有錯，但錯就錯過一沒有自知，二不會知人。正如宋人蘇軾在《宋襄公論》所說，「齊桓、晉文得管仲、子犯而興，襄公有一子魚不能用，豈可同日而語哉。」宋襄公只看到姜小白最終稱了霸，沒從來沒有思考過姜小白為什麼能稱霸。

成語東施效顰，用在宋襄公身上再合適不過了。

十三、春秋小霸楚成王

這場笑料百出的泓水之戰，宋襄公輸了一個底朝天，而所有的蛋糕都被他的對手楚成王熊惲吃掉了，今天就講一講熊惲的事情。

在春秋五霸的評選大會上，許多評委都把票投給了齊桓公姜小白、晉文公姬重耳、楚莊王熊侶、秦穆公嬴任好、吳王夫差、越王勾踐。搞笑的宋襄公子茲甫也撈到不少選票，即使是小霸鄭莊公姬寤生，也有自己的支持者。所有的鎂光燈、話筒都對準他們，請他們發表獲獎感言，卻忽略了台下還坐著一位沉默的霸主候選人，他就是熊惲。

楚莊王熊侶的功業是歷史公認的，響噹噹的春秋霸主，但熊侶賴以稱霸的楚國超強的國力，卻是他的祖父熊惲打造的。換句話說，楚國的稱霸事業，實際上是從熊惲開始的。

在春秋戰國時的八百諸侯國中，可以說楚國是最特殊的那一個。楚國的特殊之處有以下幾點：

一、因為楚國的位置偏南，所以從民族心理上，楚國介於華夏與蠻夷之間。

二、嚴格來說，楚國不算是西周建立時分封的權貴封建系統，而是以家臣身分獲得了的對長江流域的統治權。

三、自楚國從出現在歷史舞臺上，就與周王室若即若離，甚至公然與周朝作對，也是諸侯中第一個稱王的，雖然楚國的爵位只是子爵。

四、春秋時的楚國，與戰國時的秦國非常類似，對領土擴張有著天然的衝動，都是中原諸國的心腹大患。

熊惲的遠祖鬻熊，不知道通過什麼門路，在周文王姬昌手下當差。從《史記．楚世家》記載鬻熊「子事文王」來看，姬昌應該很欣賞鬻熊，在一定程度上，可以把鬻熊視為姬昌的乾兒子。

從鬻熊往後三代，鬻熊之子熊麗、熊麗之子熊狂、熊狂之子熊繹，都在周王身邊當差。也許是熊家侍奉君王有功，所以周成王姬誦念及他們的忠誠，把熊繹封在了荊蠻之地，也就是現在的湖北漢江流域。

在商周之際，漢江流域基本沒有得到開發，典型的「蠻荒」之地。周朝把熊氏封在這裡，也不算是什麼厚封，只是看熊家事主有功，隨便賞個仨瓜倆棗就打發了。

熊氏子孫骨子裡的狂妄和冒險精神是與生俱來的，在五代楚子盡力服從於周王室之後，終於出現了一個狂妄自大的君主，就是開楚國爭霸先河的熊渠。

熊渠有文武才，能治民，「甚得江漢間民和」，開始對外擴張，滅掉許多小國，擴大地盤。熊渠在歷史上留下的筆墨不多，他做的最威武的一件事情，就是公然與周厲王作對，自封為王，說：「我蠻夷也，不與中國之號謚。」雖然熊渠很快廢除了王號，但熊氏對周天子的蔑視，卻一輩輩傳了下來。

熊氏楚國又往下傳了幾代，直到熊通殺掉侄子自立為楚子，又恢復了楚王的名號。更有意思的是，熊通想讓周平王封他為王，遭到拒絕，熊通跳腳大罵周天子。

熊通甚至還公然污辱周天子的先祖，他的遠祖鬻熊明明是周文王的家臣，卻被熊通說成是周文王的老師。反正熊通知道，東周王室日漸萎靡，無力南下，所以熊通自持武力強大，視周天子如糞土。

楚成王熊惲，就是自大狂熊通的孫子。熊惲可不是個省油的燈，他的兄長莊敖看他不順眼，準備殺掉他，沒想到熊惲先下手為強，聯合隨國反客為主，幹掉了兄長，自立為王。

和狂妄自大的祖父熊通相比，熊惲相對低調一些，也更為務實。雖然熊惲同樣輕視周天子，但他卻知道周天子是一塊可以利用的金字招牌，和周天子作對，容易招致其他諸侯打著周天子的旗號討伐楚國，並不符合楚國的利益。

楚國雖然日漸強大，但還沒有強大到足以讓諸侯臣服的地步，所以熊惲的外交政策是「遠交近攻」，修改被祖父破壞的對外政策。熊惲做了兩件事情，一是和當時的主要諸侯國，如魯、齊、鄭互通有無，禮尚往來，為楚國贏得良好的外部生存環境。二是朝貢周天子，表示楚國尊重天子的威信，絕不做逆臣。

憑空掉下來了一個大忠臣，家裡已經沒有多少餘糧的周惠王姬閬喜出望外，這年頭還有主動給他裝孫子的。為了表彰熊惲，姬閬賞賜了熊惲一塊臘豬肉（胙肉），這是齊桓公姜小白當年享受過的待遇。

姬閬還給熊惲留了一句話，或者說是一塊金字招牌，「鎮爾南方夷越之亂，無侵中國。」這句話可以理解成周天子正式承認了楚國在南方的霸權，隨便你在南方怎麼折騰，別跑到中原砸場子就行。

這是一場赤裸裸的政治交易，雖然史料沒有記載，不過姬閬應該不是只代表周王室說的這句話，而是代表中原的華夏諸國和熊惲進行談判。中原諸國也經常大打出手，但這屬於人民內部矛盾，兄弟之間有個磕磕碰碰很正常。楚國與中原異俗，和中原諸國也玩不到一塊去，不如各玩各的，井水別犯河水。

從周厲王開始，楚國就是江湖上公認的刺頭，特別是東周分裂以來，楚人不斷四處擴張，引起了中原諸國的警覺。雖然齊國是當時唯一的超級大國，但齊國地處東北，與楚國並不直接接壤，真正起到拱衛東周雒都的，是鄭、許、陳、蔡等國。但這些都是小國，整體實力根本無法與楚抗衡。宋國倒是有一定實力，可看了宋襄公那副招風耍寶的模樣，周天子根本指望不上宋襄公。

為了換取楚國不對周王室做出不利的承諾，周襄王姬閬達成了利益分配協定：楚國不北上，其他地方隨便拿。對楚成王熊惲來說，這是一份可以接受的協議，雖然暫時不能北上攻城掠地，但周邊還存在著許多周天子允許楚國侵佔的小國。吃一個大餅能填飽肚子，吃十個小窩頭同樣可以吃飽。

《史記》記載，「（周襄王賜肉之後）於是楚地千里」，說明楚國進行了大規模的領土擴張，但應該沒向北擴張，所以楚國的擴地千里是在中原諸國的心理承受範圍之內。

楚國從西周時的「蠻荒」小國，發展到戰國時「地方五千里，帶甲百萬，車千乘、騎萬匹、粟支十年」的超級大國，並非一人一時之功，而是積累數十代艱苦開拓才形成的。

不妨拿楚國和清朝做一下對比，發現這兩個相隔兩千多年的政權有許多相似之處：

一、先祖都是臣服於大國，地理位置都比較偏遠，經濟落後，但民風都剛強尚武。

二、熊渠和努爾哈赤非常相似，二人都和原宗主國產生矛盾，直至刀兵相向。

三、熊通和皇太極很像，二人都在父祖基業的基礎上進行二次擴張，基本打造出大國骨架。

四、熊惲和康熙非常相似，他們都不是開國君主，但「名為守成，實同開創」，在他們治下，楚與清都成為當時天下首屈一指的超級大國。

五、熊惲之子熊商臣（楚穆王）與雍正非常相似，起到了承上啟下的關鍵作用，甚至他們在位時間都相同。熊商臣在位十二年，雍正在位十三年。

六、熊侶和乾隆非常像，都是吃祖宗飯，熊侶成為公認的春秋霸主，乾隆又號稱十全老人，天下大治。

七、自熊侶和乾隆之後，楚與清都出現了嚴重的滑坡。

如果沒有康熙打的家底，雍正整肅內政，「乾隆盛世」是根本不可能出現的。同理，楚莊王熊侶能稱霸天下，首先要感謝的，就是他的祖父熊惲給他留下這份偌大的家業。

由於各種原因，楚莊王熊侶的知名度遠高於他的祖父熊惲，而春秋時代最偉大的一場那場戰役——城濮之戰，兩大主角，一個是晉文公姬重耳，一個就是楚成王熊惲。因為這場著名戰役的勝利，晉文公「大名垂宇宙」，而熊惲不幸淪為配角，連份盒飯也沒撈到。

雖然城濮之戰大敗，不過並沒有影響楚國作為新興超級大國的江湖地位。而且城濮之戰的失敗，和熊惲並沒有直接的關係，是子玉等人頭腦發熱，不聽熊惲的勸告，才中了埋伏。

說來巧合的是，熊惲最終沒能擠進春秋五霸之中，但他卻和兩位生活在傳說中的超級霸主——姜小白、姬重耳都打過交道，只不過這兩次讓後世激動萬分的雙龍會，熊惲都是以配角的身分出場，這也在一定程度上影響了熊惲的知名度。

更為滑稽的是，雖然在泓水之戰，熊惲是最終的勝利者，可惜歷史只記住了失敗者宋襄公，而勝利者熊惲再次不幸的淪為配角。連續三場萬眾矚目的大戲，小金人都被別人捧走了，熊惲的運氣可以說差到了極點。

贏得身後千古名，是每個英雄都渴望得到的，不過他們更看重的是生前能建立多少功業，做到這一點，足為不朽。論知名度，齊桓公、宋襄公、晉文公都是歷史舞臺的一線人物，但足以讓熊惲驕傲的是，三位霸主對熊惲的態度可以用一個詞來形容，那就是敬畏。

姜小白的霸業讓天下震撼，卻不包括楚國，熊惲向來沒把姜小白當回事。熊惲對姜小白態度很明確，就是你玩你的，我玩我的，一旦玩過界，熊惲會強硬的頂上去，這才是楚人的霸道風格。

有其君，必有其臣，熊惲性格強硬，他手下的文臣武將也多是這樣的性格。西元前六五六年，因為楚國攻打鄭國，姜小白做為江湖老大，自然不會坐視小弟被欺負，率「八國聯軍」來找熊惲討說法。

熊惲以強凌弱，姜小白發兵問罪，熊惲反而理直氣壯地派人質問姜小白為什麼侵犯楚國利益。這段話很精彩，「君處北海，寡人處南海，唯是風馬牛不相及也，不虞君之涉吾地也，何故？」這就是著名成語「風馬牛不相及」的出處。

其實熊惲心裡明白，姜小白救鄭只是幌子，他真正的目的是想打壓楚國，給楚國扣上一頂破壞世界和平的大帽子，擴展齊國的戰略利益空間。管仲出面指責楚國要為幾百年周昭王南征時不幸身亡負責，楚使立刻頂了上去：「昭王是怎麼死的，和我們沒有任何關係，你可以到江漢之濱，問問水神。」

熊惲不給姜小白面子，姜小白當眾下不來台，只好硬著頭皮繼續南下。熊惲向來不怵姜小白，你愛來不來，關我屁事？熊惲派大夫屈完去諸侯軍的駐地召陵給姜小白上一堂思想教育課。

姜小白想嚇唬屈完，大陳兵甲，然後拉著屈完到處參觀，讓屈完見識一下大齊雄師的威武。姜小白迎風說大話：「以我軍的強大實力，普天之下，誰能禦之？寡人要攻城，何城不能克？」

屈完雖然奉熊惲之命，前來與齊人議和結盟，畢竟熊惲也不想和姜小白拼個魚死網破，但屈完的態度卻非常強硬。屈完面對姜小白赤裸裸的軍事威脅，冷笑一聲，他的回答鏗鏘有力：「國君如果以仁義布施天下，誰敢不服？如果國君對楚使用武力，你將什麼也得不到。楚國以方城長城為盾，以漢水為城牆，眾志成城，必以死戰。齊軍雖多，楚亦不懼。」

召陵之盟，與其說姜小白南下迫使熊惲放棄進攻鄭國，不如說以齊國為首的中原諸國暫時阻止了楚國的強勢北進。楚人集團敢當面對天下霸主姜小白連發嗆聲，還是基於楚國強大的實力，弱國無外交，就是這個道理。

姜小白和熊惲的性格截然相反，姜小白似火般熾熱，有濃烈的理想主義氣質，而熊惲如水般沉靜，他更專注於現實利益的得失。春秋第二霸姬重耳流浪到了楚國，熊惲以諸侯之禮接待了姬重耳。熊惲這麼做，不是因為姬重耳有多高的江湖聲望，而是熊惲斷定姬重耳必非凡品，將來極有可能回晉國即位。熊惲拉近與姬重耳的私交，方便楚國日後從姬重耳那裡得到戰略利益。

熊惲很會做生意，但他絕不是那種內心冰冷的、只講利益不談感情的腹黑政客。熊惲厚待姬重耳，卻只能從姬重耳那裡得到了「如果楚晉相戰，晉退避三舍以報楚子之德」的承諾，實際上熊惲什麼也沒得到。

楚國大將子玉也看出姬重耳不是等閒人物，主張殺掉姬重耳，以絕後患。熊惲當然也看得出來，姬重耳不是個善茬，如果殺掉姬重耳，對楚國有利無害，但熊惲還是拒絕這麼做。

看得出來，熊惲很欣賞姬重耳的賢德仁義，以及姬重耳身邊的那幾個賢佐。英雄惺惺相惜，即使曹操看出劉備將來必為大患，他也拒絕程昱殺掉劉備的建議，英雄是不能隨便殺的。

熊惲和曹操都比較腹黑，只是這種腹黑所適用的範圍只在政治上，在生活中，他們待人真摯，甚至還有帶著濃厚的孩子氣。在姬重耳準備出發去秦國時，熊惲替秦穆公贏任好說盡好話，說秦君仁德，可付大事，然後熊惲厚贈姬重耳大量財物，揮淚而別。

這也是同樣是腹黑幫成員，熊惲顯得比勾踐更有人情味的主要原因。換句話說，熊惲腹黑手不黑，勾踐不但腹黑，而且手黑。即使在城濮戰敗後，熊惲也沒有後悔過當初放走姬重耳，反而稱讚姬重耳是天命有所歸，非人力所能阻止，埋怨子玉不該無事生非。

熊惲喜歡結交諸國落難的公子，除了姬重耳之外，齊國五公子內亂之後，齊桓公的另外七個兒子為了避難，全都逃到楚國。由於齊國形勢日趨穩定，熊惲收留七公子，在政治上是撈不到大便宜的，何況當年姜小白對熊惲非常的蔑視，但熊惲還是大度的收留了他們，並封為大夫。

熊惲生性比較詼諧，特別是他戲耍「霸主」宋襄公，將宋襄公軟禁起來，然後帶著宋襄公滿世界兜風耍寶，讓人捧腹。如果換成秦昭襄王那樣的虎狼暴君，十個宋襄公也別想回去。

當然，熊惲故意放回宋襄公，還有一層深意，體現了一個成熟政治家的遠見卓識。宋襄公志大才疏，根本不是當霸主的料，而其兄子魚文武雙全，如果熊惲殺掉或永久軟禁宋襄公，宋人必擁護子魚繼位，這是熊惲不願意看到的結果。

宋國是楚國日後北上爭霸中原的必經之地，子魚控制下的宋國必然會成為楚國的勁敵，與其如此，還不如留下宋襄公。雖然不久後，宋襄公在泓水之戰受重傷而亡，但宋人並沒有立子魚為君，想必熊惲心裡的一塊大石頭落了地。

正因為如此，所以熊惲才敢大舉伐宋，企圖突擊宋國防線，北上爭霸。但讓熊惲萬分遺憾的是，他真正的對手不是宋成公子王臣，而是他曾經無比欣賞的晉侯姬重耳，這才引發了歷史上著名的城濮之戰。

齊桓公姜小白和晉文公姬重耳的稱霸大業，嚴格來說，都是建立在成功阻止楚國強勢北進的基礎上，屬於戰略防禦。從這個層面講，可以將楚國視為與齊、晉同等級別的超級大國。城濮戰敗，並沒有對楚國傷筋動骨，楚國依然有能力給中原諸國製造強大的軍事壓力。

有句話說的好：再偉大的英雄也會被時間殘忍的殺死，古今中外，莫不如此。熊惲的生年不詳，但他殺兄繼位時應該在二十歲右，而城濮之敗的那一年（西元前六三二年），熊惲已經在位三十九年了，此時熊惲的年齡差不多六十歲。

歲月不饒人，當年意氣風發、席捲江漢的那股霸氣漸漸被歲月腐蝕殆盡，晚年的熊惲早沒有了年少時的銳氣，變得暮氣沉沉，容易聽進饞言。特別是在立儲君的問題上，熊惲因為溺愛太子熊商臣，殺掉了賢臣子上，但隨後又猜忌熊商臣，準備廢長立幼，結果激怒熊商臣，把老爹幹掉了。

因為子上不喜歡熊商臣，認為太子「蜂目而豺聲，忍人也」，不宜繼承大位，熊商臣恨之入骨，必欲除子上而後快。熊商臣把城濮戰敗的主要責任歸罪於子上，誣陷子上是因為接受了姬重耳的賄賂，故意兵敗，不殺子上，楚國無威。熊惲也不辨真偽，立刻殺死了子上，自剪羽翼，導致熊商臣的勢力坐大，熊惲實際上成為兒子手上的人質。

更要命的是，熊惲絲毫沒有發現這一點，還以為自己能牢牢控制權力。當熊惲看熊商臣不順時，就想廢掉商臣，另立商臣的庶弟熊職。本來這件事情是祕密運作的，但知情人之一、楚成王的妹妹江芈卻被熊商臣的幕僚潘崇設計，把熊惲的真實想法抖了出來。

熊惲擔心商臣不好駕馭，準備先殺熊商臣，再立熊職。當熊商臣聽說後，憤怒可想而知，眼看到嘴的蛋糕不但要被老爹送人，而且自己吃飯的傢伙都要被砸了，性格暴虐的熊商臣豈能答應？

楚成王四十六年，即西元前六二六年的十月，再也控制不住憤怒情緒的熊商臣率兵闖進了宮裡，逼迫老爹自殺謝罪。處在絕望之中的熊惲還在做最後的掙扎，告訴兒子想吃蒸熟的熊掌，想拖延時間，等待自己的人馬勤王救駕。

熊商臣不是傻瓜，當然知道老爹想做什麼，沒有同意。不過熊商臣還算有一點「良心」，他沒有親自動手，而是扔給父親一條白鍊，請大王找個房樑懸空自盡吧。

《左傳．文西元年》記載了一個略顯詭異和誇張的故事，熊惲在被逼上吊自殺後，雙目圓睜，臉上寫滿了憤怒和悔恨。至於原因，書上說是因為熊商臣給他定的是謚號是「靈王」。

在謚法中，「靈」和「煬」、「厲」一樣，都是著名的惡謚。熊惲生前威震天下，死後也不想做一個昏君，被人罵絕千古。熊商臣盡了最後一份「孝心」，把「靈」字改成了「成」，熊惲這才心滿意足的閉上了眼睛。

「安民立政曰成」，「成」字確實很高度的概括了熊惲不平凡的政壇人生，但在死後爭這個虛名，並無太大的意義。

十四、小三轉正——曲沃代晉事件

上面重點講了鄭、齊、宋、楚稱霸天下的大業，今天講一講晉國。晉國在春秋史上的地位，從某種角度上看，影響力甚至要超過了秦、齊、楚等大國，特別是春秋第二霸晉文公姬重耳的橫空出世，為晉國掙得了太多的印象分。

晉文公姬重耳做為春秋第二霸，青史留有大名，但實際上他並非晉國的大宗出身，而是出自不起眼的小宗，有些類似於明成祖朱棣推翻朱允炆，取代朱標一系統治明朝。

晉國的始祖是周成王姬誦的幼弟唐叔虞，因為姬誦的一句戲言，被周公姬旦逼著封唐叔虞為晉侯，統治今山西西南地區，《詩經．唐風》其實講的就是晉國。之所以國號由唐改晉，是因為唐國統治區域內有一條晉河，久而因之，也就換了招牌。

晉國建立初期，在江湖上並不太起眼，在西周時期，政治級別最高、曝光率最高的當屬周公姬旦一系統治的魯國。唐叔虞本人在歷史上也沒留下多少濃墨重彩，平平淡淡就完全了自己的歷史使命。

由於年代過於久遠，從唐叔虞往下傳了五代，歷經晉侯姬燮、武侯姬寧族、成侯姬服人、厲侯姬福、靖侯姬宜臼（與周平王同名）的事蹟都與史無考，直到晉靖侯十七年，才有了明確紀年，因為這一年就是歷史上著名的共和元年，即西元前八四一年。

就在周厲王姬胡被國人暴動趕跑的第二年，西元前八四〇年，晉靖侯去世，太子姬司徒即位，就是晉僖侯。其實這些流水帳並沒有什麼可說道的，直到姬司徒的孫子晉穆侯姬費王即位，「鳩占

- 穆侯姬費王
  - 文侯姬仇
    - 昭侯姬伯
      - 孝侯姬平
        - 鄂侯姬郄
          - 晉侯姬緡
          - 哀侯姬光
            - 晉小子
  - 曲沃桓叔姬成師
    - 曲沃莊伯姬鱓
      - 曲沃（晉）武公姬稱
        - 晉獻公姬詭諸
          - 惠公姬夷吾
          - 文公姬重耳

鵲巢」大戲的序幕才被歷史老人輕輕的拉開。

先做一個晉國大宗與曲沃小宗的世系表：

從這個表中可以看出來，晉穆侯有兩個兒子：長子姬仇，少子姬成師。這本來沒有什麼問題，但晉國大夫師服卻一針見血的指出穆侯給兩個公子取名時的荒謬。因為穆侯討伐仇敵條國時，長子降生，所以取名為姬仇，次子降生時恰逢晉軍攻取千畝時大勝，所以取名姬成師。

姬仇作為嫡長子，將來是肯定要繼承晉侯大位的，怎麼取了個不倫不類的名字；而「成師」又是當時人普遍認同的美名，含有「成就大事」的意思。師服認為嫡庶取名倒置，將來晉國必有爭位大禍。

雖然師服的觀點帶有濃厚的唯心主義色彩，但誰也想不到師服居然一語成讖，晉穆侯去世後，晉國果然出現了庶子奪位的鬧劇。說來好笑的是，鳩占鵲巢的不是姬成師，而是穆

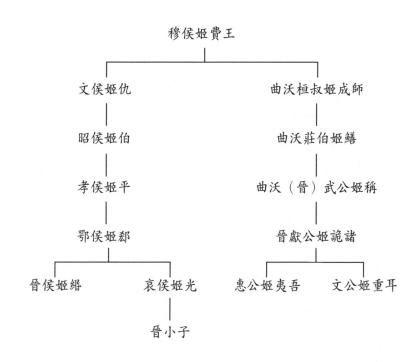

侯另外一個庶子殤叔。不過姬仇也不是個省油的燈，想私吞屬於我的蛋糕，那就別怪兄弟我不客氣了。三年後，姬仇帶著自己的嫡系人馬，闖進宮裡，殺掉了殤叔，自立為晉侯。

諡號同樣是「文」，晉文公姬重耳的知名度遠遠強於晉文侯姬仇，但姬仇的功業其實並非微不足道，只不過被姬重耳耀眼的光芒給遮掩住了。我們都知道十三經之一的《尚書》，而晉國（包括曲沃小宗）的所有君主，能單獨入選《尚書》的，只有晉文侯姬仇，這可不是一般的政治待遇。

這篇《文侯之命》是周平王姬宜臼為了獎勵姬仇殺掉了與周平王同時自立的周王姬余臣，替平王解決了心腹大患，這一年是西元前七六〇年。姬宜臼非常感激姬仇的出手相助，所以當著天下人的面，給予了姬仇極高的評價。如果從這個角度看，晉文侯姬仇才是春秋第一霸，因為這一年，春秋小霸鄭莊公姬寤生才剛繼位不久，更遑論齊桓晉文了。

晉文侯輔佐周平王，「於是乎定天子」，也是晉國大宗在歷史上最輝煌的時刻，自晉文侯之後，晉國大宗出現了大問題。西元前七四六年，姬仇去世，太子姬伯即位。就在當年，姬伯把自己的叔叔，也就是姬成師封在了曲沃（今山西聞喜），號稱曲沃桓叔，此年姬成師五十八歲。

對於姬伯為什麼要封姬成師，史載不詳，但傾向晉國大宗的晉統治高層對姬伯的這個舉動非常不滿，認為姬伯是在自掘墳墓。對於姬成師的評價，《史記》只留下了九個字，「好德，晉國之眾皆附焉。」說明姬成師人品端正，行為舉止以德為先，在晉國高層內部擁有很高的支持率，人皆歸附。

另外還有一點，晉國的國都在翼（今山西翼城），面積並不大，而姬成師受封的曲沃在當時卻是個大城，「曲沃邑大於翼」。如果把姬成師留在翼城，無兵無勢，姬成師也鬧不出多大動靜，但一旦放虎歸山，後果不堪設想。

歷史上有一個相似的例子，一千年後，東晉簡文帝司馬昱在宗室內部輩分、威望最高，「道化宣流，人望攸歸，為日已久。」所以桓溫廢掉海西公司馬奕之後，從眾人所請，迎立司馬昱。

曲沃桓叔姬成師的輩分、威望、地位和司馬昱差不多，引起晉國大宗的驚恐是很正常的。有人就放出風聲，說：「晉之亂其在曲沃矣。末大於本而得民心，不亂何待！」

這位「君子」的唯物主義判斷，很快就得到了證實，雖然姬成師年近六旬，但野心勃勃，想推翻侄子姬伯，自己做晉侯。由此可見，姬成師這個人也是王莽、司馬昱之流的偽君子，打著仁德的旗號為自己謀私利。

司馬昱雖然想當皇帝，但在侄孫司馬奕被廢的政治事件中，司馬昱並沒有多摻和，那都是桓溫幹的好事。姬成師滿嘴仁義道德，一肚子冬蟲夏草，為了做晉侯，他暗中和自己的嫡系潘父密謀於室，由潘父出手做掉姬伯，然後迎姬成師入翼城即位。

計畫很完美，西元前七三九年，潘父不知道用了什麼手段，殺死了姬伯，然後派人去曲沃通知姬成師率兵入翼。潘父和姬成師都忽略了一個問題，即晉國大宗的勢力並沒有因為姬伯被殺而有所減弱，特別是晉國大宗控制的軍事力量。

姬成師打點好行裝，興沖沖地去翼城，準備做晉侯，沒想到迎頭被晉國大宗敲了一棒。晉軍應該是在路上設了埋伏，結果毫無準備的姬成師被打得找不著北，狼狽逃回曲沃。

晉國的天下，還是屬於大宗的，隨後，晉人立姬伯的兒子姬平為晉侯，史稱晉孝侯。姬平上臺後做的第一件事，就是處死了殺父仇人潘父，剷除了姬成師安插在翼城的內鬼。

雖然史載不詳，但可以肯定的是，姬平從殺潘父開始，幾乎將姬成師在翼城的勢力連根拔起，徹底斷絕了姬成師篡位的希望。八年後，即西元前七三二年，白髮蒼蒼的姬成師含恨而死，其子姬鱔立，史稱曲沃莊伯。

有趣的是，晉孝侯姬平和曲沃莊伯姬鱔都把殺害自己父親的這筆血債算在了對方頭上，叔伯兄弟成了鬥眼雞，無不欲除對方而後快。也就是從這時開始，晉國大宗與曲沃小宗的關係徹底破裂，雙方成天打雞毛戰，誰也不會後退半步。殺父之仇只是藉口，真正的原因還是爭奪晉國的統治權，姬平想守住蛋糕，姬鱔要吃蛋糕。

從有限的歷史記載來看，姬鱔的軍事實力遠在其父姬成師之上。姬成師費盡了九牛二虎之力，也沒能從侄子姬平身上拔下一根雞毛，反而雞飛蛋打，一地狼藉。而姬鱔卻在西元前七二四年，率軍攻進了翼城，殺掉了仇人姬平。不過姬鱔的目的只實現了一半，還沒等他從篡晉侯之位的美夢中醒來，就被憤怒的晉國大宗趕出了翼城，哪來的就回哪去。

姬成師父子兩次篡位都遭到了可恥的失敗，說明晉國大宗的實力在短時期內是無法撼動的，但暫時的受挫並沒有改變姬鱔的滅晉計畫，他還在繼續追逐在晉國大宗看來幾成笑柄的夢想。

新即位的晉鄂侯姬郄在姬鱔看來只是一個乳臭未乾的娃娃，姬鱔當然不會放過這個機會。西元前七二二年十月，姬鱔再次發兵北上，如果能幹掉姬郄，曲沃小宗就能實現弒殺晉侯的帽子戲法。晉國方面早有準備，姬鱔剛出洞不久，晉國大夫公子萬就率晉軍主力頂了過來，姬鱔被打得鼻青臉腫，隨後又被晉國大夫荀叔軫禮送出境，損失慘重。

晉鄂侯姬郄也不是個善茬，他不能把戰場放在自己的地盤內，砸爛了鍋碗瓢盆，損失都是自己的。姬郄開始反擊，讓手下弟兄們帶著火種竄闖進了曲沃境內，一把火燒掉了大片莊稼，燒掉姬鱔的米袋子，差點沒把姬鱔氣死。

姬鱔以為姬郄是隻軟柿子，沒想到是顆硬核桃，差點咯掉了姬鱔的大門牙，但姬鱔還是嚥不下這口惡氣。吃不到蛋糕已經很窩囊了，更窩囊的是還被吃上蛋糕的狠狠地踹了一腳。姬郄燒了曲沃的糧食，幾乎就端掉了姬鱔的飯碗，姬鱔豈能答應。

西元前七一八年，姬鱔再次北伐翼城，不過這次姬鱔學聰明了，他拉來了兩個幫手和他一起做劫票的買賣。鄭國和邢國也許是看到了伐晉的廣闊商機，跟著姬鱔拎刀掄棒子，去砸姬郄的場子。這位鄭國的國君，就是那位到處煽風點火當小霸的鄭莊公姬寤生。而姬寤生的仇人、周桓王姬林也不甘寂寞，想在渾水中多摸幾條大魚，派大夫尹氏、武氏率軍加入了姬鱔的聯軍。

拋開當時實力強勁的鄭國不談，單是周天子出兵，就在政治上給予了姬鱔極大的便利。姬鱔可以光明正大地打著周天子的旗號暴打姬郄，不必負任何法律責任。

春秋初期的晉國實力不算特別強，何況又從中分裂出一個曲沃國，整體實力甚至連一流都算不上。曲沃聯合鄭、邢，以及東周王師，實力自然在晉國之上。姬郄手上的牌面有限，自然不是聯軍的對手，三下五除二，被趕出了翼地，往北逃到隨地（今山西介休東南）躲避風頭。

聯軍佔領了翼城，表面上很風光，但問題很快就出來了——勝利果實歸誰？應該是幾個心懷鬼胎的侵略者分贓不均，結果導致姬鱔與周天子姬林的關係徹底破裂，雙方指著對方的鼻子破口大罵，在江湖上傳為笑柄。

更可笑的是，姬林與逃到隨地的姬郄達成了和解，然後調轉刀頭，對著姬鱔的屁股就是一通猛砍。當年的秋天，周朝卿士姬忌父奉周天子之命，率軍直撲姬鱔在曲沃的老巢。此時的姬鱔還在翼城，聽說後院起火，姬鱔一邊大罵姬林做人不地道，一邊忍痛撤軍回保曲沃。

到嘴的鴨子飛了，姬鱔的窩火可想而知，姬林這個滑頭朝三暮四，生生壞掉了自己的大事。如果姬林不在這個時候搗亂，姬鱔有很大的把握吃掉晉國大宗，但現在說什麼都晚了。姬鱔現在所能做的，就是積蓄實力，等待天時有變。不過姬郄死後，周天子立其子姬光為晉侯，姬鱔依然沒有機會下嘴，只能在旁邊著急跺腳。

折騰了大半生，姬鱔也累了，屬於他的戲份演完了。兩年後，西元前七一六年，姬鱔含恨而死，繼位的是他的兒子姬稱，也就是曲沃武公。姬稱這個人在歷史上沒什麼知名度，但他的出現卻具有極為重要的歷史意義，如果沒有姬稱，姬重耳永遠只能做曲沃小宗，不要說什麼稱霸天下了，因為姬稱就是姬重耳的祖父。

也許是家族基因的遺傳，姬成師、姬鱔、姬稱祖孫三代都對取代大宗成為晉侯有著天然的衝動。雖然姬成師、姬鱔沒有實現這個偉大的夢想，但他們不停的挖晉國大宗牆腳，這些年曲沃對晉國的軍事進攻，已經嚴重削弱了晉國的實力，為姬稱最終完成代晉大業奠定了堅實的基礎。

曲沃小宗的三代人，和晉朝司馬懿、司馬師（司馬昭）、司馬炎祖孫三代的努力非常相似，姬成師、司馬懿種下樹苗，姬鱔、司馬師（昭）澆水除蟲，最終由姬稱、司馬炎摘果子。

江湖生存法則就是弱肉強食，如果曲沃小宗不吃掉晉國大宗，晉國大宗必然會吃掉曲沃小宗，就像三國蜀不滅魏，魏必滅蜀一樣。另外還有一個名分問題，曲沃政治地位較低。雖然曲沃的實力接近於中等諸侯國，但曲沃只是晉國內部的一個封國，沒有算在周朝的諸侯系統內。

不過有一點對姬稱不是很有利，就是曲沃與東周王室的關係早已破裂，現在也很難看到修復關係的跡象，所以姬稱要時刻提防周天子姬林在他的背上插刀。曲沃在江湖上的朋友本就不多，少了東周這個重要盟友，憑曲沃一國之力很難拿下晉國，於是姬稱想到了距離晉國不遠的陘廷。

陘廷位於今山西侯馬市北郊，並非諸侯國，而是隸屬於晉國的一個小邑。陘廷之所以對姬稱的聯合建議感興趣，主要還是因為陘廷經常受到晉國的武裝侵犯，苦不堪言。為了自保，與曲沃的聯手勢在必然。

就在西元前七一〇年，晉哀侯姬光就開始對陘廷動手動腳，還是用老辦法，專割陘廷人的糧袋子，把陘廷人逼得直罵娘。忍無可忍的陘廷人為了報復晉人，經常和姬稱勾搭在一起，密謀討伐無恥的姬光。

陘廷的實力有限，他們所能給予姬稱的幫助，就是開放自己的領地，給曲沃軍提供更可能多的便利。姬稱也意識到時間不等人，不能再拖下去了，否則還不知道誰先去見上帝。西元前七〇九年的春天，姬稱幾乎是掏盡家底，大舉北上，與晉軍決一死戰。

有了陘廷人的帶路，姬稱很快就率軍來到汾水東岸，然後給姬光下帖子求戰。對於這場戰略大決戰，姬稱自信心爆棚，必滅此而朝食。不過姬稱也不敢大意，為了預防萬一，他調大夫韓萬親自給自己駕車，大夫梁弘手執堅盾，立於自己右側，防止姬光亂箭傷人。

看來姬光是接受了堂叔祖的挑戰，東風吹，破鼓擂，這年頭誰怕誰？姬光扛著一把大砍刀就去約定的場子練攤去了。這場汾水之戰的過程不詳，最終的結果還是是姬稱笑到了最後，姬光輸得一塌糊塗，老本都搭進去了。

姬光強行殺出一條血路，沿著汾水東岸向北倉皇逃竄，姬稱怎麼可能放過他，率大隊人馬緊追不捨。如果按正常速度，姬稱很難追上姬光，不過在姬光逃竄的過程中卻發生了一個意外，導致姬光被俘。

這天夜裡，姬光帶著大臣欒叔，乘著他的四馬座駕一路狂飆，但因為馬車的外掛太多，被河邊的樹木給勾住了，半天也解不下來。等姬光好容易解開外掛時痛苦地發現他已經被曲沃人馬團團圍住，姬稱在火把的照映下放肆地大笑。

這場汾水之戰，姬稱只是俘虜了姬光，並沒有拿下晉國國都翼城，不過作為翼城左側的戰略屏障陘廷已經被姬稱控制，所以姬稱基本完成了對翼城的戰略包圍。在姬光之子晉小子即位後的第二年，姬稱就派韓萬殺掉了姬光，這是對晉國公然的挑釁，但此時的曲沃與晉國的實力對比發生了變化，晉國已無力對姬稱施加軍事壓力了，正如《史記．晉世宗》所說「曲沃益強，晉無如之何。」

晉小子是晉國大宗歷代君主中唯一沒有留下名字的，說明他在歷史上並沒有做出像樣的功業，而晉小子在歷史舞臺上的唯一一次亮相，就是西元前七〇五年，晉小子不知道出於什麼原因，被姬稱誘騙出翼城，落在姬稱的手上，隨即被殺害。推測一下，應該是姬稱用詐和的手段，對晉小子做出假讓步，晉小子沒有江湖經驗，這才被姬稱算計。

晉小子被殺後，周桓王姬林派大夫虢仲偷襲曲沃，迫使姬稱兵回曲沃，不過姬稱在撤軍在又立晉哀侯姬光的弟弟姬緡為晉侯。根據《史記》記載，姬光應該是回到曲沃後擁立姬緡的，說明姬稱已經基本控制晉國，至少姬稱立姬緡，而晉國大宗沒有反抗，這很能說明問題。

姬緡的在位時間非常長，長達二十八年，換句話說，姬稱做了二十八年的晉國「太上皇」。以姬稱的野心，他不應該能容忍一個傀儡君主佔著茅坑不拉屎這麼久，很可能是統治高層內部同情晉國大宗的勢力反對姬稱廢主自立，雙方在政治上進行博弈，最終達成了一定程度上的妥協。

做兒皇帝是要付出人格代價的，魏高貴鄉公曹髦不堪忍受這種精神上的殘酷折磨，率幾百個老蒼頭去和權大勢大的司馬昭決戰，結果可想而知。雖不清楚姬緡是否這麼做過，但從史料記載來看，西元前六七九年，「晉侯二十八年，曲沃武公伐晉侯緡，滅之。」很可能是姬緡反抗姬稱的統治，起兵反抗，兵敗被殺。這個推斷是符合邏輯的，如果姬稱早就想廢掉姬緡，也用不著等待二十多年。

姬緡死後，再立晉國大宗已經毫無意義了，自晉文侯姬仇以下六任國君，有五任死於曲沃小宗之手。曲沃小宗用了六十多年時間，基本實現了控制晉國全境的目的，豈能把勝利果實拱手讓人？

立國時間長達三百七十六年的晉國大宗破產後，黯然退出了歷史舞臺，曲沃小宗歡天喜地的掛起「晉國大宗」的招牌，小宗取代大宗，歷史翻開了新的一頁。

曲沃小宗篡權奪位，成為事實上的晉國統治者，還但需要周天子的認證，否則就是不合法。曲沃與東周王室曾經鬧過彆扭，也翻過臉，但周桓王姬林早已經去世，在位的是他的孫子姬胡齊（周僖王）。姬胡齊雖然碌碌無為，但還算聰明，不承認曲沃小宗又能如何，反正生米已經煮成熟飯了。再加上姬稱不停的給姬胡齊餵銀子，把晉國大宗所積蓄的值錢東西都送給姬胡齊，姬大王自然笑納，伸手不打送禮人，這是江湖規矩。

有錢能使磨推鬼，發了筆橫財的姬胡齊自然要投桃報李，摘掉姬稱頭上「小三」的帽子，給姬稱轉正。姬胡齊很快就以周天子的身分下詔，正式承認姬稱是晉國國君，列於諸侯。從此以後，曲沃小宗名正言順地以晉侯的身分行走於江湖，姬成師、姬伯的遺願終於實現，這倆老傢伙在地下也可以含笑九泉了。

周天子的任命詔書非常重要，這有助於姬稱擺平晉國境內的殘餘反抗力量，反我就是反天子，這頂政治帽子果然威力無比，「於是（姬稱）盡併晉地而有之」，而這一年，是姬稱即位的第三十七年。

如果姬稱在沒有滅掉晉國大宗之前掛掉，那麼他的諡號將是不倫不類的「曲沃武公」，而現在他取代晉國大宗自立，他死後的諡號就是「晉武公」，這是不一樣的政治待遇。

曲沃小宗取代晉國大宗，和田氏取代姜齊在性質並不相同，後者是異姓相代，相當於曹魏代漢；而前者只是一個政權內部的權力更迭，相當於明永樂取代朱允炆，姬稱依然是唐叔虞的孝子賢孫，唐叔虞在地下每年都能吃到一塊冷豬肉。

姬稱年齡不詳，但他完成代晉之後，也應該白髮滿頭了，不過姬稱這輩子沒白活，上對得起祖宗，下對得起子孫。兩年後，也就是西元前六七七年，姬稱含笑離世，太子姬詭諸即位，就是歷史上大名鼎鼎的晉獻公。

姬稱以為為兒孫搶來了一塊大蛋糕，兒孫們可以無憂無慮的享受美食。沒想到就是他這個寄予很高期望的寶貝兒子姬詭諸因為好色，釀出一場駭人聽聞的後宮奪嫡醜聞，差點毀掉曲沃小宗三代人的努力。

接下來，就細說比曲沃代晉更加慘烈、殘酷和血腥，而且更加精彩刺激的後宮奪嫡事件。

十五、晉國內亂始末

唐朝著名詩人岑參有首《驪姬墓下作》的精彩詩篇，全詩如下：

驪姬北原上，閉骨已千秋。
澮水日東注，惡名終不流。
獻公恣耽惑，視子如仇讎。
此事成蔓草，我來逢古丘。
蛾眉山月苦，蟬鬢野雲愁。
欲弔二公子，橫汾無輕舟。

這首詩所感慨的是春秋初期，晉獻公姬詭諸寵愛「小三」驪姬，廢長立幼，最終釀成一場宮廷殘殺。

這場後宮大戲是春秋時代的經典劇碼之一，凡是涉案其中的人物幾乎都成了春秋的一線大腕。比如獻公姬詭諸、妖女驪姬、太子姬申生、公子姬夷吾、姬重耳、姬奚齊，再加上姬重耳手下那幾位賢臣，甚至太子申生的母親齊姜，論知名度也算是一線，雖然齊姜死在這場內亂之前。

晉獻公姬詭諸因為廢長立幼，釀成大亂，留下了千古罵名。實際上姬詭諸放在整個春秋中考量，也算是有為之君，「假途伐虢」就是他的傑作之一。曲沃小宗代晉後取得晉國的控制權，如果沒有姬詭諸的東征西討，鞏固小宗地位，晉國後來的累世霸業是不可想像的。

姬詭諸最大的問題是喜新厭舊的速度過快，前妻一死，他就忘記與前妻曾經的恩愛，甚至對前妻所生的兒子也橫挑鼻子豎挑眼。唐玄宗李隆基可以說是晉獻公再世，文治武功皆一流，但都毀在了對家庭問題的不當處理上。李隆基縱容武惠妃殘害趙麗妃所生的太子李瑛，時任中書侍郎的張九齡就上書把此事與晉獻公廢長立幼的家庭悲劇相提並論。

雖然李隆基的長子是李琮，但李琮卻沒有當過皇太子，因為其母無寵。姬詭諸的長子姬申生，因為母親齊姜曾經無限得寵，所以很快就確立了太子地位。姬詭諸和齊姜的關係，有些類似唐高宗李治與武則天，這兩對活寶都是庶母與庶子的關係，庶子勾搭上了庶母，生了個大胖兒子。

晉武公姬稱晚年多病，不能和齊姜過正常的夫妻生活，所以姬詭諸乘虛而入，把庶母搞到手，齊姜很快就有身孕。齊姜是春秋第一霸齊桓公姜小白的女兒，姬詭諸不看僧面也要看佛面，齊姜在晉國後宮自然是一把手。

只是齊姜福薄命短，應該在姬詭諸即位之初就去世了。此時姜小白霸業初成，不過小姜白對外孫姬申生似乎並不關心，任由外孫在殘酷的政治鬥爭中自生自滅，反而對姬重耳寵愛有加。

姬申生的處境，在父親姬詭諸在位的前五年沒有什麼太大的問題，如果姬詭諸在此時去世，姬申生能很順利的繼承晉侯之位。但就在這一年（西元前六七二年），晉國展開了一場軍事行動，而姬申生的悲劇命運就此埋下伏筆。

姬詭諸因為要擴大生產規模，把刀頭對準了位於晉國西南的驪戎（今陝西西安附近），率軍去驪戎打劫。驪戎是個小國，地少兵寡，根本不是晉國的對手，驪戎男（驪戎國君，姓姬，男爵）打不過，只好向姬詭諸求饒。

按江湖規矩，戰敗方求和必須要付出代價，驪戎當地也沒什麼特產，驪戎男一狠心，把兩個貌美如花的女兒送給了姬詭諸，算是戰爭賠款。姬詭諸本就是個輕薄好色之徒，見到兩個美女骨頭都酥了，立刻同意撤軍。

甚至可以這麼猜測，姬詭諸此次討伐驪戎，就是衝著大小驪姬去的。

姬詭諸收大小驪姬的目的，除了好色本能之外，還應該有一個原因，就是要給自己生兒子。姬詭諸的原配賈姬沒有生兒子，齊姜已經給他生了一個兒子申生，但姬詭諸不太喜歡申生，所以他希望驪姬能生出兒子，取代申生的太子地位。兩位驪姬的肚皮很爭氣，幾番雲雨過後，大小驪姬各產下一子，大驪姬的兒子取名奚齊，小驪姬的兒子取名卓子。

姬詭諸始終把大小驪姬當成生產工具，但實際上這兩個女人並不是省油的燈，特別是大驪姬（以下皆稱為驪姬，其妹稱為小驪姬），晉國內亂就是她一把火扇起來的。驪姬生了兒子，而且她本人也深得丈夫的寵愛，但她並沒有滿足，她還要想得到更多。

驪姬想要得到的禮物很簡單，就是希望丈夫能廢掉太子申生，立自己的兒子奚齊。做母親的都希望自己的兒子將來能繼承家業，這是人之常情，倒不足為責。問題的關鍵在於驪姬對申生用的手段太過卑劣下作，讓人不齒，當年武姜欲立幼子共叔段，至少手段光明正大，不玩陰招。

驪姬野心勃勃，但當她真正去開始運作這件事情時，發現事情並沒有她想像中的那麼簡單。綜合來看，申生有以下幾點優勢：

一、雖然不是嫡出，但卻是長子，春秋禮法，無嫡立長，所以申生的太子之位沒有任何爭議。

二、由於驪姬的強勢介入，讓非驪姬所生的幾個兒子，如姬夷吾、姬重耳受到了強大的生存壓力，兄弟幾個抱成團對付那個惡毒的女人。

三、朝中高層支持申生的大有人在，比如里克等人。

驪姬也有自己的劣勢，她最大的劣勢是朝中無人，她的娘家驪戎國力較弱，在晉國高層中沒有什麼影響。而申生的外祖父就是齊桓公，一旦姜小白介入晉國奪嫡之爭，申生有足夠的力量打倒驪姬。

從目前局勢來看，齊桓公姜小白正沉醉於自己的稱霸大業，對外孫姬申生的困難處境不聞不問，驪姬可以不必擔心外國勢力施加的影響。她現在最需要做的是從內部搞掉姬申生。

晉國當時最有勢力的大臣，非里克莫屬，可以說是一人之下，萬人之上，姬詭諸也要對里克禮敬三分。更讓驪姬惱火的是，里克是姬申生的鐵杆支持者，所以走里克這條門路根本行不通。

里克指望不上，驪姬就把主意打在姬詭諸的其他寵臣身上，比如大夫梁五和嬖五。這兩個人都是能在姬詭諸面前說得上話的內臣，和姬詭諸私交甚好，走這條門路應該是可行的。

驪姬是個外來戶，在晉國官場沒什麼人脈，要想辦成事，自然要捨得砸銀子，無利不起早，不給錢誰和你玩？驪姬應該是攢了不少的體己錢，撬開梁五和嬖五的大嘴，往嘴裡使勁塞銀子，求他們在晉侯那裡說說奚齊的好話。

官場就是一個利益交換場所，認錢不認理，驪姬按市場價給他們開出這麼高的薪水，梁五、嬖五（以下簡稱「二五」）自然笑納。拿人錢財，替人消災，二五要替事主上陣賣嘴，拱掉姬申生。

當然，二五還不敢貿然提出殺掉申生的請求，驪姬暫時也不敢這麼放肆，現在對驪姬最有利的是把姬申生趕出晉國新都絳（今山西地一），給奚齊騰出位子。二五勸姬詭諸把姬申生調到曲沃，理由非常動人，說曲沃是晉國的發家之本，一旦曲沃有失，必然會危及晉國社稷，不如派德高望重的太子去守曲沃。有太子坐鎮，曲沃無恙，絳亦無恙。

不過調姬申生去守曲沃，《史記．晉世家》卻記載是姬詭諸本人的主意，二五並沒有參與。姬詭諸這麼做，目的就是要廢掉姬申生，改立姬奚齊，「獻公有意廢太子」。

結合《左傳》和《史記》來看，不排除還有一種可能就是，驪姬事先把計畫告訴了姬詭諸，然後再找到梁五和嬖五，讓他們把計畫捅出來，洗白姬詭諸的廢立汙行。

兩書記載不同，但可以肯定的是，姬詭諸對姬申生已經失去了興趣，所以驪姬才敢公然謀求廢立。姬詭諸在明知廢長立幼會引發政局動盪的情況下，依然對姬申生下手，只能說明姬詭諸利令智昏。

驪姬為了奚齊能繼位，這次是真豁出去了，不僅是姬申生要驅逐出權力高層，晉侯的其他幾個兒子，特別是驪姬的眼中釘姬夷吾、姬重耳都要滾出絳城。姬詭諸看樣子是已經全盤接受驪姬的請求，為了滿足小三的私欲，不惜疏離自己的親生骨肉。

西元前六六六年，姬詭諸將太子姬申生外放到曲沃，美其名曰替他守祖宗龍興之地，實際上是將姬申生踢進活死人墓裡。姬申生的待遇還算不錯，曲沃在晉國的地位就相當於明朝永樂以後的南京，而姬夷吾和姬重耳則被貶到更偏遠的地方，姬夷吾居屈地（今山西吉縣），姬重耳被趕到了蒲地（今山西隰縣北）。

姬重耳和姬夷吾是姨表兄弟，他們的母親是親姐妹，而且二兄弟的後臺非常硬，他們的祖父是戎國國君。值得一提的是，戎國也是姬姓，和曲沃小宗同一祖宗，都是唐叔虞的後人。按常理說，姬重耳兄弟有戎國做靠山，驪姬應該對他們有所顧忌，但姬詭諸卻把他們貶到了老少邊窮地區，可見姬詭諸為了滿足驪姬的私欲，已經不計後果了。

重耳兄弟和姬申生雖然不同母，但他們之間的兄弟感情非常好，這正是驪姬最忌諱的地方。三兄弟的人品賢德方正，是江湖上少見的賢公子，在晉國官場上有著奚齊所不具備的人望，這是驪姬非常忌憚的，所以她一定要拆散這個鐵三角。

也許是背後有高人指點，驪姬並沒有「宜將剩勇追窮寇」，置申生等三兄弟於死地，姬申生依然保留了太子的位置。不過明眼人都知道，作為國君合法繼承人的太子出居外地，只有驪姬的兒子留在京城，這意味著奚齊被冊為太子只是時間問題。所以《史記．晉史家》說「晉國以此知太子不立也。」

把太子姬申生趕出京城，這只是驪姬廢儲計畫的第一步，不過驪姬要想達到目的，必須得到晉侯姬詭諸的支持，否則全是幻想。姬詭諸對姬申生的態度已經很明確，太子位置是肯定要拿下的，但姬詭諸還是要顧及朝中重臣的感受，慢刀子殺人，這種事情是急不得的。明神宗為了廢掉長子朱常洛，改立最受寵的兒子朱常洵，與士大夫們鬥法二十多年，最終功虧一潰。

太子位置明著廢不掉，那就先玩陰的。在西元前六六一年，晉國突然對周邊三個小國霍、魏、耿發起攻擊，由於晉國實力超強，姬詭諸很快就三個小國揣在自己兜裡。戰爭本身沒有好講述的，微妙之處在於太子姬申生在這場戰爭中的身分。

姬詭諸把晉國軍隊分為上下二軍，他自己主上軍，太子姬申生主下軍。表面上看，太子能掌握一部分兵權，是國君器重太子的表現，實則不然。

大臣士蔿就看出了此中貓膩，按江湖規矩，各國太子是不需要領兵打仗的，他們的任務就是準備繼承國位。下軍的最高統帥是卿，堂堂太子居然紆尊降貴的出任卿大夫，這明顯是在向天下暗示姬申生的太子位置已經保不住了。

還有一點讓士蔿堅信自己的觀點，就是姬詭諸以太子立功為藉口，在曲沃給太子建了一座新城。姬詭諸嘴上沒說，但此舉實際上等於把姬申生的戶口強行落在曲沃，回不到都城，還繼哪門子江山？

看出貓膩的還有太子黨大佬里克。第二年，姬詭諸再讓姬申生統領下軍，去討伐東山皋落氏（今山西垣曲附近，狄人）。姬詭諸讓姬申生不停的帶軍打仗，用意就是想坐實姬申生的卿大夫身分，進而給自己的廢立尋找理論根據。甚至不排除姬詭諸在「借刀殺人」，希望敵人能替他幹掉姬申生。

里克堅決反對讓太子出征，好在姬申生頭上的儲君帽子還沒摘掉，里克可以光明正大的替姬申生辯護。里克的觀點非常明確：一、太子將來要繼承大位的，不宜在外打仗，槍刀無情，萬一不慎，太子將有去無回。二、出兵打仗是卿大夫的事情，太子只需要向國君學習治國之道。

其實里克也不是傻子，姬詭諸不停的耍陰謀，目的就是要廢申生、立奚齊。里克的勸諫，是在警告姬詭諸：惹出大麻煩，小心沒人給你送終。姬詭諸被里克逼到了牆角，只好實話實說：「寡人有子，未知其誰立焉！」

在姬申生還在位的情況下，姬詭諸把自己的底線都捅了出來：寡人這麼做，就是要廢掉太子。雖然姬詭諸沒說是要立奚齊，但傻子也知道奚齊正眼巴巴等著做太子呢。史稱里克「不對而退」，里克已經對姬詭諸不抱任何期望了，那還有什麼好說的。

姬詭諸已經公開表示了要廢立太子的意思，這將導致晉國官場勢力的重新洗牌，這是太子黨最不願意看到的局面。不過作為太子黨的兩位大佬，他們對這件事情的反應並不相同，士蔿勸姬申生不如主動放棄太子之位，然後效法當年吳太伯雲遊四海，還能落了個好名聲。

至於里克，他似乎對姬申生保住太子位還存有幻想，他的應對之策是以不變應萬變，「修己而不責人」。意思是從在「孝」字上面做文章，看能否讓晉侯回心轉意。如果實在不行，至少可以不用得罪驪姬那夥人，保住富貴是沒問題的。

綜合形勢來看，士蔿之計實為上計，眼下的姬申生已經沒有任何勝算，不如出逃保命。而且士蔿應該還有一層意思沒有出說來，以姬申生的身分，對其他大國來說就是一件無價之寶，姬申生可以等國君死後，借外國之力殺回晉國。如果留在晉國，即使姬申生對驪姬低頭服輸，驪姬又怎麼可能放過這個心腹大患。死灰復燃的道理，驪姬不可能不知道。

姬申生雖然有些迂腐，但場面上的事情，他還是能看得出來，父親要換馬了。至於換馬之後，自己的人身安全能否得到保障，他完全沒有把握，驪姬是什麼樣的人，他不是不清楚。

如果聽士蔿的出逃建議，不用落在驪姬的魔掌裡，可以逃到國外靜觀事變。只是如果出逃，正如里克所說，姬申生必然要背負「不孝」的罪名。在春秋時代，「孝」與「不孝」是官場中人人品問題最重要的考量標準，一旦被認定「不孝」，政治生命和政治名譽也基本走到頭了。

而且還有一點，一旦姬申生出逃，等奚齊繼位之後，肯定會在驪姬的授意下，會開動輿論機器，將姬申生描繪成不忠不孝的政治惡棍。偏偏姬申生又是個好名之人，他絕對不願意背負「侍父不孝」的罪名，所以他直接拒絕了士蔿的建議。

從驪姬的角度看，自然不希望姬申生出逃，只要姬申生還留在晉國境內，她有就辦法除掉姬申生。也許驪姬想到了一個歷史典故，就是周幽王姬宮涅改立褒姒的兒子姬伯服為太子，原太子姬宜臼前往申國避難，結果犬戎之亂，姬伯服連同褒姒被殺，倒便宜了姬宜臼，在雒邑另建東周。

要論美色，褒姒和驪姬不相上下，但要論狠毒，褒姒遠不如驪姬。褒姒只想把姬宜臼趕下臺，並沒有加害宜臼母子，驪姬則是想斬草除根，永絕後患。

驪姬深通官場厚黑學，如果直接拿刀砍人，那就不是厚黑，厚黑學的真諦就是不但要殺人於無形，而且在力圖在別人面前證明自己不但沒有殺人，反而會盡全力保證受害者。驪姬是玩弄權術的高手，她自然知道該怎麼對付姬申生。

雖然姬詭諸有意廢掉姬申生，曾經私下和驪姬通了氣。驪姬心裡當然高興，但絕不會把興奮寫在臉上，而且一定把廢太子的行為和自己撇得一乾二淨，把自己打扮成道德高人，以免被人抓到把柄。驪姬的表演非常精彩，她在姬詭諸面前痛哭流涕，說國君怎麼可能因為我受寵愛就要廢掉太子，這將讓天下如何看臣妾？驪姬最絕的一招是「威脅」姬詭諸，如果國君一定要廢立太子，那臣妾只有自殺謝罪，以清天下之謗。

指望驪姬發善心，就如同指望狼不吃羊一樣，表演完後，驪姬就派人給百官通氣，讓自己的嫡系出馬，在國君面前詆毀姬申生。驪姬通吃道德和利益兩條船，厚顏無恥程度，讓人歎為觀止。

驪姬很清楚一點，她直接殺掉姬申生，在政治上實在太冒險，一旦走漏風聲，會置自己於極端被動。最好的辦法就是通過他人之手解決姬申生，最好由姬詭諸本人出面最合適。如何才能讓姬詭諸對姬申生徹底失望，並對姬申生採取手段，辦法其實很簡單，就是栽贓嫁禍。

驪姬的罪惡計畫堪稱絕妙，她先是找到姬申生，假模假樣的說國君夢到了申生的母親齊姜，非常的懷念，所以命太子在曲沃祭祀齊姜。姬申生也是個傻冒，驪姬對他是怎麼態度，他難道不清楚？還能相信這個女人的連篇鬼話。

如果是姬詭諸當面對姬申生這麼說，還有一定可信度。當然，姬申生是個孝子，母親早亡，把他孤伶伶的丟在人間，思念母親也是人之常情，所以他答應了這件事情，但這同時說明驪姬的心腸之惡毒。

攛掇姬申生去祭齊姜並不是驪姬的最終目的，因為這反而給姬申生在官場上能增加不少印象分，驪姬的賊眼，盯在了祭祀時的胙肉上。按規矩，祭祀完畢，姬申生會把胙肉獻給姬詭諸，這正是驪姬下手的最佳機會。

從《史記晉世家》的記載來看，姬申生獻肉的時候，姬詭諸並不在宮中，而是外出打獵，這肯定是驪姬掐算好時間，事先安排好的，讓胙肉暫時離開姬詭諸的視線，以便從中動手腳。

姬詭諸雖然嘴上說要廢掉太子，但一直沒有太直接的行動，可能是姬詭諸還念及父子天性，下不定最後的決心。唯一能讓姬詭諸下決心的，就只有製造姬申生要置父親於死地的假象，機會就在那塊肉上面，驪姬趁機在胙肉上抹了毒藥。

不過驪姬也不敢大意，萬一姬詭諸吃了毒肉就麻煩了，所以在姬詭諸回宮後，拿起胙肉準備吃的時候，驪姬突然攔住姬詭諸，說胙肉曾經離開國君的視線，為了安全起見，還是試一試肉有沒有毒。驪姬尋來一隻狗，讓狗吃，結果狗中毒而死；讓一個小臣吃，結果小臣也掛了。

姬詭諸當然不會想到毒是他最寵愛的驪姬下的，他唯一能懷疑的對象，只能是姬申生，驪姬早已經判斷出這點，不過他還要坐實姬詭諸對太子的憤怒，又出了一招，在姬詭諸面前哭天抹淚，說太子何其殘忍，連自己行將就木的老父親都不放過。

如果只批判姬申生不孝，即使姬詭諸廢掉姬申生，還不足以讓奚齊當上太子，所以自己和奚齊必須以受害者的身分出現。驪姬話鋒一轉，把話題扯到自己身上，說姬申生要毒死老父，無非是害怕奚齊影響到他的太子位置。為了不讓國君父子失和，臣妾和奚齊只有自殺，免得太子繼位後遭到迫害。

都說司馬懿為人厚黑，堪稱厚黑第一高手，女版的司馬懿，自然非驪姬莫屬。臉皮之厚，心腸之毒，手段之狠，比起呂雉有過之而無不及。姬詭諸是個老糊塗蟲，已經失去明辨是非的能力，驪姬說什麼就是什麼。或者更進一步猜測，在胙肉下毒根本就是姬詭諸或其智囊團出的主意。《左傳・僖公五年》就記載驪姬曾經和一個中大夫密謀，騙姬申生去祭祀齊姜，難說背後沒有姬詭諸的鬼影。

姬詭諸確實對姬申生下了手，但不是殺姬申生，而是殺了姬申生的師傅杜原款。個中原由，可能與姬詭諸的底線有關，驪姬的底線是殺掉姬申生，而姬詭諸即使參與胙肉下毒事件，也只是想利用這個藉口廢掉申生，並不想殺掉兒子，畢竟父子天性相連。

殺杜原款，明顯是對姬申生暗示：我不忍殺你，你趕快離開晉國。這是一個明顯的積極信號，姬申生身邊的幕僚看出來了，勸姬申生入京自辯，或許還有機會翻盤。至於該幕僚如何知道驪姬在肉中下毒，很有可能是位高權重的里克把消息捅給了姬申生。

如果是里克有意走漏風聲，說明形勢朝著姬申生有利的方向發展。即使姬申生放棄太子位置，也可以去京城揭穿驪姬的老底，讓奚齊的繼位失去合理性，為自己日後的東山再起埋下伏筆。別看驪姬對姬申生步步下狠手，但驪姬始終對里克無可奈何，連姬詭諸也動不了里克。有里克坐鎮京城，姬申生還不至於一點機會都沒有。

問題又出在姬申生的愚孝上面，他拒絕了幕僚的建議，理由是老父親片刻也離不開驪姬，一旦打倒驪姬，父親身邊便無人侍奉。當然，姬申生不想去京城，也有可能是擔心驪姬再下毒手，但有里克在，他的人身安全應該是可以得到保障的。

上面講了，姬申生能力不怎麼樣，但卻特別愛名。事到如今，姬申生唯一能做的就是逃出國外，等待時機東山再起，沒想到這個保命的建議居然也被姬申生否決了，理由還是不想背上侍父不孝的惡名。姬申生已經給自己想好了歸宿——自殺。

姬申生的弟弟姬重耳顯然比兄長更懂得知進知退，姬重耳同樣是「背父」，但姬重耳從來不會為虛名所累，活下來，就是最大的勝利。選擇死亡，只能是便宜了驪姬和奚齊，對自己沒有半點好處，何況天下誰不知驪姬是什麼樣的女人。

說姬申生自私，並不過分，他只想給自己掙孝名，卻忘記了他還有另外一層任務，就是保護兩個弟弟夷吾和重耳。有姬申生在，就能擋在兩個弟弟面前，承受來自驪姬的壓力。他自己死了倒落得輕鬆，卻把夷吾和重耳直接暴露在驪姬的魔掌之下，如果不是這兩個弟弟跑的快，早做了驪姬的刀下鬼。

西元前六五六年十二月二十七日，晉國太子姬申生自縊於曲沃新城。

十六、晉國兄弟之亂

人死如燈滅，雙眼一閉，萬事不知，但姬夷吾和姬重耳果然被驪姬盯上了。道理很簡單，夷吾和重耳都是著名的賢公子，在江湖上有些威望和勢力，如果不剷除二人，將來奚齊的位置也坐不穩。甚至在某種程度上，姬夷吾、姬重耳比姬申生更具威脅，驪姬之所以能順利剷除姬申生，也是吃透了姬申生的迂腐性格，夷吾和重耳顯然是實用主義者，一旦讓二人逃了，驪姬是睡不安穩的。

二位公子平時並不在京城，姬夷吾居於屈，姬重耳居於蒲，但他們也經常會進京看望父親，並在朝中上下打點。驪姬自然不會放過這樣的機會，等二公子入朝後，驪姬突然在姬詭諸面前「揭發」二公子的罪行——當初姬申生在胙肉中下毒，姬夷吾和姬重耳知情不報，意圖弒父奪權。

驪姬很惡毒，但她顯然陷進了一個誤區，就是她認為姬詭諸會完全聽從於她的擺布，她想殺誰，姬詭諸就會殺誰。事實上並非如此，從現有史料上來看，並沒有姬詭諸要殺掉三個兒子的記載。驪姬與其把殺害二位公子的希望寄託在姬詭諸身上，還不如派馬仔在二位公子的茶飯裡下毒，然後說二位公子畏罪自殺，把自己的責任推得一乾二淨。

在晉國政壇，驪姬並不是主流，她唯一的靠山也只有晉侯姬詭諸，以里克為代表的卿大夫集團不買她的帳。特別是里克，如果是姬奚齊繼位，驪姬必然干預朝政，自己就將靠邊站。如果姬夷吾或姬重耳繼位，必然會倚仗卿大夫集團，從個人利益角度上講，里克當然會站在二公子這邊。

驪姬應該是在私密地在姬詭諸面前賣命地告黑狀，可沒過多久，姬夷吾和姬重耳就已經得到了內幕消息。不用問，這肯定是里克暗中捅出消息，只有里克有這個能量。

姬夷吾和姬重耳可不像他們那個滿腦袋豆腐渣的哥哥，對他們來說，死了也是白死，不如先逃出魔掌，等待機會翻身。二位公子先逃回各自的暫住地，準備靜觀其變，只是讓哥倆沒想到的是，這次老爹真被驪姬說動了，發重兵分別進攻蒲與屈。

姬詭諸這次應該吸取了申生事件的教訓，不能再留下活口，從姬詭諸逼迫姬重耳自盡來看，姬夷吾也應該「享受」這個待遇。至於姬詭諸沒有逼姬申生自殺，可能是顧忌到姬申生的外公姜小白是霸主，還不敢授齊國以干涉晉國內政的口實。夷吾、重耳的娘家勢力較弱，所以姬詭諸不怕得罪翟國。

姬夷吾和姬重耳是姨表兄弟，但論地位，姬夷吾應該在前，所以他的軍事力量相對強一些。在姬重耳被趕出蒲邑之後，姬夷吾還咬牙堅持了一段時間，直到姬詭諸派出右行大夫賈華率主力部隊趕來，姬夷吾的武裝才被打散。

姬重耳逃到了娘家翟國，至少翟國會盡全力保護這個未來翟國在晉國的政治代言人。而姬夷吾可能是因為信息不對稱，無法及時逃到翟國，只能南走梁國。姬夷吾沒有去投奔翟國，大致有兩個原因，一是按照「雞蛋不能放在一個籃子裡的理論」，如果兄弟二人都在翟國，很有可能被父親一鍋端掉。二是姬夷吾雖然比姬重耳年長，卻是小姬所生，在翟國的受歡迎程度可能不如姬重耳，與其這樣，不如不去翟國。

第二個原因是假設，但第一個原因卻有明確的記載，《史記．晉世家》：「大夫冀芮：『重耳已在矣，今往，晉必移兵伐翟，翟畏晉，禍且及。不如走梁，梁近於秦，秦彊，吾君百歲後可以求入焉。』」

冀芮說的並非沒有道理，一旦姬夷吾去了翟國，極有可能與姬重耳同時被除掉，為了保全血脈，去梁國確實是上策。梁國位於現在的陝西韓城南，黃河西岸，處以晉國與秦國之間。冀芮的方案其實就是背靠秦國，俟機還晉，畢竟秦國是大國，姬詭諸還不敢對秦國如何。有了秦國的支持，日後回晉繼位並非做夢。

姬夷吾集團之所以如此有信心，關鍵還在於里克的存在。

這也是驪姬的一大心病，里克作為晉國首席重臣，在軍政兩界通吃，是驪姬的心腹大患，但以驪姬的實力，還無法吃掉里克。雖然在姬申生死後，里克更偏向於姬重耳，但至少在驪姬這個共同的敵人面前，里克和姬夷吾還是有共同利益的。

驪姬對里克的無可奈何，很大程度上是來自於姬詭諸對於里克的絕對信任，即使是姬詭諸明知里克和驪姬不和的情況下。姬詭諸在歷史上響亮的知名度，很大程度上是因為他晚年的諸子爭位，也這是後世津津樂道的後宮八卦，卻有意無意忽略了姬詭諸本人的雄才大略。

都說春秋五霸，實際上即使以齊桓公姜小白的標準，姬詭諸完全有資格擠進來，佔有一席之地。《韓非子．難二》對此有明確記載，「獻公併國十七，服國三十八，戰十有二勝。」姬詭諸的霸業，比起姜小白來也不遜色。曲沃武公姬稱以小宗代大宗，入主晉國，但兩年後姬稱便掛掉了，真正使曲沃小宗在晉國統治穩如鐵桶的，正是姬詭諸。

關於姬詭諸，其實還有另外一個家喻戶曉的故事，就是「假途伐虢」。假途伐虢是歷史上著名的軍事成功範例，位列《三十六計》，可見在軍事史上的影響。北宋太祖趙匡胤統一江南，最先使用的就是假途伐虢之計，打著討伐湖南叛軍的旗號，偷雞摸狗般的竄進荊南，拉開了中原小統一的大幕。

假途伐虢之計，用最通俗的解釋，就是一箭雙鵰。晉國要消滅虢國，但晉與虢之間還著一個同為姬姓的虞國，姬詭諸對外宣稱想借虞國之道滅虢，並送給虞公厚禮——一對玉璧、一匹良馬。實際上姬詭諸早就想把虞國裝進自己的口袋裡，只要虞國同意借道，等晉滅虢後，順道把虞國處理掉。

虞國大夫宮之奇一眼就看穿了姬詭諸的鬼把戲，極力勸阻虞侯不要貪小便宜，請神容易送神難，一旦強大的晉軍進入虞國，局面就不是虞國所能控制得了的。虞國是個小國，能拿出手的寶貝不多，虞侯看到晉國送的兩件寶貝，口水直流三千尺，白撿的便宜不要白不要，一口將誘餌吞下肚去。

事實很快就證明宮之奇的判斷是正確的，等晉國從虞國境內通過，滅掉虢國之後，順道就把還沉浸在美夢中的虞侯給請到絳都喝茶去了。姬詭諸之前送出的玉璧和馬，又被姬詭諸收了回來。姬詭諸沒花一分錢就吃到兩盤海鮮，做生意精明到了這個份上，不得不讓後人歎為觀止。

姬詭諸最為後世所詬病的，就是縱容驪姬廢子立庶，釀出一場滔天大禍，險些葬送了晉國的百年霸業。晚年的姬詭諸好像有些老糊塗，和唐玄宗李隆基幾乎是一個模子刻出來的。

不過「假虞伐虢」的事情就發生在姬詭諸出兵討伐夷吾、重耳的同一年（西元前六五五年），說明姬詭諸還是比較清醒的，廢長立庶，主要還是姬詭諸的意見起作用，驪姬只是推波助瀾。如果姬詭諸不同意這麼做，驪姬縱有天大的本事，也別想過姬詭諸這一關。

其實就廢長立庶這件事情本身來，姬詭諸和驪姬在朝中都屬於少數派，正如他自己所說：「奚齊年少，諸大臣不服，恐亂起。」絕大多數朝中要員都站在他們的對立面，唯一和姬詭諸穿一條褲子的，只有重臣荀息。在晉國政壇，荀息算是一支可以與里克抗衡的重要力量，姬詭諸只能把奚齊託付給荀息，拜荀息為國相。

荀息並非佞臣，但他還是接受國君的託孤，原因大致有兩個：一、他對國君忠心不二；二、利用奚齊來平衡與里克的權力布局。荀息大包大攬，說自己一定能保護好奚齊，估計這樣的吹牛大話連他自己都不相信，里克是吃素的麼？

對於里克這樣的超級重臣來說，國君不聽自己的建議，執意要立奚齊，是件很沒面子的事情。里克和驪姬早就翻了臉，如今奚齊即位，驪姬會給自己好果子吃麼？即使是為了自保，里克也要想辦法扳倒奚齊。

西元前六五一年九月，久病纏身的晉侯姬詭諸留下了一個官場爛攤子，撒手西歸，十四歲的奚齊在一片淒風苦雨中繼位。相對來說，里克的權臣派實力要強於後宮派，但至少要賣給國君一個面子，按兵不動。現在國君做鬼去了，里克也就沒有了最後一絲顧忌，無論是荀息還是驪姬，都不是他的對手。

當然，里克也知道，如果和後宮派大打出手，自己能損失多少利益還未可知。為了和平解決爭端，里克想和荀息做一筆政治交易，他和荀息坐在談判桌前。

里克要求荀息放棄奚齊，改立他最中意的二公子姬重耳。並威脅荀息，如果不答應，三位公子（申生、重耳、夷吾）在晉國的殘餘勢力會在外國勢力的干涉下進行反撲，後果你自負。

荀息為人比較強直，和姬申生非常相似，一個愚孝，一個愚忠。荀息和驪姬沒有什麼私交，但荀息不會有負姬詭諸死前的託孤，委婉地拒絕了里克，理由是「吾不可負先君言」。

談判破裂，意味著里克和荀息即將展開生死決鬥，決定誰最終有資格影響晉國的發展方向。荀息是典型的文官，手上沒有槍桿子，而里克橫跨軍政兩界，所以這場政治角逐，明眼人都能看出來里克將笑到最後。

十月的某一天，里克率領心腹闖進晉獻公姬詭諸的靈房，將還在披麻戴孝的候任國君姬奚齊亂刀砍死。其實姬奚齊只是母親驪姬爭權奪利的犧牲品，就像西周最後一任太子姬伯服一樣。姬奚齊只是驪姬手上的牽線木偶，殺姬奚齊不是里克最終的目標，那個亂政禍國的女人，才是里克最想除掉的。

至於驪姬的死因，西漢人劉向在《列女傳》中說得很清楚，里克將失勢的驪姬五花大綁，押到街頭，用鞭子活活打死。驪姬好容易扳倒了對奚齊即位最具威脅的三位公子，卻死在了她認為最危險的敵人里克之手。驪姬的死，在姬詭諸去世的那一刻就已經注定，驪姬在軍方沒有任何背景，里克除掉她易如反掌。

驪姬的慘死，說明槍桿子對於謀求政治利益的極端重要性，這也是驪姬奪權路上的最大缺點。驪姬當初攻擊的重點不應該是姬申生等公子，而是里克這樣的軍方實力派，如果驪姬能說服姬詭諸，拿掉里克，並進一步掌控軍隊，即使姬申生等人上臺，也不過是驪姬的盤中餐。

姬奚齊和驪姬相繼被殺，等於里克狠狠抽了荀息一個響亮的耳光。以荀息的士大夫作派，他自然不會在乎妖女驪姬的死，但他卻很難接受奚齊被殺，因為奚齊是姬詭諸託孤給他撫養的。荀息百年為鬼後，如何去地下見先君獻公？

在姬奚齊被殺後，荀息完全可以和里克做一筆交易，接受里克提出的立姬重耳為君的條件，至少可以換來里克對自己一定程度上的尊重。荀息沒有選擇妥協，而是繼續和里克死槓到底，在幕僚的建議下，晉國相荀息立小驪姬的兒子姬卓子為國君。

這是荀息和里克權力鬥爭中最大的敗招，荀息只想出一口惡氣，卻忽略了他這麼做，等於把姬卓子送入虎口。里克達不到自己立姬重耳為君的目的，是絕不會善罷甘休的，何況里克已經完全控制局面。

荀息以為里克殺了姬奚齊已經冒天下之大不韙，不敢再對姬卓子動手，但讓荀息意外的是，里克的巴掌再次重重的摑在了荀息的臉上。姬卓子即位僅僅一個月，又被里克幹掉了。而且更為過分的是，里克動手的地點在朝堂之上，「弒卓子於朝」，這等於當著天下人的面讓荀息下不來台。

姬奚齊被殺，荀息就有了自殺殉主的念頭，說明荀息很重視名節，但他堅持立姬卓子，在邏輯上確實有些突兀。不排除有一種可能：荀息和里克在演雙簧！荀息演紅臉，里克扮黑臉，幹掉姬卓子，來為姬重耳的繼位剷除障礙。姬卓子只是個未成年的孩子，荀息真要為出於保護姬卓子起見，完全可以接受姬重耳為君，條件是善待姬卓子，而不是把姬卓子往虎口裡送。

里克這場殘酷的權力鬥爭中取得完勝，荀息在姬卓子被殺沒幾天後，抹脖子升天了。接下來要做的事情就非常簡單了——迎立二公子姬重耳。里克和邳鄭派人去翟國，請避難於此的姬重耳回絳即位。天上掉下來一塊大肉餅，傻子都知道張嘴接著，但讓所有人意外的是，姬重耳居然拒絕了。

姬重耳傻麼？他可是百年不世出的人精，自然知道當國君意味著將獲得至高無上的權力。《史記・晉世家》說是姬重耳直接拒絕里克的使者，但《國語・晉語二》卻記載建議姬重耳拒絕里克的是舅犯（即名臣狐偃）。

里克派人來接姬重耳回國繼位的消息，在跟隨姬重耳逃亡的幕僚團裡應該引發了很大的爭議，但狐偃卻堅決反對姬重耳回國，他的理由是「堅樹在始，始不固本，終必槁落」。意思很明確，現在里克當政，朝中皆是里克黨羽，公子即位，無權無兵，只能受里克擺布。與其當傀儡，不如暫時不去，靜觀其變。

狐偃還有另外一層意思，在姬奚齊、姬卓子相繼慘死後，姬重耳就歡天喜地的去繼位，這等於承認二位公子之死和自己有關，是代里克受天下之謗。姬重耳接受了狐偃的建議，委婉地謝絕了里克來使，說小子無德無能，還是另選賢人吧。

這是一個讓里克意外的結果，但姬重耳躲在翟國不肯回來，里克也沒有辦法，只能另選他人。實際上里克已經沒有了選擇，唯一合適的人選，只有在梁國避難的三公子姬夷吾。

十七、晉惠公的悲劇

接著上篇講姬夷吾的話題。

在晉獻公姬詭諸的八個兒子中，姬夷吾是個異數。即使是放在「三賢」之中，姬夷吾和另外二賢姬申生、姬重耳也有明顯的不同。

姬申生和姬重耳身上有濃厚的理想主義色彩，而姬夷吾則滿身銅臭味，只講利益不講道德。和「儒商」姬重耳相比，姬夷吾是典型的奸商。但真正的奸商是不會讓人看出來的，總會把自己打扮成道德聖人，然後在穿上一件華麗的道德外衣，去做齷齪無恥的勾當。

奸商經常會說自己重義輕利，但當本不屬於自己的大肉餅放在嘴前，他們毫不猶豫的吞下肚去。不過在接受里克邀請回國即位這件事情上，姬夷吾的選擇是可以理解的，姬重耳自己不要，他只不過是撿了個便宜而已，送到嘴邊的肉餅不吃白不吃。

姬夷吾在江湖上的名望不如二哥姬重耳，他本人和里克的私交很一般，他也知道里克找他即位是退而求其次。雖然姬夷吾也知道里克是什麼樣的人，能殺奚齊、卓子，但只要自己能順利即位，慢慢穩定局面，在和里克的博弈中未必沒有勝算。姬夷吾決定接受里克的邀請。

此時的姬夷吾已經在梁國安家，並娶了梁伯的女兒，生下一兒一女，兒子取名姬圉，女兒取名姬妾。但他在梁國只辦理了外來人口暫住證，並不打算在梁國長期住下來，現在回國的機會來了，姬夷吾立刻和自己身邊的幕僚團開會，討論回國的利弊得失，最大限度的規避政治風險。

幕僚們給姬夷吾出了一個主意，說我們這樣光桿司令般回國肯定不行，必須要找一個強大的靠山。姬重耳不想即位，很有可能就出於他所在的翟國力量太過弱小，無法對里克集團形成外交壓力。

兩大幕僚呂甥和郤芮提議不如和秦國拉近關係，扔給秦穆公嬴任好幾塊肉餅，讓秦國給里克製造強大的外交壓力，這樣就能從側面保證姬夷吾集團的人身安全。

老話說，無利不起早，如果不圖名不圖利，誰願意做雷鋒？姬夷吾的人品很成問題，但他做生意卻很有一套，知道通過借雞生蛋，來實現自己的目標。至於得到雞蛋之後，還不還人家的雞，到時侯再說，呵呵。

要想拉嬴任好下水，自然要給他一點好處。姬夷吾給嬴任好開出的價碼是只要秦國支持他回晉繼位，他就把河西之地割讓給秦國。

嬴任好是個生意人，盤算了一下，覺得這買賣很划算，就和姬夷吾達成了合作協定。嬴任好承諾派重兵護送姬夷吾集團回晉，基本解決了姬夷吾的後顧之憂。

但此時又現出了一個問題，姬夷吾不是里克中意的人選，萬一里克不把來自秦國的壓力當回事，依然有很大的可能把姬夷吾弄成奚齊第二。在這種情況下，姬夷吾集團必須想辦法讓里克接受自己，現在所能做的，就是對里克進行讓步，並讓里克相信姬夷吾即位之後不會侵犯里克的利益。

姬夷吾給里克寫了一封信，和里克談條件，只要里克不反對自己即位，他就將汾陽附近的百萬畝送給里克做食邑。這個條件足以顯現姬夷吾的誠意，而里克最終答應姬夷吾，可能還有一個原因。

除了秦國已經明確表示要助姬夷吾還晉即位，前太子姬申生的外祖父、齊侯姜小白也趁機往晉國插了一腳，率諸侯大舉入晉，準備渾水摸魚。時間不等人，如果不把姬夷吾早些拉回晉國繼位，很容易給秦、齊等國干涉晉國內政的藉口。

秦國和齊國都是大國，里克也沒有實力同時與秦、齊交惡，只能和秦、齊兩國達到利益均沾。在秦、齊等國的協作下，公子姬夷吾在絳正式即位，就是歷史上有名的晉惠公。

嬴任好和里克以為做了一筆好買賣，哪知道都被姬夷吾給耍了。姬夷吾從來不講信義，指望他能恪守承諾，母豬都能上樹。姬夷吾剛剛即位，屁股還沒坐熱，就公然違背當初的承諾，嬴任好還眼巴巴等著晉國割讓河西之地，結果姬夷吾說河西是先君土地，不敢輕易予外人，這事就到此為止吧。

直到這時，嬴任好才發現上了當，後悔當初不聽大夫公孫枝的勸告，白白給姬夷吾當槍使了。嬴任好可不是省油的燈，平白被耍，他豈能善罷甘休，雖然暫時沒有對晉國採取行動，但從此與晉國翻臉。姬夷吾對秦國背信棄義，是他外交戰線上最大的失策，等於白送給秦國武裝干涉晉國的藉口。秦國固然不能吃掉晉國，但足以給姬夷吾製造了強大的軍事壓力，甚至從新選擇符合秦國利益的晉君人選。

姬夷吾敢和嬴任好翻臉，追求的是短期效益，而且他也認為秦國沒有能力消滅晉國，但里克就不好說了。里克能殺奚齊和卓子，照樣能殺姬夷吾，姬夷吾對里克下手很正常。問題是如果沒有絕對的勝算，姬夷吾敢拿里克開刀麼？

《史記．晉世家》記載「（姬夷吾）而奪（里克）之權」，以姬夷吾的能力，很難憑空奪里克之權，最大的可能是姬夷吾爭取到了朝中反里克的實力派支持，這才敢對里克下手。

里克喪失了權力，成了一頭沒有牙的老虎，但姬夷吾卻從來沒有把這頭沒牙老虎關進籠子的打算。「宜將剩勇追窮寇，不可沽名學霸王」，在權力場上，如果有能力置對手於死地，那就快刀砍亂麻，千萬不要學夫差那樣濫發善心。

姬夷吾人品不如重耳，但有一點卻值得讚賞，就是他的坦率，真話假話都放在桌面上。他這麼說對里克說的：「沒有你，寡人不會坐在這個位置上，但是我知道奚齊、卓子，還有荀息都死在你的手上，以今日之事觀之，做你的國君，不亦難乎！」

姬夷吾話中夾槍帶棒，逼里克自殺，里克當然聽得出來，但此時他已經沒有和姬夷吾博弈的本錢。姬夷吾請他自裁，是給他面子，這總比被人亂刀砍死要體面得多。里克在自殺之前說了一句千古名言：「欲加之罪，其無辭乎！」

里克在伏劍自殺前，應該會後悔一件事情，晉獻公有子八人，除了申生、重耳、夷吾、奚齊、卓子之外，還有另外三人，都在絳都，而且年齡都不大，如果立這三人之一，里克很大的可能保住權力。姬夷吾的演技太出色了，經常以賢人的面目招搖於市，里克沒有看穿姬夷吾的本質。里克本以為請來一位賢主，哪知道卻請來了自己的催命大仙。

用《紅樓夢》中的一句名言評價姬夷吾得志後的醜行非常恰當，「子係中山狼，得志便猖狂」。姬夷吾即位後，負秦之約，大肆誅殺異己，還經常對外展示自己莫名其妙的優越感。即位後的第二年，東周卿士邵過和內史過來到晉國，頒布周襄王對新任晉侯的任命。按當時禮節，姬夷吾接受周天子的委任狀後，應該執玉卑，伏地叩謝天恩。姬夷吾覺得自己是大國領袖，不想給傀儡天子行大禮，只拜不叩。

此時的姬夷吾已經完全控制晉國大權，這是他敢於藐視周天子的最大政治本錢，但他狂妄自大的性格缺點已經暴露無遺。內史過回到雒都後，告訴周襄王姬鄭：「晉侯將來雖能保全善終，但其子孫必無後，權力終將易人。」姬鄭問何故，內史過洋洋灑灑說了一大堆，但歸結起來，只有一段話，「亹亹怵惕，保任戒懼，猶曰未也。若將廣其心而遠其鄰，陵其民而卑其上，將何以固守？」

姬夷吾對內暴虐，「國人不附」；對外不講誠信，到處得罪人，他能在風雨飄搖中在位十四年，已經是個奇蹟。姬夷吾執政期間，最為人所詬病的，就是和秦國糟糕透頂的外交關係。

秦是天下大國，又與晉比鄰而居，秦國的對晉關係如何定性，將在很大程度上決定著晉國的國家安全，也包括姬夷吾本人的安全。最讓人不可思議的是，姬夷吾戲耍秦國上了癮，除了即位後給嬴任好在牆上了畫了一張大餅，又在糧食問題上在宰了嬴任好一刀，惹出一場外交大麻煩。

這次糧食引發的秦晉戰爭，分為兩個階段。第一個階段是晉國缺糧，姬夷吾厚著臉皮向秦國求救。雖然秦國國內對是否救晉爭議很大，但嬴任好還是把糧食借給了晉國，解了姬夷吾的燃眉之急。

按道理說，嬴任好對姬夷吾已經仁至義盡，姬夷吾應該對嬴任好感恩戴德，至少應該藉這個機會和秦國搞好關係。可姬夷吾做人根本沒有底線，就在第二年，秦國發生了饑荒，嬴任好請求晉國幫助秦國渡過難關。

沒有嬴任好，也就沒有姬夷吾的今天，出於報恩原則，晉國應該借糧，這是一個做人的道德底線問題。姬夷吾做人非常陰毒，聽從了舅舅虢射的建議，非但不向秦國借糧，反而出動軍隊攻打秦國，企圖趁火打劫，撈上一票。

嬴任好兩次對晉國的投資都打了水漂，可見想像嬴任好的憤怒。姬夷吾三番兩次戲耍嬴任好，最終徹底得罪秦國，逼得嬴任好出兵攻晉，姬夷吾本人也被秦軍活捉。要不是秦穆公夫人是自己的妹妹，在嬴任好面前苦苦求情，姬夷吾的腦袋早搬家了。

關於姬夷吾戲耍嬴任好的事情，將在《秦穆公篇》中詳細解讀，這裡只說一點，姬夷吾之所以敢兩次傷害秦國，歸根結柢，還是他的性格問題。如果換成姬重耳在位，重耳是不太可能把事情做得如此過分的。在國與國的關係處理上，姬夷吾犯了「左傾冒險主義」，過於高看晉國的軍隊實力，機械的運用「利敵之弊而攻之」，結果自己撞得滿頭包。

戰敗國是沒有資格和戰勝國談條件的，嬴任好開出了兩個停戰條件，一是姬夷吾必須實現他當年做出的割讓河西八城的承諾，二是姬夷吾的太子姬圉必須留在秦國做人質。

姬夷吾從來沒有把失敗的責任算在自己的頭上，依舊故我的在國內窮折騰。姬夷吾可能是出於一種考慮，秦國雖然贏了這場戰爭，卻沒有能力消滅晉國，這應該是姬夷吾冥頑不化的主要原因。

對於姬夷吾的荒謬舉動，大夫慶鄭曾經在晉國高層就是否救秦的會議時當面批判過。慶鄭給姬夷吾扣了四頂大帽子：一、背施無親；二、幸災不仁；三、貪愛不祥；四、怒鄰不義。結合姬夷吾的所做所為，姬夷吾受之無愧。慶鄭預言此次攻秦不得人心，必然會遭到可恥的失敗，結果也證明了這一點。

老話說：家有諍子，不亡其家；國有諍臣，不亡其國。慶鄭的批判是有些直接了，絲毫不給姬夷吾面子，但忠言逆耳利於臣，如果姬夷吾能及時悔悟，也不至於被嬴任好當面羞辱。

姬夷吾倒是記住了慶鄭，不過不是慶鄭的逆耳忠言，而是記住了慶鄭對自己的「羞辱」。在姬夷吾被嬴任好釋放回國後做的第一件事，就是殺掉了慶鄭。慶鄭的死，使本就喪心病狂的姬夷吾失去了最後一位敢說真話的輿論監督員，身邊多是庸碌小人，晉國混亂的政局在短時期內根本看不到好轉的跡象。

姬夷吾敢在國內胡作非為，有一個很重要的原因，就是本來可以制約姬夷吾的政治因素已經不復存在。比如晉國最有名的三位賢公子，除了姬夷吾這個假名牌，姬申生已死，姬重耳逃亡國外。如果姬重耳能留在晉國，可以對姬夷吾造成很大的政治壓力。

不清楚姬夷吾在即位後是否邀請過姬重耳回國，但以姬重耳對弟弟的了解，回來等於送死，不如流亡天涯，至少還能保命。以姬夷吾對權力的貪戀，他是絕不可能放過姬重耳的，就如同他不會容忍里克專權一樣。

姬夷吾做人很虛偽，他即位後，對含恨而死的前太子姬申生以非常高的規格入斂下葬，把自己打扮成道德完人，卻暗中準備對姬重耳下手。姬夷吾這麼做，無非是姬申生已死，對死人厚葬，都是做給活人看的。而姬重耳在這個世界上多活一天，姬夷吾心裡就多一分做賊心虛的恐懼。

就在諍臣慶鄭被殺後不久，姬夷吾就準備派出江湖殺手，潛入翟國幹掉姬重耳。在姬夷吾看來，只有死的重耳，才是他值得尊敬的好兄長，申生也是如此。幸虧姬重耳在晉國有很深的人脈，他在姬夷吾動手之前就已經得到消息，提前離開翟國，開始了漫長的逃亡生涯。

翟國距離晉國太近，姬重耳留在翟國，對姬夷吾是個巨大的威脅。雖然沒有殺掉姬重耳，但能將他趕出翟國，也是一次勝利，至少在短期內，姬重耳不會有機會復返晉國。不過讓姬夷吾沒有想到的是，姬重耳在江湖上了轉了一圈，歷經齊、曹、宋、鄭、楚等國後，居然悄無聲息地竄到了距離絳只有一河之隔的秦國，成了嬴任好的座上賓。

老話說的好：出來混，總是要還的，姬夷吾終於嘗到了被命運捉弄的滋味。這個位子本來就不是他的。搬起石頭砸了自己的腳面子，用句唯心主義的觀點結束本篇，姬夷吾這是遭到了報應。

十八、晉文公周遊列國

說完了喪心病狂的姬夷吾，再來說說姬夷吾同父異母的兄長姬重耳。

姬重耳這個名字在歷史上的使用率不高，但如果說到「晉文公」，在江湖上絕對是如雷貫耳，這是一個和齊桓公姜小白一樣偉大的名字。他所開創的春秋霸業，在某種程度上甚至可以稱為春秋第一霸，因為晉國的霸業在春秋各霸中存在時間最長。姜小白雖然稱霸天下，但後勁不足，姜小白死後，齊國迅速衰落，而晉國則自晉文公之後一直保持霸主地位，直到春秋後期三家分晉，才告別歷史舞臺。

「齊桓晉文」，已經成為後世軍閥們稱霸的專用政治名詞，戰國時齊宣王田辟疆就問孟子「齊桓晉文之事」，曹操也曾經做過「齊桓晉文」。前面講過，無論春秋五霸的名單如何變化，齊桓公姜小白和晉文公姬重耳是絕對榜上有名的，和秦皇漢武一樣，堪稱春秋時代的樣板國君。

作為齊名的兩大春秋名君，姜小白和姬重耳有許多共同點，大致羅列了一下，有如下幾點：

一、他們的父親都是隱形霸主，姜小白的父親齊僖公姜祿甫治下的齊國堪稱春秋小霸，姬重耳的父親姬詭諸也將晉國打造成天下強國之一。

二、他們的母親都不是齊人，而來自齊晉附近的小國。姜小白的娘家來自莒國，姬重耳的娘家來自翟國。

三、他們都有一個做太子的兄長，都非正常死亡。姜諸兒被殺，姬申生自殺。

四、國內發生政治動盪時，他們都流落國外避難，姜小白居於莒，姬重耳居於翟。

五、國內兩大權臣都選擇他們做新任國君。高傒相中了姜小白，里克相中了姬重耳，只不過姬重耳沒有接受里克的邀請。

六、他們逃亡期間，身邊都有一個賢士集團，姜小白身邊有隰朋、鮑叔牙、賓須無等人，姬重耳身邊有狐偃、趙衰、先軫、介子推等人。而鮑叔牙和介子推又都以讓賢垂名青史。

從年齡上看，姬重耳算是姜小白的兒輩，姬重耳比姜小白只小二十歲。但如果從輩份上看，姬重耳同父異母的兄長姬申生是姜小白的外孫，姬重耳應該叫姜小白一聲外公。有趣的是，這兩位春秋時代最偉大的霸主，他們的人生曾經有過一次偉大的交集，雖然時間只有短暫的兩年。

晚姬重耳三百多年的思想家孟子曾經說過一段名言：「故天將降大任於斯人也，必先苦其心志，勞其筋骨，餓其體膚，空乏其身，行拂亂其所為，所以動心忍性，增益其所不能。」這段勵志名言放在姬重耳身上再合適不過了。雖然姜小白曾躲在莒國避難，但時間不長，在回國的路上被管仲差點射死，也是有驚無險。此後姜小白一路順風順水，直登歷史的頂峰處。

姜小白經歷的危險場面，姬重耳基本上都經歷過，而且他所遭受的苦難時間更長，在外流浪長達十九年，嘗盡了世態炎涼。更讓姬重耳終生耿耿於懷的是，他的親生父親姬詭諸和同父異母的弟弟姬夷吾，都派出殺手想結果他的性命。

不過在這場晉國歷史上空前的宮廷內亂中，有一點是值得姬重耳慶幸的，就是他不是父親的嫡子。論年齡，姬重耳比姬申生要小得多，就在獻公姬詭諸即位的那一年（西元前六七七年），姬申生就已經二十一歲了。

只是由於姬申生的母親齊姜出身高貴，所以姬申生才有資格立為太子，但正因為如此，所以姬中生是驪姬這個惡毒後媽攻擊的主要目標。直到姬申生被逼自殺後，驪姬才將屠刀架在姬重耳的脖子上，但此時的姬重耳早已經有了心理準備，所以能順利的拔腳溜掉。

在聲名遠著的「三賢公子」中，姬申生過於迂善，姬夷吾又過於狡詐。所以晉國統治階層對姬重耳的好感，遠強於其他兄弟。

姬夷吾心胸狹窄，即位之後不僅對仇人打擊報復，對恩人也經常以怨報德。姬重耳其實也有這個毛病，後來他流亡過程受到了衛、曹等國的輕視，他即位後，以國家的名義對這些小國大打出手，心胸未必強過姬夷吾。

要說姬重耳最切齒痛恨的仇人，當屬被晉獻公姬詭諸派來刺殺重耳的寺人披（《史記》作「履鞮」）。事情發生在西元前六五五年，寺人披奉了姬詭諸的命令，估計也私下得到了驪姬塞給的銀子，所以出手非常重，差點置姬重耳於死地。

幸虧姬重耳反應機敏，跳牆而逃，只被寺人披砍掉了一隻袖子。就是在被寺人披追殺之後，姬重耳才開始了漫長的逃亡之路，這一走，就是十九年。後來在翟國避難，被姬夷吾派往翟國準備除掉姬重耳的，還是這個寺人披。

姬夷吾性格過於偏狹，而姬重耳之所以能勝過姬夷吾，原因在於姬重耳會把仇恨放在現實利益的天平上進行考量。如果仇人對自己的利益有幫助，他會一笑泯恩仇，這是姬夷吾所做不到的。後來姬重耳返回晉國即位，姬夷吾的舊黨呂省、郤芮欲發生叛亂，寺人披為了自保，私下給姬重耳通風報信，幫助姬重耳順利剷除了姬夷吾的餘部。

姬重耳會記住每一個仇人，但不會像姬夷吾那樣對所有的政敵斬盡殺絕，姬重耳的所謂報仇，實際上只是一種情感發洩，讓他罵上幾句也就沒事了。姬重耳逃亡鄭國時，鄭大夫叔詹得罪過姬重耳，等姬重耳即位後，出兵逼迫鄭國交出叔詹，準備扔在油鍋裡烹死。

叔詹為自己辯護說當初勸鄭國殺重耳是為了盡忠於鄭君，何錯之有？在被烹之前，叔詹攀住鼎耳，大聲呼號：「自今以往，知忠以事君者，與詹同。」這句話果然打動了姬重耳，不但沒殺叔詹，反而厚待送叔詹回鄭國。

另外，還有一件特別有趣的事情，就是著名的曹共公姬襄偷窺姬重耳洗澡事件，非常的無禮，讓姬重耳恨得咬牙切齒。姬重耳即位後，出兵攻進了曹國都城，生擒姬襄，姬重耳指著姬襄的鼻子一頓臭罵，但也沒殺姬襄，說明姬重耳是拎得清輕重的。

姬重耳還有一點要比姬夷吾做得好，就是他能審時度勢，不像姬夷吾見著蛋糕就上前大咬一口，也不考慮蛋糕是否有毒。關於姬重耳善於審時度勢，最著名的一次事件，就是里克在殺掉奚齊、卓子之後，派人來翟國請姬重耳回晉即位，卻遭到了姬重耳的拒絕。

姬重耳不是伯夷叔齊，他同樣有政治野心，面對如此誘人的國君寶座，說不動心那是騙人。他之所以拒絕回國即位，除了顧忌到里克的強權地位，還有一個可能，就是姬重耳有可能在「待價而沽」。姬重耳所在的翟國實力雖然不是特別差，還曾經和姬詭諸派出捉拿姬重耳的軍隊大打出手，不分勝負，但翟國的實力還沒有大到足可以成為姬重耳靠山的程度。姬重耳留在翟國，只是一種過渡，他還在觀望形勢。

姬夷吾回國即位，姬重耳是知情的，但讓姬重耳沒有想到的是，姬夷吾剛回國，就把里克幹掉了，奪回君權。面對這個局面，難說姬重耳中沒有後悔過，自己雖然年紀尚輕，也經不住歲月的無情折磨，萬一姬夷吾在位五十年，自己回國的希望就會越來越渺茫。

不過在晉惠公六年，西元前六四五年，情況發生了一些變化。姬夷吾背信棄義，導致秦國大兵北上，俘虜了姬夷吾，直到三個月後，嬴任好才放姬夷吾回國。表面上看，這件事情與姬重耳沒有關係，但從姬夷吾回國後立刻派人刺殺重耳來看，姬重耳應該對姬夷吾的位子有些想法，讓姬夷吾看到姬重耳對自己的危險性。否則，姬夷吾在位前六年沒有派刺客，偏偏在這個時間對姬重耳動手，這不太可能是一種巧合。

姬夷吾沒有成功刺殺姬重耳，但讓姬重耳明顯感覺到了留在翟國的危險係數，因為和自己一樣，姬夷吾的娘家也在翟國。更為重要的是，姬夷吾的身分是晉侯，位高權重，而姬重耳只是一個寄人籬下的流浪漢，難說翟國不會屈從於姬夷吾的壓力，把姬重耳交出去。只要姬重耳落在姬夷吾手上，必死無疑。

不是姬重耳生性多疑，而是人性真實的過於殘酷，在利益的誘惑面前，人性是最靠不住的。既然翟國待不下去了，姬重耳只能另選落腳點，而此時距離姬重耳來到翟國避難，已經十二年了。

姬重耳在翟國的寄居生活，可以分為兩個階段，自從被父親派寺人披趕出蒲邑後，姬重耳在翟國居住了五年。第二個階級是姬夷吾回絳即位，姬重耳又待了七年，直到姬夷吾準備派人來翟國刺殺他，姬重耳才決定離開他的第二祖國。

春秋時代有一個不成文的規則，凡是寄居於A國的B國公子，A國總會把本國的宗室女子嫁給B國公子。這是一種感情戰略投資，藉以和B國公子進行婚姻聯盟，姬重耳也不例外，他寄居翟國十二年，和一個被翟國俘獲的美女季槐結婚，生下兩個兒子，長曰伯，次曰叔劉。姬重耳遠赴東方諸侯國，不方便拖家帶口，只能把妻兒留在翟國。

說起來非常巧合，凡是嫁給姬重耳的女子，個個都賢淑惠婉，通情達理，季槐就是如此。她非常支持丈夫，告訴姬重耳：我會一直等你，哪怕你白頭如雪，我永遠是你的女人。

春秋時有許多感人的愛情故事，但後人似乎很少注重到姬重耳和季槐的愛情，其實他們之間的靈魂擁抱很容易賺後人的眼淚。一對剛安定下來的夫妻面臨著生死臨別，此去經年，不知相見何時，《左傳・僖公二十三年》記錄下了他們分手時的對話。

姬重耳：「待我二十五年，不來而後嫁。」

季槐：「我二十五年矣，又如是而嫁，則就木焉，請待子。」

有時，愛情不是朝朝暮暮的執子之手，而是彼此在時空交錯中的牽掛，人生難得是知己，更何況是曾經共榻而眠的紅顏知己。二十五年，幾乎佔了一個人生命中三分之一的旅程，等你二十五年，這是一個女人對愛情最質樸的宣言。

關於姬重耳的年齡，有必要多說幾句。《史記・晉世家》說姬重耳出逃翟國避難時已經四十三歲，而《國語・晉語》則記載姬重耳此時的年齡只有十七歲，相差二十七歲。按《史記》的說法，姬重耳回國即位時已經六十二歲了。

客觀的說，這個年齡有些偏大，因為姬重耳的外公狐突一直在他身邊，即使狐突十三歲生女兒，翟女又十三歲生姬重耳，狐突跟隨姬重耳逃亡時已經七十歲了，似乎不太可能。

至於《國語》所說的十七歲時，又感覺有些偏小，因為驪姬在構陷姬申生時，經常提到「君（姬詭諸）老矣，且旦暮之人」，說明姬詭諸當時的年齡至少也在六十以上，比姬重耳大四十歲左右。

可以確定的是，姬重耳是姬夷吾的兄長，而前太子姬申生的妹妹又嫁給了秦穆公嬴任好。如果按《左傳》的記載，姬詭諸是先和齊姜私通生下兒女後，才娶了大小狐姬，生下重耳和夷吾，說明重耳要比申生和秦穆夫人小一些。如果重耳出逃時四十三歲，秦穆夫人的年齡應該在五十以內，但問題是此時秦穆夫人嫁嬴任好沒多久，國公的女兒四十多歲，在當時是不太可能的。

按古人的早婚習慣計算，姬詭諸和髮妻賈姬結婚時年齡不會太大，而賈姬無子，姬詭諸不太可能在賈姬無子幾十年後再去和其他女人生兒子。另外還要補充一點，姬重耳在離開翟國前，和妻子季槐做了一席長談，說我去外流浪，你在翟國安心等我。姬重耳給出的時間是二十五年，如果我二十五年後還不回來，你就改嫁。

如果此時姬重耳四十八歲的話，再活二十五年，他已經七十多歲了。如果姬重耳當年不過二十二歲，那麼即使他二十五年回來，也不過四十七歲，是男人做事業正黃金的時期。

雖然春秋時代，人們的壽命普遍不高，但由於貴族養尊處優，延長壽命是正常的。春秋數百國君中，僅在位四五十年的就是十幾個。從這一點上講，《史記》和《國語》所記載姬重耳的年齡都似乎不太可靠，但相對來說，《國語》的十七歲說比較靠譜。

姬重耳出逃的第一站，是齊國，這是姬重耳的幕僚團精心選擇的路線，建議是狐偃提出來的。選擇投奔姜小白，狐偃給出的最大理由就是「齊侯長矣，而欲親晉」。

以晉侯姬夷吾的胡作非為，專和恩人過不去，姜小白顯然不會把齊國的利益寄託在姬夷吾身上。而姬重耳性格恢廓大度，是公認的晉公子最賢者，如果能拉攏姬重耳，對姜小白來說有兩個好處：一、用姬重耳牽制姬夷吾，二、善待姬重耳，如果姬重耳能回晉繼位，會在一定程度上保證齊在晉的利益。

對姬重耳去齊國，《史記．晉世家》給出了另外一個比較新穎的解釋，「齊桓公好善，志在霸王，收恤諸侯。今聞管仲、隰朋死，此亦欲得賢佐，盍往乎？」這話是姬重耳親自說的，如果從字面上解釋，這句話的意思就是：姬重耳要去齊國頂替管仲的位置！

姜小白苦熬了幾十年，好容易擺脫了管仲的管教，怎麼可能再給自己找一個爹（相父）。何況以姬重耳的尊貴身分和野心，他也不會低眉順眼的給姜小白打工當奴才。姬重耳說這句話的真實用意，應該是去齊國搞好與姜小白的關係，然後藉助齊國的力量回國即位。

齊國的實力天下第一，姜小白的江湖威望遠高於有名無實的周天子，只要姜小白肯出頭幫助自己，姬重耳是有很大希望扳掉無恥的姬夷吾的。

其實在相比去齊國找姜小白，近在河西的秦國是姬重耳另一個比較方便的選擇，嬴任好對姬夷吾出爾反爾非常不滿，如果姬重耳和嬴任好合作，也許嬴任好會幫助姬重耳殺回晉國。

雖然史料上沒有記載，但姬重耳此時不去秦國，應該有一個重要的考量。萬一姬夷吾與秦國達成妥協，用身在秦國的姬重耳交換河西之地，姬重耳到時連個逃跑的機會都沒有。在江湖上闖蕩，一個最好心的告誡是：誰都不要相信，只相信你自己。

由於齊國和晉國相隔幾百公里，相當於現在山西臨汾到山東臨淄，中間還隔著幾個小國，其中最重要的一個國家是衛國。所以姬重耳必須借路衛國才能抵達臨淄，其時在位的衛國國君是姬毀。

有趣的是，姬毀不但和姬重耳同宗，而且爵位相等，都是侯爵。更巧合的還在後面，二人都是春秋有名的賢君，《史記》稱姬毀「輕賦平罪，身自勞，與百姓同苦，以收衛民」，所以姬毀得到的諡號與姬重耳一樣，都是文公。

像姬重耳這樣聞達於天下的賢公子，按道理講，姬毀應該以隆重的禮節歡迎姬重耳，為自己撈把好名聲，或進行潛在的政治投資。不過姬毀卻以正在與邢國和狄國進行戰爭，無暇接待為由，拒絕禮待姬重耳，明明白白地告訴姬重耳：爺沒工夫搭理你這個落魄公子。

邢國的國力要弱於衛國，姬毀的話有一半是託辭，可能是他看不出姬重耳有回晉即位的可能性。商人是講利益的，得不到好處，傻子才會把錢扔到無底洞裡。

姬毀「無禮」姬重耳，恐怕和狄國有關，因為這個狄國很可能就是姬重耳的娘家翟國。而翟國則是衛國的百年世仇，以好鶴聞名的衛懿公姬赤就是死在了翟國人手上。姬毀做人其實還算厚道，沒把姬重耳活捉扔在祭壇上給姬赤燒冥幣，就已經給足姬重耳面子了。

姬重耳對姬毀的「無禮」非常惱火，但他的目的是齊國，衛國接不接待已經不是最重要的。窩著一肚皮無名火的姬重耳和幕僚們迎著朝陽，朝著大海的方向蹣跚而去。

衛國距離齊國並不算遠，姬重耳很快就抵達齊國國都臨淄。早已經得到消息的齊侯姜小白已經布置好了接待任務，他要以非常高的外交規格接待他外孫（姬申生）的弟弟，這對齊國來說是一項非常重大的戰略投資。

千古一相管仲已經在幾年前就去世了，已經成就天下霸業的姜小白也垂垂老矣，他並沒有意識到，他和年輕的姬重耳的相見，會書寫春秋歷史怎樣一段讓後人豔歎的傳奇。

其實姜小白並不需要第二個管仲，姬重耳也不想當第二個管仲，他們應該在見面之前就達成了某種默契，姜小白需要禮賢的好名聲，姬重耳需要一個能返晉為君的戰略跳板。

但讓姬重耳有些受寵若驚的是，姜小白不但給予自己很高的政治待遇，「甚善焉」，賜馬二十乘（每乘四匹馬，共八十匹馬），還把一位美麗賢慧的齊國宗女嫁給了重耳，讓姬重耳在異國他鄉感受到了家的溫暖。

說到姬重耳在齊國娶妻，不由得聯想到另外一位落難梟雄劉備，他同樣為了政治目的來到吳國，但被孫權往自己手塞上一顆名叫孫尚香的定時炸彈。周瑜曾經給孫權出了一個主意，多置美女珍玩，消磨劉備的英雄之志，孫權出於戰略考慮沒有同意，放劉備回荊州。

劉備在東吳，並非像《三國演義》所說那樣沉迷酒色，不思歸荊。作為劉備的江湖前輩，姬重耳面對美女的誘惑，卻動了心，準備長居於齊，生為晉人，死為齊鬼。《國語》原文：「將死於齊而已矣，曰『民生安樂，誰知其他？』」

比較姬重耳主動留齊，與劉備主動離吳，他們之間最大的不同點，在於劉備雖然實力弱小，但也是一方諸侯，有自己的槍桿子和戰略根據地，姬重耳什麼都沒有。在位國君姬夷吾年當盛壯，姬重耳無法預測姬夷吾到時還能在位多少年，也許是齊國女子的美麗與賢慧觸動了姬重耳心中那根自卑而消極的感情之弦。

這些年來的政治鬥爭，讓姬重耳已經感覺到身心厭倦，對回國即位不再抱有希望，不如死在異國，至少能落個全屍。從後來幕僚集團和姜氏設計將姬重耳逼出齊國來看，姬重耳不是在作秀，而是確實打算放棄了。

在東晉五胡時代，前燕德高望重的吳王慕容垂被權臣慕容評逼出燕國，逃往前秦避難。前秦天王苻堅待慕容垂如國士，在一定程度上也消磨了慕容垂原來非常強烈的復國之志，但最終慕容垂還是借前秦淝水慘敗之際成功復國。

姬重耳與慕容垂經歷相似，都在外逃亡多年，但他們之間最大的不同，就是慕容垂在前燕統治集團內部有極深的人脈關係，姬重耳在晉國高層內部已經沒有多少支持者了。

當然，慕容垂之所以能成功復國，還要拜苻堅強行攻晉失敗，導致前秦統治崩潰的混亂局面所賜，如果苻堅能穩定北方統治，慕容垂是完全可以接受給苻堅當一輩子奴才的。姬重耳也面臨著同樣的局面，只要齊侯姜小白還活著，齊國的霸主地位就不會動搖，姬重耳就可以實現終老於齊的消極夢想。

形勢很相似，慕容垂逃亡前秦十三年後，前秦崩潰，而姬重耳所面臨齊國內亂的時間更短，只有兩年。西元前六四三年，一代梟雄姜小白死於諸子爭嫡的內亂之中，原來波瀾不驚的齊國政壇立刻變成了一個被扔進一根火柴的大油桶，局面極度混亂。

齊國的局面已經徹底失控，到處殺人放火，姬重耳及其從屬人員的人身安全已經無法得到有效保證。不知道出於什麼考慮，面對如果混亂複雜的局面，姬重耳居然還在堅持他終老於齊的打算。

幕僚團不想留在齊國等死，說動了姬重耳的夫人姜氏，由姜氏出面，勸姬重耳趕緊離開這個是非之地。讓所有人意外的是，任憑姜氏唾沫橫飛，說得大義凜然，姬重耳是鐵了心留在齊國。姬重耳回了一句：「吾不動矣，必死於此。」

在姬重耳第一次拒絕離齊之後，姜氏苦口婆心的再勸，其中有一句說得非常實際，「齊國之政敗矣，晉國無道久矣，從者之謀忠矣，時日及矣，公子幾矣。」大意是齊國不是久居之所，晉侯姬夷吾昏道誤國，公子回晉即位的時機已經成熟。

見姬重耳沒有反應，姜氏有些氣急敗壞，指著姬夷吾的鼻子大罵「子一國公子，窮而來此，數士者以子為命。子不疾返國，報勞臣，而懷女德，竊為子羞之。」姜氏想用激將法說動姬重耳離齊，結果還是遭到了姬重耳的拒絕。

更為過分的是，見勸不動姬重耳，姜氏和趙衰等人合謀，把姬重耳用酒灌醉，然後趁著夜色，眾人帶不省人事的姬重耳逃離齊國。而當姬重耳醒來後，居然大發驢脾氣，操起一隻戈追著舅舅狐偃亂打，揚言要殺掉狐偃。當狐偃悲壯的說出如果殺我能成就公子大事，我心無憾時，姬重耳居然回答：「這是你說的！如果事不成，我就生吃了你的肉。」表現得非常反常。

姜氏勸姬重耳離齊的動機可以理解，姬重耳是池中潛龍，將來是要做大事的，何況齊國已亂，等死何益。姬重耳寧死不離齊國的動機則有些費解，雖然史料無載，但分析一下，有一個最大的可能：姬重耳不是要給姜小白殉葬，而是等待機會，奪取齊國政權！

如果姬重耳果真有這個想法的話，只能說姬重耳已經喪失最基本的理性。姬重耳不過是一個寄居之客，他在齊國高層與民間沒有任何人脈，姜姓在齊立國四百年，根基深厚，怎麼可能輪到一個晉國的落難公子執掌齊國政權。如果姬重耳沒有這個想法，那實在無法解釋姬重耳為什麼寧死不離齊。

不過既然從齊國逃了出去，姬重耳也不會再傻呼呼的回到齊國送死。在與幕僚們拌了幾嘴後，姬重耳還是歎息著上了路，繼續尋找不確定的人生方向。

姬重耳不回齊國，可能是幕僚們給他上了一堂形勢分析課，齊侯已死，諸侯皆叛，齊國這副爛攤子即使交給姬重耳，也未必能管理好。不如繼續在江湖上尋找買家，天下之大，總有我們的容身之所。

從地理位置上來看，齊國是此次東行過程最偏北的國家，其他主要的諸侯國都在齊國南線，姬重耳只能向南行進，而南下的第一站，就是曹國。曹國位於山東定陶附近，是春秋著名的袖珍諸侯國，但因為曹國的遠祖是姬周宗室，所以在江湖上名聲很響。

這裡出現了一個問題，齊國之南有兩個地理位置幾乎平行的姬姓諸侯國，即曹國和魯國，但姬重耳的流浪團取道弱小的曹國，而不路過實力和名望都遠強於曹國的魯國。

這個問題應該很好解釋，姬重耳一行周遊列國的目的就是尋找有力之強援，助他回晉繼位。在姬重耳集團的外援名單上，齊、宋、鄭、楚、秦都是有實力幫助姬重耳實現理想的諸侯，而姬重耳離開齊國之後，下一個去討飯的就是宋國，要去宋國，取道曹國要比取道魯國更便捷。此外還有更重要的一點，就是魯國的立國之道在崇尚霸力的姬重耳看來過於柔弱，魯國未必認同姬重耳的生存之道，與其互相嫌憎，不如不去。

曹國在姬重耳看來，只是一處歇腳喝茶的驛站，沒想到在曹國卻出了一個超級大洋相，讓姬重耳終生引以為恥。問題出在曹國的國君曹共公姬襄身上，此公文不能治國，武不能安邦，但卻有一個莫名其妙的愛好——偷看男人洗澡。特別是當姬襄聽說姬重耳「駢脅」，更是激動的睡不著覺，不欣賞一下姬重耳的裸體，姬襄誓不甘休。

所謂駢脅，其實就是男人肘腋下的肋骨連成一片，這不算太大的生理缺陷，最多只是生理性身體畸形。姬襄是個小國寡君，沒見過什麼世面，想到有這麼一個大樂子玩耍，姬襄的口水流了一地……

就在一絲不掛的姬重耳在曹國公室的公共浴室中搓洗自己的塵土時，煙霧氤氳之際，一個肥大的腦袋拱開厚重的簾布，嬉皮笑臉地欣賞著姬重耳的健白裸體，毫無心理的姬重耳嚇得尖叫起來。

姬重耳雖然落魄逃難，但身分貴重，作為同姓諸侯，姬襄應該有最起碼的外交禮貌，偷看人家洗澡算哪門子勾當？姬重耳的自尊心極強，何況是在落難的敏感時刻，姬襄的無視深深刺痛了姬重耳已經脆弱至極的自尊心。

姬襄以為姬重耳不過是個要飯的叫花子，就是他也跳進浴桶裡與姬重耳共浴，諒姬重耳也不敢對他如何。姬襄不把姬重耳當盤菜，曹國大夫僖負羈的老婆卻很有戰略投資眼光，她看出來姬重耳不是凡品，甚至都看得出來姬重耳恩怨分明。姬襄對姬重耳無禮，一旦姬重耳返晉即位，第一個敲打的就是曹國。與其到時給姬襄殉葬，不如搶先下手，巴結姬重耳，給自己買份保險。

在妻子的勸說下，僖負羈請姬重耳吃了一頓晚餐，並趁無人之際送了一對玉璧。僖負羈的心思，姬重耳當然明白，他雖然沒有接受玉璧，但至少在他心中，僖負羈和人嫌狗憎的姬襄是不一樣的，僖負羈很快就買到了自己需要的那份保險。

經歷了偷窺事件，姬重耳帶著對姬襄的仇恨上了路，下一站是宋國。其時在位的宋襄公子茲甫的戰略眼光要遠強於喜歡偷竊男人洗澡的姬襄，宋襄公雖然不敢肯定姬重耳將來一定會返晉即位，但誰也不敢否定這種可能性，所以宋襄公提前進行戰略投資。

宋襄公剛在與楚國的泓水之戰敗下陣來，還被楚人射了一箭，正在養傷。但聽說姬重耳已經到了，宋襄公強忍傷痛，以最隆重的禮節歡迎重耳公子蒞宋，送給落魄中的姬重耳團隊二十乘馬，即八十匹好馬。

人在落難時獲得尊重和幫助，是最容易被感動的。對於宋襄公的國禮待遇，姬重耳感動得一塌糊塗，後來楚兵圍宋，姬重耳就要報恩於宋國，「報施定霸，於今在矣。」

宋國國力有限，很難承受幫助姬重耳返晉即位所需要的政治和經濟代價，宋國司馬公孫固告訴狐偃：「宋小國新困，無法更有力的幫助你們，你們還是去別國碰碰運氣吧。」姬重耳帶著對宋襄公的感恩，離開了宋國，前往鄭國尋求幫助。

鄭國和宋國都是春秋時代的著名小霸，但此時的鄭國早已沒有鄭莊公姬寤生的膽識和霸氣，用曹操的話來說，鄭文公姬踕就是「塚中枯骨」，毫無眼光和作為。姬重耳路過鄭國時，作為同姓諸侯，姬踕居然對姬重耳的過鄭不聞不問，「弗禮」，估計用仨棗倆窩頭就想打發掉姬重耳，因為姬踕相信姬重耳就是一個窮要飯的命，慢待了你又如何，吃了寡人不成？

姬踕的弟弟叔詹勸兄長不要小瞧姬重耳，此人龍行虎步，兼部下從屬皆有宰相之器，將來必有作為，何不趁其落魄之際厚金贈之，以結其心。姬踕怒了：「鄭國不是招待所，南來北往的落難公子都要接待，我兜裡沒錢！」

不過叔詹提出了一個更毒的計畫，既然國君不想結交姬重耳，不如一刀把姬重耳送上西天，除去後患。姬踕只是不想搭上姬重耳，並不想害他的性命，何況以姬重耳之賢，殺了他會在江湖上了臭了自己的名聲，所以再次拒絕了叔詹。

姬重耳恩怨分明，在鄭國的屈辱遭遇讓他耿耿於懷，八年之後，已經成為晉侯的姬重耳聯合秦軍討伐鄭國，對姬踕好一番羞辱，算是出了一口惡氣。更慘的是叔詹，如果他不提出殺重耳之議，重耳會視他為知己。但叔詹多說了一句話，卻讓姬重耳恨得咬牙切齒，兵臨新鄭，要求姬踕把叔詹交出來，叔詹不堪重耳羞辱，當場自殺謝罪，死後，叔詹的屍體被送給姬重耳當發洩品，可見姬重耳性格之狠。

在姬重耳的逃亡旅程中，有一個特別的現象值得注意。凡是小國國君，都對姬重耳非常的冷淡，愛理不理，如衛、曹、鄭；凡是大國國君，都對姬重耳表現出了十二分的熱情，以最隆重的禮節接待姬重耳，如齊、宋、楚、秦。

究其原因，其實也很好理解，小國寡民，沒什麼戰略眼光，只計較於眼前的蠅頭小利。大國厚待姬重耳，無非是在為本國的國際利益進行戰略投資，比如接下來要講的楚成王熊惲。

在衛文公、曹共公、鄭文公眼中，姬重耳不過是一塊被歷史拋棄的破銅爛鐵，遠不如在位的姬夷吾更有價值。但在南霸天熊惲眼中，姬夷吾不過是具行屍走肉，將來有能力威脅到楚國在中原爭霸的，必是眼前這個落難的晉國公子。

熊惲非常看重姬重耳的到來，之前接待過姬重耳的如齊桓公姜小白，也不過以尋常禮節見姬重耳，而熊惲乾脆以諸侯禮接待。換句話說，姬重耳是以晉國國君的身分來到楚國的，熊惲此舉給足了姬重耳面子，這對日後江湖上如何處理接待姬重耳的問題上提供一次樣板經驗。

姬重耳在外飄泊十多年，看夠了人情的陰晴冷暖，熊惲突然抬高他的政治待遇，姬重耳反而有些不敢接受，深怕其中有詐。還是大夫趙衰勸他不要犯傻，這正是我們在國際上樹立自己名望的絕佳時機，豈能放過，姬重耳這才有些忐忑的接受熊惲的好意。

實際上，姬重耳不想接受熊惲的超規格接待，可能還有另外一層考慮。熊惲是在利用對自己的厚待，將來在自己返晉繼位的情況下，對晉國提出太多的非份要求。出於這層考慮，姬重耳開始裝傻，在會見熊惲時，姬重耳一副窩囊無能相，「甚卑」。

姬重耳不想讓熊惲看出來自己還有返晉繼位的可能性，熊惲是個老江湖，姬重耳玩的這套把戲，他心裡當然清楚。熊惲為姬重耳舉行了盛大的招待酒會，還沒等姬重耳開口致謝，熊惲就把問題擺在姬重耳的面前。熊惲問姬重耳：如果公子返晉即位，何以報寡人之德？熊惲逼姬重耳提前簽下割讓土地的不公平條約，姬重耳豈會輕易上鉤。

姬重耳和他的幕僚團早就想到熊惲會這麼好，姬重耳的回答也應該是事先準備好的，姬重耳回答得很狡猾，說楚國萬物齊備，晉小國寡物，不及楚國萬一，實在想不出有什麼可以報答楚王的。

在熊惲的再三逼問下，姬重耳還沒有鬆口，只是不疼不癢的說了句：「若以君之靈，得返晉國。晉楚治兵，遇於中原，其避君三舍。」這已經是姬重耳所能讓步的底限，姬重耳不是姬夷吾，為了眼前的蠅頭小利，人格國格統統不要了，姬重耳有自己的政治品格。

正因為如此，熊惲更加認定姬重耳有霸主之風，日後返晉繼承大統的希望極大，所以熊惲依然以諸侯禮接待姬重耳。就站在旁邊的楚令尹成得臣認為姬重耳對楚王不敬，請殺之，熊惲當然不會同意，理由是重耳「晉公子賢而困於外久，從者皆國器，此天意，不可殺。」

實際上，熊惲另有一層戰略考慮。此時的天下只有四個大國，即晉、齊、楚、秦，從地緣政治上看，秦距離晉最近，一旦昏君姬夷吾在晉國的統治崩潰，秦就有利可圖，到時楚只能鞭長莫及。

而楚距離晉較遠，如果姬重耳這樣的賢主在位，就能有效維護現有的四強格局，遏制秦、齊兩大國對晉國的戰略擴張，為楚國贏得足夠的時間差。雖然熊惲也知道一旦重耳繼位，必然會影響楚國的北上爭霸，但兩害相權從其輕。

至於熊惲說「秦晉接境，秦君賢」，並把姬重耳送到秦國，目的也很明顯，就是利用秦穆公嬴任好與晉侯姬夷吾的矛盾，間接迫使嬴任好幫助姬重耳返晉繼位。

熊惲想到的，嬴任好自然也想到了，本來嬴任好是想通過姬夷吾撈上一把的，哪知道此公是個白眼狼，給嬴任好添了許多噁心。對秦國來說，與其讓姬夷吾在晉國胡鬧，威脅到秦國的戰略安全，不如扶持相對老實的姬重耳上位。

姬重耳還在楚國逗留時，嬴任好就已經派人來到郢都，和熊惲進行接洽，商量請姬重耳入秦的事宜。秦楚關係還算不錯，在對姬夷吾的立場，秦晉比較一致，所以姬重耳入秦，是嬴任好、熊惲和姬重耳三方都可以接受的方案，三贏。

帶著熊惲贈送的大量金帛馬器，姬重耳一行在秦國使者的帶領下，先沿漢水西上，穿越藍田關，再沿渭水南岸西行，一路風塵憔悴，來到了秦都雍城（今陝西鳳翔）。對於姬重耳的到來，嬴任好表現出了非同一般的熱情，姬重耳前腳剛到，嬴任好就往姬重耳懷裡塞了五名美麗的秦國宗女。

姬重耳此時來到秦國非常的及時，其實姬重耳集團也清楚，秦國是他們輾轉列國的最後一站，下一站就是他們朝思暮想的晉國。而此時的晉國在姬夷吾的十四年荒唐治理下，已經瀕臨崩潰，姬夷吾本人也身患重病，命不久矣，其時是西元前六三七年九月。

秦伯嬴任好和以姬重耳為首的晉國影子政府已經達成了一攬子的雙邊合作協定，只等姬夷吾嚥氣，秦國會立刻出兵保護姬重耳還晉奪位。

激動人心的時刻終於來了，秦國的探子已經打聽清楚，姬夷吾於當年九月病死，其子姬圉在一片混亂中繼位。嬴任好立刻啟動早就準備好的方案，「乃發兵送內重耳」，秦國重兵西向渡河，嬴任好要對背叛自己的姬夷吾父子給予最致命的一擊。還是同一條西進路線，十四年前，嬴任好同樣發重兵護送姬夷吾入晉繼位，沒想到十四年後，嬴任好第二次當上了護花使者。

對於嬴任好的慷慨解囊，姬重耳感激涕零，但他並沒有對秦國做出有損於晉國利益的承諾。其實姬重耳只要不像姬夷吾那樣對秦國恩將仇報，就是對嬴任好最好的報答，嬴任好實在是被莫名其妙的姬夷吾搞煩了。

對於這一天，姬重耳以及他的幕僚們足足等了十九年，他們激動的心情可想而知。當然，也有人對即將成為晉侯的姬重耳不放心，認為他有可能變成第二個忘恩負義的姬夷吾，此人就是姬重耳的絕對心腹——舅父狐偃。

姬重耳乘坐的大船在浩蕩的黃河中乘風破浪，距離故鄉越來越近，姬重耳本來極佳的心情卻被狐偃一句沒頭腦的話壞了心情。狐偃在船上突然向重耳請辭，並把隨身攜帶的一塊玉璧還給了姬重耳，理由是我跟隨你在外流浪十九年，讓你每天都在擔驚受怕，所以我罪惡通天，請你允許我就此離開，算是對我的法外開恩。

狐偃的舉動很好理解，大致有三個原因：

一、如上所說，狐偃擔心姬重耳有可能學壞。

二、受趙衰、魏犨、先軫這些從龍老臣的委託，逼姬重耳表態，得志之後不冷落功臣。

三、狐偃把自己侍奉國君十九年的功勞都擺出來，在姬重耳面前邀功請賞，以便鞏固自己的地位。

狐偃突然來這麼一手，姬重耳心知肚明，狐偃真要覺得慚愧，應該在曹國受辱的時候辭職，何必等到現在。在姬重耳的幕僚班子，不論血緣還是政治立場，狐偃都是姬重耳最為倚重的心腹，他當然會向老臣們表明心跡。

姬重耳舉起玉璧，扔進了滾滾黃河裡，然後告訴狐偃：「所不與舅氏同心者，有如此水！」這話實際上也是說給趙衰、介子推這些人聽。其實狐偃、趙衰等人的擔心完全是多餘的，姬重耳在外流浪十九年，他所能依靠的心腹只有狐偃、趙衰這些人，得罪了這幾個老臣，姬重耳在晉國官場上就是光棍，姬重耳不會傻到自剪羽翼的程度。

一切都進行得非常順利，秦軍渡過黃河後，保護姬重耳一路向北急進，在廬柳（今山西臨猗）遇到了前來阻止姬重耳回晉的晉軍。姬圉在晉國的統治面臨崩盤，這支軍隊的鬥志也早已經渙散，晉軍來到前線似乎更像是迎接姬重耳還朝的。

不止是姬圉賴以生存的軍隊，晉國朝中大佬如欒枝和郤縠也早就暗中和姬重耳建立了團結戰線，就是這兩位大爺派人來到秦國見姬重耳，「勸重耳、趙衰等反國，為內應甚眾。」而這個「為內應甚眾」，顯然也包括被欒枝等人策反了的晉軍。因為有了內應，嬴任好才敢放心地送姬重耳還晉。

既然晉軍就在眼前，嬴任好立刻派大夫公子縶趁月黑風高之際，竄進了晉軍大營，和晉軍主要將領進行談判，並最終約定迎接姬重耳入晉的具體時間。至於無德無望的姬圉，早已經被晉國各階層冰冷地扔棄了。

為了表示對姬重耳入晉的誠意，晉軍向東南角撤退數十里，並邀請秦國方面、姬重耳方面的代表在郇地（今山西臨猗南，晉軍駐地）進行三方談判。談判內容不詳，但無非是商討姬重耳入晉的具體細節，晉國君臣所能得到的政治利益，外加秦國在談判桌上盡力爭取自己的戰略利益。

三方會盟後的第二天，曾經被姬圉的父親姬夷吾統治十四年的晉國軍隊宣布改旗易幟，得到消息的姬重耳立刻率本部人馬馳入晉軍，正式接管晉軍的指揮權。天下之大，槍桿子最大，姬重耳緊緊抓住了槍桿子，這也就意味著姬圉的末日即將到來。

四天後，新一任晉侯的姬重耳來到晉國祖廟所在地曲沃，這裡曾經是他先祖浴血奮鬥過的地方，政治地位相當於清朝的盛京（今遼寧瀋陽）。曲沃的武宮是晉武公姬稱的宗廟，是曲沃小宗代晉之後的每位晉侯即位時都必須朝拜的，政治意義非常重大。

姬重耳在抵達曲沃的第二天就以極隆重的形式朝拜了武宮，政治用意非常明顯，就是他已經是晉國公認的晉侯，正式取代了名不符實的姬圉，這對晉國境內的親姬圉力量是個沉重的打擊，同時也是積極的政治信號，規勸自己的反對勢力不要再做無用功。

《左傳．僖公二十四年》只說姬重耳朝於武宮，而《史記．晉世家》則明明白白的記載：「（姬重耳）朝於武宮，即位為晉君，是為文公，群臣皆往。」《左傳》的記載相對簡略，但基本可以確定姬重耳就是在曲沃武宮舉行的即位大典，這也就意味著，歷經十九年的艱苦磨難，姬重耳終於苦盡甘來，成為晉國歷史上最有名的一位君主，千秋一霸晉文公的時代，已經呼之欲出。

至於實際上已經被晉人廢黜的舊君姬圉，姬重耳是斷然不能放過這個侄子的，只要姬圉還活著，姬重耳就會面臨非法即位的指責。就在姬重耳在武宮即位的第二天，孤家寡人姬圉在逃到高梁（今山西臨汾東北）避難不久，就被姬重耳派出的殺手做掉了。

晉國一人，其在重耳！

十九、龍戰城濮——春秋爭霸的巔峰之戰

春秋爭霸三百年，重大戰役多不勝舉，比如齊魯長勺之戰（西元前六八四年）、秦晉殽之戰（西元前六二七年）、晉楚邲之戰（西元前五九七年）、齊晉鞌之戰（西元前五八九年）、晉楚鄢陵之戰（西元前五七五年）、吳楚柏舉之戰（西元前五〇六年）。這些戰役固然精彩刺激，歷史意義也非常重大，但要說知名度，沒有一個能超過堪稱是春秋第一名戰的城濮之戰。

城濮之戰的知名度如此響亮，主要原因只有一個，這場名戰是春秋五霸為了爭奪國際霸權的開山之戰。雖然在城濮之戰發生的六十年前，齊魯之間也有一場著名的長勺之戰，但這長勺之戰只是魯國抵抗齊國入侵的小規模戰爭，這也直接拉低了長勺之戰的影響。

在城濮之戰前，春秋的爭霸戰爭規模比較小，而且多以政治手段解決彼此間的衝突，比如到處開會演講，今天和A國結盟，明天和B喝雞血拜把子。比如春秋第一霸齊桓公姜小白的武林盟主地位，就不是靠槍桿子打出來的，在一定程度上是靠嘴皮子說出來的。

在春秋早期，能有資格爭奪國際霸權的，無外乎齊、晉、秦、楚四國。其中晉國正陷於驪姬之亂，無暇外顧，秦國相對弱小，對已經稱霸的齊桓公姜小白來說，楚國是齊國鞏固國際霸權的最大威脅，楚成王熊惲實在不是一盞省油的燈。

所謂確定齊國盟主地位的召陵之會，也是熊惲在權衡再三後，賣給姜小白一個天大的面子。否則齊楚如果真刀真槍的打一場，被打腫臉的極有可能是姜小白。

按主流的五霸劃分法，齊國內亂之後，第二個霸主是宋襄公子茲甫。宋襄公早就對霸主的位子垂涎三尺，西元前六三九年，宋襄公想姜小白以不戰而屈楚之兵，逼迫楚國同意宋國爭霸武林，結果被熊惲戲耍了一番，關在囚車裡滿世界巡迴展覽，丟盡了面子。

一年後，強悍的熊惲在泓水岸邊，給狂妄自大的宋襄公敬獻了花圈，這一戰也標誌著熊惲霸業的最終確立。泓水之戰的規模要略大於長勺之戰，但也算不上大規模戰爭，以宋襄公的實力，充其量只能算是準一線球員，所以不能稱泓水之戰為天王山戰役。在春秋戰爭史上，真正算得上天王山戰役的，只能是春秋第一場大規模陣地戰的城濮之戰。

爭霸是春秋歷史的主旋律，而且在春秋早期，霸主的主要考量標準是政治與外交。但話說回來，爭霸固然需要嘴皮上的縱橫功夫，外交同樣是爭霸的主戰場，但如果沒有火星四射的戰爭，爭霸總會少了一些精彩。很難想像如果沒有官渡、赤壁、夷陵三大戰役，三國的歷史會是個什麼樣子。

城濮之戰的起因其實非常簡單，楚國為了謀求中原霸權，北上擴張勢力範圍，但遭到了以晉國為首的國際反楚聯盟的頑強反抗，最終在城濮大打出手。

作為春秋第一名戰，城濮之戰集中了經典戰役所必備的所有要素：大國之間的合縱連橫、小國的選邊站隊、雙方謀臣的帷幄運籌，疆場上的壯懷激烈，以及兩大霸主之間的舊情厚恩，種種因素錯合在一起，城濮之戰想不紅都難。

熊惲沒有列入春秋五霸的任何一個版本，但誰又能想得到，在西元前七世紀中葉，楚國是公認的天下第一大國，其實力之強悍，遠勝春秋首霸齊國。

在當時的中原版圖上，可以分為一超多強，一超自然是楚國，旗下還有許多僕從國，如陳、蔡、鄭、宋、衛、曹、許，甚至以禮樂傳世的魯國也和「蠻夷荊楚」拜了把子。多強是晉、齊、秦等傳統強國，但此時的國力已經被楚國遠遠拋在身後。

對於楚國一超獨霸的局面，江湖上產生了一種絕望的情緒，任由楚國北上擴張，大家早晚會被熊惲這個「蠻荊」沒收了飯碗。事情的轉機出現在了西元前六三七年，這一年發生了震動江湖的大事——晉國公子姬重耳返晉即位，成為新一任晉侯。

姬重耳的能力是舉世公認的，所以姬重耳的繼位，對飽受楚國欺凌之苦的諸侯來說，無異於久旱迎春雨，他們對楚國的恭順態度也產生了微妙的變化。

最先叛楚歸晉的，是在國際上有相當影響力的宋成公子王臣。

宋成公之所以踢掉熊惲，按《史記．宋微子世家》的記載，是宋襄公當初曾經幫助過落難的晉侯姬重耳，在感情上與晉更為親近。宋有恩於晉，指的是姬重耳路過宋國時，宋襄公送給姬重耳二十乘馬，這可是極高的禮遇。

實際上，宋有恩於晉，這只是歸晉的原因，而宋叛楚的原因，則是宋與楚有殺父之仇。宋成公是宋襄公的兒子，宋襄公在泓水之戰被楚人射傷至死，宋成公豈有不恨熊惲的道理？

還有更重要的一點，叛楚歸晉，是宋襄公在世時就制定好的外交政策，這也是宋襄公為什麼要送姬重耳二十乘馬的原因，只不過宋襄公戰死，沒得來及執行罷了。

西元前六三四年十二月五日，魯國與楚、蔡、陳等國強行在宋地舉行盟會，但宋國卻拒絕參加此次盟會，也表明了宋國和楚國的決裂態度。子王臣翅膀硬了要單飛，熊惲當然不能坐視不管，以楚國為首的聯合國軍蝗蟲一般的撲向宋國。

宋國在被圍攻的第一時間就派堂兄（或堂弟）公孫固如快馬般闖進絳都，請求姬重耳立刻發軍救宋。否則宋要垮了台，晉國東南方向就無險可守，大家一起完蛋。

唇亡齒寒的道理，晉國新任執政高層自然明白，晉國的下軍佐先軫說得很清楚，救宋有兩大好處，一是報宋贈馬之恩，二是擊楚爭霸之路，「取威，定霸，於是乎在矣！」

關於如何救宋的戰術安排，晉國勳臣狐偃出了一個堪稱絕妙的主意：圍曹、衛以救宋，這其實就是戰國孫臏成名作「圍魏救趙」的春秋版。狐偃的理由是曹、衛皆是楚安插在中原的釘子，進攻曹、衛，則楚必棄宋以救曹、衛，如此，宋可解楚之圍。

姬重耳接受了狐偃的建議，除了狐偃所說的理由，還有一個重要原因。當初姬重耳流浪到曹國時，曹共公姬國偷看姬重耳光屁股洗澡，被姬重耳視為奇恥大辱，所以這次要公報私仇。

此次討伐曹國，晉軍幾乎是精英盡出，晉軍的主將名單可以用星光燦爛來形容：

中軍：主將郤穀，軍副郤臻。

上軍：主將狐毛，軍副狐偃。

下軍：主將欒枝，軍副先軫。

晉侯姬重耳親自帶隊，荀林父為禦戎（為晉侯駕馬），魏犨為禦右。

從實力上來分析，討伐曹國這樣的彈丸小國，根本用不著如此大動干戈，派一大將足矣。姬重耳之所以牛刀殺雞，其實還是衝著熊惲的楚軍主力去的。姬重耳已經預料到了，晉軍必將與楚軍有一場轟動天下的惡戰，攻曹只是拉開了晉楚大戰的序幕而已。

另外，晉軍以主力攻曹還有一個目的，就是通過軍事威脅來警告聚在楚國名下的諸侯們要認清形勢，不要再跟著楚國一條道走到黑，棄暗投明才是上策。

形勢的發展也不出晉國高層預料之外，晉軍先是假道於衛時，將親楚的衛成公姬鄭，並於西元前六三二年三月攻下了曹國。晉國征服曹、衛，受驚嚇最大的就是曹衛的近鄰魯國，魯僖公申很識時務的棄楚歸晉。

從晉國的地緣戰略利益上考慮，西線因為有相對強大的秦國，可以抵擋來自楚國的壓力，南線有鄭、宋，也基本為楚所得，這是晉軍抵抗楚國北上擴張的主戰場。在這種情況下，東線就不能有任何的閃失，這次棄宋攻曹、衛的戰略考量，就在於此。至於宋國，能救下更好，實在救不下，也不會影響到晉的南線戰略防禦，無非壓力大一些罷了。

除此之外，姬重耳可能還有一層考慮，拿下曹、衛之後，用曹、衛來換楚國放棄對宋的圍攻，避免過早的與楚國決戰。楚軍實力強大，憑晉一國之力，恐怕很單獨抗衡楚國，如果能把隔岸觀火的齊、秦兩國拉進這趟渾水，就增加了對抗楚國的勝算。

戰略奇才先軫想出一個讓人驚歎的絕招：派人去宋國，讓宋國不要再派人來晉國求救，而是改求齊、秦向楚國說情。同時晉國把曹、衛兩國的土地分給宋人，因為曹、衛是楚的衛星國，熊惲是絕不會答應的，必然會拒絕齊、秦的請求。如此，楚就得罪了齊、秦，這就能迫使齊、秦親晉而遠楚。

晉國高層對即將到來的晉楚大戰做好了一切準備，但可惜只是剃頭挑子一頭熱，楚王熊惲根本就沒有和姬重耳大打出手的打算。聽說晉軍已經南下，身在申城的熊惲立刻發了一道命令，讓前線大帥成得臣（即子玉）速撤宋之圍，千萬不要和晉軍主力正面交鋒。

晉步步緊逼，楚卻步步退讓，不是說熊惲害怕晉軍，當年姜小白那麼大的陣勢，熊惲也沒當盤菜。熊惲擔心一點，姬重耳以破落戶的身分忽登大位，他接下來要做的就是向江湖上最強大的楚國發起挑戰，來抬高自己做為新人在江湖上的地位。

老話說：光腳的不怕穿鞋的，一旦晉敗了，姬重耳並沒失去什麼，一旦楚敗了，熊惲有可能在江湖上喪失所有的威名。出於這種考慮，熊惲反對與晉決戰，但楚軍主帥成得臣想的卻是，如果能打敗江湖名望如日中天的姬重耳，成得臣就將一戰成名天下知。

成得臣派鬬越椒在熊惲面前軟磨硬泡，最終把熊惲激怒了，只派出右軍、和東宮之卒，以及成得臣的家軍六百人。熊惲不肯拔毛，讓成得臣有些為難，兵力不足，很難和晉人刀兵相向，這可能就是熊惲的一層用意，故意不撥重兵，逼迫成得臣與晉人言和。成得臣也是按照這層設想去做的，他派出大夫宛春赴晉營求和，條件很簡單：晉人復曹、衛之國，楚人撤宋之圍。

晉、楚雙方最高層對兩國之間的戰爭態度完全不同，楚盡可能的避戰，而晉則必須想辦法激怒楚人。楚軍主帥成得臣是個火爆脾氣，事情就比較好辦了，在先軫的建議下，姬重耳做了兩件事情：

一、搶在楚國之前，復曹、衛之國。曹、衛都是小國，專在江湖上抱粗腿的，投楚與投晉沒有本質區別。何況對曹、衛來說，楚遠晉近，寧得罪於楚，不得罪於晉。先倒向晉，萬一晉敗於楚，曹、衛還可以再認楚當乾爹，熊惲也不會拿他們怎麼樣。「曹、衛告絕於楚。」

二、強行扣下楚使宛春，並押往衛國看管。晉人這麼做，無異於當著天下人的面抽成得臣的耳光。成得臣死要面子，自然不會無動於衷，會盡起楚軍北上攻晉。只要能把楚軍主力引出來，晉人就有辦法誘而殲之。

事情的發展都在晉國高層統治集團的預料之中，先軫往成得臣的火藥桶裡扔了一根點燃的火柴，火藥桶豈有不爆之理？特別是宛春被扣事件，弄得成得臣極沒面子。討回面子，是成得臣現在最需要做的事情，楚王之前對他的反覆告誡，早扔到爪哇國去了。

《左傳・僖公二十八年》：「成得臣怒，從晉師。」為了賭回這口惡氣，成得臣把圍攻宋國的楚軍主力全部調離北上，尋找晉軍主力決一死戰。

成得臣很聽話的跳進了姬重耳給他挖的大土坑裡，姬重耳之所以要調楚軍北上，而不是率晉軍南下挑戰楚軍，這裡有一個重要的考慮。晉軍主力此時正駐紮在衛地城濮（今山東甄城西南），而楚軍所在的商丘距離城濮約有二百里的路程，晉軍如果奔波二百里至商丘，楚軍就可以以逸待勞的擊潰遠來的晉軍。與其自己滿世界瞎跑，不如讓楚軍長跑二百里，消耗楚軍的體能儲備。

至於楚軍氣喘吁吁的趕到城濮，晉軍突然後撤三十里，有兩個原因：

一、報當初熊惲厚待姬重耳之恩，熊惲曾經問姬重耳：「若君返國即位，何以報我？」姬重耳說如果晉楚交戰，我當退避三舍，以報君恩，現在後撤，也算是報答了當年熊惲的厚待之恩，卸下了姬重耳的心理包袱，可以輕裝上陣，和楚人大打出手。

二、成得臣為人向來狂妄自大，晉軍向楚示弱，在一定程度上會增加成得臣對晉軍的輕視。在實力相當的情況下，敵人越輕視對手，越有可能遭到失敗，這是歷史不變的規律。

和楚軍長途奔襲二百多里相比，晉軍後撤三十里，基本不會消耗太多的體力，反而會拉開空檔，有利於觀察敵人平時不易暴露出的致命弱點。

姬重耳的花花大腸，楚軍早已有人看了出來。而且從《左傳》的記載來看，除了成得臣，幾乎是所有的楚軍將士都反對部隊北上急行去跳姬重耳挖的坑裡。但此時的成得臣已經完全被憤怒的情緒控制，他只想通過打敗姬重耳找回面子，任何人的話他都聽不進去。

姬重耳一個小手段就能將成得臣玩弄於股掌之上，應該是他在楚國逗留之間，研究過楚軍大帥成得臣的性格，這將對未來戰勝這位易怒的將軍有所幫助。

姬重耳把戰場選在城濮，還有一層考慮，城濮是衛地，距離晉國，以及晉的盟友宋、齊，新附晉的衛、曹、魯都非常近，晉軍的後勤完全沒有問題，相當於本土作戰。楚軍北上圍宋已經是孤軍深入，此次再北上二百里，後勤補給越拉越長，非常不利於楚軍的戰鬥力保持。

四月初一，姬重耳拉來的三支友軍，宋成公子王臣、齊大夫國歸父、秦伯公子小子憖各率本國精銳聚焦城濮之下，這更增加了姬重耳戰勝熊惲而霸的信心。至於姬重耳念念不忘當初熊惲對自己的好，不過是當著國際友人的面，給自己臉上貼金罷了。

姬重耳非常重視在國際輿論面前樹立自己仁德好義的形象，姜小白當年之所以能稱霸江湖，與其說勝在軍事上，不如說勝在政治與外交上。姜小白時時以仁德好義自處，打造了自己的金字招牌，對收攏人心起到了關鍵作用，連強悍的熊惲都不得不暫時低頭，可見政治外交對稱霸的徵用性，單憑槍桿子，是打不下來霸業的。

此次諸國高層雲集，正是姬重耳自我表演的極佳舞臺，雖然所謂的齊、秦、宋友軍在城濮之戰一矢不發，純屬公款旅遊。中國歷史就是一個大舞臺，各色影帝都在舞臺中賣力的表演，姬重耳自然不會例外。

根據劇情安排，姬重耳扮紅臉，念念不忘楚王當初對自己的厚遇，說寡人實在不忍心與楚作戰，背上忘恩負義的罵名。國舅狐偃和重臣欒枝扮黑臉，狐偃強烈要求主戰，並留下了一個著名成語——表裡山河。

欒枝走得更遠，針對姬重耳所謂的「奈楚惠何」，欒枝把楚國滅掉漢江流域的姬姓小國的罪行全都兜了出來，說晉身為姬姓，就必須為漢陽諸姬討個說法，豈能「思小惠而忘大恥」，這一仗必須打，誰不打誰孫子。

作為一名演員，演技固然很重要，但演戲都要有個限度，演過了就穿幫了。姬重耳翻江倒海的這通忽悠，基本洗白了自己的好戰本質，反而把戰爭販子的惡名扣到了楚人的腦袋上。成得臣派大夫鬭勃來晉營請戰，說要和晉人練練攤，此舉正合姬重耳的意思，雙方約定次日在城濮之下以武會友。

震驚天下的城濮之戰正式拉開了帷幕。

實際上這是一場不均衡的戰爭，這從雙方的重視態度上就可以看得出來。晉國對此戰極為重視，國君親率軍界精英出場，晉軍主力悉數上陣，包括由晉國公族子弟組成的中軍。姬重耳從晉國帶來了戰國七百乘，每乘車有七十名步卒，合即五萬兩千五百人，這在參戰人數並不多的春秋時代，已經是頂級配置了。

特別值得一提的是晉軍的戰馬配置，堪稱超級豪華。晉軍的戰馬皆披重甲，馬背上的皮甲稱為韅（音顯），馬胸前的皮甲稱為靷，馬腹上的皮甲稱為鞅，馬屁股的皮甲稱為靽，可見晉軍裝備之精良。

這場晉楚大戰對於姬重耳來說，更像是一場命運的賭博，一戰成名的機會就在眼前，姬重耳幾乎是掏空了家底在玩命。姬重耳要對熊惲報恩，所以退避三舍，其實除了報恩，姬重耳也要報仇，仇家就是成得臣。

前一篇講到了姬重耳答應熊惲，若遇楚軍當避三舍。站在熊惲旁邊的成得臣感覺姬重耳將來必是楚軍爭霸天下的最大勁敵，勸熊惲殺重耳以絕後患，所以姬重耳恨成得臣入骨。姬重耳的求戰欲望之所以如此強烈，一方面是因為稱霸的誘惑，另一方面也因為楚軍主帥是成得臣。

成得臣的脾氣不好，動輒殺人，但成得臣所率的楚軍戰鬥力非常強悍，是姬重耳不得不防的。晉軍實力並不弱，但和楚軍相比，似乎還處在劣勢，至少在人數上如此。

史料中並沒有提到楚軍殺到城濮的有多少人，但成得臣率領的這支楚軍，實際上是當初熊惲率諸侯圍宋的原班人馬，楚軍加上陳、蔡等國的軍隊，人數當在十萬左右，幾乎是晉軍的一倍。

成得臣的大腿比姬重耳的腰還粗，自恃兵多，所以成得臣根本不把姬重耳的五萬晉軍放在眼裡。「今日必無晉矣！」因為熊惲不發兵增援，成得臣憋著一口窩囊氣，如果能殲滅姬重耳，也算給自己補回面子。成得臣有兩大弱點，一是過於自信，二是太愛面子，這也是他一步步被姬重耳牽著鼻子滿世界亂竄，最後一頭栽進坑裡的重要原因。

楚軍的布陣非常簡單，成得臣將中軍居其間，陳、蔡兩軍歸編楚右軍，由鬬宜申（子西）為將；另有楚左軍，以鬬勃（子上）為將，三軍旌旗十萬，足壯成得臣之膽。春秋時的戰爭布陣一般是強對強、弱對弱，楚軍最弱的是陳蔡混雜的右軍，與之相對的是晉下軍，副將胥臣領銜。

晉侯姬重耳身邊有五大賢臣，一般觀點認為這五人是趙衰、狐偃、介子推、魏犨和胥臣（有時也以賈佗取代胥臣），其中胥臣的星光最為黯淡，遠不如前三位。在城濮之戰前，胥臣唯一的亮相就是在秦國勸姬重耳娶晉懷公姬圉的夫人懷嬴。

此次城濮會戰，本來也沒有胥臣的出場安排，是因為晉原中軍主將郤穀在戰前突然病故，姬重耳調原下軍軍副先軫入主中軍，空出來的下軍軍副就臨時拉來胥臣充任。

姬重耳時代的晉國大腕如雲，星光燦爛，沒有人對星味不足的胥臣能在城濮之中發揮重大作用抱有太大的希望。但老話常說：機會總會留給有準備的人，胥臣抓住了人生中唯一一根粗大的稻草，在城濮之戰中一炮打紅，讓歷史牢牢記住了自己的名字。

歷史上有一個著名成語——蒙馬虎皮，就是給戰馬套上虎皮，假扮成老虎去嚇唬鬥志薄弱的敵軍（戰馬），這個奇怪戰術的發明者，就是胥臣。眾所周知，馬是最怕老虎的，當看到對方陣中清一色的老虎戰車，仗還沒打，馬腿下面就已經尿流成河了。

對胥臣有利的是，他所面對的楚右軍整體戰鬥力在楚三軍中最弱，而且楚、陳、蔡之地很少見到老虎，對傳說中青面獠牙的老虎有天生的敬畏。當蒙著虎皮的晉下軍戰馬以迅雷不及掩耳盜鈴之勢朝著楚右軍撲來時，楚右軍的弟兄們以及戰馬們已經嚇傻了，幾百頭老虎……

《左傳．僖公二十八年》：「楚右師潰。」一千五百多年後，北宋名將狄青在崑崙關大戰儂智高時，就借鑒了胥臣的做法，蒙馬獸皮，一戰擊潰儂智高。

從戰略上講，楚右師的存在對這場爭霸戰的影響並不大，但從戰術上來說，楚右師的崩盤，徹底打亂了成得臣的戰前部署。按成得臣的想法，以楚中對晉中，以楚上對晉上，以楚下對晉下。現在右師被晉軍打散，等於將以成得臣為中心的楚中軍直接暴露在晉三軍面前。成得臣不能再安坐泰山，坐等晉軍來攻了，他必須主動出擊，打掉晉下軍，避免被晉三軍圍而後殲。

對於成得臣的反應，晉軍高層似乎早有預料，在楚右師潰敗之後，晉上軍主將狐毛和下軍主將欒枝連袂上演了一場誘敵深入的好戲。狐毛打著中軍的旗幟，讓成得臣誤以為晉軍主力已無戀戰之心。欒枝把事先砍下的木柴拴在戰車上，拖在車後滿街跑，揚起塵土。一方面引楚中軍咬鉤，一方面模糊楚中軍的視線，以便晉軍其他部隊乘煙塵四起之際圍殲楚軍。

根據最高統帥部的安排，除了狐毛和欒枝引敵深入，中軍新任主將先軫和軍副郤臻率晉軍的精銳部隊埋伏在半路上，只等楚人一過，漫山遍野殺將出來……

不知道是《左傳》記載有誤，胥臣在蒙馬虎皮擊潰楚右軍之後，應該是乘勝進擊，而不是佯敗後撤。如果晉軍想誘楚軍深入，應該是佯敗於楚右軍，又何必把楚右軍打散？最離奇的是，以成得臣這樣久經疆場的老將，居然也沒有看出來晉軍近乎弱智的誘敵計，果然步步緊追了上來。

當初晉人輕易地把楚軍主力從商丘調往北上城濮，長途奔襲二百里，導致楚軍非常無謂的消耗大量體能，成得臣依然沒有從中汲取教訓。現在晉人打潰了楚右軍後就倉皇逃竄，根本不符合戰爭邏輯，成得臣卻只想生擒姬重耳為自己正名。

楚國名臣孫叔敖的父親蔿賈就曾經告訴楚前任令尹鬭穀於菟（子文）：「子玉剛而無禮，不可以治軍，給他三百乘戰車，則楚必敗。」成得臣為人不謂不忠，但性格過於暴烈，不適合擔任最高軍事統帥，楚王熊惲出於維護權力平衡，以及不激怒鬭氏家族的考慮，沒有及時換掉成得臣，最終釀成大禍。

等到楚軍發現中了晉軍的埋伏後，成得臣再想從坑裡爬出來，已經來不及了。晉軍把最精銳的公族子弟兵團埋伏在路上，就是專門用來招待成得臣的楚中軍。

「先軫、郤臻以中軍公族橫擊之，」從這句記載來看，晉中軍並沒有形成一個呈半圓形的口袋陣勢，而是擺下了一字長蛇陣，從腰間截斷了楚中軍的前後聯繫，企圖一舉殲滅成得臣所部。

值得成得臣慶幸的是，他率領的楚中軍是楚軍的精銳王牌部隊。楚中軍的班底是之前熊惲圍宋的楚精銳之師，再加上東宮直屬甲兵，以及成得臣的私家勁卒六百人，這些人都是亡命之徒，戰鬥力極為凶悍。晉軍的最精銳部隊採用了偷襲方式，也沒有拿下楚中軍，從史料記載上可以看得出，楚中軍只是受到了一些襲擾，並沒有受到大大的損失。

鬭宜申率領的楚左師就沒有成得臣那麼幸運，楚左師應該是楚國的二線部隊，抗擊打能力自然不如楚中軍。在追趕晉軍的過程中，沒想到二狐領銜的晉上軍突然殺了個回馬槍，將毫無準備的楚左師衝得七零八落，「狐毛、狐偃以上軍夾攻子西，楚左師潰」。

楚左軍的崩潰，導致成得臣率領的楚中軍無援可倚，晉三軍打的伏擊戰，體力消耗遠小於楚三軍，晉下軍甚至都沒有與楚右軍短兵相接，用蒙馬虎皮就嚇跑了楚右師。晉三軍合圍楚中軍的態勢越來越明顯，楚中軍再是英雄了得，也難招架。

眼前的形勢很清楚，再打下去，楚國最精銳的楚中軍極有可能被晉軍全殲，縱使成得臣以身殉國，也絲毫不會有益於他在江湖上的英雄之名。與其如此，不如見機而收，把損失減到最低程度。

成得臣在這場本不該發生的慘敗的最後一刻，才表現出一位軍事統帥應有的沉著。在晉軍凌厲的攻擊下，成得臣依然能夠有條不紊的收攏左師敗下來的殘卒，補做中軍周邊，保護中軍主力從容撤出晉人的埋伏圈，緩緩南撤回楚。

城濮之戰，姬重耳笑到了最後。

如果從戰爭的慘烈程度上來看，此戰並不算過於血腥，遠比血流成河的柏舉之戰小得多，但城濮之戰最大的意義並不在軍事上，而是在政治和外交上。城濮之戰宣告了一個屬於楚時代的結束，和一個屬於晉時代的開始，這才是戰場贏家姬重耳在政治上最大的收穫。

在城濮之戰前，楚國北上擴張的勢頭極為明顯，深處中原腹地的曹、魯、衛、鄭都成了楚國的馬仔，嚴重威脅到了中原主流文明圈的生存。晉國在城濮之戰中取得完勝，一個最明顯的標誌，楚國元氣大傷，再無餘力北上，中原投楚的諸侯國轉而臣服於屬於中原文明圈的晉國。

最大的一棵牆頭草就是鄭國，此次大戰，鄭國把自己的所有部隊都交給楚人指揮，編入楚左師，結果被二狐吃了個精光。手上已經沒有牌面可打的鄭文公姬踕只好低下三四的向曾經被自己調戲過的姬重耳求饒，請求和晉結盟。鄭國地處天下要津，國力中等，鄭國對各大國的態度是大國稱霸的政治風向標，鄭國投晉，標誌著姬重耳霸業的徹底完成。

毫無疑問，城濮之戰最大的贏家就是姬重耳，無論是從軍事角度還是從政治角度。軍事角度自不必說，楚軍已經被打殘，短時期內難以恢復爭霸。

從政治角度看，在晉國國內，姬重耳的威望達到了頂峰，晉國內部再無人敢捋重耳之纓；在中原文明圈內，晉國已經當之無愧的老大，原先附楚的曹、魯、衛、鄭都拜在姬重耳膝下。

不過，要想成為名正言順的霸主，還有一道手續要辦，就是必須得到周天子的認可，否則就是野霸王。姬重耳自然知道其中輕重，五月十日，姬重耳把在城濮之戰中俘獲的楚軍俘虜千人，帶甲的戰馬百乘獻給周襄王姬鄭，在周天子的面子越來越不值錢的時候，姬重耳給足了姬鄭面子。

政治買賣，公平交易、童叟無欺，姬重耳需要一張由周天子親自蓋章的稱霸文書，吃人嘴短，姬鄭自然知道自己該怎麼做。兩天後，姬鄭以周天子的身分號令天下，策命晉侯姬重耳為侯伯，也就是天下的諸侯長。同時，天子賜晉侯大輅之服、戎輅之服，赤色弓一隻、赤色箭百支，黑色箭千支（象徵晉侯可以代天子討伐不臣），並虎賁甲士三百人。

最讓姬重耳有面子的是，周天子按宗室輩分，當著天下人的面，叫了姬重耳一聲叔父，「王謂叔父，敬服王命，以綏四國。」在即位之後，姬重耳在江湖上的名望還不算很高，所以行事說話都比較謹慎。自城濮大勝後，姬重耳的自信心迅速膨脹，特別是天子承認他是天下霸主之後。

這一年的冬天，狂妄自大的姬重耳竟然以諸侯的身分，召周天子參加由晉國主持溫（今河南溫縣）的諸侯盟會。姬鄭當然知道這於禮不合，甚至連孔夫子知道這件事情後都指責姬重耳「以臣召臣，不可以訓」，但現在姬重耳的拳頭硬，姬鄭不敢得罪這個叔父，只能低三下四的去給叔父撐臉面，不過至少還能撈點車馬費。

姬重耳確實很狂妄，但他有資格這麼做，在任何時代，槍桿子都是老大。

二〇、秦穆公——拉開統一大幕第一人

說到秦國，人們首先會到「揮劍抉浮雲，諸侯盡西來」的千古一帝秦始皇嬴政，實際上秦能滅六國統一，功勞並不是嬴政一個人的。如果往前推算，秦昭襄王嬴稷、秦惠王嬴駟、秦孝公嬴渠梁都為秦國後來的統一夯實了基礎，但如果沒有秦穆公嬴任好在春秋中期的奮發圖強，將秦國的國際地位提高幾個檔次，秦國最多也就像燕國那樣打醬油，而嬴任好就是嬴政的第十九代祖。

歷史上曾經發生過兩次由兄弟三人連續繼承王位的奇觀，一次是五胡時期的南涼，禿髮烏孤傳位弟利鹿孤，利鹿孤再傳弟傉檀，一次就是秦德公傳位兒子秦宣公，秦宣公傳弟秦成公，秦成公傳弟秦穆公嬴任好。而有史所載的秦國君主名字也是從嬴任好開始的。

嬴任好和禿髮傉檀有一定的可比性，比如他們都是三兄弟中的老么，能力都非常出眾，在位時間在兄弟中最長，而且地盤都地處陝甘交界處。禿髮傉檀是五胡時期不可多見的明君胚子，可惜生逢多難，一朝被襲，便成千古遺恨。

南涼亡國之所以如此迅速，關鍵在於周邊政權太多，強梟輩出，生存環境極為惡劣。相比之下，嬴任好情況略好一些，周分封諸國八百，而在潼關以西立國的，只有秦國。即使再算上西邊的犬戎，對秦國也構不成戰略性威脅。從地理位置來看，秦國處在中原文明區的邊陲，屬於「半夏半夷」，生存條件相對優越。按老子的話講，就是「小國寡民」，自得其樂。

在春秋前期，秦國在諸侯國中並不顯山露水，實力也不過二流，遠不如齊、晉等大國。如果嬴任好向燕國那樣「無為而治」，過自己的小日子，未必不是一個明智的選擇。問題是嬴任好不甘心做一個土財主，往遠了說，他想做晉獻公姬詭諸第二，往近了說，他想做齊桓公第二。

說來很有意思，最公認的春秋五霸，即齊桓、晉文、宋襄、楚莊，再加上嬴任好幾乎都生在同一時期，齊桓公姜小白略早，而莊王熊侶略晚。而在嬴任好於西元前六五九年即位時，東方霸主齊桓公已經在位二十七年了，也就是說，自嬴任好懂事開始，他就一直生活在姜小白傳說的陰影之中。

特別是在嬴任好即位的第四年，也就是西元前六五六年，姜小白在召陵逼得楚國承認了齊國的諸侯首長地位，姜小白風風光光的接受諸侯伏拜，這對嬴任好來說是個很大的刺激。姜某能做到的，我為什麼就做不到？

嬴任好的爭霸事業在悄無聲息中展開，此時的秦國就像是一個剛開張不久的鄉鎮企業，要資金沒資金，要技術沒技術，要人才沒人才。照這樣發展下去，也只能打開低端市場，是不可能與專走高端市場的齊國大公司相抗衡的。嬴任好的家底子薄，要想盡快把公司規模做大做強，引進人才是當務之急。市場競爭，說到底，其實就是人才的競爭，包括高新技術開發，做什麼事情也離不開高端人才。和任何一個亂世的人才流通比較自由一樣，春秋各國的人才流動性也比較大，比如著名的「楚材晉用」，再比如吳國的文相武將伍子胥和孫武，都是從楚國流通過來的。

說到嬴任好用人，就不能不提秦朝一代雄相李斯那篇著名的《諫逐客書》。戰國後期，各國人才雲擁至秦，引發了秦國高層對外國間諜的擔心，所以地方保護主義大濫其觴。當時還一文不名的李斯為此上書反對，在《諫逐客書》的開篇，李斯就提到了秦穆公吸納外國高端人才的開放政策。

李斯提到了五個被嬴任好重用的外國人才，即戎人由余、虞人百里奚、宋人蹇叔、晉人丕豹、公孫支，「此五子者，不產於秦，而穆公用之，併國二十，遂霸西戎。」為什麼美國始終處在世界食物鏈的最頂層，其中一個最重要的原因就是美國開放的人才吸納機制。嬴任好最終能成就一方霸業，沒有這些高端人才是不可想像的。

嬴任好時代的秦國和嬴政時的秦國情況不大一樣，在嬴政之前，秦國就在執行人才開放政策。比如秦昭襄王的兩大名相，范睢是魏人，蔡澤是燕人。所以在當時的秦國上層看來，外國人才在秦國已經處在飽和狀態，不需要再繼續引進外人。而春秋前期，秦國經濟落後，地居偏西，高端人才非常少，嬴任好要充實自己的人才庫，就只能挖別人的牆腳。

在嬴任好引進的五大高端人才中，百里奚是最著名的，就是膾炙人口的「五張羊皮」的典故。和其他「身在廬山人未識」的人才相比，百里奚早在多年前就已經成名在外，是虞國的名大夫。

在著名的「假途伐虢」事件中，晉獻公用一匹馬就騙倒了貪財的虞公，滅虢之後就順手把虞國給滅了。因為姬詭諸的女兒嫁給了嬴任好，姬詭諸把就虞公和大夫井伯賞給了嬴任好的老婆秦穆姬當奴隸。本來百里奚也在黑名單上，但百里奚運氣好，半路逃出生天，來到楚國隱居，沒想到又被楚人活捉了。

對虞公這等飯桶來說，被送到秦國等於下了地獄，但對百里奚來說，這裡才是他的天堂。嬴任好早就想到得到這位賢臣，甚至姬詭諸送虞國君臣入秦，也極有可能是嬴任好親自下的訂單，只是百里奚突然溜掉，對嬴任好來說是個不小的打擊。嬴任好聽說百里奚落在楚人手中，他毫不猶豫的給楚人開出大價錢──五張上等羊皮，要楚人把百里奚還給秦國，理由是百里奚本就是秦國的奴隸。楚國要七十多歲的糟老頭子沒什麼用處，不如五張羊皮更實在，楚國當然願意做這筆買賣。

百里奚對嬴任好並不了解，所以拒絕和秦國合作，嬴任好的脾氣非常好，說他「厚德載物」可不是吹捧。換成其他人，你一個下等奴隸敢如此不中抬舉，早就一刀砍翻了。嬴任好苦苦追求百里奚，就是看中了他的賢德幹才，為了得賢不惜自降身段，這不是一般人能做到的。

更能體現嬴任好人性化的一點是，嬴任好特別告訴百里奚，虞國之亡，是虞公貪財，非你之罪，徹底卸下了沉在百里奚心中的沉重包袱。如果不把虞國之亡和百里奚切割出來，百里奚即使為秦效力，他在人格上也低嬴任好一頭，畢竟他是亡國罪臣。百里奚被嬴任好的真誠所打動，心悅誠服地拜倒在殿下，做了秦國的首席內閣大臣，「授之國政」。

人才庫儲備建設其實就像是滾雪球，引來了第一隻金鳳凰，就會有第二隻、第三隻金鳳凰飛到梧桐樹上，蹇叔就是因為百里奚的極力推薦，被嬴任好用重金迎請，並拜為上大夫，參與軍國大事。

五大名臣聚集在秦國的大旗下，給嬴任好提供了不可估量的智力支援，這是秦國最大的非物質性財富，其重要性，和劉備得到諸葛亮的分量是一樣的。和劉備天生的強梟性格不同，嬴任好的心存厚道是與生俱來的，是真正意義上的仁君，而不像劉備的「仁君」頭銜多半是表演出來的。如果秦始皇要給第十九世祖上一個廟號的話，「秦仁宗」是嬴任好受之無愧的。

春秋時有一位著名「仁君」，就是宋襄公子茲甫，但宋襄公的「仁」雖說不是裝出來的，但過於迂腐，不能把「仁」與「勢」結合起來，徒有仁名而不知用勢，結果成為歷史笑柄。

關於嬴任好的胸懷大度，《說苑．復恩》記載了一個非常有名小故事，嬴任好曾經丟過一匹他鍾愛的上等好馬，就親自率人四處尋找，結果在岐山北面發現有一群野人已經把自己的馬殺了，正在架鍋燒柴煮馬肉。這些人才知道他們殺掉了國君的馬，嚇得臉都紫了，叩頭求饒。如果有人吃了衛懿公的鶴將軍，衛懿公一定不會放過他，但嬴任好做人沒那麼刻薄，吃了就吃了吧，一匹馬而已。

看到這些人乾吃馬肉不喝酒，說了句：「常聽老人言，吃馬肉不喝酒會死掉的，我有好酒，汝等與我共飲」，嬴任好很大方的坐在地上，與三百野人共啖馬肉飲酒，毫無國君的臭架子，嬴任好的大度讓這些吃馬肉的饞鬼羞愧不已。

三年後（《呂氏春秋》說是一年後），嬴任好和晉惠公姬夷吾撕破臉皮，在韓原大打出手，秦軍不利，嬴任好的戰車被晉軍重重包圍。而三年前吃馬肉的三百名饞鬼正好看到了這一幕，為了報嬴任好大度不殺之恩，饞鬼們拼命從萬軍陣中撈出了嬴任好，並幫助秦軍生擒姬夷吾，為秦國取得在政治上對晉國的絕對優勢立下不世奇功。

嬴任好不殺吃馬者而受人報恩，應該對楚莊王熊侶不殺調戲姬妾的將軍產生了有益的啟發，如果楚莊王殺了絕纓之人，危難時刻還有誰來救他出萬重之圍？底層多奇士，不要因為小事而大開殺戒，放人一條生路，也就是多給自己打開了一扇逃生之門。

《呂氏春秋》對嬴任好的大度恕人大為讚賞，「行德愛人則民親其上，民親其上則皆樂為其君死矣」。歷史上赦人之罪而受人報恩的例子比比皆是，不要小看社會底層人士的力量，在關鍵時刻，這些被士大夫所輕視的「小人」往往能做出讓這些「君子」汗顏的豐功偉績。

但就當時來說，嬴任好顯然不會預見到將來他會有這一劫，所以他赦免那些人吃他的馬是發自內心的寬厚，並非是有意外示寬大收買人心。另外還有一件事情更能說明這一點，晉惠公姬夷吾在晉國內亂時逃到秦國避難，還是在嬴任好的幫助下，姬夷吾才能回到晉國即位。在秦國避難時，姬夷吾和嬴任好做了一筆交易，等他回晉後就割讓河西八城。

沒想到姬夷吾剛回到晉國就翻臉不認人，還派大臣丕鄭來到秦國胡攪蠻纏，拒不認帳。做人如此不講規矩，嬴任好有一萬個理由記得姬夷吾的忘恩負義，但不久後，晉國發生大饑荒，嬴任好本應該穩坐黃鶴樓看翻船，笑看姬夷吾餓肚子。嬴任好不忍心晉國百姓受饑荒之苦，他說了句足以感動歷史的名言：「其君是惡，其民何罪？」姬夷吾不是東西，但晉國遭的天譴不應由老百姓埋單。

可以肯定的是，嬴任好不是在演戲，他不需要這麼做。如果嬴任好真是個鐵血冰冷的忍人，他完全可以趁此機會，大舉進攻晉國，滅掉姬夷吾後再收買人心更有現實意義。

面對做人沒有底線的姬夷吾，嬴任好一讓再讓，除了他本性善良之外，還有一層原因，就是姬夷吾的姐姐秦穆姬從中遊說。原地之戰，嬴任好生擒姬夷吾，準備殺之以祭天，周天子和秦穆姬向嬴任好求情，放姬夷吾一條生路。給不給周王的薄面，全看嬴任好的心情，但嬴任好受不了的是秦穆姬的眼淚。要想打敗重感情的好男人，女人的眼淚是最好的武器，英雄皆怕柔情劍。

秦穆姬可憐兮兮的跪在丈夫面前，哭求嬴任好法外開恩，讓嬴任好也跟著動了情，說了句：「夫人是憂」。姬夷吾做人太過無恥，幸虧他遇到的嬴任好是個好人脾氣，換成勾踐，十個姬夷吾腦袋也掉了，勾踐是什麼事情都能幹得出來的。

嬴任好為人賢德好施，也是有人證的，就是楚成王熊惲。此時的姬重耳正流浪在楚國，享受著諸侯的待遇，吃香的喝辣的，卻突然收到了嬴任好的來信，請姬重耳到秦國小住數月，交交朋友。姬重耳知道秦晉關係因為姬夷吾的胡折騰搞得不可收拾，似乎有些不願意去，還是熊惲替嬴任好解了圍，說嬴任好「秦君賢」，這才勸姬重耳上了路。

嬴任好江湖上贏得賢名，是對他以樂善好施的肯定，和美名在外的郿城宋押司有得一拼。還別說，還真有人把嬴任好比成江湖上的及時雨，這又是一個牛人，就是姬重耳本人。

雖然嬴任好請姬重耳入秦是出於秦國國家利益的考慮，但嬴任好對姬重耳的厚道讓人挑不出半根刺來，比無禮的鄭文公、曹共公之流高了幾個檔次。

因為晉惠公姬夷吾的兒子姬圉突然從秦國逃回晉國，秦國失去了可以對晉國施加重大影響的人質。為了保持對晉國的影響，嬴任好想到了流浪在外的姬重耳，在姬圉即位已經不可避免的情況下，嬴任好決定把寶押在姬重耳身上。

嬴任好出手非常的大方，姬重耳剛到秦國，嬴任好就送給了五名秦國美女給姬重耳當小老婆，甚至包括當初嬴任好送給姬圉的那位秦女。這不僅是嬴任好對姬重耳的器重，也是對姬圉的鄙視，有意羞辱姬圉。其實這也不能怪嬴任好玩腹黑，嬴任好對姬夷吾父子已經是恩重如山了，可這對活寶父子專幹忘恩負義的醜事，實在太不地道。

在歡迎姬重耳的宴會上，嬴任好的心情非常好，「大歡」。在與姬重耳喝了交杯酒後，嬴任好承諾要幫助姬重耳回國繼位，將姬圉扔進公共廁所裡。

姬重耳和趙衰等人對嬴任好的大度，激動得連連下拜，說秦伯「如百穀之望時雨。」甚至可以這麼說，如果沒有嬴任好的果斷相助，姬重耳有可能永遠回不了晉國，更無可能開創什麼晉文霸業。嬴任好確實選對了人，姬重耳的回晉繼位，是秦晉兩國真正政治蜜月的開始。

送姬重耳入晉繼位，是嬴任好人生中做得最為划算的一筆買賣，不但江湖名望急升，而且也獲得了實實在在的戰略利益。在嬴任好的稱霸計畫中，晉國始終是秦國繞不過去的坎，擺不平晉國，嬴任好只能大槐樹國裡稱霸了。當時晉的實力強於秦，如果秦晉始終交惡，將嚴重影響秦國對中原主流文明區獲取戰略利益。

姬重耳為了表示對嬴任好的感謝，把嬴任好送給他的五名秦女悉數封為夫人，給足了嬴任好面子。更能體現秦國在晉國擁有特殊地位的是，晉國特別允許秦國派出三千名精銳「維和士兵」在晉國駐紮，一旦晉國再出現反對姬重耳的勢力，三千虎狼秦軍會立刻上前撲殺。

勿庸諱言，秦晉兩國已經穿上了一條褲子，關係好得不得了，而且秦晉之間是簽過正式盟約的，就是西元前六三六年二月，由狐偃出面，與秦國在郇地（今山西臨琦南）簽訂的郇之盟。

在姬重耳繼位後的第二年（西元前六三五年）二月，在趙衰的建議下，姬重耳搶在嬴任好的前面，平定了東周王室的王子帶之亂，把周襄王安全護送回雒邑，並得到了周襄王的特別款待，並賜給晉國大片土地的統治權，一時間，姬重耳風光無限。

從表面上看，趙衰很敏銳的意識到尊王在政治上的極端重要性，問題是在此之前，秦軍就已經做好了所有準備，就等嬴任好一聲令下，過河勤王。但秦軍卻莫名其妙地在晉人的勸說下按兵不動，坐看晉人過河去撈大頭，難道嬴任好的腦袋被驢踢了？

以嬴任好的國際戰略分析能力，他怎麼可能不知道勤王的政治好處？而晉國是與秦國同時得到周王室發生內亂的消息，何況姬重耳剛繼位，國內一大攤子雞毛事情，肯定不如嬴任好輕舟好揚帆。嬴任好的動作為什麼還會落在姬重耳的後面？除了嬴任好有意讓姬重耳在國際外交舞臺上樹立威信，不太可能有更合理的解釋。

嬴任好放棄勤王這塊肥肉，應該有更深層次的戰略考量。晉國雖然歷經動亂，但整體實力要強於秦國，從某種程度上講，晉可以無秦，但秦不可以無晉。

在秦國的東南方向，楚國已經迅速崛起，對秦國構成了戰略威脅。如果嬴任好搶先一步勤王固然可以出盡鋒頭，但問題是槍打露頭鳥，楚國的戰略尖刀很可能就會對準秦國。

在這種情況下，嬴任好把絕佳的出鏡機會讓給姬重耳，有兩個好處：

一、姬重耳新繼位，在國際上沒有什麼威望，勤王可以讓姬重耳很快的樹立威信，對鞏固秦國這個鐵杆盟友在晉國的統治非常有利。

二、晉國大出鋒頭，成為中原主流文明國家的準盟主，成為眾矢之的。楚國就會把晉國當成楚國北上稱霸最大的戰略敵人，從而使秦國有了更大的迴旋餘地。晉楚爭霸，秦國作為兩國的最大的鄰國，就成為晉楚兩國競相爭取的超大砝碼，嬴任好兩邊通吃，反而有利於秦國的戰略生存。畢竟以秦國相對薄弱的國力，是根本不可能單獨承受楚國的超強攻擊的。

秦晉同盟是絕對不能出現問題的，對嬴任好來說，他必須做到「有秦必有晉，有晉必有秦」。

在西元前六三五年的秋天，嬴任好就夥同姬重耳，兩國聯軍進攻位於秦楚之間的楚國僕從國鄀國（今河南淅川附近）。這場戰役以秦國大勝而結束，不但鄀國國都商密開門投降秦國，楚國的地方長官鬬克和屈禦寇也被秦軍俘虜。姬重耳同樣出兵南下，但卻沒有得到任何好處，這應該是姬重耳利用此次機會對嬴任好報恩的。

不排除嬴任好和姬重耳之間有勾心鬥角的舉動，但他們首先代表的是各自的國家利益，為了對抗超級大國楚國，秦晉協同合作，救晉就是救秦，救秦就是救晉。在春秋時代最著名的戰略性大決戰——城濮之戰中，嬴任好就派出兒子小子慭率兵來到城濮，配合晉軍的正面作戰。

秦國與晉國結盟的九年時間裡，是秦國戰略生存空間最為舒適的九年，雖然秦國對外沒有發動大規模戰爭，但在有利的國際形勢下，嬴任好有充足的時間與空間積蓄國力。

不過嬴任好最大的戰略短板是他的思維似乎有些跟不上形勢的急驟變化，在西元前六二八年，在位僅九年的晉文公姬重耳去世，性格強硬的晉襄公姬歡即位，而嬴任好依然沉浸在與姬重耳友好合作的迷夢中不能自拔。姬重耳對嬴任好感恩戴德，但姬歡對嬴任好並沒有什麼感覺，而且姬歡急於在國內外立威，他不想活在嬴任好的陰影之中。

關於秦晉反目成仇，最典型的一次事件就是發生在西元前六二七年的殽之戰，是役，秦軍被晉軍打得鼻青臉腫，秦軍三大將孟明視（百里奚之子）、西乞術和白乙丙（皆蹇叔之子）被生擒活捉，秦軍被全殲，一個也沒逃出來，嬴任好在江湖上丟盡了臉面。如果追究此戰的責任，嬴任好是要負主要責任的。最大的問題就在於嬴任好輕視姬歡，以為不過是個黃口小兒。

事件的起因是嬴任好想趁晉文公去世之際，獨吞鄭國，在當年出重兵準備奇襲鄭國。對於這場莫名其妙的戰爭，百里奚和蹇叔是堅決反對的，理由是千里襲人，罕有得利者。

嬴任好急於滅鄭，應該是對姬歡繼位後的晉國外交政策不太放心，但嬴任好最大的失招還是他不應該在滅鄭失敗後順手牽羊般的滅掉了晉國的屬國滑國。這極大的激怒了姬歡，因為晉文公剛死沒多久，棺材還沒下地，嬴任好就突然來這一手，自然會被姬歡認為這是對他的冒犯。姬歡急於在國內立威，來是自晉國統治層的壓力也迫使姬歡不得不對嬴任好展示強硬手段。

這場殽之戰，是嬴任好自出道江湖後遭到的最大一次慘敗，這也幾乎終結了秦國向東發展的勢頭，有晉國在，嬴任好在東線已經沒有擴張地盤的機會。

嬴任好身上有許多讓人欣賞的優點，其中一個優點就是他知錯能改，而且很大度的把殽之戰敗的責任都全攬到自己頭上，並通過外交手段把孟明視等大將從晉國撈了回來，真誠的向他們道歉，並官復原職，在最大限度上挽回了嬴任好因為殽之戰而在秦國國內有些下跌的人望。

嬴任好的軍事能力，不客氣的講，在春秋時代只能算是中等，比劉備好不了多少，但他最擅長的卻是在軍隊中搞思想政治工作。西元前六二四年，吃了三年苦膽的嬴任好率兵伐晉，以破釜沉舟之勢殺入晉國腹地，將晉軍打得落花流水，狠狠地出了一口惡氣。不過最精彩的橋段還是在戰勝後，嬴任好在殽山的舊戰場為殽之戰的秦軍將士發喪招魂，並穿上喪服，痛哭三日。

可以說嬴任好這是在作秀，但至少他對秦軍將士發表的公開檢討是出自真誠的，嬴任好淚流滿面的站在將士們面前，對自己當初不聽百里奚和蹇叔的良言導致殽之敗表示非常的後悔，以後要聽人言吃飽飯，並立誓為證，有再犯者，天人不佑。

嬴任好的自貶，不禁讓人想到了一代雄主漢武帝的輪台罪己詔，以劉徹的強梟性格，能在晚年反思自己的錯誤，是非常不容易的。雖然有些帝王也假模假樣的下詔罪己，但盡說些不疼不癢的屁話，逢場作戲而已，嬴任好和劉徹都是發自肺腑的對自己進行反省，他們所考慮的不是所謂維護皇權的尊嚴，而且從某種意義上講，是讓天下公眾監督自己，避免以後再犯類似的錯誤。

嬴任好待人真誠，不摻雜私貨，他的表態讓士大夫們非常受感動，「君子聞之，皆為垂涕」，更不用說心地純真如明月的三軍將士了。當然，嬴任好知道此次認錯，會在江湖上增加對他的印象分，有利於鞏固統治，但不能說他是在表演。

孟明視是秦國的超大號重臣，以孟明視的能力，放在晉、楚等國都能找個鐵飯碗。但嬴任好不惜血本的把孟明視從晉國救回來的舉動，徹底征服了孟明視。

嬴任好對高端人才愛護有加，這是他用人的一貫思路。在孟明視回國後，秦國輿論都要求嬴任好殺掉殽之敗的頭號罪人孟明視，嬴任好主動攬過「是孤之罪也！」為君如此，怎能不讓人傾心竭力以死效忠？

如何才能用好人才？做好兩點就可以了，一是給予人才充分的施展空間，不要疑人還用；二是勇於擔當，替下屬攬過。正如《左傳．文公三年》稱讚嬴任好的那樣：「嬴任好用人向來是疑人不用，用人不疑，孟明視之所以盡忠於嬴任好，是因為嬴任好能反思自己的錯誤。」

三國大博弈的歷史證明，在實力較弱的情況下，劉備之所以能鼎足三分天下，靠的就是「人和」，最大限度的鞏固國內執政基礎，這也是蜀漢能屹立五十年不倒的重要原因。

在春秋中前期，晉、楚、秦小三角格局中，晉類似曹操得天時，楚類似孫權得地利，秦類似劉備得人和。嬴任好深知這一點，秦國力偏弱，如果內部再亂七八糟，那乾脆就別玩了。

秦國的發展戰略和蜀漢非常相似，曹操得中原，孫權得江東，劉備只能朝西南方向發展，得南中，遂霸一方。嬴任好面臨著同樣的局面，向東有晉，向南有楚，根本沒有力量進行戰略突破，嬴任好只能向西發展。

本篇開頭講過，秦國的西線只有犬戎等部落，由於還沒有形成國家化，整體實力不如秦，所以嬴任好避開晉、楚之鋒，主攻犬戎的戰略是正確得當的。史稱「三十七年（西元前六二三年），秦用由余謀伐戎王，益國十二，開地千里。」

在滅戎之前，秦國的軍事實力偏弱，這可能和秦人的農耕習慣有關係。但自滅戎之後，秦軍的戰鬥力有了明顯的提高，因為犬戎部落民風剽悍，作戰勇猛，是冷兵器時代非常受歡迎的兵源之一。一百年後，吳國滅楚，楚臣申包胥哭求秦國出兵復楚，如果秦軍沒有融入犬戎兵的強悍作風，是很難想像能把當時最為剽悍的吳人打退的。

對於秦國由弱小變強大，史家多歸功於秦惠王接受司馬錯的建議伐蜀，使秦國一躍成為一線強國，實際上嬴任好的「霸西戎」起到了同樣的效果，只不過不為後世所重視。

秦國的統一之路，可以分為三個大階段，由後往前說，分別是秦昭襄王百戰削趙、魏，秦惠王用商鞅變法、伐蜀擴地，秦穆公向西闢地千里。從這層意義上講，秦穆公才是秦國拉開統一大幕的第一人。

雖然嬴任好在西元前六二一年去世時，按照舊制殺了一百五十七人陪葬，特別是三位賢臣奄息、仲行、鍼虎的殉葬，受到了歷史的集中炮轟，當時人就作詩諷刺，就是《詩經．黃鳥》。

不過按西漢人匡衡的說法，這麼多人給嬴任好殉葬是他們自願的，「秦穆公貴信，而士多從死」。一般奴隸主掛掉後會殺奴隸陪葬，但匡衡所說的「士」顯然不是指沒有獨立人格的奴隸，而是春秋時的士階層。再者，奄息等三人殉葬是因為他們在和嬴任好喝酒時，嬴任好說了句：「生共此樂，死共此哀」，所以奄息等人許諾等公死後殉葬，並非強迫。清人趙翼評價這件事時說：「（三人）皆從死，則是出於三子之自殉，而非穆公之亂命矣。」

退一萬步講，即使給嬴任好陪葬的是被強迫的奴隸，也不能一味炮轟嬴任好殘忍好殺。殺奴隸殉葬是當時的社會風氣，大家都這麼玩，最多是五十步笑百步，誰也不乾淨。

二一、一鳴驚人楚莊王

說春秋必論五霸，齊桓、晉文、宋襄、秦穆都講過了，接下來講講最後一個霸主楚莊王熊侶。

由於「春秋五霸」的說法流行甚廣，所以熊侶的歷史知名度在春秋時也算是一線，比小霸鄭莊公高了不止一個身位。實際上，後人對熊侶的了解，多半是通過幾個膾炙人口的成語，而說到與熊侶有關的成語，個個都能震死牛，如下：

一、不鳴則已，一鳴驚人。

二、滅燭絕纓

三、問鼎中原

單從數量上講，熊侶的三個成語不算多，西漢戰神韓信就擁有著名成語十幾個，但巧合的是，熊侶僅有的三個成語，卻能很巧妙的將熊侶波瀾壯闊的爭霸事業串連起來。

細分熊侶的精彩人生，確實可以分為三個階段：第一個階段——夾著尾巴做人，即「不鳴則已，一鳴驚人。」第二個階段——臥薪嘗膽，勵精圖治，即「滅燭絕纓」。第三個階段——北上爭霸，即「問鼎中原」。

輝煌的人生三部曲，熊侶一氣呵成，如果以西元前五九七年，楚軍北上圍鄭敗晉為問鼎標準，熊侶只用了區區十七年，而一代霸主晉文公僅在國外流浪就用了十九年。

當然，有一點要首先說明，作為游離於中原主流文明區域之外的楚國爭霸中原，實際上是不能從熊侶開始算起的，而是熊侶的祖父楚成王熊惲算起。春秋史上第一名戰城濮之戰，就是熊惲和姬重耳共同完成的夢幻大劇。

城濮之戰的失敗，從戰略上講暫時挫敗了楚國北上爭霸的圖謀，而且也影響了熊惲在國內的威信。熊侶的父親熊商臣第一個不服老子，發動了宮廷政變，逼死了老爸熊惲，自稱楚大王。

熊商臣「蜂目豺聲，忍人也」，敢殺自己親爹的，是絕對以自我為中心的狂妄梟雄。熊商臣在位十二年，繼承了成王的對外擴張政策，到處拎刀砍人，連滅江國（今河南羅山北）、六國（今安徽六安）、蓼國（今河南固始北），把楚國的北線防禦體系繼續向北推進，為日後熊侶的北上爭霸創造了有利條件。

熊商臣經營十二年，給熊侶留下了一個很不錯的家底，但同時也給熊侶製造了一個難題，就是如何解決楚王室和權臣得勢之家的權力分配。

權臣與公室（王室）的權力之爭是春秋政治史的一條主線，楚國也不例外。要說起楚國的第一政治家族，除了王室熊氏之外，非鬬氏莫屬。楚國歷史上有一個著名職務——令尹，基本上被鬬氏家族給承包了，外人不得染指。

說起來，鬬氏和熊氏是同宗，還是近親，他們都是楚開國之君熊繹的後人，自楚君若敖之後分支單過，楚成王熊惲就是若敖的玄孫，鬬氏先祖鬬伯比是若敖的孫子。從鬬伯比開始，鬬穀於菟（子文）、鬬班（班固的始祖）、子班相繼在楚國執掌大權。特別是著名賢相子文深得楚成王信任，在楚成王爭霸中原的過程中立下了不世奇勳。

像鬬氏這樣的功勳大族，在為國家建功的過程中，會不可避免的出現權力集中的情況，這在一定程度上削弱了王室對權力的控制。在成王、穆王時期，王室對權力的控制相對強一些，極力主張在城濮與晉軍決戰的令尹子玉（即成得臣，鬬伯比的兒子）在城濮慘敗後，被憤怒的成王誅殺，以正法紀。

相比於在位四十多年的祖父熊惲，熊侶即位時年齡不會太大，和八歲繼位的清康熙差不多。而巧合的是，康熙在位初期，朝政由鼇拜等四大臣把持，熊侶也面臨著相似的朝局。幫助熊商臣發動政變奪位的老太師潘崇還在位，令尹子孔，以及公子燮、鬬克也是四大臣輔政。

鬬克和公子燮是楚國官場有名的問題人物，症狀是太不安分，野心比西瓜還大。鬬克當初被秦穆公嬴任好活捉，因為殽之戰秦敗於晉，嬴任好把鬬克放回楚國，請鬬克撮合秦楚聯盟。這是很正常的外交聯絡方式，鬬克竟然把傳話當成自己的功勞，結果秦楚結盟，鬬克沒分到一個棗子，心懷不滿。而公子燮因為想做令尹被拒絕，所以這兩位大爺密謀叛亂。

在西元前六一三年的八月，潘崇和子孔準備對外用兵，鬬克和公子燮在暗殺子孔失敗的情況下，劫持「幼弱」的楚莊王熊侶從郢都出逃，準備逃往鬬克的根據地商密另立朝廷。好在封在廬地的大夫戢黎和副佐叔麇用計誘殺了鬬克和公子燮，成功將熊侶從魔爪下救了回來。

對熊侶威脅最大的鬬克被殺，但熊侶卻絲毫感覺不到輕鬆。鬬克的死，並不意味著鬬氏家族在官場勢力的削弱，子文、子揚（子文的兒子，也稱鬬般）、子良都還處在權力最高層，再加上「狼子野心」的子良之子鬬越椒，史稱「若敖之族，自子文以來，世為令尹。」

坐在熊侶身邊，非虎即狼（子文曾經喝過虎乳），熊侶無法控制最高權力。而對王室忠誠度相對較高的子孔又在平定鬬克叛亂的當年去世，進一步增加了熊侶的危險。

漢宣帝劉詢初即位時，頭號權臣霍光的勢力如日中天，史稱「黨親連體，根據於朝廷」，劉詢毫無權力。劉詢要想在霍光的陰影下活過來，只能給霍光裝孫子，等待時機翻盤。

熊侶現在面臨的形勢，和劉詢如出一轍，熊侶為了自保，是斷然不能向漢質帝劉纘那樣，敢當眾指責大將軍梁翼「此跋扈將軍」。熊侶能做的，就是裝傻充楞，表現出對國事的不感興趣，讓鬬氏家族相信自己是個胸無大志的平庸君主，以減輕鬬氏家族對自己的擔心。

精彩的故事演了整整三年，在這三年時間裡，熊侶是一副標準的昏君模樣。對於軍國大事，熊侶一概不問，由當朝執政去處理，熊大王每天只做一件事情，「日夜為樂」。用現在的話講，就是吃酒耍錢嫖女人，堪稱五毒俱全。

當然，對權大勢大的鬬氏家族來說，他們是管不著楚王吃喝嫖賭抽的，隨便你怎麼玩。他們真正關心的是楚王對權力的態度，還好熊侶交出了一份讓他們滿意的答卷，「三年不出號令」。

鬬氏家族應該沒有看出來熊侶是在演戲，但熊侶為了演技更逼真，隨後又下了一道死命令：「誰敢對寡人的尋歡作樂說三道四，死無赦！」熊侶很厚黑的玩出這一招，不但騙過了鬬氏家族，還把忠於王室的大臣們騙了個底朝天。

第一個被騙的是大夫伍舉，後來一代傳奇伍子胥的祖父。從這場劇情的結果來看，伍舉對熊侶出演裝傻大片事先是不知情的，但伍舉的忠直，對演戲上癮的熊侶來說是最理想的臨時演員。伍舉對熊侶的荒淫好樂極為不滿，堂堂國君怎麼像個江湖混子？不知就理的伍舉進宮勸熊侶好歹給英明的祖先留一點顏面。

熊侶為了不使演技穿幫，還特意增加了劇情和道具，當伍舉進殿時，熊侶正「左抱鄭姬，右抱越女，坐鐘鼓之間」，這邊親一下，那邊摸一下，可謂風聲雨聲浪叫聲，聲聲入耳。

因為熊侶事先有令，敢諫者死，所以伍舉隱諱地諷刺荒淫的楚王，「臣在三年前發現山上有一隻鳥，這隻笨鳥即不去外面捉蟲吃，也不像其他鳥兒一樣鳴叫，敢問大王，這是一隻什麼鳥？」

伍舉拐彎抹角的勸熊侶要迷途知返，此時的熊侶自然不能說自己在演戲，只能同樣隱諱的回答，「三年不飛，飛將沖天；三年不鳴，鳴將驚人。」這就是著名成語「一鳴驚人」的原始出處。

三年的表演生涯想必讓熊侶非常的痛苦，但從形勢上看，楚國政局應該是朝著有利於熊侶的方向發展，至少三年的隱忍期差不多已經過去了，所以熊侶才有底氣告訴伍舉：屬於我的時代即將到來，老夫子再忍忍吧。伍舉聽出了熊侶的弦外之音，歡天喜地地出去了。

熊侶的裝傻充楞，除了迷惑權臣之外，還有一個重要目的，就是熊侶通過下敢諫者殺的命令來考察君臣對自己的忠誠度。在如此政治高壓之下還敢冒死進諫的一定是忠臣，所謂「國有諍臣不敗其國」。

為了再發掘忠直之臣，熊侶的火越燒越大，過了幾個月後，熊侶的「荒淫指數」急速上升，史稱「淫益甚」，不定能玩出什麼花出來。楚王的荒淫激起了大夫蘇從的強烈反感，他冒死上書，在熊侶「敢諫者斬」的威懾之下，蘇從大義凜然的表示自己的立場「用臣一條命來換大王的浪子回頭，臣認為是值得的。」這句話深深感動了熊侶，而且熊侶很欣賞自己的演技，果然又釣上了一條大魚。

熊侶應該是到了親政的年齡，正好順水推舟，「罷淫樂，聽政」。熊侶親政後做的第一件事情就是整肅吏治，其實就是清洗異己，從新構架由自己絕對掌握的朝局。在此之前，楚國朝廷中大略有幾百名官員，但這些人要麼不是自己的心腹，要麼庸庸無為，必須拿掉這些人，換上自己的人馬或有志於朝政清明之臣。

不過這幾百名官員再不符合熊侶的要求，也罪不至死，貶官即可，但熊侶卻把這幾百名官員悉數誅殺，另選幾百名中意的官員充數。誰都不會想知道一個只知道吃酒耍錢嫖女人的君主會如此腹黑手辣，其實站在熊侶的立場上，這很好理解，這就是以殺立威，從而警告官場上所有的異己者，特別是鬬氏家族，有不從寡人者，皆從此例！

直到此時，熊侶認為自己已經不用再表演了，摘下「荒淫」的面具，以剛硬霸道的面目公示天下，以賢臣伍舉、蘇從為執政，正式拉開了楚國歷史上最為輝煌的霸業大幕。等熊侶的反對者醒悟過來，已經晚了，熊侶已經將權力牢牢控制在手中。

權力是每一個政治人物的生命，特別是名義上擁有至尊地位的人來說，沒有權力也就失去了人生存在的意義。所以對於熊侶來說，無論他有多麼遠大的志向，首先第一步必須把權力收回來。

熊侶完成了他人生中第一階段的資源原始積累，接下來就是第二階段，即上面講的「滅燭絕纓」，也就是凝聚人心，樹立自己的威信。在熊侶收回權力時，楚國上下對於熊侶殺庸吏進能吏一致叫好，「國人大悅」，但這並不能說明什麼。熊侶能在多大程度上整合人心，收壯士為己用，將對楚國國勢產生重大影響。

關於熊侶收攏人心，《說苑．復恩》講了一個著名的故事，這個故事能很好的說明熊侶在收攏人心方面做的積極有效的工作。有一次熊侶在宮中設宴招待文武百官，為了表示對大家的尊重，熊侶特意把自己的愛姬叫出來陪酒，大家在一起開懷暢飲，向同僚講述各自在宦海沉浮的苦與樂。

因為是傍晚開宴，所以天很快就黑了，侍者自然要點燃蠟燭。不知道是不是殿上起了大風，把殿上的蠟燭全部吹滅，大殿頓時變成了黑風山，伸手不見五指。

還沒等熊侶下令重新點亮蠟燭時，漆黑一片的大殿上突然傳來一陣小小的騷動，間以一位美女的輕聲喝斥聲。等熊侶反應過來，坐在他身邊的許姬已經怒不可遏的向她的男人揭發在座的一位將軍對她非禮。

事情過程很簡單，許姬身旁坐著一位將軍，據稱名叫唐狡。唐狡可能是仰慕許姬的姿色，但平時他根本不敢對王的女人有非分之想。現在大殿燭光熄滅，唐狡突然來了邪念，趁亂揩了許姬的油水。只是讓他沒想到的是，許姬有把力氣，雙方在纏鬥中，許姬一把扯下了唐狡頭盔上的纓子。這就是物證，許姬也說了，只要大王點燃蠟燭，看看誰的帽子上沒有纓子，誰就是大流氓。

熊侶坐的位置應該距離許姬與唐狡不遠，二人之間的纏鬥，熊侶聽聲音就知道發生了什麼事情，甚至熊侶已經認出來此人是誰。男人最恨別的男人給自己戴綠帽子，何況是自己的下屬，此時的熊侶有一萬個理由將這個淫賊揪出來，拉出去槍斃十次都不夠解恨的。

熊侶做出了一個讓許姬驚訝地合不上嘴的決定——他要求所有與會官員都把自己冠上的纓子都摘下來，說誰再戴帽子飲酒，就是對寡人的不尊重。大王發了話，群臣都按要求摘掉纓子。當最後一個人摘掉纓子後，熊侶下令重新點燃燭火，大殿上光明溫暖，大家繼續飲酒作樂。

唐狡心裡很清楚，這是楚王有意給他解圍，雖然他嘴上不說什麼，但心裡卻激動的無以名狀。以他犯的這條淫亂大罪，就算楚王當眾不與追究，以後他還有什麼臉面在官場上混？

而且更重要的是，此人還不是熊侶的心腹人馬，最多算是二線。熊侶突然發神經似的來這麼一手，說到底，還是在片場上飆戲，甚至不排除一種可能：許姬和熊侶在演雙簧，許姬扮黑臉，熊侶扮紅臉，由許姬把這個色鬼引出來，然後由熊侶當眾展示自己的大度。

還有另外一種解釋，楚莊王大度容色鬼的真正目的是拉攏軍方人士，急需在軍界擴大自己的威望，只要攥緊了槍桿子，天就塌不下來。所以許姬告發唐狡無禮時，熊侶首先攬過：「這場宴會是寡人安排的，醉後非禮也是寡人的過錯。」特別是熊侶後邊緊跟了一句：「若察而罪之，顯婦人之節，而傷國士之心。」這句話實際上是說給軍界人物聽的，這裡的「士」主要還是指武人。

三年後，在楚國進攻鄭國的戰役中，唐狡拼了老命奮勇殺敵，為楚軍大勝立下頭功，熊侶問他為何如此拼命，唐狡回答：「當年臣對許姬非禮，蒙大王不殺，無以為報，是矣願肝腦塗地，用頸血湔敵久矣。」

熊侶替下屬掩過的目的也在於此。馮夢龍還煞有介事的寫了一首詩稱讚熊侶：暗中牽袂醉中情，玉手如風已絕纓。盡說君王江海量，畜魚水忌十分清。

如果說「一鳴驚人」的把戲是熊侶針對文官的拉攏，那「滅燭絕纓」則是熊侶專門收買武官的，這兩步都是非常關鍵。任何一個政權對外爭霸，都首先必須做到內政清明，團結高效，而且要有一支分析判斷能力強悍的智囊團，給君主提出智力支持。

比如西元前六一一年，楚國發生大面積的自然災害，全國乏食，楚國周邊的部落，如戎、庸、百濮接連造反，楚國上下人心惶惶。楚國高層都傾向於遷都，從而避開夷人鋒芒。

面對朝野盛行的右傾投降主義路線，司馬蒍賈（孫叔敖之父）給予了嚴厲批判，說我們能逃到哪去？我們能去的，敵人就不會跟著去麼？現今之計，唯有與庸人一戰，打退三敵中最強大的庸人，百濮將不戰自退。

熊侶半信半疑的採用了蔿賈的計策，果然十五天後，百濮人就自行退兵。失去了百濮的支持，庸人陷入單兵作戰的苦境，熊侶在政治上採取「遠交近攻」，聯合秦、巴等國圍剿庸人，在戰術上採取「將取先予」，將庸人主力吸引出來，然後楚軍分成兩隊，包抄其後，一戰滅掉庸國。

這是熊侶為了爭霸天下打響的第一槍，意義非常重大，但如果沒有蔿賈的阻止，熊侶有可能像宋真宗趙恆那樣，面對強大的契丹兵遷都南逃，一切就不可收拾了。

這是熊侶重視文官的好處，而在武官方面，雖然有關熊侶在軍隊思想工作方面的史料不多，但根據「滅燭絕纓」的故事可以推斷出熊侶平時是如何養人用人的。一支強大的軍隊，要在上、下兩方面下足功夫：上者，培養忠誠的軍事幹部；下者，訓練精兵，做好這兩篇文章，將無往而不勝。

文攻武備相繼完成後，接下來就是等待國際時局的變化，強勢出擊，完成自己的戰略目標。勿庸諱言，自楚成王時代，楚國基本完成了超級大國的骨架，楚國北上爭霸最大的敵人就是晉國。在晉、楚之間，夾雜著鄭、宋、陳這些中小國家，其中鄭是楚的鐵杆同盟，宋則和晉穿一條褲子，而陳國則是牆頭草，哪邊風大就往哪邊倒。

根據《史記．楚世家》的記載，在熊侶即位的第六年（西元前六〇八年），楚軍大舉北上，將晉的同盟國宋打得鼻青臉腫，獲兵車五百乘。這是一個非常輝煌的勝利，在戰略上講，削弱宋國，等於砍掉了晉國的一條胳膊。但在《左傳．宣西元年》卻記載了楚軍在伐宋之後與晉軍主力會戰於斐林，並大獲全勝的戰事。

更讓熊侶揚眉吐氣的是，楚軍的一部由蔿賈率領，在鄭國的斐林（今鄭州東南）大敗前來援救鄭國的晉軍，生擒晉國的名大夫解揚，算是給城濮慘敗報了一箭之仇。

雖然這場戰役規模並不大，但此戰之後，晉國的國際地位有所下降，對和楚國的競爭中略處下勢，史稱「不競於楚」。

此時的楚國能強悍到什麼程度，有兩個人可以出來作證，一是楚國令尹鬭越椒，在第二年（西元前六〇七年），晉國執政趙盾率諸侯軍進攻鄭國，鬭越椒奉熊侶之命北上救鄭。在臨行前，鬭越椒說了一句非常霸氣的話：「要想得到諸侯的真心擁護，就首先要把他們打服，晉國也沒什麼好害怕的。」這是鬭越椒針對國內某些人的畏難情緒說的，想必這也是熊侶的真實想法。

第二個人就是晉國執政趙盾本人，在聽說鬭越椒率楚軍急馳北上時，他立刻解散了諸侯軍，溜回晉國去了。雖然趙盾嘴上說有意撤軍讓鬭越椒取得勝利，以驕其志，為楚國的君權與相權之爭埋下伏筆，但一個很簡單的道理：如果趙盾有戰勝楚軍的實力，他還有必要玩這一招敗戰計麼？

趙盾對楚國「退避三舍」，實際上等於承認楚國已經有資格與晉國爭霸天下，而這又對熊侶鞏固在楚國的統治產生了良好的影響。至少在熊侶徹底剷除以鬭越椒為代表的鬭氏家族的過程中，趙盾無形中是「幫」了忙的。

事情發生在西元前六〇五年七月九日，此前鬭越椒和和時任工正的蔿賈互相廝咬，鬭越椒棋高一著，送蔿賈上了西天。在忍無可忍之下，熊侶發起了對驕橫跋扈的鬭越椒的總攻，交戰的地點在皋滸（今湖北襄樊），費盡了九牛二虎之力，熊侶還挨了鬭越椒兩記冷箭，最終還是把鬭越椒踢下地獄，滅若敖氏（即鬭氏）之族。

這是一場權力內戰，但其影響卻不可低估，因為在此之前，楚國的對外擴張是由熊侶和鬭氏家族共同完成的，鬭氏對於熊侶的威脅始終沒有解除。現在除掉了鬭氏，熊侶完全收回了最高權力，這可以使熊侶完成從內戰中抽出身來，心無旁騖地經營的爭霸事業。

這場內戰是蔿賈在熊侶面前構諂子揚，熊侶殺子揚而引起鬬越椒恐慌情緒引起的。表面上看，熊侶要為此負一定責任，但這完全有可能是熊侶暗中受意蔿賈出場扮黑臉，從此激反鬬越椒。綜合來看，這應該是熊侶密謀已久的奪權計畫。

上面講了鬬克和公子燮的野心比西瓜還大，實際上熊侶的野心比冬瓜還大，如果說剛繼位時還出於維穩權力角度還裝裝孫子，現在連面具都摘下來了，直接以野心家的身分竄到臺上跳大神。

在殺鬬越椒的前一年（西元前六〇八年），楚國的北線擴張的力度越來越強，由熊侶親自率軍北上，討伐位於今河南洛陽西南的陸渾戎。因為陸渾戎的地盤緊挨著東周雒邑，所以熊侶「湊巧經過」雒邑，在周天子的眼皮子底下耀武揚威，向天下宣示自己的強壯肌肉。

楚人北上示威，周王室不得不表示「歡迎」，周定王姬瑜派大夫王孫滿出城「犒軍」，熊侶並不諱言自己此來的目標，「楚子問鼎之大小，輕重焉」。眾所周知，只有周天子才有資格擁有象徵天下至尊地位的鼎，楚王問鼎，其意不問可知！

王孫滿說了兩句自相矛盾的話，堵上了熊侶的刀子嘴。一句是「興亡在德不在鼎」，一句是「周德雖衰，天命未改」，警告熊侶不要輕舉妄動，熊侶很聽話的結束了「觀兵於周」，撤了回去。

表面上看，王孫滿是勝利者，實際上熊侶根本就不可能滅東周的任何計畫，除非他瘋了。周天子的鋁合金招牌在當時還是非常有號召力的，即使狂悖如鄭莊公射了天子一箭，還得乖乖地向天子認錯。熊侶在天子面前耍大刀的目的還是政治性的，向天下宣告楚國將「問鼎中原」的戰略企圖，楚國有能力與晉國一爭高下，讓中小諸侯準備站隊。

在爭霸的過程中，熊侶仿效中原大國如齊、晉等國，重視塑造本國的政治形象，把自己打扮成一個充滿愛心的國際維持和平員警。齊桓公姜小白能當上武林盟主，不在於齊國的軍事能力一超獨大，而在於齊國政治上的正義性和正當性。

雖然春秋無義戰，但各大國爭霸時都要披著一件仁義道德的外衣，熊侶自然不能免俗。在西元前五九九年，楚的僕從國陳國政壇發生了一件轟動天下的桃色醜聞，陳靈公和大夫孔寧、儀行父與陳國第一美女夏姬勾搭成姦，這三個無恥姦夫居然穿著夏姬的衣服在朝堂互相顯擺。後來三個姦夫在大夫夏徵舒（夏姬的兒子）家喝酒時，因為三人拿夏徵舒開不恰當的黃色玩笑，從而激怒了夏徵舒，一刀送母親的姦夫陳靈公上了西天。

陳國內部的權力更迭，按常理說和楚國沒有半毛錢的關係，但由於陳的地緣優勢突出，一旦陳背楚歸晉，楚則門戶洞開。熊侶在陳國內亂後的第一時間就出兵北上，夏徵舒無兵無勢，很快就被熊侶除掉。

出於戰略上的考慮，楚國準備廢掉陳國的諸侯編制，改為楚國直轄的一個縣。從地緣政治學上來看，熊侶此舉無疑是正確的，楚軍廢陳為縣，並駐軍於陳，將有效的阻擊晉軍於楚國本部之外。

楚國大夫申叔時看了隱藏在正確戰略選擇背後的問題，夏徵舒殺陳靈公，楚國殺夏徵舒為陳靈公，本來是楚國在國際上樹立自己維護正義形象的絕佳機會。如果楚夷陳為縣，就等於向天下承認楚國要逐一消滅所有中小諸侯國。這會對中小諸侯國對楚國產生恐懼心理，從而影響楚國整合國際戰略資源，畢竟楚國還沒有消滅天下諸侯的實力。

在申叔時的勸說下，熊侶恢復了陳國主權，並把逃到晉國的陳國太子媯午迎回來立為陳侯。熊侶順應時代的舉動引起了國際上一片叫好，孔子聽說了這件事情，對熊侶大加讚賞：「賢哉楚王！輕千乘之國而重一言。」

孔子估計是老糊塗了，熊侶什麼時候也沒輕過千乘之國，他放棄了吞併陳國，實際上獲得了更大的政治勝利，熊侶什麼也沒失去。熊侶沒孔子那麼迂腐，成天講什麼仁義道德，熊侶眼中只有利益，赤裸裸的利益。

熊侶放棄了千乘之國陳國，其實是為了對付對楚國稱霸最具威脅的萬乘之國晉國，熊侶可以對陳國讓步，但他絕不能對晉讓步。難以想像如果孔子坐在熊侶的位置上，楚國會發展成什麼樣子，估計下場不會比宋襄公好多少。

宋襄公演技不錯，但問題在於國力太弱，無法支撐起他的大國夢想。熊侶的運氣較好，從祖、父手裡接過了一個初具雛形的超霸，而且熊侶的演技絕對是影帝級別，所以熊侶的蛋糕做得比宋襄公好是很正常的。換言之，熊侶懂政治，而宋襄公只懂廉價的「仁義」。

熊侶精湛的演技還集中在另外一場大戲中，就是發生在西元前五九七年著名的邲（今河南滎陽）之戰。這場邲之戰以楚國大獲全勝而告終，也同時終結了晉國的五十年霸業，熊侶以征服者的姿態正式站在歷史的前臺，成為當時天下人心服口服的霸主！

熊侶能成為春秋五霸中鐵打不動的三位之一，靠的就是這場震驚天下的邲之戰。關於這場爭霸戰，將用單獨一章篇幅講解。這裡只講一個細節，就是楚軍獲勝者，大夫潘黨勸熊侶把晉軍的屍體聚成京觀，向天下展示楚國超強的武力。

相比中原文明系統更成熟的晉、齊等國，楚國一直被所謂的「文明國家」視為不知仁義為何物的野蠻國家，到處殺人放火，在國際上的政治形象比較臭。熊侶剛剛通過「捉放陳」樹立了一點江湖威信，如果這時污辱晉軍的屍體，必將激起中原文明區國家的強烈反彈，對楚國沒有半點好處。

不知道是熊侶自己的政治見解，還是有江湖高人暗中點撥，熊侶拒絕了潘黨的建議。熊侶也是個碎嘴子，洋洋灑灑地給潘黨上了一堂政治課，但簡而言之，熊侶的理由是「所違民欲猶多，民何安焉？無德而強爭諸侯，何以和眾？」晉軍雖然被殺，但他們忠君愛國，並沒有做錯什麼，如果聚為京觀，是對死者的嚴重污辱，這種缺德事我做不出來。

特別讓後人欽佩的是，熊侶還給後人留下了一條關於軍事的重要哲學解讀，就是在江湖上經常被提到的「止戈為武」。熊侶認為武力是解決問題的重要手段，但不能迷信武力能解決所有問題。

熊侶賦予了「止戈為武」兩重重大含義，一是「禁暴」，二是「安民」。在「無義戰」的春秋時代，熊侶提出武力是「禁暴」手段的主張，無疑是進步的，符合歷史發展潮流的。僅憑這一點，吹捧熊侶是軍事思想家毫不為過。

晉楚邲之戰的導火索是楚國進攻鄭國，鄭國不堪楚國重擊，苦撐了三個月後，鄭襄公姬堅肉袒牽羊出降。為了防止楚軍對鄭人施暴，姬堅把一切責任都攬在自己頭上，說得非常悲情。

熊侶對姬堅的忍辱負重感動得一塌糊塗，當眾稱讚姬堅以國君的身分能忍受這份屈辱，足見姬堅平時是熱愛鄭人的。就憑這一點，熊侶決定不再對鄭國提出非份的要求，甚至為此還拒絕楚國有功將士分功的請求。

熊侶懂得尊重別人，別人也會尊重他，在邲之戰中，鄭人感激熊侶的不殺，傾全國之力幫助楚軍幹掉了晉軍。更重要的是，在邲之戰後，楚國不但在軍事上確定了霸主地位，從江湖道義上，楚國也樹立了大國威信，這一點是最重要的。

春秋無義戰不假，但正因為如此，才突顯「義」的重要性。熊侶之所以能繼齊桓、晉文之後真正意義上的稱霸，說穿了，就是熊侶懂得如何去平衡軍事與政治的關係，以慈悲為懷，以百姓為念，哪怕這種感情是裝出來的，總比赤裸裸的暴力更能贏得別人的尊重。

後世之所以把齊桓、晉文、宋襄、秦穆、楚莊奉為最主流的春秋五霸，其中一個最重要的原因就是他們都標謗仁義，至少他們在這方面做的要比闔閭、勾踐要好。

闔閭和勾踐論霸業，遠在宋襄、秦穆之上，但他們的道德品質實在太差，闔閭弒兄篡位，當眾強姦楚王夫人，勾踐忘恩負義殺夫差和文種，所以從道德角度來看，闔閭、勾踐不入五霸是有道理的。宋人蘇轍有感而歎：「楚莊王克陳入鄭，得而不取，皆有伯者之風矣。」

一二、晉楚邲之戰

作為三國史上具有戰略意義的三場大戰，袁曹官渡之戰、曹孫劉赤壁之戰、孫劉夷陵之戰，打得盪氣迴腸，是三國戰爭史上的標誌性戰役，再加上羅貫中如花妙筆的渲染，知名度不用多說。

而作為春秋時代兩大霸主晉國與楚國百年爭霸史上的三大決定性戰役，除了城濮之戰的歷史知名度勉強可以和三國三大戰役相提並比之外，鄢陵之戰多少還有些知名度，但作為標誌楚國稱霸中原的偉大戰役，發生於西元前五九七年的邲之戰卻鮮有人問津。

雖然《東周列國志》對邲之戰進行了濃墨重彩的渲染，但《東周列國志》的普及率和影響遠遜於《三國演義》，所以邲之戰沒沒無聞很正常。就事論事，晉楚之間的三大戰役，以城濮之戰最有名，鄢陵之戰次之，但從精彩程度上講，邲之戰似乎更勝一籌。

在邲之戰中，晉楚最高層鬥勇鬥智，各自決策層的分歧不斷，再加上各方名嘴閃亮登場，縱橫捭闔，風雲四起，都為這場決戰平添了幾抹亮麗的色彩，更不說邲之戰具有深厚的戲劇性和喜劇性。即使放在整個中國戰爭史中來衡量，邲之戰也是一線名戰，至少不應該被城濮之戰比下去。

作為邲之戰的失敗者，看看晉國方面都有哪些人粉墨登場，就足以證明這場邲之戰的含金量了。晉軍高層配置是：

中軍：荀林父為正、先縠為副，趙括、趙嬰齊為中軍大夫。

上軍：士會為正、郤克為副，鞏朔、韓穿為上軍大夫。

下軍：趙朔為正、欒書為副，荀首、趙同為下軍大夫。

韓厥（韓獻子）為司馬。

從晉國的這份名單上可以看出，晉國最頂層的權力精英幾乎傾巢而出，這些風流人物放在整個春秋史上來衡量也都是一等一的。有人說拍戲是大製作還是上製作，關鍵看出場演員，如果都是頂薪大腕出場，這就是大製作。以這個標準來衡量，邲之戰就是春秋戰爭史上罕見的大製作。

上一章講了，晉楚邲之戰的起因是西元前五九七年的春季，楚莊王熊侶親提銳旅北上討伐晉的同盟鄭國引起的。鄭國夾在晉、楚之間，兩頭挨磚，受盡了夾板窩囊氣。但總體來看，由於鄭距離晉近，而離楚遠，所以鄭經常騎在晉國的牆頭上觀風景。

從地緣戰略上看，鄭正處在晉與楚的戰略邊緣地帶，晉得鄭，則晉可飲馬漢江；楚得鄭，則楚可飲馬黃河，戰略地位相當於南北朝時的徐州，戰略地位極為重要。鄭國倒戈晉國，就是楚國最大的威脅，而熊侶要北上爭霸，就必須邁過鄭國這道門檻。

鄭國在軍事上不是楚的對手，楚軍僅用了三個月，就迫使鄭襄公姬堅牽羊出降。鄭國的投降，之於楚國的意義就相當於吳三桂以山海關投降清軍，中原從此洞開。楚國以鄭為戰略跳板，隨時可以殺過黃河北岸，這是晉國萬萬不能承受的巨大戰略代價。

對於楚國的戰略野心和軍事實力，晉國方面是心知肚明的，即使楚軍不過黃河，僅在鄭國駐軍，就足以威脅到晉國的南線河防。

實際上，晉國並不是鄭國降楚之後才決定出兵的，早在楚決定北上用兵於鄭時，鄭襄公就派人赴晉告急求救。晉國派出以荀林父為首的豪華陣容出場，戰略目的也很清晰，就是將楚從鄭國地盤上趕出去，幫助鄭復國。

但不知道出於什麼原因，晉軍的行動似乎比較緩慢，等鄭襄公苦撐了三個月後降楚時，晉軍居然沒有絲毫動靜。問題可能出在主帥荀林父身上，作為晉國頭牌人物，他的戰略大局觀卻經常出現短路。

比如在晉軍得知鄭已經降楚之後的前線軍事會議上，荀林父居然動了撤軍的心思，絲毫不顧及楚得鄭後對於晉造成的戰略威脅。他的理由是「姬堅投降了熊侶，我們還打個毛！不如等到楚從鄭撤軍後再尾襲楚軍，必能得利。」

上軍主帥、名將士會的腦袋也被驢踢了，非常認同荀林父的主張，隨後搖頭晃腦地說了一大通理由，無非是楚王熊侶得人心，善選賢才，百姓擁戴，人皆願效死力，把熊侶吹上了天。

這兩位大帥東拉西扯的找藉口，看似理由充足，熊侶可不是善與之輩，謹慎行事自是兵家上道，但還是難逃怯戰的嫌疑。分析起來，有兩點原因是荀林父和士會沒有考慮到的：

一、兩位大帥可能忘記了當年秦伯嬴任好在幫助晉侯姬重耳返晉即位後，曾經派出三千精銳部隊駐守晉國防叛的歷史。此次楚軍北上的目的是與晉爭奪國際霸權，降鄭只是第一步，熊侶下一步就準備飲馬黃河，不會輕易撤軍南返。退一步說話，即使楚軍真的南返，也不是沒有可能留下精銳駐守鄭國。萬一如此，晉國在戰略上就非常的難受了。

二、在楚崛起爭霸之前，晉國是天下公認的頭號霸主，什麼是霸主？按江湖上的說法，就是小弟有難，大哥得出來主持公道。鄭國做了多年的晉國小弟，現在被楚人圍攻，晉軍卻不發一矢，坐看鄭國完蛋，以後還有什麼臉面在江湖上混？這對晉國的戰略軟實力是莫大的損害。

大戰在即，兩大名將臨場下了軟蛋，這讓血氣方剛的中軍副帥先穀極為不滿。作為軍人，最大的天職不是服從命令，而是在戰場上打敗敵人，如果做不到這一點，再聽話的軍人也只是奴才。楚人得鄭後，在晉國南線進一步壓縮了晉國的戰略生存空間，一旦楚人大舉渡過黃河，後果是什麼，誰都清楚。

先穀在會議上當場批駁荀林父和士會的右傾投降主義路線，說你們兩個豬頭畏敵怯戰，臨陣思逃，置國家利益於不顧，還算是個男子漢大丈夫麼？如果不對楚國進行強硬反擊，任由你們胡搞下去，晉國的百年霸業就要毀於一旦。你們在後邊玩吧，老子過河殺敵去了。

說完，怒氣沖天的先穀率領自己的本部人馬，搶先渡河黃河，尋找楚軍主力去了，甩下了面面相覷的荀林父和士會。下軍大夫荀首看到場面無法收拾，出來替先穀說了幾句好話，並勸荀林父不要犯傻。不要說你不敢出戰楚人將導致你個人聲望的下跌，萬一先穀所部有個三長兩短，你身為大帥，下屬卻把你的話當放屁，無論如何也逃不了管理責任。在各方的壓力之下，荀林父不得不違心做出了一個讓大多數接受的決定——率軍南渡黃河，與楚軍決戰。

不過讓荀林父捶胸頓足的是，他已經得到可靠情報，晉國高層接連下軟蛋，實際上楚國高層下的軟蛋比之晉國只多不少。頭一個下軟蛋的就是楚國最高軍事統帥——楚王熊侶，接下來跟著下軟蛋的是楚國頭號智囊孫叔敖。

楚國在逼鄭投降之後，並沒有過河與晉軍決戰的戰略考量，出於政治上的考慮，熊侶派出主力部隊駐紮在郔（今河南鄭州北），準備到黃河南岸轉一圈後就返回楚國。最為搞笑的是，當聽說晉軍主力已經渡過黃河時，一向以鐵血大王面目示人的熊侶居然嚇得膽顫心驚，捲起鋪蓋準備逃竄回國，賢相孫叔敖也持相同的觀點。

倒是一個不起眼的小弄臣伍參，看到楚王這副熊樣，不禁怒從膽邊生，指著熊侶的鼻子一通臭罵，說大王臨陣脫逃，將成為江湖上的笑柄，以為楚國顏面何存？

隨後伍參給熊侶分析晉軍的弱點，「其佐先縠剛愎不仁，未肯用命，其三帥者，專行不獲，聽而無上，眾誰適從？」此時正是楚國難得的殲滅晉國主力的絕佳機會。熊侶被伍參罵的下不來台，只好一咬牙，下令三軍調頭北向，準備與晉軍決戰。伍參是什麼人？簡單介紹一下，他的孫子名叫伍奢，而他的曾孫就是伍子胥。

不知道伍參是如何得到晉軍內部的絕密情報的，但他看準了荀林父在晉軍中無法行使最高權力，晉軍內部權力分配亂如雞毛撣子，此時不擊晉，更待何時。

伍參沒有說錯，晉軍前線高層四分五裂，各說各話心思完全擰不到一處。就在晉軍抵達敖、鄗兩山之際時，已經投降楚的鄭國突然莫名其妙的派人來勸荀林父火速出擊楚軍，鄭軍在旁邊協從，必能破楚。

關於是否聽鄭人的建議，晉軍高層分成兩大派，一派是以先縠為首的主戰派，趙括和趙同在後面搖旗吶喊；一派是以欒書為首的慎戰派，荀首隨後。

慎戰派的思路還是立足於楚國政治清明、三軍用命，對於鄭使所謂楚師疲老無備的觀點，欒書層層駁斥，形勢對慎戰派比較有利，甚至連主戰派的趙朔都稱讚欒書是智人君子。

實際上晉軍主流觀點是不想與楚軍死戰，楚軍同樣不想和晉軍玩命，熊侶派出少宰赴晉營求和。熊侶明顯放低了姿態，為楚伐鄭做無罪辯護，「豈敢求罪於晉？」慎戰派的士會對楚人的求和喜出望外，立刻答應願意與楚講和，大家各自回家玩泥巴。

但士會的「軟弱」再次激怒了主戰派大頭領先縠，先縠瞧不起這些損害國家尊嚴的軟骨頭，根本不把士會與楚人的和談精神當個泡踩，強硬的指使趙括出見楚少宰，說我家士大帥吃錯藥了，他剛才和您說的話全是放屁，晉國為了保護鄭小弟的利益，已經決定和楚決一死戰，請楚大王準備後事吧。

也許正如先縠所說，士會確實吃錯藥了，還有那位荀大帥，手上有這麼好的牌面，卻不敢和楚人玩「鬥地主」，難怪主戰派不聽他們的。此時的楚王熊侶已經做好了應戰的所有準備，熊侶一邊派人與晉軍慎戰派談判，甚至連結盟時間都商定好了，一邊派出小股部隊騷擾晉軍主力，在晉軍高層內部製造更大的分裂。

在某種程度上，晉軍已經被一種莫名其妙的好戰情緒所綁架，慎戰派在軍中已經明顯失勢，這其中也有用人不當的問題。比如晉軍派往楚營議和的使臣魏錡和趙旃，這兩位大爺，魏錡曾經爭取過公族大夫的位置，趙旃想做上卿，均以失敗告終。

雖然人事大權掌握在趙盾手上，和士會等人沒有關係，但這魏趙二人卻把火氣撒到了前線晉軍的頭上，一心要晉軍吃敗仗。二人在楚營並不是議和，而是想方設法激怒楚人，什麼難聽的話都敢說出來。

更讓人無法理解的是，晉軍高層明明知道魏趙肯定會挾私報復，居然還派他們出使楚營，然後商議魏趙二人激怒楚人的後果，簡直匪夷所思。郤克認為魏趙必定會做出對晉軍不利的事情，他要求晉軍做好後撤的準備。士會隨即附和，說有備無患，實際上還是逃跑主義路線，早知道魏趙不可用，還用他們做什麼？

雖然好戰份子先穀依然反對縮頭烏龜的戰術，但慎戰派的「有備無患」還是佔了上風。為了防止晉軍戰敗後，楚軍對晉軍的追殺，鞏朔和韓穿在敖山上埋伏了七路伏兵，趙嬰齊率本部撤回黃河南岸，準備船隻，隨時接納敗退的晉軍。

這真是世界戰爭史上的奇葩！在明明知道打敗仗的情況下，一邊準備死戰，一邊準備逃生。更為誇張的是，魏錡和趙旃的表演嚴重出格，這二位大仙去楚營挑釁不是用嘴，而是用刀！

魏錡先帶著一撥人去楚營宣戰，被潘黨率眾追殺，為了逃命，魏錡居然還有心思射了一頭鹿送給潘黨，這才逃回來。趙旃比魏錡的膽子還要大，他自己席坐在楚營前，指揮小弟們去砸楚人的場子，被憤怒的熊侶率眾轟了出來，趙旃還被楚人差點扒光了衣服，光著屁股逃走，晉軍已經得到魏趙二人被打出來的消息，立刻派出一股部隊接應。而由於天色漸晚，楚軍和晉軍都沒摸清對方到底有多少人，互相犯忧，特別是對楚營來說。楚王熊侶只帶著三十輛戰車追擊趙旃，按每車有步卒七十二人計畫，也不過兩千多人，一旦熊侶要中了晉人的埋伏，後果不堪設想。

曾經和熊侶連袂下軟蛋的孫叔敖突然迸發出一股難得的血性，他下令軍中：「寧我薄人，勿人薄我！」與其楚軍被動的等晉軍前來挑戰，不如主動迎擊，畢竟他首先要考慮的是楚王的人身安全。事已至此，楚人完全失去了退路，畢竟楚王的等級是荀林父等人無法相比的。

可以說這是一場意外的戰役，楚與晉都沒有約定作戰時間，甚至在此之外還在努力促成和談。不過從雙方的備戰情況來看，楚軍顯然準備得更為充分，楚軍在孫叔敖下令後，即整陣出擊。當然，晉軍也「準備」好了，只等楚軍殺過來，晉軍就調頭北逃。

楚軍擔心熊侶在前線的安危，所以進軍速度非常快，「遂疾進師，車馳，卒奔」，完全是一副不要命的架勢，還沒等晉軍反應過來，楚軍已經怒吼著殺到了晉軍面前。

面對楚軍的主動進攻，晉軍大帥荀林父臨危不亂，他手撚著山羊鬍子，突然想到一招妙計。荀林父擊鼓示眾，指揮大家放下武器，立刻向黃河南岸撤退，那裡有趙嬰齊的渡河部隊。為了鼓勵將士們臨陣脫逃，荀大帥還下令，誰先抵達河南岸，就有重賞。

重賞之下，必有勇夫，聽說逃跑還有賞錢，已經沒有心思戀戰的晉軍一窩峰似的擠到了黃河南岸。但因為船隻有限，只有一小部分人幸運上船逃回北岸，剩下的晉中、下兩軍將士不是被砍掉手指，就是被擠到黃河裡餵魚了。

晉軍的三支主力部隊，中、下兩軍已經報銷，只有上軍還堅守不動，這是士會等人最後的一根救命稻草。而且更加危險的是，楚人已經發現了這支晉軍，並且熊侶已經邀請到了唐國軍隊助陣，再加上潘黨的四十輛戰車，氣勢洶洶的殺過來。

從軍事力量對比上來看，原本晉軍與楚軍的實力相比，晉上中下三軍如果合力殺敵，勝負尚難底定。但現在中、下兩軍煙消雲散，僅有的上軍是無論如何都撐不住楚軍的超強攻擊的。

中軍大帥荀林父此時應該竄回黃河北岸曬太陽去了，上軍的主將是士會，這也是一位著名的逃跑將軍。荀林父跑了，士會當然也不甘示弱，當駒伯（郤克的兒子）問士大帥我們該怎麼辦時，士會毫不猶豫地再次祭起楚軍無敵論。

「楚人現在士氣正盛，彼之優勢兵力對我之一部兵力，若與之戰，我軍必定完蛋。留得青山在，不怕沒柴燒。」逃跑本是件丟人的事情，卻被嘴上跑馬的士會發展成了一門藝術。讓人噴飯的是士會逃跑找出的理由，為什麼上軍也要逃跑，因為我們要替荀林父的中軍分擔罵名！中軍跑了，國人必定臭罵他們，我們都是兄弟，爭忍見兄弟受辱，所以我們也逃跑，替中軍挨一部分罵。

……

眾將無不翹起大姆指，稱讚大帥妙計安天下，不賠夫人不折兵！

士會不愧是當代名將，在他的合理調度之下，晉國上軍有條不紊地向北後撤，沒有損失一兵一卒。荀林父的逃跑藝術和士會相比，天上人間的區別。

想當初，晉軍三線主力耀武揚威地走出絳都，高舉著國際主義的大旗，開赴河南戰場，準備給狂妄的熊侶致命一擊，哪曾想會變成這樣的雞毛場面。楚國甚至都沒怎麼用力，就把晉國大軍嚇得尿了褲子，哭爹喊娘的滿世界逃竄，成為中國軍事史上的一大笑柄。

這場邲之戰，楚國贏得不但輕鬆，而且充滿了喜劇色彩。在楚軍追擊晉軍的過程中，有幾輛晉國戰車突然一頭栽進了大坑裡拔不出來了。按道理講，楚軍應該毫不客氣的吃掉這些倒楣的晉軍，但楚軍弟兄們卻非常熱心的下車，幫助晉人修車，把晉車前的橫木抽出來，大家一起使勁，這才把晉車從坑裡拉出來。更為惡搞的是，晉軍不但不感謝楚軍，而且對楚軍的幫助大加揶揄，說我們不像貴軍有逃跑的經驗，所以栽在了坑裡，諷刺楚軍以前經常被晉軍打得抱頭鼠竄。

楚軍為什麼要幫助晉軍？一個比較合理的解釋，就是楚軍已經不把此時的晉軍當成對手了，這實際上是楚軍對晉軍最大的蔑視，由此可見楚人自信的大國心態。

晉國是和楚國並列的兩大超級強國之一，但自晉襄公姬歡早逝之後，晉國的爭霸勢頭明顯放慢，主要原因還是出在內部。以趙盾為代表的卿權和以晉靈公姬夷皋為代表的君權展開了殘酷的權力廝殺，雖然趙盾最終獲勝，但君權和卿權的分裂已成事實。

等到晉景公姬獳即位以後，趙氏的勢力雖然還有餘威，但中軍執政大權已經落入荀林父之手。各派山頭爭權奪利，比如趙氏和欒氏、郤氏向來不合拍。

這次邲之戰，身為軍執政的荀林父避免與楚決戰，趙氏則極力要求開戰，原因就在於荀林父擔心萬一敗給楚國會影響到自己的政治地位，而趙括、趙同則希望通過戰勝強大的楚國來恢復趙氏的政治地位。

巨大的權力內耗肯定會嚴重影響到晉國的政治團結和對軍隊的指揮權，這次晉軍在邲的慘敗也說明了一個真理：一個統治集團內部四分五裂，是不可能打敗強大外敵的。

古人說：天無二日；近代人說：一個國家、一個領袖。對於一個國家內部的穩定來說，權力越分散越安全，但對一個有爭雄天下野心的國家來說，權力越集中越安全。反觀楚國，自從滅掉嚴重威脅王權的鬬氏家族後，楚王室對權力的控制明顯加強，在對外的大政方針上，可以發出一個聲音，這應該是楚國能戰勝晉國在政治上的主要原因。

二三、子產和晏嬰——春秋兩名相

春秋三百年，君主成百上千，王公貴族更是數以萬計，這些人鐘鼎玉食，享受著人間最頂級的富貴，揮霍著屬於他們的人生。不過正如曹劌所說「肉食者鄙」，這幫春秋的公子哥兒不過是投胎技術好，生在王公之家，天生就有富貴命，否則連個屁也算不上。

當然並非所有的貴族子弟執政都會交白卷，出身富貴而成大事者並在少數，比如唐太宗李世民出身累世貴族之家，卻交給歷史一份極其絢爛輝煌的答卷。春秋時代的執政精英以飯桶居多，但這在一堆肥頭大耳的飯桶執政中，人們還是不經意間發現了兩位足以震撼千古的名相，即鄭相子產和齊相晏嬰。先來說說子產。

春秋時代以公室身分入閣拜相的不計其數，但要論治政功績和知名度，相信沒有人能超越子產。我們都知道子產是鄭國著名宰相，其實子產只是他的字，他的本名是姬僑，鄭繆公姬蘭的孫子、公子發的兒子。

作為鄭國公族近親，子產在政治上有天生的優勢，這比像老鼠一樣在底層艱難打拼的管仲強多了。據《史記》記載，子產登上鄭國政治舞臺的時間是鄭簡公姬嘉三年（西元前五六三年），不過此時鄭簡公只有七歲，尚未成年，權力掌握在國相子駟手上，鄭國政局非常混亂，諸公子之間互相廝咬，雞毛亂飛，子產只能略顯尷尬地在旁邊觀戰。

因為鄭簡公年幼，所以子駟想取而代之，結果夢還沒醒，就被同宗子孔一刀送上西天。本來子孔是想學習子駟好榜樣，廢幼主自立的，不過在子產的勸說下，子孔不再發神經，老老實實做了宰相。

其實從另一個角度講，子產是一名優秀的政治投資家（不是投機家），鄭簡公雖然年幼，但他已經能分辨黑白善惡，子產救了他一命，他自然會在合適的時機投桃報李。在西元前五五四年，十七歲的鄭簡公突然向專權十年的子孔發動襲擊，「誅之」。

鄭簡公的親政，意味著他需要一位沒有篡位野心的直臣來輔政，而無論是講親疏、講賢愚，子產都是最合適的人選，所以鄭簡公很自然的就把子產扶正，出任大卿。雖然子產上位，是由他的堂侄子皮（姬罕虎）推薦的，但首先是因為子產賢明，所以子皮才會推薦子產，子皮怎麼不推薦其他人？

事實證明，子皮的推薦和鄭簡公的決定是無比英明的，春秋時代最偉大的名相之一誕生在鄭國這個破落的前「中產階級」，是鄭國的莫大幸運。

說子產偉大並不是無聊的吹捧，甚至可以更進一步，把子產與管仲並列為春秋兩大名相，原因很簡單，因為子產做了前人沒有做過或很少有人去做的事情。

對歷史來說，子產在鄭國的執政是非常有開拓性的，子產執政時間可以和管仲相比，都在相位四十年，管仲的偉大不必多說，是公認的中國市場經濟的鼻祖。市場經濟的理論基礎是自由，包括言論自由，而子產則可以稱為中國言論自由的鼻祖。

子產論言論自由，見於《左傳．襄公三十一年》。原文大意是鄭國存在著一種相當於現代政治俱樂部的組織，類似於明末的東林黨，對朝政品頭論足。鄭國高層非常討厭這些多嘴烏鴉，大夫然明勸子產封殺這些揭批政府的自由言論，言論自由也要有個底線，但被子產拒絕了。

子產反對封殺持異見者論壇的理由很簡單，腦袋上長嘴除了吃飯，就是用來說話的，面對政府施政的不足之處，在野者有權利發表他們對政治的看法。如果政府不讓百姓說話，那麼百姓就有可能不再說話，但會舉起鋤頭，用暴力發表自己的意見。

子產不但反對封殺在野言論，反而非常看重持異見者，「其善者，吾則行之；其惡者，吾則改之，是吾師也。」按現在的政治語言講，就是人民是政府的監督者，真正為民服務的政府是敢於讓人民說話的，只有不為人民服務的政府，才會封殺言論。有位哲人曾經說過一句名言：「讓人講話，天塌不下來。」

關於古代封殺言論自由的故事，最著名的莫過於「周厲王止謗」，周厲王姬胡搞獨裁專制，不讓人民說話，結果人民「道路以目」，姬胡自以為得計，但很快他就遭到了報應——國人暴動，將姬胡趕下臺。

總有一些當政者輕視人民的力量，把人民當成會說話的奴隸，正如召公勸姬胡的那樣：「防民之口，甚於防川」，子產也認同召公的觀點，「（封殺言論自由）猶防川也，大決所犯，傷人必多，不如小決使道。」

子產的觀點很明確，封不如疏，單純封殺人民發表言論的自由，是極端愚蠢的政治自殺，不如給異見者留一個說話的管道，讓異見者有發洩怒火的管道。這就如同在洪水積蓄的主河道旁開鑿一條溝渠，引流洪水，確保主河道的安全，就是這個道理。

為什麼子產不懼怕在野議論？很簡單，子產身正不怕影子邪，他執政為民，老百姓也不會指責他。子產治國，《尸子》稱子產「國無盜賊，道無餓人」，老百姓安居樂業，飽腹謳歌，誰會在吃飽飯的情況下放下筷子罵娘？

《呂氏春秋・樂成》也有相同的記載，子產治鄭期間，因為多施善政，他在鄭國的威望達到了頂點，老百姓甚至公然宣稱我們的好日子是子產給的，誰要陷害子產，誰就是我們的敵人。如此得民心，說明子產是執政為公的，他沒有自己的私心，當然不懼怕言論風暴。

問題是自古以來，當官的沒有幾個是為民的，所以他們心虛，害怕民間非議，所以瘋狂壓制言論自由。以為江山萬年不倒，哪知道憤怒的農民扛起鋤頭憤怒一呼，所謂的鐵桶江山土崩瓦解，對子產來說，周厲王就是眼前最著名的例子。

子產對言論自由的遠見卓識，不僅感動了然明，他狂熱的拍起了子產的馬屁，說鄭國有子產，天下之幸，更感動了幾十年後的孔子。孔子感歎道：「人謂子產不仁，吾不信也。」

其實孔子稱讚子產，在一定程度上是在為自己開脫，孔子治政嚴猛，惹人非議，特別是殺少正卯一事，讓孔子收到了不少爛磚頭。巧合的是，子產治鄭同樣嚴猛，而且也殺了一位與少正卯一樣開壇講學的思想家鄧析子。

按現在的政治語言講，鄧析子就是一個持異見者，不知道是出於公心還是出於私心，鄧析子堅持一個凡是不動搖，即凡是子產堅持的，他堅決反對。

鄧析子除了大學教授的身分外，還有一個身分，就是鄭國最著名的大律師，經常承辦司法訴訟業務。如果說有些品行不好的律師被罵為訟棍，那鄧析子就是不折不扣的鄭國第一訟棍，專和子產唱對臺戲。

鄧析子不管是非曲直，誰出高額律師費，他就替誰說話，顛倒黑白，信口雌黃，「以非為是，以是為非」。結果導致「鄭國大亂，民口喧嘩」，被首席執政官子產定性為鄭國頭號搗亂份子，嚴重影響了鄭國的社會穩定，所以子產不顧別人會指責他壓制言論自由，強硬的殺掉了鄧析子，「民心乃服，是非乃定，法律乃行」。

實行剛猛之政，是子產治鄭的最大風格特點，這不倒是子產生性剛硬，而是他看到了執政寬仁是導致社會混亂的重要因素。諸葛亮治蜀，看到蜀政寬仁，豪強跋扈，所以諸葛亮痛下狠手，剛猛治蜀，結果蜀國大治。魏晉史的許多史學家都認為諸葛亮剛猛治蜀是子產治鄭的三國版，比如袁準和陳壽。

子產治政與諸葛亮治蜀還有一個巧合，就是他們身前身後各有一個反面例子，諸葛亮身前的例子濫施寬仁導致蜀亂的劉璋，而子產身後的例子就是繼子產執政的大叔。

子產知道自己執政過於強硬，會引發一些人的不滿，但子產在臨死前告誡下一任執政大叔：「我死，子必為政，唯有德者能以寬服民，其次莫如猛。夫火烈，民望而畏之，故鮮死焉。水懦弱，民狎而玩之，則多死焉。故寬難。」

子產說的很清楚，政府監管是控制民心的有效手段，一味壓制民心，民心就會大規模反彈，而一味放縱民心，民心就會散亂。等子產死後，大叔認為子產的剛猛之政對百姓過於嚴厲，於心不忍，但放寬了對社會的監管，結果有人鑽了空子，做起了打家劫舍的強盜，鄭國社會治安嚴重混亂。

社會上雞毛亂飛，大叔這才理解了子產為什麼要實行剛猛之治，對待百姓，寬嚴相濟才是上策。大叔恢復了子產的嚴政，起兵圍剿了那夥萑苻之盜，「盜少止」，社會恢復了子產時代的安定。

在很大程度上，孔子的治政思想與子產並無二致，所以孔子非常能理解子產，經常拍子產的馬屁。當孔子知道子產的死訊後，痛哭流涕的稱讚子產「古之遺愛也」。

諸葛亮曾經引用過一段孔子評價子產的名言：「政寬則民慢，慢則糾之以猛。猛則民殘，殘則施之以寬。寬以濟猛；猛以濟寬，政是以和。」前秦名相王猛同樣是奉子產為師，厲行剛猛之政。

雖然這三位名相都是典型的法家（雖然子產所處的時代還沒有法家的概念），行事嚴猛剛硬，但不能否認的是，他們三人都向歷史交出了一份完美的答卷，鄭、蜀、前秦在他們治下，幾乎實現了「和諧社會」，這就是他們敢於面對歷史是非定評的底氣。

在這三位名相中，除了王猛是標準的法家作派，子產和諸葛亮在相當程度上更與儒家思想（以周公為模範）走得更近，特別是子產。子產除了剛猛之治，還經常「德」不離口，每見到一個高官，子產都像唐僧一樣，喋喋不休的勸人家「修德」。

鄭定公四年（西元前五二六年），子產出使晉國，見到晉國執政之一的韓宣子，子產曰：「為政必以德，毋忘所以立」。子產警告韓宣子，如果不修德愛民，早晚必遭報應。兩年後，子產又揪起鄭定公姬寧的耳朵大喊：「不如修德」，差點沒把鄭定公的耳朵震聾。

有人說儒法不兩立，其實並不是這樣，在很多情況下，儒法在政治上都互補的，猶如一枚硬幣的兩面，誰也離不開誰。治國之道，在於寬嚴相濟；治人之道，在於賞罰公允。儒則寬、賞，法則嚴、罰，就相當於胡蘿蔔和大棒子的關係。

孔子深諳此道，所以他不遺餘力的稱讚子產，實際上也是在鼓吹自己的政治思想。對於一個有為的政治家，無論治政寬與嚴，其根本目的都是愛民，也就是我們常說的「為人民服務」。孔子到處宣傳子產的惠政，遭到了學生子游的質問，子游問孔子，老師為什麼極力拍子產的馬屁，孔子很嚴肅的回答：惠在愛民而已矣。

愛民，是子產政治生涯最顯著的標籤，古往今來，宰相如過江之鯽，有些人自私自利，禍國殃民，而有些人愛民惠民，比如子產。所以子產死後，鄭人無論老少，痛哭流涕三月，「子產去我死乎！民將安歸？」更何況能讓孔子這等級別的人物痛哭流涕的，會是一般人麼？

在漫長的歷史長河中，子產的歷史意義慢慢由一個具體的人而衍化成公正的化身，後世歌頌的包青天、海青天，其實都是子產愛民精神的忠實踐行者。北宋名臣王質出知荊南府時，用自己的俸祿幫助貧苦百姓辦理了離婚手續，就被當地百姓稱為子產再世，可見子產的影響力。

說完了子產，再來說說差不多與子產同時的另一位齊國名相晏嬰。

不知道出於什麼原因，以子產的江湖地位，司馬遷在編撰《史記》時，居然沒有給子產立專傳，只是將子產附在門前冷落車馬稀的《循吏列傳》中，也不過區區一百多字。相比之下，晏嬰比子產幸運多了，至少他可以列入正傳，更讓人羨慕的是，晏嬰和另外一位千古名相放在同一傳記裡，這個人名叫管仲。

晏嬰的出身沒有子產的龍子鳳孫那麼顯赫，但也不是廁鼠出身，而是含著金鑰匙出身的貴家公子，即人們經常說的官二代。晏嬰的父親晏弱曾任齊國的上大夫，相當於現在的省部級大員，而管仲是標準的窮二代出身，和晏嬰是沒法比的。

晏嬰的老爹很爭氣，給兒子拼出了一個很不錯的未來，晏嬰的家世確實讓人羨慕不已，但晏嬰能在江湖上揚名立萬，靠的也是真才實學。有沒有真本事，不是靠有沒有金爹銀媽來證明的。

晏嬰約生於齊靈公四年（西元前五七八年），約卒於齊景公四十八年（西元前五〇〇年），如果從西元前五五六年，晏桓子（即晏弱）去世，晏嬰繼承爵位算起，晏嬰在齊國官場上縱橫五十七年，歷經腥風血雨而屹立不倒，沒有兩把刷子是辦不到的。

不過有說法認為晏嬰執政長達五十多年，實際上晏嬰為相，至少要在齊景公三年（西元前五四五年）之後。即使如此，晏嬰也在相位四十六年，這也是一個非常恐怖的數字，幾乎就是終身宰相。

《史記．晏子列傳》說晏嬰「三世顯名於諸侯」，是指晏嬰效力過的三位齊侯，即齊靈公姜環、齊莊公姜光、齊景公姜杵臼父子三朝。在齊靈公時代，晏嬰還處在官場的周邊，當時執政的是著名權臣崔杼。等到了齊莊公即位後，齊國發生了一場著名的後宮八卦事件，就是齊莊公私通崔杼的老婆，結果被扣綠帽子的崔杼大怒，發動兵變，在自己家裡殺掉了準備偷食吃的齊莊公。

當時的晏嬰只有三十歲，正是血氣方剛的年齡，崔杼弒君膽大妄為，徹底激怒了晏嬰。身材比較「精華」的晏嬰站在崔府門外將崔杼罵得狗血噴頭，並要求崔杼開門放他進來，他要與國君一同赴難。晏嬰說得大義凜然：「君為社稷死則死之，為社稷亡則亡之。」

崔杼鐵青著臉把晏嬰放進來，晏嬰撲倒在齊莊公的屍體上號啕痛哭，連續三次行了君臣大禮，才淚流滿面的離開。在莊公被殺之前，晏嬰在齊國江湖的威望已經日漸高漲，而晏嬰哭君，又為他掙得了許多來自朝野的印象分。所以有人勸崔杼殺掉晏嬰，崔杼說我已經臭到家了，再殺晏嬰，就臭不可聞了。

官場就是戲園子，在官場中混，沒點演技是不行的。不排除晏嬰抓住了崔杼性格中的某些人性化「弱點」，冒著殺頭的危險來哭莊公，為自己搏取好名聲，但這畢竟是拿生命賭博，不是隨便什麼人都敢玩的，至少說明晏嬰敢於擔當。

其實晏嬰做事非常謹慎，並不會輕易出鋒頭，齊莊公在位時，因為好勇鬥狠，晏嬰經常給齊莊公上眼藥，「今上無仁義之理，下無替罪誅暴之行，而徒以勇力立於世，則諸侯行之以國危，匹夫行之以家殘。」

晏嬰的政治思想，和鄭國子產非常相似，都注重修德，更多的接受了周公儒家思想的影響。晏嬰曾經給齊景公提出了「亡國四不足」的警告，即「德不足以懷人，政不以惠民，賞不足以勸善，刑不足以防非，亡國之行也。」

齊莊公不聽晏嬰的良言相勸，敢去勾搭權臣崔杼的女人，被殺也在情理之中，綠帽子是隨便給人戴的嗎？齊景公在這一點上要強於齊莊公，至少齊景公不會給人扣綠帽子。齊景公為人相對比較謹慎，在他即位初期，權力被崔杼和慶封控制，齊景公乾脆袖手旁觀，坐看崔杼和慶封互相廝咬，等到二人咬的兩敗俱傷，齊景公輕輕鬆鬆收拾了局面，基本維護了齊國公室的權威。

齊景公做事有時非常荒唐，但總體上不算是昏君，還是能聽得進良言相勸的，這就給了晏嬰更大的政治舞臺。事實證明，齊景公擁有晏嬰，是他和齊國的莫大幸運，自然也是歷史的莫大幸運。

晏嬰身材不高，據說只有一米四，比五短身材的曹操高不了多少，但有句名言道：濃縮的都是精華，外型不是衡量人物優秀的標準。能讓歷史記住的，是實實在在的政績，而不是外型或出身。

當時齊國的政壇格局是君弱臣強，田、鮑、高、欒四家勢力過大，齊國公室相對弱一些。所以晏嬰雖然身為齊相，卻是典型的「弱相」，類似於三國東吳丞相顧雍，但晏嬰相比於靜默不言的顧雍，更多的承擔了諫臣的責任。

一部洋洋灑灑的《晏子春秋》，其實就是晏嬰對齊景公的諫言，從這個程度上講，晏嬰更接近於唐朝魏徵首席多嘴烏鴉的角色，因為魏徵也留下一部《魏鄭公諫錄》的多嘴集子。

魏徵以敢諫著稱，而且字字句句皆能打動李世民，君臣同心，天下大治。齊景公遠不如李世民，但晏嬰還是晏嬰，甚至魏徵可以被稱為小晏嬰，因為晏嬰看問題看得太透徹了。

《晏子春秋》更像是一部晏嬰與齊景公的軼事大全，也有不少晏嬰作為外交名嘴在國外出使期間的嘴戰記錄，但在第三篇《內篇問上》卻詳細記載了晏嬰規勸齊景公的治國之道，甚至可以說這是《晏子春秋》中最有價值的一部分。

齊景公曾經問晏嬰：「為政何患？」統治者最大的錯誤是什麼？晏嬰從用人的角度回答，「患善惡不分」。有些帝王以為自己戰戰兢兢，節儉愛民，就足以守住天下，其實並非如此。

君主的個人品德非常注重，但如果沒有一個好的用人制度，身邊全是馬屁精，在信息下情上達的方式極為落後的古代，君主和社會底層之間完全有可能被一些別有用心的小人隔離掉，奸臣們完全控制社會上下層的意見溝通，導致下言不能上達，上情不能下傳，是導致社會動盪的主要因素。所以自古以來的政治，治人就是治吏，用人制度的好與壞，將在很大程度上決定著一個政權的穩定與否。

晏嬰非常重視建設完善的用人制度，如果才能做到這一點，這也是齊景公所關心的，晏嬰的回答只有短短的一句話：「用好國君身邊的人」。社會的金字塔結構，注定了用人制度只能由上而下層層控制，國君用對了甲，甲就會用對了乙，乙也會用對丙，層層類推下去，直到統治結構的最低一級。

孔子說過：「政者，正也，子帥以正，孰敢不正！」老百姓恨貪官，真實最大的貪官往往就是帝王本人，為什麼李世民時代沒有貪官污吏，因為李世民反貪官，所以層層都沒有貪官。帝王把好經念歪了，底下的人就會層層念歪。所以晏嬰警告齊景公「審擇左右，左右善，則善惡分。」

孔子聽說了這件事情，對晏嬰大加讚賞，「此言也信矣！善進，則不善無由入矣；不善進，則善無由入矣。」孔子講得很明白，善與惡、正與邪是嚴重對立的，有善則無惡，有邪則無正，善惡共處一室是不可能的。

好人進入統治機構，則壞人將被拒之門外，反之亦然。北宋之所以以不可思議的速度完蛋，最根本的原因就是官僚系統包括軍事系統已經徹底腐爛變質，北宋不亡，天理也不容。

齊景公有一次和晏嬰討論一百多年前齊桓公與管仲共同開創的齊國不世霸業，齊景公先拍了晏嬰一通馬屁，說晏卿是管仲再世，希望晏嬰能輔佐自己實現齊國的二次稱霸。

晏嬰並沒有接齊景公的話把子，而是把話題引向君主治國理政上面，晏嬰認為齊桓之所以能夠稱霸天下，在於內政清明，歷史上從來沒有內政混亂而稱霸天下的。晏嬰提出了「六不」和「三無」，即在齊桓公時代，「貴不凌賤，富不傲貧，功不遺罷，佞不吐愚，舉事不私，聽獄不阿，內妾無羨食，外臣無羨祿，鰥寡無饑色。」

「六不」和「三無」，歸根結柢，還是回到了上面講到的君主要以身作則上，中國特殊的歷史環境造成了一種上行下效的心理暗示體制，君主的行為準則在很大程度上影響著臣民的思維定式，君主不貪不惡，則臣下不貪不惡，反過來也是一樣。歷代興亡，百姓覆水翻舟，根子就是出在帝王身上。

戰國思想家墨子曾經提出「國有七患則必亡」的觀點，而早在墨子之前一百多年前，晏嬰就率先提出類似的觀點，可以稱之為「亡國五患」，即「一、厚取於民，而薄其施；二、多求於諸侯，而輕其禮；三、府藏朽蠹，而禮悖於諸侯；四、菽粟藏深，而怨積於百姓；五、君臣交惡，而政刑無常。」

第二、三條講的是國家外交大政方針，第五條講的是人事制度，第一、四條講的是政府與百姓互依互存的關係，特別是第四條。如果政府只顧增加自己的財政收入，而忽視了百姓的承受程度，只能導致「怨積於百姓」，最終迫使老百姓舉起鋤頭造反。

晏嬰非常擔心政府的貪婪無厭，他警告齊景公，如果不愛民恤民，真把老百姓惹毛了，國君大臣們必將失去他們所得的一切，孰輕孰重，國君自思之。

如果論權力和政績，晏嬰可能不如子產，但僅從二人所遺留的思想記載來看，子產更像是個實幹家，晏嬰更像一個思想啟蒙者。某種角度來看，晏嬰和孔子非常的接近，孔子佈道天下，但問津者寥寥，晏嬰足夠幸運，因為齊景公願意給晏嬰一個推銷自己的舞臺。

齊景公自然不如齊桓公，但放在整個齊國國君行列中也可以算是中等偏上，至少他能聽得進逆耳忠言。晏嬰進諫向來是不給國君面子的，但晏嬰所說皆有利於國，所以齊景公還是能耐得住貪玩的性子，裝模作樣聽進去的。

晏嬰的思想比較繁雜，但歸根結柢，可以用《晏子春秋．內問篇》中的一句話來總結，「（國君）謀於上，不違天；謀於下，不違民。」所謂違天，就是逆歷史潮流而動，所謂違民，就是與民爭利。

晏嬰曾經出使過晉國，晉大夫叔向問晏嬰一個問題，什麼樣的思想最偉大，什麼樣的行為最敦厚？晏嬰回答的直截了當，「思想偉大莫過於熱愛百姓，行為敦厚莫過於讓百姓快樂。」

從宏觀層面講，歷代國君謀臣，只要解決了這兩個戰略問題，甚至就能走出哲人所說的興亡週期率，萬年執政而不衰，至少從理論上是講得通的。後人都知道孔子是偉大的思想家，其實晏嬰相比於孔子，絲毫也不遜色。

一一四、晉國執政趙盾

說到晉國的趙氏家族，來頭可不一般，據《史記·趙世家》記載，趙氏與後來統一六國的秦國嬴氏出自同一祖先。趙氏的遠祖之一就是周穆王時著名的養馬專家造父，穆天子西幸用的八駿，據說就是造父獻給穆王的。因為造父輔佐穆王有功，所以造父被封在趙城，以後便以趙為姓，也是趙姓的由來。

晉國趙氏之所以能成為晉國的頂級公卿，和造父已經沒太大關係，而是應該感謝春秋五霸之一晉文公的從龍舊臣趙衰。可以這麼講，沒有趙衰，也就沒有趙氏的強盛中興，更沒有日後威震天下的戰國七雄之一的趙國。關於趙衰的事情，放在了《晉文公的從龍舊臣們》篇章中，這裡只講趙衰的兒子趙盾。

在中國歷史上，趙盾是一個特殊人物，他即不是開國君主，也不是守成帝王；他開啟了趙氏家族在晉國歷史上最輝煌的時代，也因為大權獨攬導致其他勢力對趙氏家族的全面圍剿，險些斷子絕孫；他能力超群，卻專橫跋扈不可一世，連「皇太后」都要哭求於他；他對晉國公室忠心耿耿，卻殺掉了由他親自扶立上位的晉靈公姬夷皋。

勿庸諱言，沒有趙衰就沒有日後趙氏的興盛，沒有趙盾在執政時打下的雄厚基礎，趙氏在下宮之難（即趙氏孤兒事件）的白色恐怖中就不可能保存血脈並最終逆轉翻盤。趙衰類似於司馬懿，而趙盾則是春秋版的司馬師、司馬昭，只是司馬炎足夠幸運，曹魏宗室的勢力已經被剷除乾淨，而趙盾再手眼通天，也奈何不得晉國的其他軍功豪門。

站在其他豪門的角度來看，趙盾是個權臣，但站在歷史的角度看，趙盾是春秋時代少有的能臣，沒有趙盾執政，晉國繼文公、襄公之後繼續保持超級強國的地位幾乎不可能。

當然，趙盾能混到晉國執政，首先還是因為他有個名爹。趙盾投胎技術好，傍了個好爹，生下來就是龍種。在西元前六二二年趙衰去世後，趙盾很順利的接下老爹留下的家業，做了趙氏的少東家。

在趙盾襲父位之前六年，一代霸主晉文公撒手西去，其子姬歡繼位，就是晉襄公。晉國的權力分配體系和春秋前期的其他大國，特別是齊國有很大的不同。齊國雖然也有世家大卿執政，但總體上來說君強臣弱。晉國由於晉文公是在外流浪十九年後回國即位，身邊有一群同甘苦共患難的兄弟，所以晉文公把這些兄弟都分封高位，大家一起吃肉。

諸卿共同執政，恰好給了晉文公平衡各方勢力的機會，各方功勞都差不多大，誰也不服誰，晉文公很順利的「分而治之」，從而保持了晉國長時期內的權力平衡。正如晁福林先生所說「由於諸卿相互牽制，所以君權保持了較長時期的強盛。」

在晉文公去世後至趙衰去世的六年時間裡，晉襄公姬歡巧妙的處理了君權與老臣之間的權力關係，加上姬歡本人英武類似晉文公，所以老臣們也都服服帖帖。

姬歡在位的前幾年，身邊的輔臣還都是當年跟著父親文公流浪天下的老臣子。比如趙衰、狐偃這兩位都是晉文公時代的兩大公卿代表，已經遠遠甩開其他勳臣，史稱「狐趙之勳」。

狐偃和趙衰私交不錯，還能盡心盡力的輔佐襄公，在姬歡去世的前一年（西元前六二二年），二位超級元老雙雙離世。同年離世的還有重臣欒枝、霍伯。

趙衰、狐偃的離世，表面上看沒有什麼稀奇的，新陳代謝人之常情。問題在於，趙家和狐家的第二代完全沒有父輩在險惡江湖上同舟共濟的交情，作為在蜜罐子中泡大的官二代，他們對最高權力的渴望遠大於父輩。假設一下，如果趙衰和狐偃晚死幾年，晉襄公死後，二人可以憑藉舊交，在輔佐幼主晉靈公的權力分配中繼續維持脆弱的平衡。

歷史不能假設，兩位重臣倉促離世的後果，就是逼得潛藏在暗流之中的兩家的權力之爭浮出水面。作為兩家政治勢力的代表，趙家公子趙盾和狐家公子狐射姑，為了爭奪晉國的正卿位置展開了非常慘烈的鬥爭，兩家老一輩打出來的交情基本上也斷掉了。

事情的起因和晉襄公有一定關係，晉國的軍事制度本來是六軍制度，趙衰和狐偃死後，晉襄公為了鞏固君權，又恢復了原來的三軍建制。狐射姑和晉國同宗，都是唐叔虞之後，又是姑表親，所以姬歡把中軍主將的位置交給了狐射姑，趙盾出任副職。

姬歡的這一決定，徹底引爆了趙氏與狐氏的矛盾，在趙盾看來，狐射姑吃上了肉，自己就只能喝西北風去了。雖然史料上沒有記載，但趙衰以前的心腹陽處父突然上書朝廷，極力拍趙盾的馬屁，說狐射姑是個奸佞小人，而趙盾「賢」，如果不讓趙盾出任正卿，晉國將亂。

陽處父此時竄出來，甩給狐家一記響亮的耳光，從某種角度上來講是公報私仇。陽處父早年曾經想投奔晉文公帳下，但不知道出於什麼原因，狐偃始終瞧不上陽處父，不給陽處父接近晉文公的機會，陽處父用了整整三年也沒爬上臺。直到陽處父改變戰略，改投趙衰，沒想到趙衰只用了三天時間，就把陽處父塞進了權力中樞。

換句話說，趙衰是陽處父的政治恩人，狐偃是陽處父的政治仇人，陽處父一想到狐偃就咬牙切齒。站在陽處父的利益立場上看，如果狐射姑獨掌大權，以後還會有陽處父的好日子過麼？陽處父為了保住自己的權力，他只能力保趙盾，別無選擇。

陽處父是晉國一線高官，在朝中很有影響，他既然發了話，姬歡也要考慮趙氏的勢力對於公室的影響。狐家雖然血緣與公室親近，但論起家族勢力，趙氏反而略勝一籌。姬歡不想得罪趙氏，只好忍痛抽了自己一記耳光，將趙盾和狐射姑的位置調整了一下。從此，趙盾「於是乎始為國政」，成為晉國一號政治人物。

權力鬥爭向來都是零和遊戲，你多吃多佔，我就得喝西北風，換了誰也不會答應。一年後，當姬歡病死後，狐射姑就在繼承人的問題上和趙盾交了火，他主張立晉文公的庶子姬樂為君，只是他萬沒想到趙盾如此腹黑，派出一隊殺手在姬樂從陳國返回晉國的路上將姬樂送上西天。晉國天下表面上是屬於新立幼君姬夷皋（晉靈公），但實際上最高權力依然掌握在趙盾手上。

更為可笑的是，因為徹底鬧翻了，趙盾和狐射姑索性撕破臉皮，互相給對方拆臺。狐射姑把這筆爛帳記在了陽處父的頭上，派出同宗狐鞫居刺殺了趙家馬仔陽處父，趙盾也不是省油的燈，立刻捕拿了狐鞫居，砍下人頭示眾。狐射姑不堪其辱，一怒之下逃回了老家翟國避難，不陪趙盾玩了。

狐射姑是跑了，但趙盾在晉國官場上的宿敵還有很多，比如箕鄭父、先都、士穀、梁益耳和蒯得這五位軍界大員。之前晉襄公要立狐射姑為中軍佐，實際上姬歡心目中最佳的中佐與副佐人選是箕鄭父和先都，結果名將先軫之孫先克橫插一腿，姬歡這才改任狐射姑和趙盾。而陽處父隨後再跟著多嘴饒舌，趙盾這才得以上位。

箕鄭父等人要拿下趙盾，首先必須幹掉趙盾的馬仔先克，掃清周邊障礙，再一擊置趙盾於死地。這些人恨趙盾鳩佔鵲巢，更恨先克多嘴，而且蒯得和先克又有私仇，先克曾經仗勢強奪了蒯得的田地。

先克現在是趙盾面前的大紅人，如果要走正常程序，很難把先克敲打下來。明的不行，乾脆就來暗的，在西元前六一八年的正月初二，一夥賊人突然闖入先克的豪宅中，將先克送上西天。

從表面上看，這只是一場意外事件，但是哪些人會派人刺殺先克，他們的目的又是什麼，趙盾心知肚明。先克被刺殺，對趙盾來說是莫大的損失，但同時也是趙盾剷除政敵的絕佳機會，至少趙盾有足夠的理由運用法律武器幹掉箕鄭父這夥野心家。

話說簡短，根據《左傳．文公九年》記載，「晉人殺先都、梁益耳」，過了三個月，「晉人殺箕鄭父、士穀、蒯得」。所謂的「晉人」，實際上就是以趙盾為首的當權派。

在沒有外力監督的權力體制下，權力的終極方向一定是獨裁專制，晉國的政軍一體，掌軍權者必掌政權，這就給了軍界一把手趙盾一手遮天的機會。對趙盾來說，能除掉的刺頭都除掉了，權力不可避免的集中到趙盾之手，屬於趙盾的專政時代正式開啟。從此普天之下，再無人敢攖趙盾之鬚。

對於趙盾的為人處事，他曾經最大的對手狐射姑再清楚不過了，敵人往往是最了解自己的。狐射姑在翟國避難期間，翟國丞相酆舒向狐射姑打聽過趙衰、趙盾父子的性格特點，問二人誰更賢明。狐射姑做了一個很形象的比喻，他把趙大爺比做冬天裡的太陽，給人以溫暖；而趙小爺則是夏天裡的太陽，誰不聽他的，這位趙小爺就把誰拉到太陽下曝曬……

趙盾這種狠硬的行為作風，似乎又可以把他看成春秋版的雍正，做事雷厲風行，善於啃硬骨頭，再大的阻力也不會影響他們改革的雄心。雍正因為強行經濟改革，觸犯了既得利益階層，被罵成千古暴君，趙盾也享受到了這種待遇。在罵趙盾的那些人中，有一位重量級人物，就是指責趙盾盡壞周法的孔子。

孔子指責趙盾「為刑鼎，民在鼎矣，何以尊貴？」是嚴重踐踏貴族統治賤民的法制精神，「貴賤無序，何以為國？晉國之亂制也！」說的是西元前六二一年，趙盾剛執政時推行的改革九項措施，即著名「夷蒐之法」。

夷蒐之法的具體措施如下：

一、制事典，制定國家的根本大法，相當於現在的憲法。

二、正法罪，制定完整的刑法，「準所犯輕重，豫為之法，使在後依用之。」

三、辟獄刑，建立的完善司法審判體系，審理積壓的舊案要案。

四、董逋逃，進行轟轟烈烈的嚴打專項鬥爭，加大搜捕在逃案犯（也包括逃亡奴隸）。

五、由質要，建立完善的民間經濟契約制度。

六、治舊洿，因為舊的政治體制已經不能適應當前的形勢發展，所以必須進行政治體制改革。

七、本秩禮，「時有僭逾，貴賤相濫」，尊卑不分，所以有必要恢復舊有的尊卑等級制度，孔子並不反對這一點。

八、續常職，恢復舊有的公務員職位制度。

九、出滯淹，建立完善的人才選拔制度，庸者下，能者上，特別要在民間發現人才。

孔子實際上罵錯了人，先不說從趙盾的改革九條來看，哪一條也沒有超出孔子的政治容忍范圍，而且趙盾改革還是在晉襄公在位時期，沒有姬歡的支持，趙盾也搞不起來。再說孔子經常把

「刑罰不中，則民無所措手足」掛在嘴上，殺少正卯的時候，也沒見孔子否定過自己。孔子對趙盾的不滿，主要還是第二條「正法罪」上，孔子是做不到「王子犯法與庶民同罪的」，以孔子的階級立場，他對正法罪反感是很正常的。孔子主張以禮治人，刑罰只是輔助手段，「不教而殺謂之虐」，而趙盾則主張以法治人，雖然他也重視禮教之於社會的正面影響。

在趙盾推行改革九條之前的十二年，也就是西元前六三二年，晉文公姬重耳曾經頒布了著名的「被廬之法」，提出了「棄責薄斂、施捨分寡；輕關易道、通商寬農」等緩解當時尖銳社會矛盾的利民政策。

不過最讓孔子有認同感的，還是姬重耳提出的保護貴族利益的相關條款，即「尊貴寵」和「公食貢，大夫食邑，士食田，庶人食力，工商食官，皁隸食職，官宰食加（家主的食田）」，這和孔子宣揚的「君臣父子」在階級立場上是一致的。

孔子是士大夫階層，主張「大夫食邑、士食田，庶人食力」，針對的應該就是趙盾改革的第五條「由質要」。趙盾要求規範民間經濟行為，在一定程度上就損害了權貴階層剝削底層庶民的利益，孔子反對趙盾改革也是情理之中的。

嚴格來說，趙盾推行的這九條不能算是改革，只能算做在舊制度基礎上的改良，並沒有推翻舊有的政治經濟制度，趙盾本人也沒有背叛他所處的剝削階級。如果一定要說趙盾改革有什麼鮮明時代特色的話，削弱君權也是這次改革的主要中心目標。

這一點比較好理解，趙盾作為異姓大卿，和晉國公室有很深的利益矛盾。趙盾假改革之名，趁機擴張自己的權力範圍，「使行諸晉國，以為常法」，是再正常不過的，這不是否定趙盾改革的理由。

趙盾不惜得罪權勢公卿推行改革，於公於私都是有利的，於公鞏固了晉國統治，於私擴大了自己的權力和人望。以至於江湖皆知晉國有趙盾，不知有晉侯（晉靈公）。就如同時人皆知有諸葛亮，不知有劉禪一樣。

除了沒有皇帝名分，諸葛亮擁有皇帝的一切權力，趙盾也是如此。因為晉靈公年幼，所以趙盾理所當然的全權代理最高權力，甚至在只有國家元首才可以出席的國際會議上，趙盾也堂而皇之的坐在臺上。以趙盾的首席執政身分，最多也就是個政府首腦，但世人也知道，晉靈公連個傀儡都不是。最典型的一次政府首腦以國家元首身分出席國際會議，發生在西元前六二〇年，齊、宋、衛、陳、鄭、許、曹諸國在扈舉行元首高峰會，趙盾代表晉國與諸國進行會盟。除了扈之盟，還有西元前六一三年的新城之盟、西元前六一二年的第二次扈之盟、西元前六一〇年的第三次扈之盟，趙盾均列席其中。

第一次扈之盟，晉靈公還是個娃娃，趙盾代為出席勉強有些道理。十年後的第三次扈之盟，晉靈公已經年長成人，趙盾依然越俎代庖，說明兩點：一、在君臣尊卑有別的春秋時代，諸侯已經默許趙盾成為晉國的實際統治者；二、趙盾也間接表明了自己不會把權力交給晉國公室的態度。

關於趙盾在天下諸侯中的威望達到了什麼程度，《左傳．文公十四年》記載，西元前六一三年，東周王室內部發生了一場糾紛，周公姬閱和王孫姬蘇爭權奪利，大打出手，周匡王姬站在周公閱一邊，派出卿士尹氏和大夫聃啟去晉國找趙盾評理。趙盾很體面的解決了問題，各方都有臺階可下，「趙宣子平王室而復之」。

眾所周知，周天子是天下名義上的共主，何況這次爭端還發生在王室內部，可當周天子無力解決爭端的時候，就得請趙盾出面解決。這說明一點，晉國首席執政趙盾的天下霸主地位是得到周天子承認的，這對趙盾提高國內國際的威望是極為有利的。

情況有些類似於漢獻帝之於曹操，劉協只是有一個有名無實的傀儡皇帝，生殺大權均在曹操手裡，曹操才是真皇帝，趙盾也是如此。晉國的姬姓公族在趙盾執政期間的利益損失太大，自然對趙盾多加不滿，更不用說已經成年的晉靈公。

劉協鬥不過曹操，因為他手上沒有任何武裝，這一點還不如擁有幾百老蒼頭的魏高貴鄉公曹髦。姬夷皋有兩點要比劉協情況稍好，一是晉靈公是趙盾所立，從這層意義上講，趙盾是受晉襄公臨死託孤的顧命大臣，而劉協只是曹操從半路搶來的，沒有什麼君臣大義。二是晉靈公身後還站在有些影響的姬姓公室勢力，以及對趙盾虎視眈眈的異姓卿士的勢力，這不得不讓趙盾有所顧忌，這是姬夷皋在相當程度上敢於向趙盾叫板的本錢。而劉協被曹操玩弄於股掌之上，身邊沒有任何可以倚仗的劉姓宗室勢力。

姬夷皋長大了，收回最高權力是天經地義的，但趙盾當然不會憑白無故的交權，一旦交了權，趙盾就會成為刀板上任人宰割的魚肉，趙盾知道官場上恨他的人實在太多了。其實姬夷皋同樣有這樣的擔心，他手上沒權，就是趙盾的刀上肉，不知道哪天就被趙盾給宰了。

姬夷皋幼年繼位，在位十四年，他和趙盾發生衝突時的年齡不會太大，應該比被鼇拜欺壓的康熙略大一些。這個年齡的男孩往往性格比較叛逆，做事激進不計後果，趙盾已經明顯感受到了來自國君收回權力的壓力。

對趙盾來說，晉靈公本來就不是他中意的人選，晉襄公去世後，姬夷皋的母親穆嬴以「皇太后」之尊跪在趙盾面前惡狠狠的叩頭，威脅趙盾說如果不立我的兒子，將來就和你沒完。趙盾當時初掌執政，根基不深，還不想得罪穆嬴身後的勢力，只好違心立了姬夷皋。

現在趙盾要拿掉姬夷皋，理由當然不能是從權力之爭的角度來解釋，否則趙盾的正面形象將破壞殆盡。穩妥的辦法倒是有一個，就是拿著放大鏡尋找姬夷皋的劣跡，值得趙盾慶幸的是，姬夷皋確實是劣跡斑斑，罪名找到了一大堆，如下：

一、在民間搜刮百姓錢財，修建宮室。

二、在臺上拿彈弓射無辜的老百姓。

三、因為御廚沒有將熊掌蒸熟，被姬夷皋當場殺掉，並把屍體藏在畚箕裡，讓宮女背著畚箕在朝堂中大搖大擺的經過。

第二條可以忽略不計，第一條對趙盾來說也沒有什麼大危害，但第三條胡亂殺人卻引起了趙盾的警惕。這小子今天敢殺廚子，明天就敢殺執政大臣，何況姬夷皋有意讓眾人看到屍體，這是明顯的對執政集團發出警告。

趙盾擔心的還有另外一點，隨著姬夷皋的年齡越來越大，朝中的反趙勢力可以打著國君親政的旗號要求趙盾交權。

趙盾雖然有了足以拿掉姬夷皋的合法理由，但朝中強大的反趙勢力還是讓趙盾不敢輕舉妄動，趙盾的考慮是想等姬夷皋先動手，自己佔據道義高地再進行反擊。可以看出趙盾在廢立上還是猶豫不決，趙盾下一步的動作是勸諫姬夷皋收斂，反正姬夷皋是聽不進去的，趙盾就能倒逼自己下最後的決心。

不過讓趙盾大感意外的是，在這場君臣文鬥的大戲中，姬夷皋首先破壞了遊戲規則，文鬥沒有效果，那就進行武鬥，用暴力解決趙盾。這場精彩的君臣鬥發生在西元前六〇七年的九月，姬夷皋突然邀請首輔趙盾來宮中飲酒，暗中早就布置好了武士，只等趙盾一來，當場幹掉。

讓人疑惑的是，以趙盾的政治智商，他居然對這場陰謀沒有任何反應，還是他手下的馬車夫提彌明看穿了姬夷皋的鬼把戲。在趙盾喝完第三杯酒之後，就被提彌明拎下了殿，準備強行出宮。

趙盾光棍一般的進宮喝酒，是姬夷皋斬殺趙盾最合適的機會，他自然不會錯過這個千載難逢的機會。可搞笑的是，接下來出場的姬夷皋的奇兵不是人，而是一隻凶猛的大狼狗閃亮登場。在姬夷皋清脆地學了幾聲狗叫後，這隻大狼狗汪汪竄了出來，準備撲咬趙盾。

這隻大狼狗在歷史老人面前賣力的表演著，其他臨時演員也沒閒著，姬夷皋的甲兵將趙盾包圍起來，看起來趙盾已經毫無逃生的可能，而且提彌明已經戰死，大殿上迴盪著晉侯聲嘶力竭的吼叫聲：別讓趙某跑了！

如果不是趙盾當初打獵時無意中救出一個餓倒山野的壯漢靈輒，而靈輒恰巧就是圍堵趙盾的甲兵之一，靈輒為了報趙盾的一飯之恩，背叛姬夷皋，拼命將趙盾救出，趙盾早已是死無葬身之地。

趙盾為人如夏日之陽，這次被姬夷皋差點算計，他當然不會善罷甘休，反正他和姬夷皋已經撕破臉皮，再裝下去已經毫無意義。在出宮之後，趙盾就發起了反擊，不過老奸巨猾的趙盾不想背上弒君的惡名，趙盾假裝成政治受害者，逃到邊境上，然後暗中指使堂弟趙穿在桃園殺掉了已經無力反擊的姬夷皋。等確認姬夷皋被幹掉後，趙盾才扭扭捏捏的回到晉都，繼續執政。

史籍上並沒有記載是趙盾指使趙穿弒君，但晉國著名史官董狐卻堅定的認為姬夷皋之死，趙盾就是背後黑手。董狐的舉動讓歷史為之感動，他在青簡上刻上了「趙盾弒其君」，然後不避危險，將簡書扔在朝堂上，當眾抽了趙盾一記響亮的耳光。

趙盾此時還厚顏無恥的拒絕承認暗中指使趙穿弒君，並指責董狐血口噴人，「弒者趙穿，我無罪」。董狐不但骨頭硬，嘴也尖刻，當即頂了趙盾一句：「你說你和趙穿弒君沒有任何關係，那你身為晉國執政，為何不法辦趙穿弒君之罪？」一句話駁得趙盾啞口無言，只能拉下面子自貶，弄得趙盾極為難堪。

孔子曾經為趙盾弒君辯誣，說趙盾「古之良大夫也，為法受惡，惜也。」實際上是多此一舉，即使趙盾承認是他暗中指使趙穿弒君，也並不影響趙盾在歷史上的改革家地位。再者，春秋弒君之臣多如牛毛，只要大權在握，別人罵幾句也少不了一根汗毛。魏晉時代有誰敢指責司馬昭弒君，雖然曹髦是司馬昭的手下馬仔成濟幹掉的。

不過倒楣的成濟被司馬昭當成替罪羊扔了出去，被夷三族，趙穿不但沒有因為弒君受到半點指責，反而受到趙盾的重用。新任晉侯姬黑臀（晉成公，襄公弟）就是趙穿奉趙盾之命，從東周雒邑給請回晉國即位的。

姬黑臀得到了國君的位子，但依然是趙盾手中的牽線木偶，眼睜睜看著趙盾擴大趙氏宗族的權力，連大氣也不敢多喘一口，趙盾的刀可不是吃素的。趙盾應該是吸取了晉靈公的教訓，對晉國公族相對放寬了管制，至少姬黑臀可以以晉侯的名義出現在外交舞臺上。比如西元前六〇〇年九月，姬黑臀在扈地與宋、衛、鄭、曹等國元首進行會晤，準備討伐楚國的馬仔陳國。

姬黑臀死在了扈之盟會上，從現有史料上看，姬黑臀是得病死亡，和趙盾沒有什麼關係。但以趙氏家族的勢力，姬黑臀再多活幾年，也無法擺脫趙盾的陰影。

如果從西元前六二二年算起，至姬黑臀去世，趙盾在晉國執政前後長達二十三年，先後剋死了晉襄公姬歡、晉靈公姬夷皋、晉成公姬黑臀，可謂三朝不倒翁。

趙盾的年齡在姬黑臀去世時應該五十多歲，經過二十多年的經營，趙氏的七姑八婆都被趙盾安插在晉國的要害部門，趙盾的離世不會影響到趙氏家族的權力控制。

作為晉國的第一權勢家族，趙氏家大業大，內部枝葉太多，並非所有人都服趙盾。趙盾的母親叔隗本不是趙衰的嫡妻，而趙衰的嫡妻應該是晉文公的女兒（即趙姬）。趙姬賢慧明達，把嫡妻的位子讓給了狄女叔隗，自己生的三個兒子趙同、趙括、趙嬰齊只好委屈做了庶子，讓趙盾做了嫡子。

因為這層原因，趙盾的三個異母兄弟對此頗為不滿，趙盾為了穩定趙家的內部秩序，他做出了一個讓很多人意外的決定，把趙家嫡宗的位置還給趙姬所生的兒子趙括。

嫡宗位置其實只是名義的尊貴，趙盾並沒有把自己的正卿實權交給趙姬一脈，將來繼承正卿的，只能是趙盾的兒子趙朔。但趙盾至少在一定程度上成功收買了趙姬一脈，讓趙姬一脈的兄弟子侄們以後能圍在趙朔周圍，共同維護趙氏家庭的利益，在必要時，還可以讓這些人做趙朔的周邊替死鬼。

二五、趙氏孤兒真相

說到英國著名大文豪莎士比亞，人們會下意識的想到出自莎翁筆下的那部千秋悲劇名著《哈姆雷特》，也就是《王子復仇記》。《哈姆雷特》在世界文學史上的地位不用過多介紹，可以說《哈姆雷特》是世界悲劇文學史上的巔峰之作。

其實，在中國的悲劇文學史上，也有一部足以與《哈姆雷特》相媲美的悲劇名作，就是中國人幾乎家喻戶曉的元雜劇《趙氏孤兒》，中國的四大悲劇之一，另三部是《感天動地竇娥冤》、《長生殿》、《桃花扇》。

《趙氏孤兒》之所以如此受到垂青，是因為《趙氏孤兒》的離奇故事性、感人思想性，忠與奸、善與惡、美與醜、人性的真實與痛苦的掙扎，在這部傳奇悲劇中體現的淋漓盡致。

最早歌頌趙氏孤兒的，是太史公司馬遷，太史公在《史記．趙世家》中繪聲繪色地講述了發生在春秋中期晉國驚心動魄的一場家族仇殺。故事的確很精彩，自從趙盾專權後，在朝中得罪了很多大員，等到趙盾之子趙朔襲位後，趙家的反對者們開始了殘酷的反攻倒算。

春秋史上第一奸臣屠岸賈打響了反趙的頭炮，因為屠岸賈是晉靈公的寵臣，趙盾弒君後，屠岸賈就懷恨在心，打著為晉靈公討還血債的旗號要誅殺趙朔滿門。晉景公三年（西元前五九七年），屠岸賈在沒有得到任何指令的情況下，擅自率軍圍攻趙家的政治堡壘下宮，「殺趙朔、趙同、趙括、趙嬰齊，皆滅其族。」製造了震驚天下、駭人聽聞的下宮之難。

在這場血流成河的屠殺中，趙氏成年男子沒有一人倖免，只有趙朔夫人趙莊姬趁亂躲在晉宮之中避難，僥倖撿回一條性命。確切的說，是兩條性命，因為趙莊姬的肚子裡還有一個胎兒，這就是後來趙氏孤兒的男一號趙武。

雖然趙莊姬是晉成公的姐姐，但性情冷酷的屠岸賈一旦得知趙莊姬還有身孕，必定要斬草除根，晉景公都很難保住這個還未出世的外甥。在情況最危急的時候，趙家的一位門客挺身而出，決定救趙家少主於危難之中，以報趙朔當初厚待之恩。

這位大俠就是公孫杵臼，他看到趙朔的密友程嬰在趙氏受難時沒有絲毫表現，憤怒的指責程嬰：你怎麼還有臉活在這個世上！程嬰滿臉委屈地說，我現在還不能死，要等到趙莊姬生完孩子再做決定。如果生女孩，我會選擇以死報友，如果生男孩，我就把他養大成人，為父報仇。

不久後，趙莊姬果然生下了一個男孩，程嬰激動的淚流滿面，但這個消息很快就被線人捅給了屠岸賈。屠岸賈誅殺趙氏滿門數百口，每天都在做噩夢，如果讓這個趙家小子長大後，屠岸賈還有活路麼？屠岸賈立刻率兵入宮索拿趙家男嬰。

已經恐懼到極點的趙莊姬把嬰兒放在繈褓裡，向天祈禱：「趙宗滅乎，若號；即不滅，若無聲。」可能是天意不亡趙氏，這個男嬰在亂兵搜拿時居然沒有哭，僥倖逃過一劫。

但以屠岸賈的陰險多疑，不搜出男嬰他是不甘心的。公孫杵臼和程嬰為報趙朔之德，這次也豁出去了，決定用李代桃僵之計，找個嬰兒替趙武受死，以保趙家香火不滅。

公孫杵臼和程嬰對趙家忠心不二，但對一戶失去男嬰的人家來說，他們就是惡魔再世。他們為趙家盡忠，何必拿別人的孩子當炮灰，於心何忍？《東周列國志》說這個嬰兒是程嬰的親生兒子，這不過是馮夢龍為了美化程嬰編造出來的善意謊言而已。

二人的分工非常明確，由公孫杵臼負責帶著假趙家孤兒藏在山中，程嬰則假裝告密，引來官兵捕拿假孤兒。在這場戲的最高潮部分，公孫杵臼指著程嬰的鼻子破口大罵：「小人哉程嬰！昔下宮之難不能死，與我謀匿趙氏孤兒，今又賣我。縱不能立，而忍賣之乎！」

公孫杵臼明知道官軍不可能放過這個嬰兒，他還假模假樣的哀求官軍放過這個嬰兒，這當然是不可能的。公孫杵臼和程嬰配合的天衣無縫，官軍果然相信這個可憐的孩子就是趙武，連同公孫杵臼一同做掉。趙氏孤兒被殺，皆大歡喜，屠岸賈再無心腹之患，諸將也領到了千金的賞錢，程嬰也如願帶著真正的趙家血脈逃往山中避難，開始了一段可歌可泣的復仇經歷。

十三年後，身患重疾的晉景公突然問大夫韓厥：「趙尚有後子孫乎？」唯一知道趙武內情的韓厥突然大聲呼冤，說當年趙武如何在公孫杵臼和程嬰的幫助下逃出血海，請晉侯為趙家洗冤昭雪。

晉景公被這個悲壯的故事感動的一塌糊塗，雞皮疙瘩掉了一地，立刻召已經長大成人的趙武進宮。景公授與趙武兵權，允許趙家對屠家反攻倒算，身懷血海深仇的趙武率兵圍住屠岸賈的府第，好一通屠殺！「滅其族」，並完全收回了趙家原有的土地。

自趙武收復失地之後，晉國趙氏挺過了家族歷史上最危險的一次劫難，從此走向了黃金鋪就的康莊大道。特別是在趙武嫡孫趙鞅（大名鼎鼎的趙簡子）和曾孫趙毋恤（趙襄子）的打理下，趙氏家族不斷壯大，並最終聯合韓、魏兩家滅掉知伯，瓜分了晉國大權。「三家分晉」，為輝煌燦爛的春秋史劃上了一個由鮮血灌注的句號。

因為趙氏孤兒的故事實在離奇感人，再加上司馬遷的如花妙筆，所以歷代文人歌頌不絕，甚至包括外國著名文豪，所以趙氏孤兒的名聲越來越響。

只是可惜的是，這個故事是假的。

司馬遷的文筆沒有人懷疑，他對寫史事業的堅持和坦蕩也讓後人感動。但有時人們分不清司馬遷是在嚴肅的記錄歷史，還是天馬行空般的虛構小說。

最早質疑司馬遷編故事的，是為《春秋》作正義的唐朝大儒孔穎達，自此之後，歷代學者十有八九是認同孔穎達觀點的，清人趙翼曾經批評司馬遷的胡編亂造，「遷之采摭荒誕不足憑也。」

眾所周知，司馬遷寫史很注重故事性，比如《項羽本紀》就精彩的讓人流鼻血。很少有人懷疑項羽的歷史，但對於所謂的趙氏孤兒，後世學者鋪天蓋地的質疑，司馬遷在地下收到的磚頭可以蓋三間瓦房……

甚至可以這麼講，在如花似錦的《史記》中，《趙氏孤兒》這一章節是最大的敗筆，因為邏輯漏洞實在太明顯了，不知道太史公是不是在喝醉的情況下寫《趙氏孤兒》的。

質疑《趙氏孤兒》造假，主要有以下幾點：

一、下宮之難發生的時間。

《史記．趙世家》說此事發生在西元前五九七年，而《史記．晉世家》則說是西元前五八三年，出品時間更早的《左傳》也記載是西元前五八三年。《穀梁傳》和《公羊傳》同樣記載為西元前五八三年。如果發生在西元前五九七年，那麼趙氏子弟是絕無可能在此年後還活躍在晉國的政治舞臺上的，所以可以肯定的是，下宮之難發生於西元前五八三年。

二、趙莊姬的身分問題。

《史記》說趙莊姬是晉文公姬重耳的女兒，但姬重耳死於西元前六二八年，距離西元前五八三年已經過去了四十五年。如果此年趙莊姬至少四十五歲，似乎不太可能。

如果趙莊姬是姬重耳的女兒，問題來了，趙朔祖父趙衰娶的也是姬重耳的女兒。趙朔娶自己的姨外祖母為妻，祖孫二人成為連襟，在這禮法森嚴的春秋時代是不可想像的。按晉人杜預的說法，趙莊姬應該是晉成公的女兒。

三、趙朔的卒年。

《史記．趙世家》說趙朔被屠岸賈於西元前五九七年所殺，實際上就在此年，晉楚之間爆發了著名的邲之戰，趙朔為下軍主將參加了這場戰役。《史記》沒有說下宮之難發生在該年的幾月，但邲之戰發生在六月，晉軍主力回國是在秋季。趙朔在回國後僅三個月就被族滅，也似乎不太可能，屠岸賈需要大量的準備時間。趙朔最後一次出現在史料上是晉齊鞍之戰（西元前五八九年），杜預也認為趙朔不可能活到西元前五八九年之後。

四、趙氏族滅。

這一條更為荒謬，司馬遷說趙同、趙括、趙嬰齊都死於下宮之難，可翻查《左傳》，直到晉景公十五年（西元前五八五年），趙同和趙括還閃亮登場。

五、晉景公的態度。

屠岸賈並非晉國大族，哪來的兵權？沒有晉景公的支持，屠岸賈是不可能指揮晉軍發動政變的。如果晉景公支持屠岸賈族滅趙家，問題來了，難道晉景公就不怕趙氏有後人，將來找自己復仇麼？

身懷六甲的趙莊姬逃進宮中，晉景公肯定是知情的，趙莊姬分娩誕子，時間至少要兩三個月，晉景公有足夠的時間通知屠岸賈。退一萬步講，晉景公也在看趙莊姬所生嬰兒的性別再決定是否殺嬰，屠岸賈進宮搜捕時，晉景公完全有條件幫助屠岸賈搜出趙武，但他並沒有這麼做。

更讓人疑惑的是，從《史記》的記載來看，晉景公對趙莊姬生子並不知情，所以在十幾年後，他問韓厥趙家是否有後人。在得知趙武長大後，立刻迎趙武入宮，並付與兵權誅殺屠岸賈。從晉景公的態度來看，他是反對屠岸賈誅滅趙家的。

六、殺死晉靈公的兇手趙穿。

雖然晉靈公是趙盾指使趙穿殺害的，但在屠岸賈拿靈公之死大做文章的情況下，趙穿是必須處死的，否則屠岸賈的這個藉口就難以成立。而發生於下宮之難後二十多年，即西元前五七八年的晉秦麻隧之戰中，趙穿的兒子趙旃是新軍主將。既然屠岸賈能將趙氏滿門抄斬，是絕不可能放過趙旃的。

七、屠岸賈此人究竟存不存在。

《史記》用很大的篇幅描寫屠岸賈，但在更權威的春秋史料《左傳》，根本找不到屠岸賈這個人。如第五條所講，在晉國的世家大族中，並沒有屠家，正如孔穎達的質疑，「於時晉君明，諸臣強，無容有屠岸賈輒廁其間，得如此專恣。」

更離奇的是，無權無勢的屠家居然可以在沒有得到國君的屠殺令之前，「擅與諸將攻趙氏於下宮」，屠岸賈哪來這麼大的號召力？即使與趙氏不和的欒、荀等大族想滅趙氏，也不可能是由屠岸賈來領頭殺人。

八、趙武的生年。

《史記》說下宮之難發生時，趙武還沒有出生，即西元前五八三年。而《左傳．成公八年》則記載此年趙武已經跟著母親趙莊姬藏在晉公宮中了。

再者，根據《左傳．襄公三十一年》的記載，西元前五四二年，魯國大夫穆叔在和孟孝伯的談話中提到了趙武的年齡，「趙孟將死矣，且年未盈五十。」從此年往上推算，杜預認為趙武應該生於晉景公十一年（西元前五八九年），時年四十七八歲。《史記》說趙武是個遺腹子，純粹是在編戲文。

以上種種質疑，基本可以判定《史記．趙世家》所記載的所謂趙氏孤兒是個美麗的江湖傳說，屠岸賈、公孫杵臼、程嬰三位聯合主演都是子虛烏有諸先生。有學者認為司馬遷的記載應該來自戰國以後的野史傳聞，喜歡講故事的太史公自然如獲至寶，在此基礎上大加演繹，這個判斷是正確的。

下宮之難多半屬於虛妄，但晉國趙氏家族在晉景公執政時期確實遭到了一場場天橫禍。除了趙武之外，幾乎所有的趙氏家族成員被殺，晉國六大卿之一的趙氏險些退出歷史舞臺，這也是晉國歷史上最為嚴重的政治事件。

在這場駭人聽聞的權力鬥爭中，找不到首惡屠岸賈的影子。如果一定要找出一個首惡，這個人選有些出乎意外，就是《史記．趙世家》中那位可憐的孕婦趙莊姬。趙莊姬之所以能引爆趙氏家族的血腥內鬥，直接的原因非常八卦——趙莊姬和小叔趙嬰齊亂倫通姦。

根據《左傳》的記載，趙莊姬和趙嬰齊做了野鴛鴦，是在西元前五八七年。以趙莊姬丈夫趙朔的地位，如果趙朔還活著，借給趙嬰齊熊心豹子膽，他也不敢給庶兄趙朔扣綠帽子，足以證明趙朔的卒年最晚不會超過西元前五八七年。

晉國有兩個趙姬，一個是晉文公的女兒，嫁給了趙衰，一個是晉成公的女兒，嫁給了趙衰的孫子趙朔。趙衰妻趙孟姬為人賢慧明達，自己貴為晉國公主，趙氏嫡妻，卻主動把嫡妻的位子讓給了趙衰的庶妻叔隗，也就是趙盾的生母，並以趙盾為嫡子。而這位趙莊姬的脾氣性格和姑母完全不同，姬公主水性楊花，對男人有天生的性衝動。在丈夫趙朔死後，趙莊姬不甘床頭寂寞，四處找男人，最終，她盯上了死鬼丈夫的叔父趙嬰齊。

趙嬰齊相貌如何，史無明載，而且年紀也不大，在西元前五八七年，趙嬰齊約四十歲上下。至於趙莊姬，年齡也不大，趙氏發生大難時，趙武時年七歲，按古人早婚的習慣，趙莊姬時年應該不到三十歲。郎有情，妾有意，乾柴烈火一點就著，在一個月黑風高的夜晚，趙嬰齊躡手躡腳地鑽進了侄媳婦趙莊姬香氣撲鼻的被窩……

趙家宅子本就不大，夫叔和侄媳通姦的消息很快就傳到了趙莊姬另兩位夫叔趙同和趙括的耳朵裡，這引起了趙嬰齊兩位同母兄長的不滿。趙同、趙括對趙嬰齊早就是一肚子的牢騷，現在趙嬰齊獨自霸佔侄媳婦，趙同、趙括吃不到葡萄，自然是醋火中燒。

趙家三兄弟之間的矛盾主要有兩點：

一、當初邲之戰時，趙嬰齊率後軍駐紮在黃河南岸準備船隻，趙同、趙括則隨晉軍主力在前線作戰，晉軍戰敗後，趙嬰齊不管前線敗軍，自己划著船逃回黃河北岸，卻苦了兩位兄長，他們差點做了楚人的俘虜。

二、三兄弟因為生母身分尊貴，所以算是趙氏的嫡子，後來趙盾讓嫡時，卻把趙氏宗主的位置給了老二趙括，這又讓老三趙嬰齊灌了一肚子的醋。

自從趙家頭牌趙盾去世之後，雖然趙氏依然是晉國的頂級大卿，但勢力已經有所削弱，特別是在官場上，趙氏的政敵多如牛毛，比如已經執政的中軍欒書。趙盾當年幾乎吃掉了所有的權力大餅，讓欒書等人只能啃樹皮，現在趙盾已死，正是欒書等人對趙氏進行清洗的絕佳時機。

面對內外交困的局面，趙家最應該做的就是「兄弟鬩於牆，而外禦其侮」，而不是為了一個女人互相拆臺使絆子。但趙同和趙括都是鼠目寸光之徒，他們只考慮眼前的蠅頭小利，根本不考慮整體的家族利益。

西元前五八六年，趙括以趙氏宗主的身分，聯合長兄趙同，決定給三弟趙嬰齊頒發一張驅逐令：晉國你是不能再待下去了，捲起鋪蓋去齊國定居吧。

二趙的這個決定讓趙嬰齊非常意外，在欒書隨時準備血洗趙家的情況下，兩位兄長怎麼可以為了個人私利毀掉家族利益？趙嬰齊不想離開晉國，理由是「我在，故欒氏不作；我亡，吾二昆其憂哉。」趙嬰齊的意思很明白，雖然自己與趙莊姬的通姦確實不合人倫禮法，但僅因為這點小事就要驅逐我，你們沒考慮到後果？現在只有我才能鎮得住欒書，使他不敢對趙家下黑手，你們把我踢掉，下一個被踢掉的肯定是你們。

趙同和趙括是鐵了心要扳倒在家族內部對他們威脅最大的三弟，根本不聽趙嬰齊的苦苦哀求。留晉無望的趙嬰齊耍盡了花花腸子，還是沒能說服二兄，只好灰頭土臉的告別情婦趙莊姬，前往齊國避避鋒頭。

成功擠走趙嬰齊，二趙眉開眼笑，卻忘記了一點，他們轟走了趙莊姬最心愛的男人，自己又不能取而代之，他們得到的只是趙莊姬刻骨的仇恨。你們砸了老娘的飯碗，老娘要就砸了你們的飯碗。

西元前五八三年的夏季某日，趙莊姬在晉景公面前揭發趙氏宗主趙括和其兄趙同陰欲謀反，「原（趙同的食邑）、屏（趙括的食邑）將為亂，請國君速拿此二賊，為國除害。」

雖然趙莊姬和晉景公是一父所出，但趙莊姬不敢保證弟弟就一定會上她的賊船。為了能最大限度的說服晉景公對趙氏動手，在見晉景公之前，趙莊姬就已經和朝中執政欒書，以及前執政郤克談好了價錢，趙莊姬敲鑼，欒書和郤克敲邊鼓，這一次一定要置趙氏於死地而後快。

欒書和趙家兄弟素來不和，這在晉國官場是盡人皆知的。當年的邲之戰，欒書主張慎戰，不要掉進楚王熊侶挖的坑……趙同和趙括卻主張早戰、大戰，當場和欒書吵翻天，弄得欒書很沒面子。

不僅是欒書，郤氏、荀氏等姬姓大卿同樣對趙氏不滿，作為異姓大卿的趙盾在晉國執政二十年，把姬姓大卿都擠到了牆腳邊，這自然引發了姬姓大卿們的不滿。而趙盾死後，趙氏已經沒有了主心骨，趙嬰齊又逃到齊國，此時不除趙氏，更待何時？

趙莊姬正是吃透了這一點，才和欒氏、郤氏組成了倒趙聯盟。趙莊姬在晉景公面前胡扯一通後，欒書和郤克大搖大擺的上場，說老臣願意給趙莊姬作證。

實際上，欒書和郤克出不出場，都不會影響晉景公做出不利於趙同、趙括的決定，因為他同樣對趙氏專權非常的不滿。趙氏家族在晉國政壇上呼風喚雨，晉景公在旁邊看得心驚肉跳，侄子晉靈公是怎麼死，晉景公一清二楚。

晉景公一直在想一個問題：趙盾能殺死晉靈公，趙同或趙括同樣有可能對自己開殺戒。就憑這一點，晉景公也要拿下趙家，否則提心吊膽的過日子，遲早會把人逼瘋。

趙莊姬、晉景公、欒書、郤克來自不同的利益集團，但卻因為一個共同的目標，鬼鬼祟祟地走在了一起。一切準備就緒後，西元前五八三年的六月，「晉討趙同、趙括」，這裡的「晉」，實際上指的是晉景公和欒書郤克們的聯合勢力。

趙盾死後，趙家在軍界的影響卻日漸式微，手上基本無兵，這也是欒書們敢於以武力解決問題的關鍵。雖然《左傳》並沒有交代這場廢趙行動的具體細節，但可以肯定的是，反趙派獲得了空前的成功。趙同、趙括兩支趙氏主脈被屠殺殆盡，一個活口也沒有留下，二趙在被殺之前，一定後悔當初把三弟趙嬰齊驅逐出境的決定。趙嬰齊雖然被轟出了晉國，但禍兮福所倚，趙嬰齊僥倖逃過了這場駭人聽聞的大屠殺，但趙氏所有的田產都被晉景公賞給了大卿們。

前執政趙盾共有四個兒子，趙同、趙括滿門被滅，趙嬰齊逃往齊國，還有一支就是趙朔家族。趙朔做為晉國的頂級大卿，家中親眷少說也有百餘口，《左傳》沒有說趙朔家眷是否在這場災難中被殺，但從趙莊姬帶著年幼的趙武逃進宮中避難來看，趙朔家族也沒有避免被屠殺的噩運。

趙莊姬對趙同、趙括有仇，晉景公等人屠滅二趙，趙莊姬應該是同意的。只是這個女人心腸再惡毒，也不會同意屠滅趙朔一系，畢竟這是她的寶貝兒子趙武的根脈所在。

只有一種可能，欒書們為了徹底消滅趙氏家族的在晉國的勢力，應該是表面答應了趙莊姬保全趙朔一脈的請求，但卻在實際行動中將趙朔一系連同趙同、趙括家族一起踢下地獄。

當初威風無限的晉國趙氏家族，現在只剩下趙武這孤伶伶的一根苗了，萬一趙武再出現意外，趙氏就徹底煙消雲散了。對於如何處理趙武，史無明載，想必晉景公和欒書、郤克等人也有過激烈的思想鬥爭。

從人性角度看，欒書和郤克是希望殺掉小趙武的，天知道趙武長大後會不會向自己尋仇報復，斬草不除根，後患無窮。但對於晉景公來說，趙武是他的親外甥，拐彎抹角帶著血緣關係，趙莊姬豈能答應自己唯一的兒子被做掉？

另外還有一點，作為國君的晉景公，他最不希望看到的就是朝中一臣獨大的局面，他除趙氏是如此，他防備欒、郤也是如此。晉景公和趙氏素無太深的仇怨，而誅殺趙朔滿門，很可能是欒書背著晉景公下的手。留下趙氏的根基，將來可以和欒、郤等大卿形成鼎足之勢，什麼樣的權力才是最安全的，答案只有一個：平衡的權力才是最安全的。

出於這種考慮，在大夫韓厥的極力保全下，晉景公決定還趙氏一個公道，「立（趙）武，而返其田。」

趙武被「立」，有兩種解釋，一是趙武被立為趙朔一支的宗主，奉其父趙朔之後，二是趙武被立為趙氏的宗主，奉其曾祖趙衰之後。從字面的意思來看，應該是前者，晉景公只是為趙朔平反，不涉及趙同、趙括、趙嬰齊。因為晉景公返還給趙武的田產只是原來掛在趙朔名下的產業，「其田」中的其字，只能是趙朔的田產，趙同三兄弟的田產不可能之前屬於趙朔一系。

時年七歲的趙武雖然沒有親身經歷這場血腥的家族屠殺，但自小就在權力場上打滾，人與人之間的爾虞我詐，宮廷幕影之下的竊竊私語，燈火照耀下一張張扭曲變形的面孔，這一切都對趙武的性格形成產生了重大影響。

在趙氏蒙難的三十六年後，即西元前五四八年，時年四十四歲的趙武正式出任晉國執政。趙武做晉國執政的時間並不大，前後只有八年，於西元前五四一年去世。

在這七年時間裡，趙武並沒有來得及做太多的事情，歷史之所以牢牢記住趙武，是因為兩件事情，一是司馬遷連篇累牘渲染的所謂趙氏孤兒，二是發生於西元前五四六年的春秋歷史上最為重要的國際大會——弭兵之會。

二六、春秋兩兵聖之田穰苴和《司馬法》

說到諸子百家，人們很容易會想到儒家、道家、法家、墨家、陰陽家、名家、縱橫家。這些思想博大的風流名士們，為了自己的政治思想，各開門戶，授徒講學，對後世產生了極大的影響。以上提到的這些學術門派，主要是靠筆寫，靠嘴說，一代代傳承下來寶貴的精神財富。而在諸子百家中，還有一種著名的學術門派，之所以能傳承千古，並發揚光大，依靠的並不是縱橫駁辯、而是冰冷的刀槍劍戟，通過千百家血與火的融合，才形成獨立的思想體系，這就是兵家。

儒、道、法、墨等家爭的是政治模式和人性的善惡，沒有唯一答案，公說公有理，婆說婆有理。而兵家是諸家中唯一有客觀答案的，不存在主觀感性認知，只有一種冰冷的判斷標準：要麼勝利，要麼失敗。

兵家相對來說，是一門比較封閉的學科，儒道法諸家的思想體系主要根植在廣闊社會之中。兵家生存的土壤只有一塊面積並不大的固定場所，這就是戰場，一群男人為了殺死另一群男人的戰場。

什麼樣的人才可以稱為兵家，其實這個標準很簡單，就像軍事家和軍事理論家可以各玩各的一樣，有自己的軍事思想體系，才可稱為兵家。戰場上的名將未必是兵家，但兵家的思想理論一定會用在戰場上，春秋時代戰爭頻繁，可以稱為名將的不在少數，但真正能稱為兵家的，只有兩個齊國人。

說到千古第一兵家，相信許多人會脫出而出：孫子！作為中國軍事理論家的第一人，孫子在軍事理論研究上的地位，堪比儒家的孔子，道家的老子。不過，孫子並不是春秋時代第一個嚴格意義上的兵家，在他之前，還有一位軍事史上的傳奇人物，就是孫子的老前輩，齊國第一名將司馬穰苴。

孫子是中國最知名的軍事理論家，幾乎人人皆知，但在漢朝人看來，司馬穰苴比孫子的分量更重，至少司馬遷是這麼認為的。在《史記》列傳中，孫子和吳起擠在了一篇傳記裡，孫子傳記的正文只有五百多字，司馬穰苴則單獨立傳，正文字數是孫子正文字數的整整一倍。而且司馬遷對司馬穰苴的評價要高於對孫子的評價，司馬穰苴雖然在後世的知名度不如孫子，但在當時的江湖地位，是孫子不可項背的。

司馬遷推崇司馬穰苴，並不是因為穰苴姓司馬，穰苴本姓田，而且和孫子是同族，他們共同的祖先就是在西元前六七二年逃到齊國的陳國公子田完，即著名的田敬仲。田敬仲是齊國名臣，在齊國官場的勢力盤根錯節，特別是傳到了田釐子這一代。

田氏野心勃勃，為了收買民心，在收百姓賦稅的時候，故意小斗進大斗出，贏得民心無數。齊景公是個老糊塗，對田釐子收買人心威脅齊國姜姓統治的做法視而不見，從而導致田氏勢力不斷坐大。賢相晏嬰對此憂心忡忡，在齊景公面前勸了好幾次，老頭子一次也聽不進去，氣得晏嬰跑到晉國訴苦：「齊國之政卒歸於田氏矣。」

齊景公時代的齊國，雖然勉強保持一線大國的地位，但早已沒有齊桓公時「九合諸侯、一匡天下」的霸氣，內憂外患非常嚴重。齊景公倒是很注重與周邊大國的外交關係，但國力下滑，根本無法阻止周邊國家對齊國的軍事騷擾，特別是晉國。

晉國稱霸江湖百年，名將如雲，但齊國已經沒有能拿得出手的名將，經常被晉國一頓暴打，卻無可奈何。晏嬰給齊景公推薦了一個人選——田敬仲的後人田穰苴。

晏嬰向來對田氏子孫保持警惕，想盡辦法阻止田氏子孫的坐大，但晏嬰此次推薦田穰苴，完全是被齊國的衰落國勢逼出來的。正如晏嬰所說：「田穰苴雖然是田敬仲的庶孽子孫，國君不得不防，但田穰苴文能收攬英雄之心，武能威震強敵，是齊國棟樑大才，國勢如此，現在只能重用田穰苴。」

齊景公已經被晉國的軍事騷擾弄得焦頭爛額，看樣子他並不了解田穰苴的能力，只能死馬權當活馬醫，把田穰苴請進宮裡，當面測試田穰苴的軍事能力。田穰苴沒有辜負晏嬰的期望，和齊景公一席長談後，齊景公激動得差點抱住田穰苴大哭，這果然是個百年不遇的軍事天才。「（齊景公）大說之，以（田穰苴）為將軍」。

相似的場面，發生在二百多年後，困守漢中的漢王劉邦在聽天才韓信對天下大勢的分析後，同樣激動得不能自已。不過劉韓會談是在拜將之後，而且要不是蕭何幾乎和劉邦撕破臉，逼得劉邦拜韓信為將軍，劉邦才懶得搭理韓信這個胯下辱夫。從這一點上講，劉邦還不如齊景公開明。

田穰苴此時的處境和韓信差不多，雖然都初掌軍權，但都面臨一個棘手的問題，就是他們都是新人，在軍隊中沒有威望。一個在軍中沒有威望的將軍，是永遠不會打贏戰爭的，田穰苴和韓信都明白這一點。

關於如何在軍中立威，韓信採取了從上而下的模式，即在戰略上說服劉邦，具體辦法就是著名的「明修棧道，暗渡陳倉」，果然讓劉邦驚為天人。而田穰苴則採取了從下至上的模式，即在軍紀上做文章，以違反軍紀的名義殺掉國君身邊的寵臣，來達到立威的目的。

在不知不覺中，田穰苴給齊景公挖了一個坑，這個老傢伙稀里糊塗就跳進了坑裡。齊景公拜田穰苴為將，是因為西部的晉國和北部的燕國對齊國發起猛烈的進攻，現在是齊景公有求於田穰苴，所以田穰苴給齊景公提出了一個要求。

田穰苴直截了當地告訴齊景公，說臣出身卑賤，在軍中沒有威望，以臣之名望，可能鎮不住軍隊，請國君派出一位有地位的寵臣來做監軍，通過這位監軍發號施令。齊景公哪知道田穰苴肚裡的蛔蟲，便派出他最寵信的大臣莊賈去給田穰苴月臺搖旗。

田穰苴在辭別國君時，和莊賈約定，明日正午時分，我與大人在軍營轅門前相見，不能遲到。田穰苴應該沒有說遲到就將軍法從事，否則莊賈要是提前來了，田穰苴的戲就演不下去了。

莊賈平時驕縱慣了，並沒有把田穰苴夾槍帶棒的警告當回事，他不相信就算自己遲到了，田穰苴這個毛頭小子敢把自己怎麼著。在當天晚上，莊賈和親戚朋友們喝了個爛醉，一覺睡到第二天的中午。田穰苴當然希望莊賈來得越晚越好，只有這樣，他才能殺莊賈以立威。等到莊賈東倒西歪的闖進軍營轅門的時候，田穰苴早已安排好了刀斧手，但田穰苴不能現在就動手，因為還要給莊賈定罪，動靜一定要大，讓所有人都看到，這才能起到宣傳效果。

田穰苴先是厲聲指責莊賈的遲到是嚴重違反軍紀，然後給了莊賈自辯的機會，但這不過是田穰苴的欲擒故縱之計，莊賈說什麼，田穰苴都要借他的人頭立威。

這是田穰苴刻意安排的劇情，莊賈已經觸犯了天條，神仙老子也救不了他。田穰苴有意要把事情弄大，他要讓整支軍隊都看到他的強硬，只有這樣，他才能立威，只有立威，軍隊才能在他的指揮下不斷取得勝利。

田穰苴故意把軍隊司法官叫來，問按軍紀規定，遲到者將處以何種刑罰，軍正答當斬，這正是田穰苴要的效果。莊賈雖然派人緊急回宮中向齊景公求援，但還沒等齊景公反應過來，莊賈的人頭已經懸在軍門之上。不僅是莊賈因違反軍紀被殺，就是齊景公派來撈人的使者，也因為在軍營中馳馬受到嚴懲，駕車的僕人被斬，這是田穰苴故意做給軍隊看的。

莊賈當著齊軍將士的面被斬首示眾，這對平時軍紀散漫的齊軍來說，是一種巨大的心靈震撼。這等於田穰苴借莊賈的人頭告訴軍人們：別說莊賈這樣有背景的高官我敢殺，就是國君做錯了事，我也照樣不當個泡踩，何況你們！

田穰苴的強硬，為他贏得了軍人對他的忌憚，從此不敢再軍紀渙散。立威的目的是達到了，但立威只是將軍贏得軍隊擁戴的鼎足之一，另外兩足是立德、打勝仗。田穰苴深知一點，軍紀是死的，人心是活的，如果只強調軍紀而忽視了人心的團結，是永遠別想打勝仗的。

軍隊是冰冷的國家戰爭機器，但軍人卻都是有血有肉的，田穰苴非常注重與普通軍人拉近感情。歷史已經證明，凡是主將對下層軍人體貼關心的軍隊，往往都是戰無不勝的，比如岳家軍、戚家軍等。

戰國名將吳起之所以百戰百勝，原因就在於吳起與下層軍人打成一片，不能說吳起的作法是抄襲田穰苴的，但至少田穰苴早在吳起之前就注重「軍隊中的政治工作」。

一般來說，主帥只要負責制定作戰計畫就可以了，軍中後勤自有專人負責，但田穰苴卻直接干預後勤工作。比如軍隊在行進過程中需要修建營舍、尋找水井、架起爐灶，以及軍隊的飲食、醫療，都由田穰苴親自安排，盡可能的讓軍人感受到軍隊大家庭的溫暖，這是提高軍隊戰鬥力的有效保證。

除此之外，主將還不能在軍中搞特殊化，否則就不能服眾，主將要以身作則，身先士卒，才能讓普通軍人相信你。田穰苴從來沒把自己擺在普通士兵的對立面，而是和他們打成一片，同吃同住同勞動，弟兄們吃什麼，他就吃什麼。而且田穰苴特別注重對老弱士兵的照顧，這一點贏得了很多人的感動。

贏得人心其實非常簡單：你要求別人做到的，自己首先做到。「其身正，不令則從；其身不正，雖令不從」。田穰苴雖然不是從底層中走出來的，但卻最終回歸了底層，而歷史反覆證明，往下看比往上看更容易得人心。得到人心，往往就意味著勝利。

田穰苴僅用了三天，就徹底征服了底層士兵，這只能說明齊軍內部的等級制度森嚴是長久以來積累的嚴重問題，受壓迫時間越長的，受感動的時間就會越短，這是鐵律。當田穰苴下達命令開赴前線時，幾乎是所有的齊國將士都含淚請戰，包括老弱殘兵，「爭奮出為之赴戰」。

齊軍士氣的空前提升，對企圖渾水摸魚的晉、燕兩國來說，無疑是個壞消息。兩國之所以敢對齊國動手動腳，就是吃準了齊軍軍紀混亂，戰鬥力不強，現在田穰苴突然來這麼一手，讓兩國感覺到難以再佔到齊國的便宜，只好倉皇撤軍。之前被晉、燕兩國搶佔的齊國地盤，被田穰苴指揮齊軍悉數收復。

這是田穰苴人生中最輝煌的時刻，當田穰苴率得勝之師返回臨淄時，齊景公率文武百官親自出城迎接並慰問犒賞為國立功的將士們。至於已經升為齊國第一名將的田穰苴，在職務上也進一步高升，由將軍改任全國最高軍事統帥的大司馬。田穰苴被後世稱為司馬穰苴，他所著的兵法被稱為《司馬法》，典故就源於此。

田穰苴憑軍功謀取富貴，天經地義，齊景公並沒有濫賞，但讓齊公景沒想到的是，他的這次封賞，卻對日後的姜氏被田氏廢黜產生了致命的副作用。

在田穰苴出場之前，田氏在齊國的勢力就已經尾大不掉，而田穰苴的橫空出世，客觀上不僅幫助田氏在齊國建立比之前更高的威望，更要命的是田氏在軍界樹立威信，為日後田氏代齊起到了不可低估的影響。

不過田氏代齊是在百年之後，和田穰苴本人並沒有直接的關係，至少田穰苴本人是忠於齊國的。而且田穰苴公私分明，眼裡從不揉沙子，齊景公只要提出非分要求，田穰苴照樣冷面拒絕。

有一天的夜裡，齊景公不知道發什麼神經，突然竄至田穰苴府邸門前，派人傳話，說國君駕到，請大司馬準備酒宴，陪國君喝酒。齊景公平時裡胡吃海喝，和佞臣梁丘據等人廝混在一起，他以為田穰苴是他一手提拔的，自然要上杆子拍他馬屁，哪知道卻撞到了南牆，碰得頭破血流。

田穰苴平時和齊景公沒有多少私交往來，基本上以國事為主，而且田穰苴對齊景公「老混子」的作派向來比較反感，他更不會自汙其名，和齊景公在一起鬼混。聽說齊景公要他接客，這事好辦，田穰苴很快就準備好了。

齊景公還在門外伸頭掂腳的等待田穰苴出來迎接的時候，田穰苴已經全身披掛，扛著大戟，在火把的襯映下，站在大門前「歡迎」齊景公。還沒等齊景公流著口水問大司馬都為寡人準備了什麼山珍海味時，田穰苴就劈頭蓋臉狠抽了齊景公一頓。

田穰苴問齊景公為什麼要來找臣，是因為有強敵侵犯邊疆，還是有人企圖發動軍事叛亂？如果都不是，那麼，國君來找臣幹嘛來了？齊景公倒是痛快，直說想和將軍飲酒取樂，「酒醴之味，金石之聲，願與將軍樂之」。

已經口水直流的齊景公認為田穰苴怎麼著也會賣給自己一個薄面，但讓齊景公尷尬的是，連這點他認為不是要求的要求也被拒絕了。田穰苴當頭砸了老饞貓一棒，而且語出諷刺，拐彎抹角地罵那些寵臣。「國君喜歡花天酒地，尋歡作樂，自然會有人能滿足國君的要求，但臣沒這個興趣，國君請回吧。」

齊景公以國君的身分被大臣弄得如此下不來台，臉上自然掛不住，心裡也應該記下了田穰苴的這筆「帳」。不過此時齊景公還不敢和田穰苴硬頂，真把田大帥惹毛了，田穰苴手上的大戟可不是吃素的。

齊景公罵罵咧咧的離開田府，去找寵臣梁丘據，在梁丘據的府上胡吃海喝，醉得一塌糊塗。估計在席前，梁丘據也沒少說田穰苴的壞話，而且齊景公也意識到了一個問題，田穰苴如此不聽話，會不會對自己的統治產生威脅？

要知道在春秋時代，大臣殺國君是家常便飯，何況田穰苴還是手握重兵的大帥。而且對齊景公來說，打倒田穰苴還有另外一層含義，解除田氏集團對姜氏公族的威脅。齊景公當初重用田穰苴，更多的是一種應急策略，對付燕晉侵犯的。現在齊國基本渡過了危險期，再留下田穰苴就得不償失了。

客觀講，齊景公不算是昏君，但也不是什麼明君。他不過是齊國既得利益集團的總代表，他最需要考慮的是既得利益集團的利益，而不是齊國的利益，更遑論百姓利益。

齊景公曾經立志要做齊桓公第二，而且他手上的牌面也是相當不錯的，文有晏嬰清吏治，武有田穰苴定天下。齊桓公時也不過只有一個管仲可堪大事，沒有一流的武將，這也是齊桓霸業主要靠政治因素維持的重要原因。

齊景公已經在考慮廢黜田穰苴的問題了，和他站在一條船上的，還有鮑牧、國惠子、高昭子這些頂級權貴。老話常講：木秀於林，風必摧之，田穰苴不與權貴佞臣同流合污，共用富貴，那就必定會站在這些人的對立面。

鮑牧等人和齊景公之間存在著一個權力互不相容的問題，但他們又同屬於一個利益集團，所以當田穰苴成為利益集團的敵人時，這些人會毫不猶豫的出手，打掉田穰苴。

撤掉田穰苴大司馬的職務，是齊景公以官方文件形式下達的，但這同時也代表著利益集團的訴求，不過撤職命令並沒有說是以何種名義。而這一命令對性格單純的田穰苴來說，無疑是意外的打擊，他根本沒有想到齊景公會突然來這麼一手。

田穰苴是個有理想有抱負的人，他渴望能得到更大的舞臺，比如幫助齊國二次稱霸，而不僅僅是守住齊國的半壁河山。田穰苴生卒年不詳，但他被解除職務的這一年，應該是齊景公三十年（西元前五一八年），田穰苴此時的年齡應該在四十歲上下，他還有時間，但歷史卻認為田穰苴的表演時間到了。歷史，本來就是屬於少數人的，任何一個企圖闖進宴會分蛋糕的人，都被憤怒的打倒，無論這個人是否代表更多人的利益。

田穰苴失去了所有權力，被廢黜在家，沒過多久，鬱鬱寡歡的司馬穰苴含恨離世，一代將星還沒有來得及發出更耀眼的光芒，就帶著遺恨劃過天空，墮落在遙遠的天際。

齊景公和權貴們以為除掉了田穰苴就能保住權力，可他們卻忘記了田穰苴的死，直接導致他們和田氏家族徹底撕破臉皮。田氏家族的旗幟性人物田穰苴被陷害至死，對田家來說，這就是公族和鮑、國、高等族對田家下手的政治信號，他們豈能坐以待斃？

就在田穰苴死後的第三十七年（西元前四八一年），田氏家族的強人田常通過政變奪得了齊國的最高統治權，並以為田穰苴報仇為名，誅殺田氏認為齊國公族中有能力威脅到田氏的人物，以及鮑、晏等大族，徹底控制了齊國局面，為日後田氏代齊打下最堅實的基礎。

從某種意義上來說，田氏後人為田穰苴報了一箭之恨，田穰苴可以瞑目於九泉之下。田穰苴還有一點值得慶幸的是，他生前所著的兵法，在一百年後，由戰國霸主齊威王田因齊派人搜集整理了田穰苴的兵法遺稿，這就是軍事史上有名的《司馬法》。齊威王靠著一部《司馬法》，以田忌為將，孫臏為軍師，「圍魏救趙」，大破魏軍於馬陵，成就一番霸業，可見《司馬法》的分量。

講田穰苴而不講《司馬法》，就如同講孫子不講《孫子兵法》一樣，田穰苴的一世英名，很大程度上是因為這部傳世的《司馬法》帶來的，下面用一定篇幅講一講《司馬法》。

《司馬法》，又稱為《司馬穰苴兵法》或《軍禮司馬法》，共五篇，是宋朝刊定的《武經七書》之一。這部兵法雖然是齊威王搜集編輯而成的，但田穰苴的遺稿成稿時間至少可以肯定在魯哀公二十七年（西元前四六八年）之前，早於《孫子兵法》的出世，可以說《司馬法》是中國歷史上第一部有系統理論支撐的軍事理論著作。

遺憾的是，由於各種歷史原因，《司馬法》的篇幅不斷縮水，現在流行的通本是五篇，實際上在漢朝時，《司馬法》共有一百五十五篇，到了唐朝初年，只剩下「數十篇」，遺失近一半。

而到了北宋末期，「數十篇」都不知去向，僅僅剩下了殘存的三卷五篇。不過後人能看到《司馬法》原稿的三十分之一，已經是不幸中的大幸了，有些古書連書名也沒有留下來，湮沒在歷史的撲天黃塵之中。

論知名度，《司馬法》無法和《孫子兵法》相提並論，但自古以來，許多名將和有志於軍事研究的知識份子對《司馬法》推崇備至，比如司馬遷、唐朝名將李靖、明朝大儒邱睿，都是《司馬法》的狂熱崇拜者。

李靖曾說《司馬法》是兵學之祖，邱睿則認為《司馬法》的地位應該排在《孫子兵法》之前，而不是僅排在《武經七書》的第三位。到了清朝，更有一位狂熱的學者汪紱乾脆從新排定《七書》次序，拿掉《孫子兵法》，將《司馬法》排在第一。

《孫子兵法》是一部單純的軍事理論著作，為了打仗而打仗，更多的談論戰術細節，很少涉及政治和思想。《司馬法》雖然字數不多，僅有三千四百字，但涉及門類極廣，甚至包含了儒家、道家、法家的思想精髓，其中有很大篇幅是談論政治之於軍事的重要性。

歷史上所有偉大的軍事理論家，他們對戰爭的理解往往是「慎戰」，不要輕易開啟戰爭，田穰苴也是如此。我們都知道這麼一句名言：「國雖大，好戰必亡；天下雖安，忘戰必危」，其實這句話就是出自《司馬法．仁本篇》。

殘存的《司馬法》共分為五篇，分別是《仁本》、《天子之義》、《定爵》、《嚴位》、《用眾》。不清楚遺失的那些篇幅都是些什麼內容，但從殘本來看，《司馬法》更像是一部政治軍事研究，而不是單純的作戰法則。

從某種角度上來講，《孫子兵法》講的是軍事戰術，而《司馬法》則講的是軍事戰略。有些學者認為克勞塞維茲的《戰爭論》，其實就是田穰苴《司馬法》的現代外國版，這種觀點不是沒有道理，這兩部一古一今、一中一外的兵書，都是從宏觀戰略角度解釋戰爭與政治的關係。

戰爭的最高目的是什麼，相信絕大多數軍事家會給出一個相同的答案：以戰止戰。「以戰止戰」同樣是田穰苴首先提出來的軍事政治思想，在《司馬法》開篇，田穰苴就道出了戰爭的本質就是用戰爭消滅戰爭。

春秋時代的兼併戰爭，是從來不講什麼道義的，所謂春秋無義戰。《司馬法》的整體軍事思想相對有些「守舊」，體現的是西周時期的戰爭觀，特別強調政治範疇的「仁」，即所謂非義兵不戰。宋襄公子茲甫就是死守著「非義兵不戰」的軍事教條，結果兵敗身死，為天下笑。

實際上，田穰苴是最早提出戰爭分為正義之戰和不義之戰的軍事理論家，他所說的義與不義的標準，是根據本方的利益立場，而不像宋襄公那樣首先尊重別人的利益立場，這是非常愚蠢的。田穰苴所謂的以仁治軍，是有前提條件的，而不是宋襄公那樣眉毛鬍子一把抓。

田穰苴對正義之戰的理解就是殺少數人以保護大多數人的利益，甚至包括對他國人民的保護，但對外作戰，首先要符合本國的利益。再進一步延伸田穰苴的軍事政治理論，用一句大家耳熟能詳的口號來代替，就是「人權高於主權」。所謂人權高於主權，也不過是為本國利益服務的幌子罷了。

《司馬法》的原文是「殺人安人，殺之可也；攻其國，愛其民，攻之可也；以戰止戰，雖戰可也。」而「人權高於主權」的理論基礎，早在兩千五百多前的中國就已經出現了。

作為一部兵法，《司馬法》談論具體的作戰戰術其實並不多，主要集中在《嚴位》和《用眾》，而前三篇講的都是政治軍事，包括軍隊的思想建設、軍紀完整，以及佔領道義高地。

田穰苴特別強調「師出必有名」，在《定爵篇》中，田穰苴提出了作戰「七政」，即「人、正、辭、巧、火、水、兵」。其中的「正」是指尊重「普世價值」，師出有名，「辭」是指軍事宣傳工作，要懂得給自己造勢，把敵人抹黑成邪惡的反動派，把自己吹噓成拯救人類的正義大兵。對於田穰苴的這種軍事技巧，現代人並不陌生，比如美國就是這麼玩的。

有種觀點認為《司馬法》和《孫子兵法》相比，弱在戰術布置，而強在政治工作，並非沒有道理。《司馬法》反覆強烈主張要重視對普通士兵的思想教育，要和士兵打成一片。

《司馬法》的思想體系與儒家思想有相當程度上的重合，比如孔子常說：「子帥以正，孰敢不正」，要求別人做到的，自己首先要做到，田穰苴同樣提出了「使法在己曰專，與下畏法曰法」。

所謂與下畏法，就是包括主將在內的所有人員都要遵守軍紀國法，沒有任何人可以凌駕於軍紀國法之上。主將要普通士兵遵守軍紀，自己首先要做到，起到表率作用。否則自己都做不到，憑什麼要求別人做到？

現在我們提到軍隊思想政治工作，往往會想到一句名詩：「軍民團結如一人，試看天下誰能敵」，其實這種觀點也是《司馬法》最早提出的。在《嚴位篇》，田穰苴認為「三軍一人，勝。」從將軍到士兵，大家團結一致，為了一個共同的目標而奮鬥，沒有不成功的。

如何才能做到「三軍一人」，田穰苴給出了兩條妙計：

一，「凡戰勝，與眾分善」，如果軍隊取得了勝利，主將不要貪功，要把功勞記在普通士兵頭上，讓大家都有蛋糕吃。

二是「若使不勝，取過在己」。如果軍隊打了敗仗，不管是誰的責任，主將都要把責任攬在自己頭上。功勞是大家的，錯誤是自己的。

在《嚴位篇》的最後，田穰苴告誡軍隊主將：「讓以和，人自洽；自予以不循，爭賢以為人，說其心，效其力」。只要主將能做到這兩點，人心齊一，將無往而不勝。

二七、春秋兩兵聖之孫武和《孫子兵法》

說完了春秋兩大兵聖之一的田穰苴，接下來講講另一位春秋兵聖孫子，以及他的千秋名著《孫子兵法》。

上一篇講到了諸子百家，儒家的代表人物是孔子，道家的代表人物是老子，墨家的代表人物是墨子，那麼兵家的代表人物只能是孫子，雖然田穰苴絲毫不比孫子遜色。

從時間上來看，田穰苴應該比孫子早出世近百年，而且他們是同族，都是田完的後人。孫子之所以姓孫，是因為孫子的祖父田書因功被齊景公這個老混子封在了樂安（今山東廣饒），並賜姓為孫。孫子其實是後人對他的尊稱，就像孔丘被尊稱為孔子，墨翟被尊稱為墨子一樣，他真正的名字應該姓孫，名武，字長卿。

雖然《史記》有一篇《孫武列傳》，但對孫子早期的活動沒有記載。關於孫子的出生年月，史料上沒有明確記載，據一些學者考證，孫子應該和孔子同時代，但比孔子略晚幾年，出生時應該是在齊景公統治初期。

作為田氏子孫，和田穰苴一樣，孫子也算是含著金鑰匙出生的貴公子，孫子的知識基礎應該就是在早期教育時打下的。

可惜好景不常，在齊景公十六年（西元前五三二年），齊國爆發了著名的「四姓之亂」，齊國的四大貴族，即田氏和鮑氏的利益集團與欒氏、高氏的利益集團大打出手，欒氏和高氏在這場利益之爭中戰敗，只好逃離齊國，去魯國做了寓公，二家的財產被田氏和鮑氏瓜分。

按道理講，孫子作為田家子孫，田氏的得勢，對孫子在齊國的生存是非常有利的，但年輕的孫子還是做出一個讓人意外的決定——離開齊國。其實孫子的做法很好理解，田氏在齊國雖然樹大根深，但政治鬥爭向來非常殘酷，難說田氏就一定能笑到最後。覆巢之下，安有完卵，一旦田氏要栽了，孫子也肯定跟著吃刀頭麵，所以孫子的選擇是非常明智的。

而孫子選擇的人生下一站，則是南方新興的超級大國——吳國，這也是孫子明智的選擇。在齊國時的孫子，應該已經開始了軍事理論的研究，「學得文武藝，貨賣帝王家」，孫子渴望用世於江湖，青史留下不朽將名，這就需要一個形勢相對平靜、政治相對清明的國家。

春秋中前期強盛的國家，除了齊國之外，晉、楚的政局都非常不穩定，各派勢力來回廝殺，孫子可不想去當炮灰。至於魯、宋、衛、燕等中等國家，要麼自身實力不濟，要麼內政亂七八糟，都不是孫子理想的去處。

而選擇吳國，大致的原因是吳王僚雄心勃勃，有橫天下之志，旗下又有英明豁達的堂弟公子光（即後來的吳王闔閭，夫差的爸爸）、謀算無差的超級謀臣伍子胥，國勢蒸蒸日上，但還缺少一名軍事主將。對孫子來說，這裡就是一個鋪滿黃金的國家，隨時都能找到發財的機會。

孫子南下入吳，對自己的人生至少有兩方面的規劃：

一、吳國地廣人稀，孫子隨便找個地方躲起來，都不會輕易被人發現，這樣有利於孫子撰寫兵書。

二、等撰成兵書後，尋找一個合適的機會，自薦於吳王闔閭，成就一番偉業。

由於吳國在春秋早期屬於「不毛之地」，開發程度遠遜於中原諸國，甚至還不如同處長江流域的楚國，經濟發展較慢，屬於後發國家。吳國除了國都姑蘇，實在沒有像樣的城市，所以孫子很輕易地「偷渡」到吳國，在一處深山老林裡安身，蓋了幾間茅草屋，沒日沒夜的研究兵法。孫子在吳國具體的隱居時間已不可考，但可以肯定的是，《孫子兵法》就是成書於這段時間。

孫子是個聰明人，他知道即使兵法寫得再天花亂墜，得不到君主賞識，也不過是一堆沒用的竹子。在孫子蟄伏吳國的這段時間，他應該沒有管道與吳王闔閭取得聯繫，闔閭也不知道自己治下有一個軍事奇才。

即使孫子見到闔閭，闔閭對孫子也不了解，不會輕易拿吳國的前途命運冒險。韓信自信滿滿的去投奔項梁，結果只能當個普通卒子，後來又轉投劉邦，剛開始也沒受到重用。

要不是丞相蕭何拼了老命推薦韓信，劉邦是不可能重用韓信的，蕭何在韓信拜將的過程中起到了吹喇叭的宣傳作用。雖然是人才，但在與君主沒有交情的情況下自薦和通過君主身邊最親信的大臣力薦，效果是完全不同的。

孫子要想闔閭重用他，只能先認識闔閭身邊的重臣，由這位重臣力薦入閣，這才是最有效的辦法。闔閭身邊有許多大臣，有兩位是閣臣之首，一位是大夫伯嚭，一位就是伍子胥。伯嚭是佞臣，以溜鬚拍馬為能事，孫子自然指望不上這種人，他只能通過伍子胥。

關於伍子胥是如何認識孫子的，沒有史料記載。不清楚是孫子是否像南朝劉勰那樣，雙手高舉《文心雕龍》文稿，在夕陽如血的黃塵古道邊，跪在宰相沈約的車馬前，從而引起沈約對一代文才的驚歎。還是伍子胥在山中閒逛，發現一間草屋，一位書生正在用力削著竹簡，如同見。但有一點可以肯定，孫子在吳國隱居的時間相當長，孫子一個人把兵法十三篇削刻成書，沒有幾年的工夫是肯定做不到的。

伍子胥很注重網羅人才，他手下應該有一個專門尋找人才的機構，這些人四處撒網捕魚，終於有人把孫子的情報弄到手，然後交給伍子胥。伍子胥親自考察，發現孫子果然是軍事奇才，和孫子建立了良好的個人關係，只是暫時沒有將孫子推薦上去，所以對於孫子，「世人莫知其能」。

伍子胥將孫子隱藏起來，估計和當時的吳國政治局勢有關，吳王僚雖然不是昏君，但和公子光相比，還是遜色了些。伍子胥最中意的吳王人選還是公子光，而且伍子胥和公子光私交非常好，早就密謀政變。所以伍子胥在公子光發動政變奪位之前，一直讓孫子生活在真空裡，幾乎沒有任何閒雜人等知道有孫武這個人，甚至連公子光也蒙在鼓裡。

直到闔閭收買的刺客專諸在魚中藏劍幹掉了吳王僚後，逐漸鞏固統治地位，伍子胥才開始運作孫子出山入閣的事情。闔閭和伍子胥的搭配，非常類似齊景公和晏嬰的組合，國君大權獨攬，而伍子胥和晏嬰都是首席閣臣，但身邊都缺少軍事主將。晏嬰主動向齊景公推薦了一代名將田穰苴，而伍子胥也在一個合適的場合，隆重向吳王推薦了孫子。

闔閭有意對外用兵，稱霸天下，經常和伍子胥討論兵家攻守。闔閭是軍事外行，非專業人士，他非常迫切的想得到一名軍事天才，就像齊景公得到田穰苴一樣，伍子胥便趁機向闔閭推薦了孫子，以及孫子已經成型的《兵法》十三篇。具體時間不得而知，可以肯定的是，此事發生在闔閭即位的第六年（西元前五〇九年）之前。

伍子胥薦孫子，和蕭何薦韓信非常的相似，蕭何在劉邦耳朵邊絮叨了半天，劉邦也沒聽進去，闔閭也是一樣，畢竟他不了解孫子。伍子胥幾乎說得口乾舌燥，口吐白沫，「七薦孫子」，闔閭還在認為伍子胥這是打著薦賢的旗號來撈取政治資本。

不過伍子胥畢竟吳國首席重臣，他的面子一定要給，闔閭答應了伍子胥的請求，對孫子進行實地考察。

孫子抱著一堆竹簡，在伍子胥的小心指引下，走進了吳王宮的大殿，吳王要親自對他面試，只要通過這一關，孫子就有機會實現自己的人生抱負。關於孫子見闔閭，《史記．孫子列傳》和《吳越春秋．闔閭內傳》的記載有些不同，前者並沒有記載闔閭對孫子和《兵法》的態度，而後者則記載闔閭對孫子的稱讚。

伍子胥此前應該讀過孔子撰寫的兵法，他對孫子的推薦也著重在兵法上，所以闔閭開門見山的「召孫子，問以兵法」。任何一支善於作戰的偉大軍隊，都會有獨立的軍事理論支撐，相對於孫子本人，闔閭更看重他撰寫的兵法。

孫子將撰寫好的兵法呈給闔閭，闔閭則按順序逐一閱讀，闔閭看得非常認真仔細。據吳王身邊的工作人員透露，吳王每閱讀一篇兵法，都會下意識的大聲叫好，臉上寫滿了喜悅。闔閭已經認識，伍子胥推薦的齊人孫長卿，極有可能是他苦苦尋找的第二個田穰苴。

對孫子的兵法，闔閭讚賞有加，但實戰性如何還有待檢驗，畢竟再完善的理論也需要正確的社會實踐來支撐。

闔閭給孫子出了一個問題，在寡人的面前，你能不能演練一下你的神奇兵法，讓寡人開開眼界？孫子敢出來見吳王，就已經做好了所有應試的準備，今天要不露幾把刷子，闔閭也不會認他這根大蔥。不過孫子提出了一個非常新穎的測試方法，就是用吳王宮中的宮女友情演出，讓她們以士兵的身分聽從他的指揮，大王可以管中窺豹，實地考察臣的軍事能力。

闔閭答應了孫子的請求，抽調宮中美女三百人，分為兩隊，每隊由一名吳王寵姬充當隊長。既然是軍事操練，就得化裝換馬甲，吳王讓人抬出幾百副軍械盔甲，宮女們嬉笑著穿上盔甲，執劍執盾而立。闔閭告訴他的女人們，今天你們都要聽孫大師的指揮，違者踢到黑屋子裡關禁閉……

幾百名宮女們服侍一個男人，早就看夠了闔閭的那張黑臉，宮中的生活缺乏樂趣，孫子突然來這麼一齣，宮女們都非常的興奮，難得有這樣好玩的遊戲。不過這些花枝招展的女人團隊別說上陣觀戰了，就是盔甲劍盾，估計都沒見過，在短時間內把她們培訓成鋼鐵戰士，這肯定是個笑話。闔閭同意讓孫子操練宮女，其實就是想看孫子的笑話。

孫子訓練宮女的根本目的，主要是想讓闔閭認清軍紀對於一個軍隊的重要性，同時也是給闔閭一個警告：軍紀不嚴，你就等著收屍吧。孫子「趣味訓練」的第一步，就是當著宮女和闔閭的面，申明軍紀，「（孫子）告以軍法」，其實就是說給闔閭聽的。而闔閭同意讓孫子操練宮女，已經掉進了孫子事先挖好的坑裡，他以為會看到一場喜劇，結果等待他的是一場悲劇。

孫子給宮女們下達了第一道命令：「我敲第一遍鼓，你們要振作精神；敲第二通鼓，你們高聲前進；第三通鼓，你們按我的要求列成軍陣。」孫子口乾舌燥的說完，迎接他的，是一陣嬌滴滴的哄笑聲。甚至孫子親自擂鼓號令，宮女們依然笑成一團，因為這個遊戲實在太好玩了。

孫子突然怒了，「兩目忽張，聲如駭虎，髮上衝冠，項旁絕纓」，幾乎是咆哮著喝令宮女們必須聽從他的指揮，而孫子得到的，依然是嘲笑。宮女們的反應其實很正常，現在第一次參加軍訓的學生，也經常會在訓練時發生笑場。孫子請求訓練宮女其實本身就是一個「陰謀」，是孫子給自己立威的「犧牲品」，所以宮女們頻頻笑場，是孫子希望看到的場面。

果然，孫子大怒，問站在身邊的軍法官，三令五申而士兵不聽話的，該受到何種處罰？孫子得到了他想聽到的答案——斬！孫子的膽量確實讓人佩服，他以一個新人的身分，居然敢對吳王最寵愛的兩位寵姬隊長開刀，因為這兩位美女隊長治軍不嚴，所以當斬以震服士卒。

等臺上的闔閭發現中了孫子的詭計時，已經來不及了，闔閭看到地上兩頭血淋淋的人頭，也顧不上愛賢的名聲了，氣得對孫子跳腳大罵，彷彿市井潑皮一般。不過孫子的反駁很有道理：我現在是將軍，就有軍紀執法權，對違反軍紀的執行軍法天經地義。「臣受命為將，將法在軍，君雖有令，臣不受之。」

闔閭的憤怒還寫在臉上，但操練場上的宮女們卻已經被血淋淋的人頭嚇住了，沒有人敢再嬉皮笑臉，孫將軍令旗所指，無不井然而從。「左右、是進退、迴旋、規矩、不敢瞬目。二隊寂然。無敢顧者。」孫子殺雞給猴看的戰術果然奏效，他連吳王的愛姬都敢當場宰掉，何況你們這群蝦米！

一支沒有文化的軍隊是愚蠢的軍隊，同樣，一支沒有紀律的軍隊是永遠不可能取得勝利的，孫子的兵法十三篇博大精深，但軍紀卻是一支軍隊的靈魂。所以孫子操練宮女並不是演練自己的戰術，僅僅是向吳王說明軍紀的重要性，這和田穰苴殺莊賈立威的效果是一樣的，闔閭還在為失去兩位美女而憤怒，也懶得再看宮女操練了，勉強應承了孫子幾句好話，說寡人已經知道將軍善用兵，可以稱霸天下，但寡人現在對你沒興趣了。氣得孫子差點指著闔閭鼻子大罵：「王徒好其言，而不用其實。」

孫子操練宮女，以及和闔閭的爭執，伍子胥應該是在場的。史料上沒有記載伍子胥對孫子殺宮姬的態度，但以伍子胥的為人作派，他是非常支持孫子的，何況孫子能站在闔閭面前，本來就是伍子胥強力推薦的。想必伍子胥對闔閭說了不少孫子的好話，至於損失了兩個宮姬，也沒什麼大不了的，天涯何處無芳草，大王還缺少美女服侍麼？

這是一個辯證的邏輯問題，沒有孫子為將，吳國對外擴張的勢頭必將受到強敵武力遏制，甚至有可能被強敵滅掉。兩美女與天下霸業，孰重？

伍子胥已經警告過闔閭：「大王虔心思士，欲興兵戈以誅暴楚，以霸天下而威諸侯，非孫武之將，而誰能涉淮、逾泗、越千里而戰者乎！」以闔閭的胸懷與智商，他當然能拎得清利害輕重，所以闔閭「知孫子能用兵，卒以為將。」

吳國最高統治系統的三駕馬車格局最終確立：闔閭為王，伍子胥為相，孫武為將，天下莫能與之爭勝！

不過不知道出於什麼原因，《史記．孫子列傳》對孫子拜將後的事蹟幾乎是一筆帶過，僅僅一句「西破強楚，入郢，北威齊晉，顯名諸侯，孫子與有力焉。」就把孫子給打發掉了。而《春秋左傳》對闔閭兵變、爭霸的事蹟有大量記載，卻很難找到孫子的名字。只有成書時間最晚的《吳越春秋》零星記載了孫子為將後的一些事蹟。

《史記．孫子列傳》所說的孫子「西破強楚，入吳」，實際上是指發生在西元前五〇六年十一月十八日的柏舉之戰，而這場春秋末期的著名戰役，吳軍之所以獲得最終的勝利，孫子「與有力焉」。

這場戰爭的背景，是新興的吳國與傳統強國楚國對地緣戰略空間的爭奪，也就是搶地盤。楚國強大時，周邊的小國如蔡、唐都對楚國奉行一邊倒的政策，但吳國興起後，不停的給楚國找麻煩，雙方就此結下樑子，經常大打出手。

這場柏舉之戰，是春秋二百多年為數不多的名戰之一，也是春秋爭霸戰中的倒數第二場，最後一場就是越王勾踐滅吳。柏舉之戰的影響非常大，曾經威赫天下的楚國轟然倒塌，逼得忠臣申包胥哭倒於秦牆之下，賢愚之君，忠佞之臣，勇怯之將，悉數登場，雙方用智用力，過程極為精彩，所以將單獨列一篇詳細解讀。

至於隨後申包胥哭牆七日，引來秦軍助楚，吳軍連敗於秦軍，但這不會影響孫子作為一代兵聖的光輝形象。吳軍是在遠離本土幾千里之外的異國作戰，有一個後勤保障的問題，而且吳軍連戰大捷，銳氣已用盡，敗幾場並不丟人。正如伍子胥所說：吳雖敗，於吳未有大損，沒損失多少兵力。

孫子其實是個非常有趣的人，伍子胥替孫子遮羞，孫子也知道如何下臺階。這兩個偉大的男人互相吹喇叭拍馬屁，孫子一方面給自己圓場，一方面吹捧伍子胥：「我們此次伐楚，戰略目標就是殺進郢都，趕跑楚王，並由伍大夫開挖楚平王墓，鞭屍三百，以報父兄之仇。做到這幾點，我們不算失敗。」

伍子胥更有趣，順著孫子遞的杆子往上爬，大言不慚的說：自從盤古開天闢地以來，還沒有大臣能屠戮國君的屍體，我做到了，然後一陣仰天狂笑。嗯，很不錯，很和諧的場面。

在這場轟動天下的柏舉之戰後，孫子漸漸從史籍中消失了，死在哪裡，卒於何年，史籍中沒有記載。有一種說法認為孫子卒死西元前四七〇年，即吳王夫差在位第二十七年。此時的伍子胥依然是吳國閣臣之首，而夫差又是出了名的好戰，以孫子的軍事天才，夫差不可能置孫子於高閣而不用。

孫子最有可能的下落，應該是歸隱山林，無疾而終，在人間留下了一段不可複製的傳奇，以及傳誦千古的《孫子兵法》十三篇。古人有立德、立功、立言三說，人生一世，能得其一就已經非常完美了，而孫子做到了立功、立言，此生無憾。

甚至可以這樣說，如果一定要在春秋時代挑出兩個對後世影響最大的人，孔子和孫子是最有資格入圍的。孔子儒家思想的影響力的不必多言，《論語》幾乎是人人皆知，而《孫子兵法》對歷代戰爭的影響力又可謂空前絕後。

《孫子兵法》在北宋人編列的《武經七書》中名列榜首，成為軍事研究人員的必讀書籍。其實我們現在看到的兵法十三篇，是三國梟雄曹操重新整編過的，之前的《孫子兵法》也稱為《吳孫子兵法》，以區別另一位孫子，即孫臏的兵法，共有八十二篇。

不應該是知道感謝曹操對《孫子兵法》的精彩點評，還是應該譴責曹操對《孫子兵法》的拙劣破壞，「數十萬言」的孫武兵法被曹操連刪帶砍，只剩下了區區七千三百字。當然，以曹操的軍事智慧，對《孫子兵法》刪砍的標準自然是去其繁蕪，取其精華，字字都是珠璣。

不過由於在孫子之後百年又出現一位大軍事家孫臏，而孫臏偏偏也自稱孫子，而且也留有一部兵法，以至於後人經常為《孫子兵法》是孫武所作，還是孫臏所作爭議不休。

一種最流行的反對聲音是司馬遷在《史記．孫子列傳》中已經明確提到孫子的兵法只有十三篇，而《漢書．藝文志》卻說有八十二篇，另外還有圖九卷。

其實學術界還有另外一種聲音，即孫子最先創作的兵法確實是十三篇，而所謂八十二篇是西漢後期至東漢中前期的軍事愛好者在十三篇的基礎上發展出來的，所以二者之間並不矛盾。

說到《孫子兵法》，就不得不講《孫子兵法》和《司馬法》的區別。在上一篇中講過，《司馬法》是多家學說的集粹，而且側重於講軍事政治，《司馬法》的核心是「慎戰」，具體引導思想是「國雖大，好戰必亡；天下雖安，忘戰必危」。

《孫子兵法》雖然在開篇也講到了慎戰的問題，《計篇》第一句就是「兵者，國之大事也。死生之地，存亡之道，不可不察也。」還有，孫子也說過「道、天、地、將、法」的五事，即「經之以五」，這屬於軍事戰略范疇，在《孫子兵法》並不常見，當然這不是說孫子不重視政治之於軍事的重要性。戰爭是政治的延續，孫子當然知道這一點。

如果用一句最簡明扼要的話來高度概括《孫子兵法》的思想精髓，只有四個字：兵不厭詐！即《孫子兵法．始計篇》提到的「兵者，詭道也」

如果說《孫子兵法》對中國軍事思想史的最大貢獻，也莫過於「兵不厭詐」的提出。甚至肉麻的講，「兵不厭詐」思想的出現，對中國歷史具有偉大的劃時代意義，一舉打破上古至春秋中前期所謂仁義之戰的思想縛束，雖然孫子本人並沒有說出「兵不厭詐」這四個字。

孫子對「兵不厭詐」戰術思想的具體理解是：「兵者，詭道也。故能而示之不能，用而示之不用，近而示之遠，遠而示之近。利而誘之，亂而取之，實而備之，強而避之，怒而擾之，卑而驕之，佚而勞之，親而離之。攻其無備，出其不意，此兵家之勝，不可先傳也。」

說到春秋仁義之戰，自然會想到宋襄公在泓水之戰時出的洋相。其實在春秋中前期已經出現了兵者詭道的軍事思想，但宋襄公卻死守教條，自以為有仁義之戰，天下可勝，結果成為千古笑柄。

受西周「儒家」思想的影響，春秋中前期還在恪守仁義教條。但春秋晚期以來，隨著社會生產力的不斷發展，社會政治形態已經明顯與中前期有所不同，一個明顯的標誌就是戰爭規模不斷擴大。

隨著「禮崩樂壞」的進一步加劇，各國之間的戰爭也開始無所不用其極，只要結果，不要過程，孫子「兵不厭詐」的軍事思想開始逐漸佔據軍事理論界的主流。這種新思想的出現不是偶然，即使沒有孫子，也會有其他軍事家提出兵不厭詐的軍事思想。

春秋時代的兩大軍事家，田穰苴受仁義思想影響較深，所以風格稍顯老派，更注重精神上的自我滿足。而孫子作為新銳軍事家，思想風格比較新潮，更注重實際利益。孫子在《作戰篇》提出了一個震古鑠今的觀點：「兵聞拙勝，未睹巧之久也！」

孫子明確告訴世人，戰爭要的是冰冷的結果，不是去享受精彩的過程，只有脫離現實的理想主義者才會這麼做，比如宋襄公。老話常講夜長夢多，拖得越久越不利，在最短的時間內結束戰爭，才是兵家上策。

對於任何一場戰爭的參與方來說，都存在著一個不可迴避的經濟成本問題，孫子也注意到了這一點。孫子的速勝論思想「兵貴勝，不貴久」，就是針對這一問題講的。

特別是打爭霸戰，戰爭成本非常高昂，比如「賓客之用、膠漆之材，車甲之奉」等開銷，就要「日費千金」。即使把戰場放在國外，「因糧於敵」，巨大的戰爭消耗也不是超級大國所能承擔起的。

基於這一點，孫子明確指出：「勝久則鈍兵挫銳，攻城則力屈，久暴師則國用不足。」軍隊必須在最短的時間內取得勝利，通過掠奪他國資源來彌補本國的戰爭消耗，否則一旦陷入戰爭泥潭，「則諸侯乘其弊而起，雖有智者，不能善其後矣。」

魚與熊掌不可兼得，有人既要魚也要熊掌，結果最終什麼也得不到，而孫子的戰爭思想是：我不可能在獵殺熊的同時去河裡釣魚，與其得魚（過程），不如得熊掌（結果）。

戰爭可以說是一場比賽，一支球隊踢的比較浪漫激情，另一支球隊踢的比較沉悶保守，但他們都要的都同一個結果，就是勝利。田穰苴是浪漫主義者，孫子就一定是現實主義者，戰爭拼盡了國力民力，難道只是要一個絢爛多姿的過程？沒有任何一個君主或主將會這麼做。

上面講過，《孫子兵法》和《司馬法》相比，更側重戰術運作，但孫子的戰術思想還有另外一層範疇，就是謀略的運用。雖然是冷兵器時代，但一味拼力也是不可取的，高明的軍事家會用智，包括對政治、經濟、外交等各種手段去謀取自己需要的結果。

綜合來講，就是《孫子兵法．謀攻篇》的千古名言：「上兵伐謀，其次伐交，其次伐兵，其下攻城」。所謂上兵伐謀，可以用孫子的另外一句震古鑠今的金句來解釋——不戰而屈人之兵，善之善者也。

戰爭，不僅意味著冷兵器時代的刀槍箭戟，熱兵器時代的火炮導彈，更包括政治戰、經濟戰、外交戰、心理戰等不見硝煙的戰場，以使敵人屈服於自己的戰略意志為最終目的。在目前已知的中外軍事理論中，孫子是第一個提出戰略威懾理念的軍事家，即使是現代軍事的戰爭理念，實際上也沒有超過孫子軍事思想的範疇。

因為篇幅的原因，博大精深的戰爭寶典《孫子兵法》就不多講了。如同孔子憑藉一部《論語》贏得萬世師表的地位一樣，孫武憑一部《孫子兵法》，也贏得了中國軍事學鼻祖的地位。

孫武的下落是一個歷史之謎，但根據《史記》和《三國志》的記載，孫子有兩位非常知名的後人。一是戰國時最負盛名的軍事理論家孫臏，一是守住三國鼎足天下，被陳壽稱為有「勾踐之奇」的吳主孫權。

二八、吳楚柏舉之戰

在《孫子篇》中，曾經提到過孫子在吳國任將以來最為輝煌的一場戰役，這場戰爭不僅奠定了吳國的東南霸業，也奠定了孫子千古名將的地位，這就是春秋史上有名的吳楚柏舉之戰。

說到吳國，雖然吳王在周王室內部的爵位排列僅僅是子爵，但要論起血統，卻是齊、楚、秦等異姓諸侯所不能望其項背的，因為吳國始祖太伯是西周開國君主周文王姬昌的嫡親伯父，吳太伯是周太王古公亶父的長子，姬昌的父親季歷是太王幼子。

如果按嫡長繼承制，吳太伯是應該繼承太王權位的，但因為三子季歷賢明，而且最要命的是，太王特別喜歡聰明可愛的孫子姬昌，早有打算把位子傳給季歷一系。

吳太伯知道自己沒有希望繼承父位，一賭氣，和二弟仲雍離開岐山，前往東南方向的長江中下游流域，與當地的千餘家荊蠻打成一片，荊蠻人「義之」，便擁戴吳太伯做了老大，號稱句吳。

吳太伯是光棍一般去句吳的，所以他必須對荊蠻人表示自己的誠意，從荊蠻之俗，「文身斷髮」。隨著時間的推移，吳國的姬氏子姓與中原的姬周王室已經沒有什麼來往，中原人也以荊蠻視之。

吳太伯雖然建立了句吳國，但實際上吳國的王室子孫都是吳太伯的二弟，即仲雍的後人，因為太伯無子，所以仲雍繼位稱王。吳國地處偏遠，經濟非常落後，直至傳到仲雍的第十九代孫姬壽夢，情況才有所改觀。楚國大夫申公巫臣因為和重臣子反不和，繞道晉國來到吳國，幫助吳國訓練軍隊，特別是戰車部隊的組建，使吳軍的戰鬥力急速提升。

隨後吳國開始和中原大國建立外交關係，晉國出於制衡楚國東翼的戰略需要，也開始大規模援助吳國。吳國有了雄厚的本錢後，野心不斷膨脹，開始對楚國動手動腳。在壽夢時代，吳國只是處在大國崛起的初期，還沒有能力對楚國進行戰略威脅。不過壽夢雖然在歷史上沒什麼知名度，但他卻有一個名氣非常大的兒子——掛劍踐義的季札。

季札的侄子姬僚（即吳王僚）即位後，吳國已經初步具備了與楚國抗衡的實力。吳王僚的堂弟公子光兼具雄才大略，經常率兵伐楚，搞得楚國雞飛狗跳。特別是與楚國有殺父之仇的楚臣伍子胥奔吳之後，被公子光當成活地圖，吳國的伐楚之勢日漸緊促。

楚國由於昏君楚平王在位，內政亂七八糟，對外基本沒有作為，特別西元前五一六年，楚平王去世後，楚國更是一片混亂，吳王僚已經嗅到了肉餅的香味。不過他已經沒機會張開大嘴吃肉餅了，他的堂弟公子光發動了著名的政變，刺殺王僚，自立為吳王。

闔閭雖然得位不正，但他還是繼承了吳王僚對展戰略生存空間的對外政策，對楚國大打出手。西元前五一二年，吳國大舉伐楚，這也是孫子出山後的第一戰，戰果輝煌，在第二年，吳國再次從楚國身上咬下兩塊肥肉，「取六（今安徽六安）與灊（今安徽霍山）」。

楚昭王熊軫可以說是春秋時代楚國最悲劇的一位君主，成王、莊王時代的楚國與晉、齊爭雄天下，何其霸氣！而熊軫卻每天都要面對著吳人的軍事騷擾，弄得焦頭爛額，史稱「無歲不有吳師」。

吳國的三駕馬車體系已經打磨完成，三人之間的配合非常默契，國勢蒸蒸日上，已經成為楚國新的噩夢的開始。從地理位置上看，如果吳國要爭霸中原，可以走淮河北上至宋魯等國，沒有必要對楚國動手動腳。

但老話常講：臥榻之側，誰其安睡！現在楚國日漸衰落，如果不及時打掉楚國，等到楚國中興，就能對吳國的西線戰略安全構成重大威脅。所以對吳國來講，最有利的就是趁吳漸強、楚漸弱的有利時機打掉楚國復興的希望。

西元前五〇八年，在伍子胥「多方以誤之（即孫子所說的十二條）」的建議下，吳國三巨頭合力挖了一個大坑，指使舒鳩人（今安徽舒城附近部落）引誘楚國伐吳，將由大將囊瓦率領的楚國水師騙到豫章，趁楚師不備，將楚軍打得落花流水，並巧用聲東擊西之計，又從楚國身上割下一塊大肥肉，佔領了軍事要塞——居巢（今安徽）居巢盤垣在楚、吳、蔡、唐等國之間，這就給吳國交通蔡、唐等國提供了便利。在春秋中前期，蔡國是公認的楚國附庸，毫無外交自主權。現在楚國要完蛋了，蔡國當然要另找一個牆頭蹲著，吳國自然是不二人選。

闔閭已經意識到了蔡國的戰略調整，他自然不會放過這個絕佳的機會，開始和蔡唐等國進行戰略合作。闔閭久有橫平天下之志，要實現這個夢想，就必須首先征服楚國，而欲先平楚，必先平蔡、唐等楚國的戰略周邊。伍子胥和孫子都明確告訴闔閭：「現在楚國軍事統帥囊瓦為人貪暴，蔡、唐皆不附，不如趁機伐楚，得蔡、唐而得楚。」

從壽夢時代，吳國就已經制定從楚國奪取生存空間的大戰略，歷經數十年的苦戰，吳國初步取得了對楚作戰的戰略先手，現在的形勢明顯對吳國有利。楚國權臣當道，朝政混亂，朝政混亂，闔閭知道，錯過這個村就沒有那個店了，是時候對楚國發動戰略總攻了。

西元前五〇六年，也就是闔閭即位後的第九年，他召開了三巨頭會議，與伍子胥、孫子商討伐楚事宜。闔閭明確說明了他的戰略意圖：「吾欲復出擊夢，奈何而有功？」紅線已經劃好了，只有怎麼打的問題，沒有打與不打的問題。

伍子胥和孫子聯名提出了一個制楚戰略，就是「遠交近攻」，即聯合蔡、唐兩國共同伐楚國。吳國的情報系統已經查明，蔡、唐二國對楚國恨得咬牙切齒，就等著吳國出兵，二國將極力配合吳軍的行動。唐、蔡的宗主國其實是晉國，只是晉國遠在中原，遠水解不了近渴，而吳國就在楚國東側，只有吳國有能力為他們報仇，所以二國很痛快地答應了吳國的條件，三國正式結盟。

在西元前五〇六年的冬天，三國聯軍宣布對楚作戰，不過蔡。唐都是打醬油的，主力還是吳軍。這次對楚作戰是戰略性決戰，闔閭也幾乎掏出了自己全部家當，「悉興師」，大致五萬人左右，但和楚國的二十萬軍隊相比，還是處在劣勢。闔閭是在賭博，一旦輸了，就將傾家蕩產，對闔閭來說，這是一場危險的賭博零和遊戲。

正因為雙方實力有差距，所以吳國盡可能的縮小差距，吳軍並沒有單獨在楚國東線與楚國決戰，而讓唐、蔡兩軍從楚國北線作戰，以二國的那點蝦米兵，如果單獨與楚作戰，還不夠楚人塞牙縫的。

唐、蔡地處楚國偏北方向，處淮河之濱，吳軍在邗溝（今江蘇揚州）乘舟沿刊溝（今京杭大運河的蘇中段）北上，然後在今江蘇淮安進入淮河，再溯淮西進，與唐、蔡二軍會合。

如果捨遠求近，吳軍也可以要求唐、蔡二軍沿著吳軍北上的水路順行南下，在邗溝與吳軍會合，再溯長江西上，抵達後來吳楚決戰的柏舉。吳軍捨近求遠，應該是吳國最高決策層考慮到了晉國的因素。

在此年的春三月，晉國曾經召開了一場江湖武林大會，號召天下諸侯共起而誅楚，但晉國一直沒有實際動作。吳國不排除在吳國對楚作戰後，晉國會改變戰略，派兵與吳國聯合作戰。這只是一種可能，但吳國不會把勝利的希望寄託在晉國身上，指望別人，不如指望自己。

三國軍隊會戰的地點在豫章，也就是現在豫徽兩省交界處的淮南山區，緊依大別山區，但這裡並不是吳軍預定的主戰場，而是漢水東岸，距離豫章約有二百多公里。

不過吳軍似乎並沒有渡漢水而擊郢都的打算，而只是夾漢水與楚軍對峙，因為吳軍並沒有過河用的大型船隻，卻帶來許多戰車。吳軍的戰略目的非常明顯，就是引誘楚軍過河，尋找機會殲滅楚軍主力。

需要說明的是，吳軍從豫章直插至漢水東岸，採取的是跳躍行軍方式，繞過三關（即大隧、直轅、寘阨，位於鄂豫兩省交界東端）。吳軍穿插行軍，在戰略上非常大膽，但在戰術上，是要冒著被楚軍穿插至吳國身後「關門打狗」風險的。吳國三巨頭欺楚軍主師囊瓦貪暴無能，事實上楚國並非沒有軍事天才，比如提出對吳軍「關門打狗」戰術的左司馬沈尹戌。

沈尹戌所處的時代，正值吳興楚衰，以楚國的國力，根本無力阻止吳國的強勢崛起，所以他是堅決反對對吳用兵的。西元前五一八年，楚昭王熊壬不顧國內的上昏下暴，民不聊生，輕率地「舟師以略吳疆」，沈尹戌就長歎：「楚必亡邑，不撫民而勞之。」事實也證明了沈尹戌的判斷，吳軍將楚軍打得找不北，並吃掉了楚國的重鎮巢、鍾離。沈尹戌再一次預言：「亡郢之始，於此在矣。」

十二年後，吳國果然發動了大規模的滅楚之戰，而已經出任大司馬的沈尹戌將再一次面對攻勢凌厲的吳國。不過沈尹戌這次看清了吳軍跳躍式大進軍的弱點，就是單兵突進，「顧頭不顧腚」，這是很容易被敵人「關門打狗」的。

沈尹戌對囊瓦提出了他的戰術對策，即囊瓦率楚軍主力在漢水西岸拖住吳軍主力，他則率一支輕銳部隊北上方城（即楚長城，位於豫鄂兩省交界處），將吳軍停泊在淮河源頭的大量船隻悉數燒毀，斷絕吳軍歸路，並直插大隧、直轅、冥阨三關。吳軍被截斷後路，軍心必然大亂，囊瓦乘時濟河伐之，沈尹戌從三關西進，兩支楚軍逐漸縮小包圍圈，將吳軍擠成夾心餅乾，則吳必亡。

沈尹戌的這條計策非常惡毒，不亞於劉備伐蜀時，蜀從事鄭度給劉璋獻的「堅壁清野」之計。如果劉璋採納鄭度的毒計，一代梟雄劉備將死無喪身之地，同理，如果囊瓦聽了沈尹戌的計策，闔閭、伍子胥、孫子將被一網打盡，所謂吳國三巨頭將成為歷史笑柄。

可惜沈尹戌一戰成名天下知的機會，被兩個人給無情破壞掉了，這兩位大爺，一位名叫武城黑，一位名叫史皇，時任楚大夫。二人都反對沈尹戌的持久戰，要求囊瓦速戰速勝，不過武城黑只是從戰術角度反對，說吳軍戰車多是木製，而楚軍戰車多為皮革製成，耐久性差，我們沒有與吳軍打持久戰的本錢。

和武城黑相比，史皇則是以小人之心度君子之腹，他警告囊瓦：你在楚國的威望本就不如沈尹戌，如果你按他的計策辦，功勞全是他的，你被他賣了還替他數錢。大人如果不想替他人做嫁衣裳的話，現在就和吳軍作戰，不然到時可沒地方哭鼻子去。

囊瓦本就不是好鳥，他當然不會坐視沈尹戌吃獨食，自己則給沈尹戌看門放哨，傻子才會這麼做。這一點，囊瓦遠不如劉璋，劉璋只是不忍心百姓受苦，拒絕了鄭度的毒計，囊瓦純粹是出於私心。

現在的形勢其實對楚國相對有利，吳軍孤軍深入，後勤補給非常有限，是最怕持久戰的。從吳國的角度講，楚軍越早出戰對吳國越有利，畢竟吳軍現在士氣正盛，一旦拖久了，等士氣喪盡，很容易被楚國一鍋端掉。

所以當囊瓦率楚軍強渡漢水，準備與吳軍近距離交火，是正中闔閭下懷的。事實也證明了速勝論是錯誤的，楚軍「自小別山至於大別山，三不利」，闔閭三記響亮的耳光抽在囊瓦的老臉上，火辣辣地疼。

其實吳軍放楚軍過漢水，並不斷向東北方向後撤，邊撤邊打，是有意讓楚國的戰鬥部隊和後勤補給脫節。囊瓦應該沒有發現吳軍的意圖，反而被吳軍牽著鼻子跑，卻忽略了後勤補給線越來越長。當囊瓦連續三次被吳軍揍得鼻青臉腫之後，囊瓦發現，他的軍隊已經來到了大別山脈東麓的柏舉（今湖北麻城東北）。

這裡就是吳楚兩軍的決戰場，時間是西元前五〇六年的十一月十八日。說是決戰，其實戰鬥意志更為強烈的是吳國軍隊，之前的三戰三捷極大的提升了吳軍的士氣，而楚軍則委靡不振，雖然人數相對多於吳軍，但早已經成了一盤散沙。甚至連囊瓦本人都打算棄軍逃跑，被史皇及時勸住了。

這場意料之中的吳楚決戰就這樣在不經意間到來了，按道理講，身處前線的吳國三巨頭是最有條件創造歷史的，但讓所有人意外的是，在這場決戰中最出鋒頭的，卻是之前非常低調的闔閭弟弟夫概王。

面對軍心渙散的楚軍，闔閭的應戰策略是穩中求勝，不急於和楚軍決戰，相信這也是伍子胥和孫子的意思。不清楚楚軍此時還有多少兵力，但從闔閭的穩妥來看，楚軍總人數至少要比吳軍多出一倍以上，因為這符合孫子兵法據說的「不若則能避之」。

吳國三巨頭都有豐富的人生閱歷，所以為人處事相對沉穩保守，但對於年輕氣盛的夫概王來說，楚軍已經喪失了基本的戰鬥力，此時不滅楚，更待何時。夫概王對闔閭說得很清楚：「楚瓦不仁，其臣莫有死志，先伐之，其卒必奔。而後大師繼之，必克。」

夫概王敏銳地發現了楚軍最大的問題：囊瓦在楚軍中的威望已經喪失殆盡，吳軍應該擒賊先擒王，只要拿下囊瓦，楚軍餘部將不戰自潰。夫概王的擔心應該還包括一點：如果楚國及時換掉沒有人望的囊瓦，改由人氣高漲的沈尹戌為主將，吳軍面對的可就不再是一塊肥肉，而是一塊硬骨頭了。

當闔閭謹慎地拒絕了夫概王的請求後，夫概王對此十分的不理解，哥哥的腦袋莫非被驢踢了，放著肥肉不吃，等著啃硬骨頭？夫概王對闔閭的決定非常不服，他可能還考慮到另外一個問題。

如果此時不戰，等闔閭等人吃掉楚軍後，自己將得不到任何功勞，這對夫概王在吳國內部樹立威望是致命的打擊。甚至不排除夫概王有將來取闔閭而代之的野心，而闔閭拒絕夫概王的請戰，也不排除闔閭有這方面的考慮。

夫概王不想放棄這個一戰成名的機會，他退出大帳後，和心腹人談到了這個問題。不過夫概王當然不會把自己內心深處的真實想法說出來，以免授人以柄，他打著君臣大義的幌子，說什麼今天就算我戰死了，只要我軍能滅楚，也是划算的買賣。實際上以楚軍現在半死不活的情況，夫概王戰死的機率幾乎等於零。

夫概王在沒有徵得闔閭同意的情況下，私下率領本部五千精銳出營，風馳電掣般的閃擊正亂成一團的楚軍囊瓦本部。楚軍現在完全沒有了當年楚莊王橫平天下時的霸氣和強悍，在夫概王眼中，貌似強大的楚軍只是一個泥足巨人，輕輕一戳，就倒了。

根據《左傳．定公四年》的記載，吳軍是役大勝，賺得盆滿缽溢，「子常（即囊瓦）之卒奔，楚師亂，吳師大敗之」。之前多嘴饒舌的狗頭軍師史皇死在亂軍之中，而曾經威風八面的楚軍大帥囊瓦被夫概王打成了光棍，鬼哭狼嚎般的逃往鄭國避難去了。

國不可一日無君，軍不可一日無將，囊瓦倒是拔腳溜了，可本就軍心渙散的楚軍都成了一堆無頭蒼蠅。出於本能，數萬楚軍士兵亂哄哄地朝著東南方向的楚都郢潰逃，而對吳軍來說，放在眼前的肥肉，傻子才不會去吃。闔閭嗅到了一股濃厚的腥味，也顧不得責備夫概王擅自出兵，指揮剽悍的吳軍跟在楚軍後面連撲帶咬，一路雞毛亂飛。楚軍在前面亂竄，吳軍在後面緊追不捨，一直追到了清發水（今漢水支流溳水）的東岸。

不過讓人疑惑的是，在這場春秋軍事史罕見的大追殺中，居然沒有伍子胥和孫子的出場記錄，而大出鋒頭的，還是柏舉之戰的頭號功臣夫概王。

闔閭的軍事指揮藝術不如夫概王，闔閭只想著吃肉喝湯，卻忽略了一個問題，就是《孫子兵法‧軍爭篇》提到了的「窮寇勿迫」，即窮寇勿追。楚軍的指揮系統徹底崩潰，但不可忽視的是，楚人的剽悍性格，一旦吳軍把楚人逼急了，楚人完全有可能反過來狠咬吳人一口，千萬不要低估楚人的血性。

夫概王想到了這個問題，他勸止了闔閭準備對楚軍發起總攻的命令，他的理由是「困獸猶鬥，況人乎！若（楚人）知不免而致，必敗我。」楚軍現在準備渡過清發水繼續西逃，如果吳軍逼人太甚，就有可能迫使楚人背水一戰，會在瞬間迸發出強大的求生欲望，對吳軍是非常不利的。

至於如何解決這個問題，夫概王出了一條妙計，我們暫時不對楚軍發起總攻，讓楚人搶渡清發水，等到楚人「半渡」，前後兩軍擁擠在一起時，我們再收網捉魚，必能獲大利。

一百多年前著名的泓水之戰，宋襄公面對正在渡河的楚軍，死守所謂不傷二毛的迂腐教條，等楚軍完全渡過泓河列好陣形，宋軍再發起進攻，結果被楚軍吃掉。夫概王應該知道這個典故，他的「半渡而擊」之計，明顯借鑒了宋襄公的教訓。只不過泓水之戰時楚軍在渡河迎戰，此時楚要渡河逃跑。

事實再一次證明，夫概王不僅是出色的戰術大師，更是一位出色的心理學家，他已經完全吃透楚國殘兵的心思——無主戀戰，趁早回家。所以結果也再一次讓夫概王大出鋒頭，等楚軍亂哄哄搶渡清發水的時候，吳軍突然在後面捅了楚軍一刀，楚人死傷慘重。

最可笑的是，當楚軍再次跑了一段距離，發現吳軍沒有追上時，氣喘吁吁的埋鍋造飯。可當飯香四溢時，突然發現吳軍已經殺到眼前，可憐的楚軍將士餓著肚子撒開腳丫四處逃竄，吳軍弟兄們扔下刀戟，端起香噴噴的米飯，甩開腮幫子胡吃海喝……

勝負已經毫無懸念，楚軍完全喪失了死戰的勇氣，接連被吳軍追上暴打，「五戰，及郢」，在不知不覺間，吳軍已經殺到了楚郢都的城門之下。

楚軍主力都被囊瓦糟蹋光了，郢都中不會有太多的守城力量，楚昭王熊珍已經沒有任何可能阻止吳軍進城。他現在有兩條選擇，要麼投降，要麼出逃。不過當熊珍聽說伍子胥就在吳軍陣中，他毫不猶豫選擇了後者。因為熊珍知道父債子還的道理，父親平王欠伍家的血債，當然要由他來償還，如果落在變態的伍子胥手上，他會死得非常難看。

熊珍捲起金銀細軟，拉上妹妹季芈畀我，竄上船，朝著睢水方向瘋狂逃竄，這一天是西元前五〇六年十一月二十七日。第二天，吳軍耀武揚威地進入了已經不設防的皇城郢都。

雖然史料上沒有記載，但可以想見，已經興奮到極點的闔閭大王會在郢都的楚王宮中大設慶功筵席，君臣們喝得爛醉如泥，特別是伍子胥淒厲的哭喊聲音。拿下郢都之後，吳國最重要的目標就是全境搜拿楚王熊珍，特別是伍子胥的意願尤其強烈，雖然伍子胥在進城之後，就刨開了楚平王的墳頭，將屍體拖出來，狠狠的抽了三百鞭子。

楚昭王熊珍為了躲避伍子胥的追殺，滿世界的亂竄，在雲夢澤的泥沼地裡還受到了一夥來歷不明的強盜的攻擊，差點喪命當場，最後勉強逃到隨國避難。

雖然闔閭派人來隨國要求把熊珍交出來，但隨國卻拒絕了吳國，理由是楚隨兩國曾經簽訂盟約，隨有難，楚庇之；楚有難，則隨庇之。今日之事，隨寧可與吳死戰，也絕不能背約，為天下不齒。闔閭也意識到，以吳國現有的國力，是很難鯨吞楚國的，甚至他已經預感到楚人的復國力量，與其和楚國死纏到底，不如賣個人情給隨國，也就不要索要熊珍。

關於楚國復國，一個最精彩最感人的典故，就是楚臣申包胥哭倒秦牆之下，請來秦國救兵，打退士氣正盛的吳師，成功挽救了當年橫行天下的南霸天楚國。而此次吳破郢都，也是楚國歷史上除了被秦始皇一舉拿下之外，唯一一次亡國經歷，教訓可謂慘痛。

吳軍被多管閒事的秦軍敲打了一頓，稱霸步伐有所放緩。但一個既成事實是，吳國已經成功取代了楚國，成為新一代南霸天，也奠定了吳國在未來幾十年內的超級霸主地位。

不過有一點，吳國的開疆擴土，稱霸天下，與吳國相對狹隘的胸懷有些不相匹配。有件事情闔閭做得比較過分，為了報復楚國曾經對吳國的打壓，在佔領郢都之後，吳國君臣對沒有來及逃出去的楚國君臣的夫人進行集體姦淫。

楚昭王的夫人被闔閭霸佔，闔閭在這個女人身上盡情發洩征服的快感。而更不可思議的是，權臣囊瓦的老婆，以及司馬成的老婆，被伍子胥、孫子、白喜三人打包。三男兩女在榻上盡情肉搏，真是無法想像，伍子胥和孫子這樣等級的江湖精英會如此放蕩，呵呵。

二九、伍子胥復仇記

接著上一篇講吳國的話題。

在柏舉之戰中，最出鋒頭的是闔閭之弟夫概王，但這並沒有改變吳國高層三架馬車的權力分配格局，即闔閭為君，孫子為將，伍子胥為相。

說到伍子胥，他是春秋歷史上不世出的奇男子。伍子胥的傳奇人生經歷，舉家遇害、倉皇逃難、歷盡艱險、偶遇明主、策劃政變、為父報仇、輔佐少主、含冤而死，如何跌宕起伏的人生，春秋三百年，風流人物不可計數，也找不出第二個伍子胥。

伍子胥在春秋史上的地位，有些類似王猛在五胡史上的地位，都是位居一人之下，一肚子的「陰謀詭計」，為他們的君主成就一方霸業立下不可替代的奇功。

如果單論家世，諸葛亮和伍子胥都是名士大夫之後，而王猛祖上八輩貧農。伍子胥祖上有史可考的，就是春秋霸主楚莊王身邊的直臣伍舉。伍舉不僅是楚莊王時代的名臣，在楚靈王時代，伍舉依然敢於直諫，深得楚王賞識，史稱「伍氏三世為楚忠臣」。由於伍舉打下堅實的底子，伍氏家族在楚國官場上混得風生水起。

伍子胥作為貴家子弟，在權力私有化的時代，是很容易在官場上撈到一個肥差的。伍子胥上面還有一個哥哥，就是伍尚，但伍尚為人「慈溫仁信」，刻薄的講，是個爛忠厚沒用的人。而伍子胥在父親伍奢眼裡就是一塊稀世珍寶，伍奢曾經當著楚平王的面稱讚過伍子胥：「胥為人，少好於文，長習於武，文治邦國，武定天下！」

更為重要的是，伍子胥的父親伍奢是太子熊建（以下皆稱太子建）的師傅，私交非常好。可以想見，等太子建繼位後，伍子胥肯定會坐直升飛機飛進官場，做出一番驚天動地的事業。只是讓所有人沒有想到的是，在太子建距離大位越來越近的時候，突然遇到一場可怕的政治變故。不僅太子建的政治前途盡毀，還把伍家拉下了水，本來有機會成為楚國第一政治家族的伍家家破人亡。

問題出自太子建的少傅（排名次於伍奢的太子師傅）費無忌身上，費無忌是春秋時代著名的奸臣，和後來吳國的大奸臣伯嚭號稱兩大亡國禍水。

跟著太子建，費無忌自然有肉吃，但費無忌前面卻有一個伍奢擋道，太子建也是重伍輕費。也就是說，費無忌在將來的楚國政治格局中只能屈居伍奢之下，這是費無忌無法容忍的。

為了能在政壇上獲得更高的位置，費無忌挖了一個政治陷阱，不費吹灰之力的就將太子建、伍奢父子一起推進坑裡給活埋了，而且罵名還由楚平王背著。

故事的情節並不複雜，費無忌利用在秦國給太子建物色老婆的機會，把本屬於太子建的秦國美女送給了楚平王。太子建平白丟了老婆，自然對費無忌非常惱火，費無忌就趁機在楚平王面前煽陰風點鬼火，說太子建因為秦女被奪，對大王有怨望之心，勸楚平王廢掉太子建。

此時的太子建並不在郢都，而因為受到費無忌的讒言，再加上母親蔡氏無寵，被貶到了城父（今河南寶豐東）居守。這又給費無忌構陷太子提供了機會，說太子建陰謀勾連諸侯，企圖殺父自立。

其實費無忌真正的目標，不止是要除掉太子建，伍奢和他最賢明的次子伍子胥，都上了費無忌的黑名單。在伍奢被陷害下獄後，楚平王威逼伍奢寫信把伍尚、伍子胥召到郢都來，即可免死，被伍奢拒絕。楚平王夠陰毒的，他派使者去找伍氏兄弟，說我已經赦免了你父親，並給你們兄弟加官晉爵，快來郢都履新上任吧。

伍尚為人老實，沒看透楚平王的花花大腸，以為天上掉下餡餅，準備張嘴接餅。楚平王是個什麼貨色，伍子胥再清楚不過，他反對前去郢都送死。伍子胥說得很明白：父親在楚王手上做了三年人質，之所以不動手，就是因為我們還沒落網。一旦我們去郢都，楚王沒有後顧之憂，我們必死。

人質的價值就在綁匪還沒有實現自己的目的，一旦收到贖金，就有可能撕票滅口，也有個別善良的綁匪，但楚平王顯然不在此列。在伍尚的堅持下，他決定在明知有去無回的情況下去郢都陪父親受死，而伍子胥則選擇逃亡。在得知伍子胥已經逃亡的消息後，伍奢在刑場上幽幽的說了一句：「楚之君臣，且苦兵矣。」這話是說給楚平王、費無忌等人聽的，放跑了伍子胥，你們以後就等著吃刀頭麵吧。

伍子胥性情剛烈如火，是典型的江湖豪俠性格，奉行孔子「以直報怨，以德報德」那一套，和三國時法正是同一類人物。在父兄被殺後，伍子胥的人生目標就是復仇。伍子胥在長江邊痛哭流涕：「楚王無道，殺吾父兄，願吾因於諸侯以報讎矣。」因為太子建已經出逃，伍子胥決定去尋找太子建，在路上遇到了好友申包胥。伍子胥咬牙切齒的告訴申包胥：「父母之讎，不與戴天履地，兄弟之讎，不與同域攘壤；朋友之讎，不與鄰共鄉里，今吾將復楚辜，以雪父兄之恥！」

歷史總是驚人的巧合，楚平王廢太子事件，幾乎就是當年晉國驪姬之亂的翻版。只不過太子建並沒有像姬申生那樣自殺，而是學著姬重耳四處流浪，但太子建卻犯下了一個致命的錯誤，他不應該相信晉頃公要讓他幫助滅鄭然後把鄭國分給他的鬼話。鄭定公和宰相子產可不是省油的燈，在人家的地盤上想以客易主，談何容易。

太子建不出意外的被幹掉了，但卻把伍子胥給害苦了，想必太子建與晉頃公的密謀沒有告訴伍子胥，但在鄭定公和子產看來，伍子胥不可能洗脫干係。為了活下去，為了心中那個偉大的復仇理想，伍子胥背著太子建的幼子熊勝，狼狽逃離鄭國。

至於伍子胥下一站避難所為何選在吳國，結合伍子胥說過要「因於諸侯以報讎矣」來看，應該是伍子胥認為吳國與楚是世仇，而且國勢漸盛，至少吳王僚有意願幫助自己滅楚復仇。

在去吳國的路上，發生了一件歷史上著名的典故，就是「伍子胥過昭關——一夜愁白頭」。其實所謂愁白頭是後人美麗的傳說，真實的情況是昭關（今安徽合山，當時屬楚國）守城官員懷疑伍子胥的身分，派人緊追不捨，如果不是突然在江邊出現了一位神祕的漁翁，搭船送伍子胥過江，伍子胥和熊勝早已經成了刀下之鬼。

伍子胥最讓人尊敬的一點，就是恩怨分明。漁翁救了伍子胥一命，伍子胥感激涕零，把價值百金的佩劍送給漁翁，不過被漁翁婉言謝絕了。有人常說，捍衛社會道德底線的往往在民間，此言不虛，比如漂母用一飯救了韓信，並給了韓信奮發圖強的勇氣和自信。

有意思的是，伍子胥在逃亡的過程中，居然也遇到了一位「漂母」。事情發生在溧陽（今江蘇溧陽北），此時的伍子胥身無分文，而且又病了一場，為了活下去，伍子胥只能沿街乞討。在溧水河邊，饑腸轆轆的伍子胥發現有一位「漂母」在洗衣服，她的身旁放著一個盛滿飯食的籃子。伍子胥哀求漂母施捨一點飯給他填肚子，溧水漂母猶豫了很久，才勉強把籃子中的飯食分給伍子胥一部分。

我們常說春秋第一忍人是越王勾踐，其實伍子胥的忍術和勾踐相比絲毫不遜色。勾踐為了復仇，甘當吳王夫差的奴隸，忍了二十年，才終報一仇。伍子胥的情況也差不多，如果不是強烈的復仇意識在強撐著伍子胥的人生，以伍子胥的剛烈性格，早就飛蛾撲火般的找楚平王復仇去了，而不是一忍就是十年。

換句話說，伍子胥和勾踐都是厚黑道高手中的高手，勾踐的那點花花腸子早就被伍子胥看穿了，勾踐最終能戰勝夫差，最主要的原因不是勾踐能忍，而是夫差太單純，不相信伍子胥的忠告。

勾踐在吳都姑蘇當過三年的奴隸，而伍子胥同樣在姑蘇當過一段時間的瘋子，勾踐當奴隸是在演戲，伍子胥同樣在表演。伍子胥每天披頭散髮，赤著腳走在姑蘇的石板街道上，嘴裡嘟嘟囔囔說著誰也聽不懂的話語，雙手搖來搖去。

伍子胥這麼做的動機很簡單，他在吳國人生地不熟，他是沒有正常管道接近吳國最高統治層的。伍子胥唯一的機會就是出現在公開場合，進行誇張的肢體表演，來吸引別人的注意。伍子胥相信一點，在看他誇張表演的觀眾中，肯定有吳國高層散布在民間的耳目，而伍子胥要的就是這個效果。

不是所有人在街頭免費表演都能得到喝采聲的，伍子胥有別人不能相比的優勢，他的外形實在太帥了！據《吳越春秋》記載，伍子胥「身長一丈，腰十圍，眉間一尺」，在唯心主義盛行的古代，這樣的身體條件往往會被人視為奇異之人。

果然，有一位善於相面的吳國市場管理官員發現了與眾不同的伍子胥，並把伍子胥推薦給了吳王姬僚。伍子胥需要的就是這樣的機會，他在和吳王僚的會談中，抵掌如神，侃侃而談，伍子胥已經看出來吳王僚對他的喜愛，他知道他將有機會完成自己的復仇計畫。

其實伍子胥不僅吸引了吳王僚的注意，吳王僚的堂弟公子光早就盯上了「勇而且智」的伍子胥，想把伍子胥收攏袖中，留為己用。伍子胥眼光毒辣，一眼就看穿了公子光藏在內心深處不敢示人的祕密——殺僚自為吳王。

現在伍子胥面臨兩個選擇：一、保僚殺光，二、保光殺僚。從伍子胥奔吳的目標來看，誰能替他報楚殺父之仇，他就會站在誰的船上。問題是吳王僚和公子光都有對外征服的雄心，所以伍子胥只能兩利相權從其重，公子光比吳王僚的野心更大，能力更強，所以伍子胥還沒有和吳王僚過完蜜月，就鑽進了公子光的洞房。

只認目標不認人，更不談所謂的感情，這是勾踐和伍子胥的另一個共同點。文種為勾踐滅吳立下不世奇功，結果勾踐一句「鳥盡弓藏，兔死狗烹」，逼文種自殺。伍子胥做事也夠狠辣，吳王僚對他有知遇之恩，結果伍子胥卻在暗中幫助公子光密謀政變。

「專諸刺王僚」，是春秋時代最著名的一場宮廷政變，勾心鬥角、暗藏殺機、步步驚心、最終一箭穿心，成就了公子光稱雄東南的不世霸業。號稱春秋四大刺客之一的專諸，就是伍子胥從民間搜刮來的，並把專諸介紹給公子光，「欲以自媚」。

一個「媚」字用得非常恰到好處，說明伍子胥為了為父兄報仇是不顧一切的，在伍子胥看來，能實現自己的目的就是正義，所以伍子胥並不會因為對吳王僚有什麼負罪心理。也正因為這種偏狹且厚黑的性格，所以在吳越爭霸後期，伍子胥才是勾踐最大的死敵。

仇恨，已經佔領了伍子胥的精神世界，他似乎就是為了報仇而活在這個世界上的。雖然事情已經過去了很多年。在西元前五一六年，當楚平王去世的消息傳到姑蘇時，伍子胥竟然號啕痛哭，他惡狠狠地告訴和他共患難的太子建之子熊勝：「你祖父死得太早了，可惜我的復仇大業！不能親手殺死你的祖父，恨！」已經長大成人的熊勝默然無語。

伍子胥非常狠辣，為了復仇計畫，他可以背叛吳王僚，也可以出賣吳王僚的兒子，就是大名鼎鼎的公子慶忌。人們往往注意到伍子胥的吳國重臣身分，卻忽略了伍子胥還有另外一個較為隱密的身分，就是吳國特務暗殺小組組長。這不是在誣衊伍子胥，春秋時代有兩大著名刺客，一是刺殺吳王僚的專諸，一是刺殺吳王僚之子慶忌的要離。這兩位暗殺高手都是伍子胥推薦給闔閭的。

老話常講，人以類聚，物以群分，伍子胥這樣的忍人推薦的，個個都不是善類。專諸情況還好些，知道在刺殺王僚之前把老母幼子託付給闔閭，而要離做得更過分，為了騙取慶忌的信任，要離居然讓闔閭把自己的妻兒燒死在市。

伍子胥的豪俠仗義，倒是和《水滸傳》中的江湖第一好漢武松非常相似，武松是個頂天立地的爺們，但江湖氣太重，不明事理，殺人如麻，伍子胥同樣如此。為了實現自己的復仇大業，伍子胥不停的在正義和邪惡之間變臉，甚至闔閭在伍子胥眼裡，也不過是個復仇工具。

闔閭是個聰明人，他當然知道伍子胥只是把他當成實現復仇目標的水泥平臺。他為了自己的滅楚大計，同樣可以做到忍人所不能忍。伍子胥能賣掉吳王僚，將來未必就不會出賣自己，但闔閭知道伍子胥的重要性，他曾經下令：「無貴賤長少，有不聽子胥之教者，猶不聽寡人也，罪至死，不赦。」伍子胥和闔閭只是為了實現各自目標才走到一起的，二人之間沒少互相利用，甚至互相算計。

伍子胥在闔閭的政治權力分配中，不僅扮演著宰相、軍統局長的角色，同時他也是吳國的參謀總長，頭號大幕僚。伍子胥的謀略能強悍到什麼程度？我們知道楚軍的最高軍事統帥是囊瓦（子常），但實際上楚昭王心目中的最佳統帥人選是子期。

子期用兵如神，一旦子期統帥楚軍，伍子胥的復仇夢想就將成為泡影。所以伍子胥派出能接近楚國高層的超級間諜潛入郢都，散布子期無能論和囊瓦神武論，說用子期為帥，吳必能輕易殺之，但如果用囊瓦為帥，吳將罷兵不敢戰。

愚蠢的楚昭王不辨賢愚，上了伍子胥的當，囊瓦為帥，結果楚軍一敗塗地，楚昭王悲劇的成為楚國歷史上第一位被敵國攻進國都的楚王，老婆被闔閭肆意姦污。

伍子胥的復仇快感，在吳軍士兵刨開楚平王陵、將楚平王還沒有腐爛的屍體擺在伍子胥面前時，伍子胥積累十多年的屈辱、痛苦和悲憤，在他用力舉起鐵鞭的那一刻，煙消雲散。

伍子胥對楚平王恨得咬牙切齒，雖然他面對的是一具沒有生命力的屍體，但在伍子胥看來，他屈辱的活下來，不就是為了這一天麼？即使是屍體，也是楚平王的！

伍子胥用了平生的力氣，對著楚平王的屍體狠抽了三百鐵鞭，將屍體打得腐爛如泥。即使如此，伍子胥依然不解恨，他扔掉鐵鞭，左腳踩在屍體的肚子上，右手挖出了屍體的眼睛，一邊摳一邊聲嘶力竭的哭喊：「讓你聽信費無忌的讒言，害我父兄！」

仇報完了，伍子胥突然失去了人生奮鬥的目標，他不知道自己接下來應該做什麼。

伍子胥的性格具有典型的雙重性，一方面可以為了自己的個人目標而背叛道義，另一方面，他又可以在富貴之後尋找曾經施捨給他飯吃的漂母，在得知漂母投河自盡後，伍子胥將一百金扔到了河裡。這種性格的人，往往是天使與魔鬼的結合體，正義與邪惡，每天在他的靈魂深處進行殘酷的肉搏戰，伍子胥也不知道哪一方會成為勝利者。但在公開場合，雙重性格的人往往表現的非常自信，實際上他們總是在極力掩飾自己靈魂深處的惶恐與不安。

嚴格來說，伍子胥的一生中只做了兩件事情，一件就是投奔吳國，並最終依靠吳國的力量完成了自己的復仇大計。一件就是在吳國太子死後，伍子胥推薦了闔閭的次子夫差繼任太子。

知子莫若父，夫差為人，闔閭再清楚不過，按闔閭自己的話說，夫差性格太軟，「愚而不仁，恐不能奉統於吳國。」從夫差日後的所作所為來看，闔閭的預見完全正確。

夫差想做太子想瘋了，在得不到父親肯定的情況下，他買通了伍子胥。夫差希望伍子胥能在父親面前替他說句好話，伍子胥痛快地答應了。

伍子胥的自信膨脹到了頂點，吳王闔閭在伍子胥眼中，以前是個反楚復仇的政治工具，現在只是個證明伍子胥在吳國呼風喚雨的政治工具。伍子胥告訴夫差：「太子未有定，我入則決矣！」在伍子胥的強硬堅持下，闔閭有些無奈，只好違心的立夫差為太子。

這是伍子胥的自作聰明處，他以為他扶持夫差上位有功，即位後夫差會奉自己為大國師，把吳國玩弄於股掌之下。一千年後，隋朝太子楊勇被廢，晉王楊廣買通了第一權臣楊素這條線，暗中運作，果然成功登上大位。楊素也以為他能完全控制楊廣，結果發現楊廣對他處處緊逼。楊廣希望楊素早點見閻王，主要原因是楊素對楊廣當皇帝有大功，每一次見到楊素，楊廣都產生一種負債感，這對君主來說是極痛苦的。

夫差對伍子胥的感覺同樣如此，為什麼歷史上許多新君都對託孤大臣產生反感，甚至刀兵相向，問題就出在這裡。權力向來是排他的，但君主的最高權力卻是由大臣施捨的，這種屈辱感不是正常人能忍受得了的。

另外就是託孤大臣往往德高望重，權力過大，已經嚴重威脅到君主對天下的有效控制。在這種情況下，君主往往會削弱託孤大臣的權力，扶持江湖威望較低的大臣入閣主事。新閣臣正因為威望較低，權力又是君主賜予，所以在相當時間內不會威脅到君主地位。

伍子胥一直沒有看透這一層關係，還沉浸在擁立夫差的美夢中不能自醒。等到夫差不動聲色的把同為楚人奔吳的伯嚭安插在伍子胥的身邊，伍子胥才大呼上當，而此時，夫差已經繼位十二年了，即西元前四八四年。

伯嚭和伍子胥是舊交，他的不幸遭遇幾乎複製了伍子胥的人生路線圖，伯嚭的祖父是楚國左尹白州犁，又是因為費無忌暗中搗鬼，白州犁被殺，伯嚭聽說伍子胥在吳國當官，就跑到吳國混飯吃。

伍子胥常常看得清別人，比如勾踐在姑蘇上演的苦肉計，一眼就被伍子胥戳穿，但他往往看不清自己。伯嚭之所以能以火星般的速度在吳國官場竄紅，實際上是伍子胥自掘墳墓，挖了坑自己跳了進去。

吳國大夫被離看出伯嚭不是善類，「嚭之為人，鷹視虎步，專功擅殺之性，不可親也。」勸伍子胥和伯嚭拉開距離。伍子胥只相信自己的感覺，他不聽被離的勸告，說伯嚭與我同是楚人，又家遭橫禍，我們是同病相憐的兄弟，伯嚭豈能害我？

事實卻狠狠抽了伍子胥一記響亮的耳光，伯嚭不僅得到了闔閭的信任，身居顯要，夫差繼位後，伯嚭迅速取代了伍子胥在夫差心中的地位，雖然伍子胥在名義上還是第一閣臣。伯嚭曾經在私下場合拆伍子胥的臺，他勸夫差要小心伍子胥，說伍子胥「為人強暴，大王最好離他遠點。」夫差不住的點頭：「寡人知之。」

當伍子胥有所醒悟時，他悲涼的發現，他身邊全是敵人，包括夫差、伯嚭，以及在姑蘇賣力表演的越王勾踐以及范蠡，甚至還包括春秋第一美女間諜西施。

伍子胥已經完全失去了對夫差的影響力，當他看破勾踐的苦肉計，勸夫差殺掉勾踐以絕後患時，夫差不聽。當夫差準備放勾踐回越時，伍子胥再勸，說「今不滅越，後必悔之。句踐賢君，種、蠡良臣，若返國，將為亂。」又被夫差拒絕。

伍子胥和夫差的政治決裂，給伯嚭一個千載難逢的機會，伯嚭在夫差面前又捅了伍子胥一刀。《史記．越王勾踐世家》記載，「伍員貌忠而實忍人，其父兄不顧，安能顧王？王前欲伐齊，員彊諫，已而有功，用是反怨王。王不備伍員，員必為亂。」而這一次，夫差相信了。伯嚭的這句話就等於說伍子胥意圖謀反，不要說夫差無法容忍，就是闔閭也容不下這樣的伍子胥。

伍子胥當然不會謀反的，但夫差對他的態度已經定性，夫差不會再聽進去伍子胥的任何忠勸。伍子胥當年自作聰明的把夫差推向前臺，現在搬起石頭砸了自己的腳，夫差為了獲得太子之位而對伍子胥低三下四，現在看來不過是偽裝而已。

絕望的伍子胥已經沒有任何能力改變夫差，他唯一能做的就是準備後事，他做了一件非常重要的事情。在伍子胥出使齊國期間，趁機把兒子交給了關係不錯的齊國大夫鮑氏，算是給伍家留一條血脈，一如楚太子建把幼子熊勝交給伍子胥撫養。

而託子於齊，正是夫差與伍子胥矛盾的最高潮，夫差惡狠狠的說道：「伍員果欺寡人！」吳王的發怒，宣告著伍子胥傳奇人生的終結，夫差斷然不能容忍這樣的伍子胥。

伍子胥剛回到姑蘇，就領了夫差賜他的一柄金鏤劍，請大夫自裁吧。伍子胥知道這一天遲早會來，但驕傲的伍子胥還是難以接受這樣的殘酷現實，他在做平生最後一次反抗。而這次反抗，是伍子胥自認為不公的命運。

《吳越春秋．夫差內傳》對伍子胥自殺有詳細的記載，如下：

吳王聞子胥之怨恨也，乃使人賜屬鏤之劍。子胥受劍，徒跣褰裳，下堂中庭，仰天呼怨曰：「吾始為汝父忠臣立吳，設謀破楚，南服勁越，威加諸侯，有霸王之功。今汝不用吾言，反賜我劍。吾今日死，吳宮為墟，庭生蔓草，越人掘汝社稷。安忘我乎？昔前王不欲立汝，我以死爭之，卒得汝之願，公子多怨於我。我徒有功於吳。今乃忘我定國之恩。反賜我死，豈不謬哉！」吳王聞之，大怒，曰：「汝不忠信，為寡人使齊，託汝子於齊鮑氏，有我外之心。」急令自裁：「孤不使汝得有所見。」子胥把劍仰天歎曰：「自我死後，後世必以我為忠，上配夏殷之世，亦得與龍逢、比干為友。」遂伏劍而死。

在臨死之前，伍子胥性格中的報復基因再次發作，他提出了一個要求，等死後，把眼睛挖出來，懸在姑蘇東門之上，他要在另一個世界看著夫差死於勾踐之手。

這個要求激怒了夫差，伍子胥的要求並沒有得以滿足，他死後，屍體被憤怒的夫差扔進了滾滾長江。伍子胥看不到勾踐復仇成功的那一刻，但在他脖頸上的鮮血噴薄而出的時候，他依然堅信這一點：勾踐一定會把夫差輾成泥土。

歷史也證明了伍子胥準確的判斷，可這一切已經和伍子胥沒有什麼關係了。

三〇、春秋刺客列傳

今天我們講一講春秋的著名刺客。

說到刺客，人們首先會想到《史記．刺客列傳》中記載那幾位著名刺客，即在柯之盟上劫持齊桓公姜小白的魯將曹沫、刺殺吳王僚的專諸、捨身就義的豫讓、白虹貫日的聶政，以及出名到爆的刺秦荊軻。

民間也盛傳著中國暗殺史上的四大天王，即專諸、豫讓、聶政、荊軻。按民間的說法，還要增加一位著名刺客，就是刺殺吳公子慶忌的要離。

不過由於現在講的是春秋史，所以戰國時代的聶政和荊軻在此就不多講，下面講一講曹沫、專諸、要離的精彩暗殺人生。實際上，如果按曹沫的刺殺標準，大名鼎鼎的至聖先師孔子也應該廁列其中，在著名的夾谷之會上，孔子差點就拎刀砍下了齊景公姜杵臼的人頭……

說到曹沫，史學界一般認為他就是《左傳．莊公十年》記載的那位在長勺之戰大敗齊桓公的魯國名將曹劌，只有少數觀點認為曹沫和曹劌是兩個人。

曹劌的知名度不用多說，著名的《曹劌論戰》早就寫進了中學生的歷史課本，想不出名都難。至於曹沫，人們對他遠不如對專諸、荊軻熟悉，但司馬遷把曹沫位居《史記．刺客列傳》頭把交椅，自有他的道理。

如果說曹沫就是曹劌的話，曹劌在長勺之戰將初出江湖的姜小白打得鼻青臉腫，由此一戰，曹劌一躍成為魯國的一線名將。而曹沫也做過魯國將軍，結果對陣齊軍三戰三敗，差點沒把魯莊公姬同嚇出病來，還被迫獻城向齊國求和，丟人丟到爪哇國了。

曹劌只需要一場戰爭就揚名立萬，曹沫用了三次機會，結果證明自己並不是一個當將軍的材料。姬同用將的標準也有問題，一般用將者，會選擇大腦發達的，而不是四肢發達的，比如齊景公用田穰苴，闔閭用孫武。而曹沫恰恰是四肢發達，「以勇力事魯莊公」，天生就是當馬仔打群架的好料子。

曹沫的官場身分，更像是禁軍統領，魯公身邊的頭號大保鏢。但著名的三戰三敗後不久，姬同再次用曹沫為將，原因不詳，最有可能的原因是魯國沒有可用之將，姬同不用曹沫，難道要請他老娘文姜披掛上陣麼？

從身分職務上講，在春秋戰國的刺客中，曹沫的地位是最高的。不過嚴格來說，曹沫不算是標準的刺客，別人都在搞暗殺，曹沫直接在光天化日之下打劫。

事情發生在魯莊公十三年（西元前六八一年），姬同和姜小白在柯（今山東東阿東南）舉行雙方元首會議。魯國剛剛在與齊國的戰爭中被打爆，姬允被迫割讓遂邑（今山東肥城南），姜小白此次來柯，是敦促姬同履行割地條約的。

齊國是魯國最大的鄰國，而且姜小白初即位，管仲初執政，鋒芒畢露，專騎在姬同頭上吃大戶。再這樣下去，姬同早晚會被舅舅姜小白（姬同母親文姜是姜小白的異母姐姐）吃成窮光蛋。

姬同在考慮如何才能避免割地賠款，並給姜小白一點下馬威。如果用武力，魯國根本不是齊國的對手，想來想去，被逼無奈的姬同只能使一些盤外招了。姬同把自己的祕密計畫暗中交代給曹沫，如此如此，這般這般，曹沫陰險的笑了。

在柯之盟會上，姜小白讓姬同快點簽割讓條約，否則齊國的刺刀是不認你這個大外甥的。姬同的身邊正站著曹沫，姜小白可能認為曹沫只是姬同的隨行人員，哪知道這居然是個刺客。

還沒等姜小白反應過來，身懷刺殺絕技的曹沫將軍已經貓一樣竄到了姜小白眼前，一把亮晃晃的匕首以迅雷不及掩耳盜鈴之勢架在了姜小白的脖子上。

站在一邊的管仲應該沒想到曹沫會來這一手，戰戰兢兢地問曹沫，你想幹嘛？曹沫倒是痛快，幹嘛？你們齊國連番侵佔魯國國土，你說我能幹嘛？今天你們必須把侵佔的土地還給魯國，如若不然，我一刀下去……

年輕氣盛的姜小白已經成為曹沫手上的人質，但他依然展現出一個諸侯長才有的霸氣，有本事給我一刀，讓我還地，想都不要想！但對管仲來說，如果按曹沫的意思做，把地盤還給魯國，齊國能在江湖上樹立悲情的政治形象，同時也能搞臭魯國。如果一味強硬，曹沫這個傻叉萬一下手重了，要存摺還是要命？你自己選擇吧。

堂堂大齊國君，光天化日之下成了肉票，是非常沒面子的事情，但姜小白眼前最重要的事情是先讓曹沫把匕首拿下來，萬事好商量。姜小白答應曹沫願意歸還魯地，曹沫笑了，收回匕首，準備回到魯國的臣位上，欣賞著由自己主導的這場偉大外交勝利。

姜小白豈是省油的燈，曹沫剛坐下，姜小白就要下令武士上臺，格殺曹沫！大不了魚死網破。幸虧管仲眼疾手快，及時制止了姜小白的魯莽，先忍下這口惡氣，以後再找姬同算總帳，好漢不吃眼前虧。

出於齊國稱霸大業的考慮，姜小白強忍著屈辱，和一臉壞笑的姬同簽訂了新條約。新條約規定，齊國將全部歸還之前三次暴打曹沫後侵佔的魯國地盤，曹沫在下邊也得意的笑了。

表面上看，姬同和曹沫贏得了戰術上的勝利，幾乎兵不血刃就實現了自己的目的，但從戰略上看，魯國此次完敗於齊國。齊佔魯地是再正常不過的國家間戰爭行為，只能怪魯國實力弱。而曹沫用這種不入流的手段脅迫齊人還地，對魯國在國際上的形象造成了很大的負面影響。

柯之盟後，「桓公之信著乎天下」，《史記．齊世家》也記載：「諸侯聞之，皆信齊而欲附焉」，從此拉開了齊國稱霸天下的大幕。魯國用幾乎是政治自殺的行為襯托出了齊國的高大形象，實在是愚不可及。從政治角度講，曹沫的刺殺是完全失敗的。

講完了臨時客串的刺客，下面講一個真正的刺客，就是大名鼎鼎的專諸。

單從知名度上講，在中國歷史上的所有暗殺事件中，排在第一位的肯定是荊軻刺秦王，排在第二位的一定是專諸刺王僚，要離、豫讓都要遜專諸一籌，更不要說強盜曹沫了。

如果從故事的精彩程度上講，專諸刺王僚和荊軻刺秦王的驚心動魄相比，毫不遜色，從陰謀殺僚到堀室藏兵，再到扮廚學魚，魚中藏劍，兄弟二人勾心鬥角，最後由專諸從魚中抽劍，一擊殺僚的過程，讓後人歎為觀止。

而且這場著名宮廷政變涉及了春秋史上的一線人物，有陰謀策劃者伍子胥、陰謀得利者公子光、陰謀受害者吳王僚，甚至還有天下第一大賢人季札。傍上了這麼多名人，專諸想不出名也難。專諸，在《左傳》中記載為鱄設諸，但這個名字太拗口難記，所以下文一直沿用專諸。

如果不是一個人的出現，專諸會一直生活在棠邑（今江蘇六合），做一個職業鬥毆者，專和地方上的猛男格鬥為生，雖然辛苦，但也快樂，這個人就是楚國逃臣伍子胥。

伍子胥在逃亡入吳的路上，偶然發現了專諸正在和一群猛男打架，大塊頭的專諸很快就把那群猛男打得抱頭鼠竄。而當專諸的老婆叫專諸回家吃飯時，專諸乖乖地跟在老婆後面。

伍子胥覺得非常奇怪，問專諸為什麼怕一個女人？專諸瞪起牛眼說，你到底識不識貨，我這不是怕老婆，而是屈一人之下，必居萬人之上。伍子胥很驚訝看著專諸，發現此人「碓顙深目，虎膺熊背」，是當今難得的勇士，伍子胥到了吳國發展，以後很有可能用得上專諸，就和專諸交了朋友。

等到伍子胥投靠公子光後，發現公子光要密謀除掉王僚，但苦無合適的人選。伍子胥突然想到了專諸，便暗中派人把專諸請到公子光府上。

專諸四肢發達，但頭腦也不簡單，他當然知道公子光請他來是做什麼的，但見到公子光後，專諸裝傻充楞。專諸說王僚繼位是符合法定程序的，公子為何還要做掉他？公子光也不傻，立刻擺出一副苦大仇深的模樣，說我才是先君壽夢的嫡長孫，最有資格繼位，而王僚的父親余昧只是庶出，他憑什麼鳩佔鵲巢？

公子光懶得和專諸兜圈子，請專諸是來動手的，不是來磨嘴皮子。公子光給專諸做出承諾，一旦事成，他就封專諸的兒子為上卿。

上卿可了不得，再大的諸侯國也沒有幾個上卿，而專諸只是區區底層百姓。如果兒子做了上卿，那就是一夜暴富，進入上流社會，這也是專諸答應接這單買賣的主要原因。

王僚可不是輕易能接觸到的，為了能讓專諸近距離接觸到王僚，公子光決定在府上設一場「鴻門宴」，趁廚子上菜的時候，伺機動手。因為王僚最喜歡吃烤魚，而專諸又不太會做魚，一旦在宴會上穿幫，後果不堪設想。在公子光的建議下，專諸特地去了一趟太湖，在湖邊的漁家潛心學習三個月，果然學得一手好魚技。

不過有一點值得懷疑，史料記載專諸學魚的這一年是王僚九年（西元前五一八年），而公子光準備刺殺王僚的時間是王僚十二年（西元前五一五年），中間相隔整整四年！

在長達四年的時間內，公子光遲遲不動手，當然可能是因為沒有找到合適的機會。但問題是，難道這四年間，專諸什麼事也不做，天天在湖邊練烤魚麼？專諸也不怕倒了胃口。

動手的日子選在了王僚在位第十二年的四月丙子日，公子光事先在舉行宴會的大廳下部挖了一個大洞，將幾百名武士塞了進去，隨時準備跳出來接應專諸。

公子光的計畫很周密，但王僚對公子光突然舉行莫名其妙的宴會感覺有些不太對勁，但又說不出來問題在哪裡。王僚的母親是個老江湖，一眼就看穿了公子光的花花大腸，老娘勸兒子去赴宴的時候一定要加強保安，千萬別中了公子光的花招。

王僚為了防止公子光行刺，特意穿上一具由棠谿上等好鐵製作的精製鎧甲，幾乎是武裝到了牙齒，這才敢放心的赴宴。隨同王僚前往的有大批精銳甲兵以及自己的貼身親信，甲兵全部接管公子光府的保安工作，每人手執一杆大戟，戟尖交叉，將王僚嚴密保護起來。

在正常情況下，公子光的人馬是絕無可能強突刺殺王僚的，好在他還有不要命的大俠專諸。專諸已經做好了味香色俱佳的烤魚，就等著王僚傳召，上這道天下絕無僅有的美味了。

公子光藉口說腳疼，需要到內室換履，溜回廚房，趁周邊沒人，附在一級大廚專諸耳邊嘀咕了幾句。公子光的妙計，大家都知道，就是讓專諸把一柄寒雪見光的利劍放進了烤魚的肚子裡，這就是著名的魚腸劍。吳越的煉劍技術非常發達，公子光提供的這柄劍，極有可能是專門打製，用來對付王僚的棠谿甲的。

按照禮節，作為身分低下的廚子，專諸必須跪在地上，捧著魚盤膝行。正因為如此，專諸跪在地上的角度正好有利於他抽劍刺王僚，如果專諸站著端盤子，等抽出魚腸劍再往下刺，角度和時間都有利於王僚更好的閃躲。

專諸膝行至王僚面前，雖然兩邊有武士執戟交差護衛，但畢竟還閃出一個不大但可以至少容納專諸的縫隙，這就足夠了。專諸假裝調整魚盤的方向，在電光火石之間，專諸突然把手伸進魚裡，抽出那把命運之劍，一躍而起，直插進王僚穿著三層鎧甲的胸膛。

王僚慘叫一聲，痛苦的倒在地上，眼角還死盯著地上那盤已經被專諸用手掏爛的烤魚。等侍衛反應過來，用大戟刺死專諸時，一切都晚了。

專諸敢做這筆驚天的大買賣，就是求死不求活的，只要王僚死了，他就圓滿完成任務了，他死不死無足輕重。何況公子光在地下室還有一支伏兵，趁廳上血光四濺時，公子光一打口哨，數百甲士破土而出，將王僚的人馬一掃而光，「盡滅之」，也算為專諸報了仇。

王僚確實死不瞑目，他千算萬算，就是沒算到公子光會在一個不知名的廚子身上動歪腦筋。而對專諸來說，以一條「爛命」換來至尊王者的生命，改變了歷史發展的大方向，同時又給自己的兒子掙來上卿的位置，這場以命易命的危險遊戲，值得。新任吳王闔閭（即公子光）也沒有食言，「乃封專諸之子以為上卿」。

當初專諸豪情萬丈的對伍子胥說：「屈一人之下，必居萬人之上」，現在看來，這個生活在社會底層的小人物很幸運的把自己名字銘記在歷史深深的記憶之中，這不是所有人都能做到的。

專諸刺王僚，主要圖的還是名利，以一死換銘碑不朽，子為上卿。而且從專諸怕老婆的細節看，專諸是個非常有生活情趣的男人，至少他愛自己的老婆和孩子，專諸性格的弱點並不影響他的人生中散發著人性化的光輝。

而和專諸相比，另一位同時代的著名刺客要離就顯得相當可怕了，要離為了所謂的君臣重義，替闔閭殺掉了王僚的兒子慶忌，居然用了死間計，讓闔閭殺死自己的妻兒，以騙取慶忌的信任。

妻兒何罪？罹此大難！要離於心何忍，何況闔閭向來沒有恩重於他。而且刺殺慶忌成功後，要離自殺殉妻兒，只求一名永垂不朽，不圖利只圖名的人是非常可怕的。可能就是因為這個原因，司馬遷對要離的行為極不認同，在《刺客列傳》中根本沒有提到要離這個名字，甚至連慶忌都沒有提到。

在進入正題之前，先把慶忌的一些事情交代清楚，要離刺慶忌這個經典刺殺橋段在歷史上是有爭議的，有人說確實發生過，有人說純屬江湖臆造。

不僅《史記》隻字不提慶忌和要離，《左傳》只在魯昭公二十年（西元前四七五年）提到過一次吳公子慶忌，這個慶忌在為夫差效力，因為慶忌勸諫夫差不聽，慶忌逃到楚國避難，隨後慶忌聽說越王勾踐伐吳，又回到吳國，不久被吳人所殺。

「要離刺慶忌」中的這個慶忌，出現在《吳越春秋．闔閭內傳》中，而且點明此慶忌就是王僚的兒子，最終被要離刺死。後人所熟知的這個刺殺故事，就是出自《吳越春秋》。綜合來看，王僚之子慶忌是真實的歷史人物，和夫差時出現的那個慶忌應該不是同一個人。

要離刺慶忌，其實是專諸刺王僚的姊妹篇，王僚被刺身亡，闔閭奪位，開始對王僚的勢力進行清洗，作為王僚最優秀的兒子，慶忌自然成了闔閭的眼中釘。慶忌的厲害，闔閭是親眼見過的，用闔閭自己的話說，「慶忌之勇，世所聞也。筋骨果勁，萬人莫當。走追奔獸，手接飛鳥，骨騰肉飛，拊膝數百里。」而最要命的是，慶忌躲過了闔閭的追殺，逃到了衛國，客觀上對闔閭在吳國的統治構成了致命威脅。

如何才能除掉慶忌，這是一個讓闔閭寢食難安的問題。如果出兵進攻衛國，要跨過諸侯地界不說，遠離本土與衛軍交戰，勝算不大。闔閭把問題拋給專諸刺王僚事件的總編劇伍子胥，讓他給出個主意。

伍子胥天生就是搞暗殺的，還能有什麼好辦法，再找一個像專諸那樣的刺客，去衛國把慶忌滅了。闔閭是很認同這個辦法的，聘請一個刺客花不了幾個大頭銀子，總比勞師遠征經濟實惠。

問題是專諸已經死了，上哪去找不要命的刺客？伍子胥適時推出了專諸二代——要離。和專諸一樣，要離也是一個打架不要命的主兒，當時江湖上盛傳著要離當眾羞辱第一勇士椒丘訢的傳奇故事。至於伍子胥是如何認識要離的，估計也是入吳的路上結識的，然後結為好友，以備日後不時之用。

闔閭在王宮接見了要離，但闔閭很快就洩了氣，要離瘦得跟火柴棒子似的，出門都不要坐車，一陣風就送到目的地了。要離事先應該是伍子胥那裡得到了他所要執行的任務，拍著胸脯告訴闔閭，把信任交給我，我把慶忌的人頭交給你。

從陰謀刺殺王僚開始，到再次準備刺殺慶忌，闔閭（公子光）的行為都是非正義的。而要離卻非要把刺殺慶忌的行為上升到一個道德高度，把自己打扮成一個忠臣，說什麼「不盡事君之義，非忠也；不除君之患者，非義也。」

要離所理解的忠義，實際上還是沒有脫離綠林江湖的小忠義範疇，而不是真正意義上的大忠義。且不說王僚在位期間並沒有做過傷天害理的事情，慶忌更是人中之龍，為人和善，刺殺這樣的父子，去滿足一個野心家的政治快感，看不出忠義何在。

更讓人髮指的是，要離為了踐行他所謂的忠義，居然喪心病狂的提出一個要求，讓闔閭把自己的妻兒殺死在鬧市之中，焚骨揚灰。只有這樣做，才能讓慶忌相信要離，從而讓要離接近慶忌，伺機下手。闔閭無恩於要離，妻兒無仇於要離，要離害死了和自己血脈相連的妻兒，卻幫助一個和自己沒有任何關係的外人。除了變態，真不知道還能用什麼詞來形容要離。

闔閭不管你這些，只要你答應刺殺慶忌，反正燒死的又不是自己的妻兒，沒人會心疼。要近距離接觸慶忌，闔閭只能按這個路子去走。還有一點讓闔閭放心的是，要贏得慶忌的信任，要離必須巧舌如簧。

要離不但能打架，而且嘴功極為了得，當初椒丘訢不服要離，來辱罵要離，結果被要離三句話輕鬆駁倒。要離有身手，有嘴功，是刺殺慶忌的不二人選，要離提出什麼要求，闔閭都會答應。

但讓闔閭抓破頭皮也想不通的是，要離沒有提出任何要求，他只要求闔閭現在就燒死他的妻兒，並懸賞千金購買他的人頭。天下還有免費的午餐，闔閭的嘴都笑歪了，你自己冒傻氣，可別說我一毛不拔。

就在要離北上投奔慶忌的同時，他無辜的妻兒被闔閭燒死在鬧市，揚骨棄灰。不過從要離和闔閭對話的字面意義上來解釋，要離只是讓闔閭先殺妻兒後揚灰，並沒有要求直接燒死妻兒。

闔閭為了把戲演得更逼真一些，讓慶忌徹底相信要離，這個陰冷的國王在要離離開後，私自更改劇本，將要離的妻兒燒死，可見闔閭為人之陰狠毒辣。這種心理極度陰暗的人物當權，實在是歷史的莫大悲哀，一如以假仁假義欺騙歷史三百年的趙匡胤。

要離同樣無恥，他在路上散播謠言，說因為他得罪了吳王，闔閭就燒死自己妻兒，以換取別人廉價的同情，慶忌自然也上當了。慶忌待人真誠，性格陽光，不像他堂叔闔閭那樣陰暗齷齪，要離在慶忌面前哭訴闔閭的暴行。「闔閭無道，王子所知。今戮吾妻子，焚之於市，無罪見誅。吳國之事，吾知其情，願因王子之勇，闔閭可得也。何不與我東之於吳？」

慶忌和闔閭有殺父之仇，要離和闔閭也有殺子之仇，所以要離的「悲慘遭遇」很容易撥動慶忌內心深處那根最柔軟的同情之弦，引要離為心腹，「慶忌信其謀。」

這場暗殺計畫要想獲得成功，最重要的一個環節就是要離必須得到慶忌的充分信任。要離用他的精湛表演藝術騙倒了慶忌，接下來要做的，只是尋找一個合適的機會送出那致命的一刀。

根據《吳越春秋．闔閭內傳》的記載，三個月後，慶忌組織了一支精銳的復仇軍，殺回吳國找闔閭討回血債。就在這支軍隊準備渡江的時候，要離與慶忌同坐在一條大船上，要離趁慶忌不備，抽劍刺向慶忌。

闔閭派要離來刺慶忌是非常冒險的，因為要離的身高不符合標準。慶忌高大威猛，要離費了很大的力氣，幾乎是原地彈跳，才將冰冷的長矛送進慶忌的胸膛。即使如此，慶忌還是把矛從體內拔了出來，強忍巨痛，把要離放倒在甲板上，把要離的小腦袋擺在水裡，差點沒把要離憋死。

但讓要離慚愧的是，慶忌並沒有殺他，而是坐在甲板上，把要離拎到自己的腿上，並告訴身邊甲士：「此人是勇士，不可殺。」直到臨死的那一刻，慶忌還稱要離是勇士，這實在是高看要離了。專諸勉強還算半個勇士，要離不是，他只是一個沒有感情的暗殺機器。

先不說俠之大者，為國為民，作為一名俠客，要有最起碼的正義感和辨惡能力，而這一點恰恰是要離所不具備的。要離不是不知道闔閭的厚黑無恥，還要甘做闔閭的走狗，這和忘恩負義的石守信之流又有什麼區別？

如果故事就這麼結束，要離永遠也不配稱為勇士。但慶忌在人生最後時刻對要離的欣賞，卻像一支點燃的火柴，溫暖著要離依附於別人利益而存在的自我，要離惡靈魂深處的潛善意識開始復甦。

要離痛哭流涕的懷念被闔閭燒死的妻兒，甚至開始懷念慶忌當初對自己的推心置腹。按《呂氏春秋．忠廉篇》的說法，要離回到姑蘇後，闔閭果然大悅，要封要離為一字並肩王，被要離拒絕。

要離的回答帶有很強烈的懺悔，「殺妻子焚之而揚其灰，以便事也，臣以為不仁。為故主殺新主，臣以為不義。捽而浮乎江，三入三出，特王子慶忌為之賜而不殺耳，臣已為辱矣。不仁不義，又且已辱，不可以生。」遂伏劍而死。

呂不韋的門客說要離自殺是因為「臨大利而易其義」，只說對了一半，在慶忌大度地饒恕要離之前，要離是不知義為何物的。真正的義，不是給強權者當走狗，是捍衛具有普遍意義的道德自我約束。

闔閭做的那些醜事本身就是不仁不義，他的鷹犬又怎麼可能會大仁大義？但當要離猛然醒悟之後，伏劍自殺，上報慶忌之義，下報妻兒之仁，拒絕與闔閭同流合污，至少在一定程度上洗清了自己人生中的污點。

三一、勾踐——千古第一忍者術

元朝末年，一代大鹽梟方國珍的兒子方行曾經寫過一首詠懷伍子胥的詩《登子胥廟因觀錢塘江潮》，如下：

吳越中分兩岸開，怒濤千古響奔雷。
子胥不作忠臣死，勾踐終非霸主材。
歲月消磨人自老，江山壯麗我重來。
鴟夷鐵箭俱安在，目斷洪波萬里回。

這首詩寫得很有詩骨，在詠古詩中算是上乘之作，特別是頷聯兩句，「子胥不作忠臣死，勾踐終非霸主材。」從詩中可以看出，方行對逼死伍子胥的勾踐非常輕視，直斥勾踐不是做天下霸主的料子。在春秋五霸的評選中，勾踐有時被請進來，有時被踢出去，但比勾踐成為五伯長更讓人們感興趣的，是他的不可複製的傳奇人生。

說不可複製，是因為自勾踐之後，歷史上再沒有人能像勾踐那樣，把人性中的隱忍之術做得那般極致。即使如江東梟雄孫權含垢忍辱地給曹丕裝孫子，成就一方霸業，被陳壽稱為「有勾踐之奇」，也不過是勾踐的模仿者中相對較成功的一位。

勾踐的身上有很多行為特質，但如果只能用一個字來形容勾踐的絕世人生，這個字想必一定是個「忍」字。說到忍，三國有一位大忍人司馬懿，演技一流，最終騙倒傻瓜曹爽，奪取了司馬家至尊天下。司馬懿的成功，是建立厚黑心理學基礎上的忍字功，其實司馬懿的忍功相比於勾踐，只是小巫見大巫。

試問，有誰可以面色從容的跪在曾經的死敵面前，一臉諂媚地品嘗著對方拉出來的新鮮糞便？有誰可以跪在死敵的面前當馬凳，請死敵踩著自己的虎背上馬？有誰可以心情愉悅地跪在地上，請死敵臨幸自己的妻子？

同是忍界大腕，面對男人都無法承受的奇恥大辱，司馬懿做不到，劉備做不到，孫權也沒有做到。趙佶倒是做到了，但入金後的趙佶為了活命而被迫接受金人的凌辱，而勾踐則是主動要求死敵無情踐踏自己的人格尊嚴。勾踐這麼做，只有一個目的，那就是復仇！趙佶永遠沒有機會復仇，因為他不是勾踐。

講勾踐感天地泣鬼神的勵志故事，自然要講到那個大名頂破天的成語——臥薪嘗膽，實際上這個成語和勾踐只有一半的關係。勾踐嘗苦膽是有的，但臥薪卻是北宋大牛人蘇軾半開玩笑似虛構出來的。勾踐實際上什麼也沒臥，他用的是一種辛辣的菜根，就是蓼菜，因為這種菜根非常的辛辣，所以每當勾踐為復仇而謀劃困倦時，就用眼睛盯著蓼菜看，頓時睡意全無。另外還有一種說法，南宋宰相李綱曾經說勾踐「勾踐身入吳國，以為臣僕，僅得歸國，枕戈嘗膽，卒以報吳。」

無論勾踐是臥薪以嘗膽，還是枕戈以嘗膽，勾踐在從吳國飽受三年恥辱歸來後的存在，都可視之為美學意義上的悲劇存在。西楚霸王項羽在烏江的夕陽下自刎被普遍認為具有濃烈的美學意義，實際上相比於項羽的死，勾踐的生在人性還具有知恥意識的情況下顯得更為艱難。

對於讀者來說，更欣賞項羽的死，悲壯而富有魅力。但於勾踐來說，放棄人性知恥意識到極致的存在，也是一種偉大的美學存在，只不過這種美過於沉重，讓所有人都感覺到一種讓人窒息的壓抑。

如果天生就是奴隸，那麼在主人面前展現種種醜陋的媚態，在當時的社會條件下都是無可厚非的，奴隸生殺自由主。而勾踐的身分是一國之主，擁有屬於他的天下臣民，甚至還戰勝過他死敵夫差的父親，曾經爭霸中原的吳王闔閭。

幾乎就在一夜之間，勾踐失去了他曾經擁有的所有，為了實現人生的大逆轉，勾踐在眾目睽睽之下盡情展示奴性的極致，這份壓抑和隱忍，又豈是一般人所能理會？

其實在隱忍背後，還有勾踐對他曾經戰略決策失誤的自我反省，也是對自己實施的懲罰。只是想不出除了勾踐之外，還會有誰會自己的錯誤施加如此的嚴懲？

勾踐之所以兵敗會稽山，入吳為奴，嘗盡人生恥辱，純粹是自作孽不可活。事情發生在西元前四九四年，勾踐從父親允常手上接過王位的第三年，而勾踐的對手，就是他曾經的手下敗將、吳王闔閭的兒子夫差。

勾踐作為勝利者，夫差作為失敗者，已經永載史冊。但讓人們所意外的是，就在這一年（西元前四九四年），勾踐更像是滅亡之前的夫差，而夫差更像是兵敗之後枕戈嘗膽的勾踐，人生的戲劇性反轉讓人不勝感歎。

闔閭因為大意，以為勾踐是孺子可欺，大發雄兵進攻越國，結果被勾踐奇兵打敗於檇李，闔閭被勾踐射了一箭，回國後不久就掛掉了。據說闔閭在死前拼盡了最後一口氣告訴夫差：「你要不為我找勾踐尋仇，你就不是我的兒子！」

夫差勵精圖治，「日夜勤兵，且以報越」。吳國在闔閭的治理下如日中天，夫差只需要理順治國邏輯就可以了，而勾踐之前戰勝闔閭純屬意外，論國勢，吳遠在越之上。不知道是過於自信還是其他什麼原因，勾踐一直認為夫差不過是個庸才，不如趁夫差羽翼未豐時將其剪除。

勾踐不聽大夫范蠡的良言苦勸，結果不出意外的在椒山被吳軍暴打成豬頭，以殘兵五千人退保會稽山。此時的勾踐可謂上天無路，入地無門，除了被吳軍一口吃掉，勾踐不知道還能做什麼反抗。

勾踐的人生似乎即將走到盡頭，但大夫范蠡提出的一個建議卻讓勾踐看到了他還有一絲光明的未來，只不過這種亦實亦幻的未來，必須要用他的人格代價來換取。按范蠡的話做了，不一定成功，但不按范蠡的話，一定得死。

范蠡的建議很簡單：說世界上最好聽的話，送世界上最珍稀的寶貝，「卑辭厚禮」收買夫差，希望能藉此讓夫差罷兵，勾踐就有一線生機。如果夫差瞧不上這些東西，那還有一個辦法，不過比較冒險，就是勾踐親自去姑蘇向夫差請罪，必要時犧牲個人的小尊嚴來換取越國的大尊嚴。

范蠡是千古不世出之奇人，他對人性的理解和對時局的把握，要遠比同時代的對手伍子胥看得更為透徹。勾踐的性格是什麼樣，范蠡再清楚不過，勾踐對人格尊嚴看得比天還要大，范蠡敢於向勾踐提出這樣喪盡人格的建議，就是基於范蠡準確地把握住了夫差的性格弱點。只要勾踐按范蠡說的去做，范蠡敢保證勾踐至少有七成的機會活下來。

范蠡的話傷到勾踐強烈的自尊心沒有？肯定傷到了，這就是為什麼在勾踐滅吳之後對范蠡起了殺心的主要原因。可惜范蠡太精明，提前溜掉了，只有傻呼呼的文種還在等死。

勾踐要殺范蠡和文種，並非是二人深謀遠慮，有姜子牙之智，而在於二人曾經是勾踐人生中奇恥大辱的見證者。勾踐成功之後，二人每在勾踐身邊多待一天，勾踐在吳國的恥辱經歷就會痛徹骨髓，勾踐在二人面前就永遠抬不起頭來。

有時人性就是這麼悖謬，越是在乎尊嚴的，越能做出自我傷害尊嚴的事情。有些人為了升官發財做盡了喪失人格的醜事，一旦得志，他會百倍千倍的洗刷自己曾經的恥辱。如果有人曾經見證過他的恥辱經歷，那麼他就會用盡一切辦法除掉此人。

勾踐就是此類人，在勾踐看來，如果他此時為了保住僅有的一點尊嚴自殺的話，那麼椒山之敗就永遠成為他人生中洗不掉的污點。要想洗刷椒山之敗的恥辱，那就必須以犧牲人格代價來爭取活下來的機會，慢慢再找夫差算總帳。英雄自有氣短之時，用一時的恥辱換來一世的榮耀，項羽做不到，但勾踐一定能做到。

忍！心字頭上一把刀，說得容易，做到不容易。雖然勾踐接受了范蠡的建議，準備入吳為奴，但內心深處激烈的掙扎是可想而知的。對於性格要強的人來說，尊嚴的意義遠大於生命，就這麼放棄？即使勾踐以後能復仇雪恥，就像一隻瓷碗被摔碎了，用膠黏上，依然能看到清晰的裂痕一樣。

范蠡的自卑之計能騙得過單純幼稚如項羽的夫差，但騙不過老奸巨猾如范增的伍子胥。即使越國使者文種用極為恭卑的語氣請求吳王放小臣勾踐一馬，勾踐為了表示對吳王寬恕的感謝，願意「請為臣，妻為妾。」伍子胥一眼就看穿了勾踐此舉背後強烈的復仇意識，因為伍子胥本人就是一個極端的復仇者，所以伍子胥能摸清勾踐的心態。

夫差有些猶豫，消息傳回越國時，勾踐頓時感覺到絕望，如果連這僅有的復仇機會都得不到，那麼他只有自殺以謝先祖了。「勾踐欲殺妻子，燔寶器，觸戰以死。」勾踐殺妻滅子，散盡家產與夫差決一死戰，其實這才是真實的勾踐！

入吳為奴，是勾踐為了實現人生大逆轉不得不接受的殘酷安排，但勾踐的骨子裡卻是一個至剛至硬之人。正如厚黑教祖李宗吾所言：「厚黑學博大精深，有志此道者，必須專心致志，學過一年，才能應用，學才三年，才能大成。」

梁山大頭領宋江是真正意義上的厚黑人物，他在做吏期間養成了厚黑為人的好習慣，對誰都是面帶和氣，這才是厚黑的上乘境界，劉邦也是如此。勾踐進入厚黑界只是半路出家，在兵敗椒山之前，找不到有關勾踐含垢忍辱的記載，這和勾踐的富貴出身有關，他不需要耍厚黑手段就能得到王位。

隱忍是一種功力，而厚黑則是另外一重境界，不能把隱忍和厚黑簡單的混為一談。隱忍更多的因素是不甘與堅持，正因為不甘失敗，所以才堅持下去，這是對命運的頑強抵抗。

周文王為了打消商紂王對自己的懷疑，強忍悲痛吃下了兒子伯邑考的肉，勾踐在吳期間，品嘗夫差的糞便，給夫差當馬奴，只是一種生存手段，與厚黑無關。

勾踐花重金買通了吳國寵臣伯嚭，通過伯嚭說服夫差，攜文種、范蠡入吳服侍吳王。越國群臣送別勾踐於浙江之上，群臣設宴與勾踐餞行，勾踐先是仰頭望天，不知道在想什麼，然後舉起酒杯與群臣道別，熱淚滾滾而下，一言不發。

勾踐的淚水，實際上是對自己入吳自辱以復仇的否定。如果不是為了越國大業著想，勾踐更願意和夫差血戰一場，即使戰死，江湖上也會頌傳著英雄勾踐的美名。

橫劍一死並不難，只須忍受幾分鐘的痛苦，而跪伏在死敵面前忍辱負重以求鹹魚翻身，卻要承受幾年的痛苦。而這種心靈上的挫傷將會成為伴隨一生的隱痛，隨時可以發作，折磨自己早已疲憊不堪的靈魂。從這層角度上講，勾踐比項羽更有擔當，項羽烏江一刎，看上去是英雄壯舉，實際上是在逃避困難。

而且對勾踐來說，前往吳都受辱，並非一定能換回復仇的機會，他最擔心的是夫差聽從伍子胥的挑撥，隨便找個罪名就能把自己做掉。如果是這樣，那麼勾踐將帶著永遠無法洗刷的屈辱下地獄，難道勾踐入吳是甘心受夫差奴役的麼？

在臨別前與大臣的談話中，勾踐就流露出這種隱憂，「復反繫獲敵人之手，身為傭隸，妻為僕妾，往而不返，客死敵國。」不要說勾踐是冷血的陰謀家，更不要說勾踐是大腦裡充滿奴性的軟骨頭，這都不是真實的勾踐。

但凡有自尊心的人，往往都特別重視名節，都會對曾經的「失節」而耿耿於懷。韓信從淮陰惡少的胯下爬過去，被天下人視為笑柄，韓信也背負了沉重的心理負擔，韓信也想過萬一沒有成功，他的胯下之辱將會被他帶進墳墓裡。同理，勾踐也不知道自己究竟還有沒有未來，一旦夫差變卦，他會不會後悔當初還選擇這條危險且屈辱的翻身之路？

不過對勾踐來說相對有利的是，他身邊還有范蠡這位超級謀士，可以臨機決策，幫助勾踐化險為夷。而且夫差為人又極為好名，有婦人之仁，只要勾踐卑辭動之，就能打動夫差心中最柔軟的那根感情之弦，不至於讓夫差對自己起殺心。

勾踐在見到夫差的那一刻，用的就是悲情法，勾踐痛哭流涕的跪在夫差面前請罪，請寬厚仁慈的大王饒恕臣這條賤命。站在一旁的伍子胥知道勾踐在演戲，勸夫差不要中了勾踐的苦肉計，但夫差是個很容易受感動的人，在勾踐的淚水面前，夫差選擇了寬容，「誅降殺服，禍及三世。」

夫差和項羽都有婦人之仁，他們從不怕在戰場上與敵人逆殺三百回合，但他們卻總不是敵不過敵人的淚水和哀求，結果放敵人一條生路，卻給自己留下一條死路。後人經常把勾踐和劉邦做為反面典型，在批判他們「忘恩負義」的同時，歌頌夫差和項羽的寬仁。

項羽先破壞了楚懷王事先約定，由諸侯共同遵守的入關中者王之的條約，而且項羽死不肯過江東，不能算是劉邦的過錯。勾踐臣服於夫差本就是在演戲，而非真心誠意的請求夫差寬恕他，這只能說夫差太傻，誰讓夫差不聽伍子胥的？勾踐的行為符合孫子兵法所說「兵者，詭道也」的求勝邏輯。

退一萬步講，就算是夫差待勾踐不薄，可看看勾踐在吳都的兩年時間裡都做了什麼？勾踐和妻子住在石洞裡，每天穿著粗布衣裳，給吳王鍘草餵馬，掃馬糞。

最經典的一幕就是有次夫差生病，勾踐為了讓夫差打消對自己的最後一絲疑慮，請求太宰伯嚭拎著盛著夫差惡臭糞便的屎盆子，然後勾踐跪在地上用舌頭舔嘗著糞便，然後說大王龍體可癒，夫差龍心大悅。

世界上有哪個男人願意品嘗另外一個男人的糞便，何況他們還是曾經的死敵，這種尊嚴的無限自貶，給夫差帶來了心理上的極大愉悅，或者說是復仇的快感。從這個角度講，夫差對勾踐的所謂不殺之恩，勾踐已經用包括吃大便、供妻子臨幸在內的人格自我貶損償還了，還能要求勾踐怎麼做？

伍子胥曾經警告夫差不要被勾踐表面上的奴性所迷惑，一旦放虎歸山，虎必噬人。夫差不同意伍子胥的觀點，他說勾踐有三種美德，一是義，二是慈，三是信。義者，勾踐率越人歸吳；慈者，勾踐親嘗糞便，使妻為婢女服侍夫差；信者，勾踐幾乎掏空了越國國庫，把大把的金銀奉送給吳國。也就是說，夫差也認為勾踐已經償還完了他曾經欠自己的各種債務，恩怨兩清了。

作為強勢的一方，很容易忽略在弱勢一方在受辱時的心理感受。雖然夫差並沒有逼迫勾踐去做這些下三流的事情，但在勾踐看來，夫差永遠欠他一場羞辱。這很好理解，韓信在以楚王的身分回到淮陰後，重賞了曾經羞辱自己的屠家惡少，並稱惡少是壯士，其實這也是韓信對惡少的報復，不過手段比較隱晦而已。

勾踐在受辱時的心態和韓信是一致的，只不過因為他受到的恥辱更為嚴重，所以勾踐的報復心理更為強烈。勾踐在從吳返越後，召見群臣時說：「昔者越國遁棄宗廟，身為窮虜，恥聞天下，辱流諸侯，今寡人念吳，猶躃者不忘走，盲者不忘視。」忘記歷史，是對民族的背叛；忘記恥辱，是對尊嚴的背叛。

當年意氣風發的越王勾踐，新的身分是吳王的馬奴，在姑蘇眾目睽睽之下，盡心盡責的服侍著吳王，成為吳人茶餘飯後的笑柄。這裡沒有勾踐的親人、兄弟，更沒有在越國時專屬於他的那份王者之尊，有的只是屈辱和對未來不確定的幻想。

夫差確實寬仁，沒有難為勾踐，而且勾踐的種種媚舉也不是夫差逼他的。但正因為如此，夫差越寬仁，勾踐會覺得越屈辱，在自尊心強烈的弱勢一方看來，強勢一方對他越好，他靈魂深處的那種知恥意識就會無限放大。

勾踐在姑蘇忍了整整兩年，雖然妻子和范蠡、文種日夜陪伴在勾踐身邊，最大限度的減輕了勾踐的孤獨感，但在靈魂深處，勾踐依然是一個孤獨者。更何況范蠡和文種每天都會親歷睹勾踐的馬奴生涯，從這個角度講，范蠡、文種和夫差一樣，都是勾踐不想再見到的人。

在眾人的努力下，夫差已經完全被騙倒了，認為放勾踐回越不會影響到吳國的稱霸，於西元前四八九年的三月將勾踐放回越國。在越國君臣一行來到三津（今吳淞江下游）的時候，身邊已沒有一個吳人，勾踐突然淚流滿面，悲不自勝。

當初他入吳為奴，就是從三津取道北上，當時的勾踐心情灰暗到了極點，因為他看不到未來。而如今兩年的受辱期已滿，勾踐恢復了自由，那些不堪回首的恥辱已經成為歷史。

勾踐並非後人傳想中的冷血，他的感情世界非常豐富，他也會哭，也會慨歎命運。勾踐在三津口的江水之上，品嘗的不再是臭不可聞的糞便，而是自己劫後逢生的喜悅淚水。勾踐心潮起伏地告訴身邊人：「我落難時，從三津經過，當時不知道還能否活著回來。」

等到船隻即將抵達越國的水岸時，勾踐看到無數百姓擠在岸邊，歡迎他們的君主在飽經磨難時安然回來時，自椒山慘敗入吳為奴後的幾年時間內在勾踐心中積鬱的壓抑，這時徹底得到釋放。

勾踐近乎是怒吼著哭出聲來，「吾已絕望，永辭萬民，豈料再還，重復鄉國。」按《吳越春秋．勾踐入臣外傳》的記載，勾踐說完這句話後，「言竟掩面，涕泣闌干。」

這是一個有血有肉的男人，一般人受辱後，一旦和死敵強勢易位，他們會把死敵整得很慘，用一種變態的心理去看待落難的死敵。有些人受辱後的心態容易變得扭曲，伍子胥就是一個再典型不過的例子。勾踐並不是這樣，這兩年在吳都的受辱經歷，是勾踐用常人難以想像的隱忍挺過來的，勾踐稍有些意志薄弱，他隨時可以選擇自殺。

勾踐有一個萬個理由仇恨夫差，在三千越甲吞吳後，夫差落到勾踐的手上。如果勾踐換成伍子胥，夫差會死得非常難看，但勾踐並沒有絲毫復仇的變態快感，他更同情走投無路的夫差，夫差現在所面對的，就是當初自己所經歷的。

強者很容易同情與自己有相似經歷的弱者，因為強者能從這樣的弱者身上懷念屬於自己那段的灰暗歷史。從本質上來說，夫差和勾踐其實是同一類人，他們的血都是熱的，而不像一些欺負舊主孤兒寡母的的篡位帝王冰冷殘酷，卻披著仁厚的外衣在歷史上招搖撞騙，相比之下，人品何其下作。

夫差哀求勾踐念及當初他對勾踐的不殺之恩，放吳國一條生路，夫差派大夫王孫駱來告命，言辭哀婉可憐，並承諾「若徼天之中得赦其大辟，則吳願長為臣妾。」勾踐對此的反應是「不忍其言，將許之成」，同意放虎歸山。

勾踐當然知道放虎歸山的後果，夫差極有可能成為再版的勾踐，而勾踐則有可能淪為再版的夫差。但在王孫駱苦苦哀求的那一刻，勾踐還是心軟了，就像當年夫差的心軟一樣，差一點改變了歷史的方向，幸虧被智算無遺的范蠡給攔住了。

范蠡的冷靜分析讓勾踐放棄了迂腐的婦人之仁，必須在吳國的冷灶上澆下最後一盆涼水，但勾踐還是堅持要求赦免夫差本人，並為夫差在甬東（今浙江寧波海中小島）安置了居所，劃撥三百家供夫差役使，被夫差拒絕了。

當然，從這一點上講，夫差更有骨氣，寧死不吃嗟來之食。可如果從勵志的角度講，夫差又不如勾踐，在相同的人生困局下，勾踐可以吃嗟來之食以圖後舉，夫差為何就不能？

這樣的勾踐，難道不可愛麼？

三二、聰明的范蠡和不聰明的文種

開創大漢天下的一代戰神韓信被呂雉陰謀處死時，哀歎道：「狡兔死，良狗烹；高鳥盡，良弓藏。」這就是歷史上兩個著名的成語——兔死狗烹、鳥盡弓藏。和韓信有關的成語數不勝數，但這兩個成語的版權所有者卻不是韓信，而是春秋末期的一代智聖，既傳說中和美女西施泛舟五湖四海的陶朱公范蠡。

范蠡一生非常傳奇，即使是伍子胥這樣的重量級人物，在范蠡面前都略顯遜色。論功業和政治地位，伍子胥的分量並不低於范蠡，但伍子胥之所以死在已起殺心的主公夫差之手，而范蠡則從主公勾踐的刀尖上溜掉，只有一個原因，伍子胥做人不夠聰明。

范蠡有許多不同的身分，但與其說范蠡是智聖，是名臣，是大商人，不如說范蠡是個聰明人，參透了人性善惡的聰明人。什麼是聰明？有人會說是智商，有人會說是會做人，這些都是小聰明。真正的大聰明，正如老子所說：「知人者智，自知者明」，做到這兩點，就是世上絕頂的聰明人。

小聰明沒有大智慧，但大智慧一定有大聰明，古今參透世事人心的哪個不是萬里挑一的人精子？伍子胥通透天下，卻吃不透夫差的本性，被夫差灌了一碗迷魂湯，自以為是的說立太子的事包在我身上。結果如何？伍子胥以為扶夫差上臺，就能保住自己的後半生富貴，哪知道伯嚭摘走了伍子胥樹上的所有果子，最終由夫差親手砍倒了伍子胥這棵參天大樹。

螳螂捕蟬，黃雀在後，伍子胥吃透了夫差的父親闔閭，成功為伍家復了仇。但伍子胥一直沒有注意到，在他身後的陰影裡，始終有一雙眼睛在盯著他，此人就是范蠡。

說到伍子胥和范蠡之間的糾葛，這還要引出本篇的另一位主人公——越國大夫文種。說范蠡必說文種，這兩個人不但是勾踐滅吳的功臣，更是兩種性格和兩種人生觀的對立。范蠡聰明的對面，就是文種的不聰明，如果沒有文種悲劇性的反襯，范蠡也許就沒有後來那麼炫目的傳奇色彩。

古人常說「楚材晉用」，實際上吳國和越國同樣是接納楚國人才的大戶，吳國兩大名臣伍子胥和伯嚭都是楚人，而越國兩大復國功臣范蠡和文種也是楚人。都說范蠡和文種是越國兩大樣板名臣，實際上范蠡是文種「三顧茅廬」請出山的，這才成就了范蠡的不世傳奇。

根據《越絕書》的記載，范蠡是楚國宛城（今河南南陽）人，家世不詳，應該是士階層出身，至少不是奴隸。范蠡很早的時候就已經揚名宛城了，不過不是因為他有什麼經天緯地之才，而是街坊鄰居都知道此地有個叫范蠡的瘋子。從字面上看，范蠡在幼時可能得過輕微的癲癇，「一癡一醒，時人盡以為狂（精神病）」。有人常說：天才多半是瘋子，范蠡也不例外，《越絕書》稱他「獨有聖賢之明」，這不是一般人能得到的評價。

范蠡成年後，卻有意隱藏自己的「聖賢之明」，繼續裝瘋賣傻，「佯狂」。范蠡這麼做，應該是在藏鋒賣拙，畢竟他所處的楚國正在第一昏君楚平王的統治之下，費無忌嫉賢妒能，如果讓他知道有范蠡這號天才，費無忌很有可能做掉這個將來會威脅到自己地位的天才。

這就是范蠡的聰明，可以說是小聰明，也可以說是大智慧。范蠡胸懷錦繡之才，自然要尋找機會實現乘龍之志，但現在必須隱忍，就像韓信要想做大將軍，必須從屠家惡少的胯下鑽過去一樣。

范蠡做人的聰明是一以貫之的，無論是出山，輔越滅吳，還是泛舟歸隱，都無不閃耀著智慧的光芒。相反，作為越國僅次於勾踐、范蠡的男三號，文種則始終缺少一種做人的智慧，為人太直，優柔寡斷，最終以悲劇收場。

范蠡見文種這個橋段，在歷史上沒有諸葛亮三耍劉備知名，但故事的戲劇性要遠強於三顧茅廬。時任楚國宛城令的文種愛賢心切，剛到宛城上任時，就聽人聽宛城有一位大賢人，但既不知其名，也不知長什麼樣。為了得到這位賢人，文種漫天撒網式的在城中四處尋找。

聽說這位賢人有些瘋瘋癲癲，文種專在瘋子中撒網捕魚，發現瘋子就拜，就這樣一路拜下去，終於拜到了范蠡面前。范蠡對文種的態度非常明確——不見，文種的賢達，范蠡應該是了解的，但如果文種請范蠡出山為楚國效力，則是范蠡不敢接盤的。楚平王和費無忌是一對千古難尋的昏君佞臣，給他們效力？爺還沒活夠呢。

這可以說是范蠡的精明處，也可以說是范蠡的謹慎處，千萬不要因為盛情難卻而跳進泥沼地裡，朋友不是這麼交的。文種剛到的時候，范蠡繼續裝瘋，蹲在院牆的狗洞旁邊學狗叫，企圖蒙混過關。

文種一直參不透官場和人性的對比關係，他自始至終都是個清官忠臣作派，他雖然看穿了范蠡是在裝傻演戲，但卻沒有看穿時局。文種有大智慧沒有大聰明，他只知道想為國舉賢，卻不知道在君昏臣佞的時代，舉賢何用？

范蠡倒是出來見了文種，他知道文種是個善人，所以敢於在文縣令面前展示自己的雄才大志，「蠡修衣冠，有頃而出。進退揖讓，君子之容。終日而語，疾陳霸王之道。」

什麼是大聰明人？在做大事時，有兩點要求：一、見機而動，二、事可而止。范蠡在功成名就後泛舟而去，做到了事可而止，而現在一文不名的他需要做的，是隨文種出山，做一個男人應該做的事情。

不過范蠡從來沒有考慮過為楚國效力，他真正的目標是開始出現爭霸苗頭的吳國或越國。無論是在位的吳王闔閭，還是越王勾踐，都是不世出的英主，闔閭或勾踐都有重用范蠡和文種的可能，為了爭霸，他們需要高端人才。

從地理位置上來看，吳國比越國距離楚國更近，所以范蠡和文種肯定要先去吳國投求職簡歷。以范蠡的經天緯地之才，他想要得到的職位是公司總經理，但到了姑蘇才發現，吳國已經有了一位總經理，就是伍子胥。

問題就出在這裡，如果范蠡想做一個部門經理，闔閭還是可以接受的，但讓闔閭拿下伍子胥，換上范蠡，這是根本不可能的。闔閭是鐵打的吳國董事長，伍子胥是鐵打的吳國總經理，闔閭曾經給國中下令：「無貴賤長少，有不聽子胥之教者，猶不聽寡人也，罪至死，不赦。」

現階段沒有任何人可以撼動伍子胥的地位，但如果范蠡接受部門經理，屈居伍子胥之下，那就不是范蠡了。剛到吳國的時候，有人就勸范蠡和文種，不妨去投靠伍子胥，先在伍子胥門下找點事做，被范蠡當場拒絕。後來與范蠡、文種同在勾踐麾下做事的逢同也是楚人，而且他也應該是和范蠡一起棄楚歸吳的。逢同的觀點和范蠡一樣，與其看著伍子胥吃肉喝湯，咱們不如另擇高枝，有伍子胥在，咱們連湯都喝不上。

所謂另擇高枝，除了越國，他們也無枝可依。去越國，對范蠡等人來說幾大好處：一、吳國在伍子胥的治理下，已經初具霸主規模，用得著范蠡的地方自然不多；二、越王勾踐有爭霸之志，但國勢弱小，相對吳國來說是一張白紙，范蠡更有施展才能的空間。

越王勾踐是很羨慕闔閭的，因為闔閭有一個幾乎無所不能的伍子胥。但勾踐和范蠡談論了一整天之後，勾踐已經忘記伍子胥是誰了，因為他有了同樣無所不能的范蠡。

吳王闔閭和范蠡的人生幾乎沒有交集，但對於吳國二號人物伍子胥來說，范蠡的橫空出世，幾乎是對伍子胥產生了致命的威脅。如果沒有張良，范增可以稱為楚漢第一謀士，甚至可以說范增間接死在了張良之手，伍子胥同樣如此。

范蠡投奔勾踐，是一場雙贏的買賣，范蠡有了施展抱負的平臺，勾踐得到了范蠡殊絕無雙的智力支持。此時的勾踐剛剛啟動他的爭霸大業，正需用人之際，他不會也不敢對范蠡有什麼陰毒的想法。

事實已經證明，正是因為范蠡的出現，這才導致本來吳強越弱的天平開始朝著有利於越國的角度發生傾斜。越國取得的每一項成就，幾乎都是出自范蠡和文種的建議，而越國的每次失利，幾乎都是不聽范蠡良言造成的惡果。

最典型的一次，就是發生於西元前四九四年著名的椒山之戰，勾踐認為夫差志在報其父闔閭為越所傷致死之仇，不聽范蠡的勸告，主動向吳國發起進攻，結果慘敗。

在交戰之前，范蠡反覆勸勾踐，吳國現在君臣和睦，內部團結一致，現在並不是我們對吳用兵的好時機，逆天必敗。勾踐剛繼位，血氣方剛，何況他剛打敗了霸主闔閭，自然不把同樣新即位的夫差放在眼裡。

等到勾踐兵敗會稽山的時候，他才真正領悟到范蠡之於自己的價值，這是勾踐第一次，也是最後一次拒絕范蠡的建議，自此之後，勾踐對范蠡言聽計從。

接下來如何面對夫差，范蠡以他對夫差性格的了解，提出了「卑辭厚禮、委身於吳」的求和戰略。夫差為人太過婦人之仁，很喜歡四處顯擺自己的仁慈寬厚，范蠡很聰明地利用了夫差這一性格弱點，讓勾踐在夫差面前裝可憐，博取夫差的同情心，然後俟機反攻倒算。

替勾踐去吳國裝可憐騙人的是大夫文種，如果單論做事而不論做人，文種其實也是一個聰明人，他知道如何打破僵局。在頭次見夫差被撞得滿頭大包後，勾踐急得要自殺，文種及時攔住了他，說我們在夫差身上佔不了便宜，有一個人可以幫助我們。

吳國大夫伯嚭深受夫差的寵愛，而且此人極貪財好色，「可誘以利」，正道走不通，咱就走歪門斜道。向來喜歡走下三路的勾踐大喜，立刻準備大量寶器，以及兩位超級美女，有可能就是西施和鄭旦，交給文種去見伯嚭。

在越國的權力布局中，范蠡主要負責內外政策的制定，但出面辦事的多是文種。文種巧舌如簧，在收買了伯嚭之後，三言兩語就把夫差哄得眉開眼笑，同意了勾踐來姑蘇侍奉的請求，避免了越國的滅亡。

在陪同勾踐入吳為奴的兩年多時間內，文種的主要任務是了解吳國內政，為將來越國的反攻做準備。這需要細緻老辣的觀察判斷力，非智者不足以為此。回到吳國後，文種就給勾踐分析吳國的優勢和弱點：

吳之強：吳國經濟實力非常雄厚，而且刑法嚴密，軍民遵紀守法，而且吳國全民皆兵，作戰能力在越國之上。

吳之弱：權力鬥爭非常激烈，伍子胥和伯嚭已經水火不容。夫差喜聽阿諛之言而惡忠直之言，親小人遠賢臣，敗相已露。

文種所說的，勾踐當然能看得出來，勾踐想知道的是如何才能削弱吳國的國力。表面看上去一副謙謙君子相的文種給勾踐出了一個主意，「請糴於吳」，就是向吳國借糧食。

越國其實並不缺糧，文種的算盤是從吳國借來糧食，主要是想通過糧食戰來打亂吳國的戰略部署。更陰毒的還在後面，一年後，越國按事先的約定償還了借的吳糧種子，但當吳人把這些種子下地之後，苦等了一季，結果顆粒無收，嚴重擾亂了吳國的糧食市場秩序。這些糧種在送吳之前是專門用熱鍋炒過的，根本不能耕種，這正是文種的傑作！

當初借糧時，文種就吃定了夫差的婦人之仁，甚至都算定了伍子胥必然反對，而夫差必然駁斥伍子胥的反對意見。夫差急於在國際上樹立霸名，就會利用一切機會展現自己的仁慈。正如夫差自己所說：「勾踐既服為臣，為我駕舍，卻行馬前，諸侯莫不聞知，今以越之饑，吾與之食，我知勾踐必不敢反我。」

人在江湖上闖蕩的最大悲哀，莫過於被人處處料定，最終一腳踏進別人事先挖好的坑裡。文種做人不夠聰明，但做事足夠精明，勾踐以三千越甲吞吳，文種起到的作用並不比范蠡小。

不過在勾踐的心目中，范蠡的地位可能要略高於文種，雖然這種差距不是很大。打個比方，越國的三駕馬車，有些類似於三國蜀漢的三巨頭，勾踐是劉備，范蠡是諸葛亮，文種是龐統。

同樣作為謀士，文種和龐統走的是偏鋒路線，都比較邪性，比如文種借吳糧，龐統密勸劉備襲殺劉璋。范蠡和諸葛亮走的基本上陽謀路線，而且在勾踐和劉備看來，范蠡和諸葛亮要比文種和龐統更重要，死了龐統不打緊，如果死了諸葛亮，劉備想死的心都有了。

關於范蠡之於勾踐的重要性，有一件事情能很好的說明。范蠡在陪同勾踐入吳的三個月後，夫差在宮中召見了他們，勾踐跪著，范蠡站著。夫差是非常欣賞范蠡的，他甚至有打算把范蠡收在麾下，牽制討人嫌的伍子胥。

當著勾踐的面，夫差給范蠡做起了思想工作，「今越王無道，國已將亡，社稷壞崩，身死世絕，為天下笑。而子及主俱為奴僕，來歸於吳，豈不鄙乎？吾欲赦子之罪，子能改心自新，棄越歸吳乎？」

當聽完夫差這些刺心的話後，范蠡還沒有回話，勾踐就已經痛哭流涕不省人事了。勾踐知道，他現在身處險境，唯一能幫助他脫險復仇的只有范蠡。一旦范蠡變心，勾踐連回越國的機會都沒有了，可見范蠡在與不在，對於勾踐的命運是決定性的。

實際上勾踐的憂慮是多餘的，在眼下這個時局，只有傻瓜才會投靠夫差。站在范蠡的角度看問題，伍子胥固然有失聖眷，但餘威猶在，此時范蠡要踏進這個火坑，未必就是伍子胥的對手，何況旁邊還有一個貪財好色的奸臣伯嚭。退一萬步講，范蠡能將伍子胥和伯嚭一鍋端掉，但之後呢？范蠡對夫差的性格也是吃透了的，躲都來不及，誰還敢進去摻和？

范蠡的選擇和現代大學生求職的道理是一樣的，如果能直接進入超大型企業做管理，自然要比進入小微企業舒坦，之後呢？由於大企業的用人機制已經趨於完善，再往上爬又能爬到哪裡？而如果進入小微企業，表面上看創業之路艱辛困苦，但一旦創業成功，那就是開國元勳，地位自然要強於超大企業的高級打工仔。諸葛亮不投東吳，就是不想做一個高級打工仔，范蠡同樣也是做如是想。

一般來說，在一家大型利益（或經濟或政治）集團中，一號人物是不能太厚黑的，真正厚黑的往往是二、三把手。一號人物玩厚黑，很容易讓手下人產生難以自保的疑慮，二、三號人物玩厚黑，上不見疑，下不見猜，可以保全上下。

玩厚黑的都是聰明絕頂的人物，主公扮紅臉，專玩正的，他們扮黑臉，專玩邪的。曹操有厚黑高手程昱，劉備有厚黑高手龐統，值得勾踐慶幸的是，范蠡和文種都是不出世的厚黑高手。沒有這兩大厚黑高手，勾踐進得去姑蘇，回不到會稽。

范蠡的厚黑，是人們很少提及的，但就憑一件事情，范蠡的厚黑指數當在文種之上。以前講過勾踐為了騙取夫差的信任，跪在地上品嘗夫差的糞便，這個厚黑之極的陰險手段，其實並不是出自勾踐，而是范蠡教勾踐做的。和文種一樣，范蠡同樣看穿了夫差的虛偽和婦人之仁，他非常肯定的告訴勾踐：只要勾踐「求其糞而嘗之，觀其顏色，當拜賀焉，言其不死，則大王何憂？」

勾踐在吳都為奴的兩年時間裡，雖然夫差一直頂著伍子胥的壓力，善待勾踐，但對勾踐還是有所懷疑的。當勾踐像狗一樣趴在地上，舔著夫差新鮮出肛的糞便，大聲稱讚著糞便的美味時，男人征服男人的極度快感瞬間擊垮了夫差。自此之後，夫差不再懷疑勾踐，伍子胥說了一籮筐的危乎險哉，全成了無用功。

正因為范蠡對勾踐有救命之恩，剛回到越國，勾踐就痛哭流涕的給范蠡一個天大的承諾，「不穀（即寡人）之國家，蠡之國家也，蠡其圖之。」這是什麼待遇？按戲文的說詞，這就是一字並肩王！

如果是別人，對於勾踐真心的報答，接了也就接了，但范蠡還是「巧顏令色」的拒絕了。范蠡拒絕的理由其實也很簡單：勾踐對他已經起了殺心，他哪還敢往火坑裡跳。

都說君主喜歡烹良犬，藏精弓，但烹犬藏弓的前提往往是權臣功高蓋主，讓君主產生了對失去權力深深的恐懼，韓信死在這上面，年羹堯同樣如此。特別是在創業成功後，往往就是君主從創業功臣手上收回權力的時候，有些聰明人已經事前瞧破殺局，悄然隱退，比如張良。

都說劉邦敬張良如師，吹捧上了天，但這是在張良主動歸隱之後，如果張良戀棧不去，劉邦早就把子房先生踢到牛棚裡了。在漢初三傑，劉邦最忌憚的就是張良與韓信，但即使是對劉邦威脅最小的蕭何也不得不貪污以自保，可見功臣保全之難。

范蠡的考慮正是如此，等到滅吳之後，范蠡之於勾踐來說就是功比天高的恩主。但如果他繼續賴在位子上，會給勾踐造成極大的心理壓力，會讓勾踐骨子裡的自卑變態發作，更何況男人最羞於啟齒的吃糞主意就是范蠡出的。

如果說范蠡剛入越效力時，對勾踐為人還不太了解，但當勾踐坦然的接受吃糞時，想必范蠡暗中倒吸了一口涼氣。滿臉堆笑的吃另外一個男人的糞便，不是鐵石心腸的人是做不出來的。勾踐為了復仇，連最基本的男人尊嚴都不要了，勾踐還有什麼放不下的？正是因為看到了勾踐骨子裡的戾狠，所以在成功滅吳，范蠡鐵了心要離開勾踐。

人性有一個特點，經常在恩主離開之後感恩戴德，但很難容下恩主成天在自己面前晃來晃去。因為這樣容易給自己造成一種自卑感。為了勾踐的面子，范蠡也必須離開，否則勾踐會非常不自在，這對范蠡來說沒有任何好處。

在滅吳之後歸國的路上，范蠡突然開了小差，沒有跟隨勾踐回到會稽，而是寫了一封辭職信。勾踐有些不爽，問范蠡為什麼要辭職，難道你認為寡人會殺了你？范蠡話說的雖然比較隱諱，但意思非常清楚：當初你受辱於夫差，我是見證人，就憑這一點，我必須離開。

在滅吳之前，勾踐「臥薪」嘗膽，十年生聚教訓，可以與人共患難。但當大功告成之後，勾踐猜忌刻薄的本性也就沒有隱藏的必要了，他在回信中威脅范蠡：「子聽吾言，可以分國；不聽吾言，妻子為戮！」

如果勾踐不說這些話，或許范蠡還會心存僥倖的回來。但勾踐這些發自肺腑的真話卻暴露了勾踐潛藏在內心深處的強橫與殘忍，讓范蠡堅定了離開的決心。

為了躲避勾踐的追殺，范蠡「乃乘扁舟，浮於江湖」，在幾經輾轉之後，范蠡變易姓名來到了齊國，做起了買賣。不過范蠡並沒有忘記他的知心好友文種，范蠡在抵齊之後，給文種寫了一封信，勸文種認清勾踐的霸道嘴臉，早點離開，早點脫險。這封信非常有名，「蜚鳥盡，良弓藏；狡兔死，走狗烹。越王為人長頸鳥喙，可與共患難，不可與共樂。子何不去？」鳥盡弓藏、兔死狗烹、可共患難不可共富貴這三個著名成語，就出自此信。

范蠡的意思非常明確：自古功高蓋主而戀棧不去者，鮮有好下場，只有事可而止者，才能保全天命。當初范蠡選擇輔佐勾踐，只是借勾踐這個平臺來實現自己的男兒抱負，並非貪戀富貴。見機而進，輔越滅吳；事可而止，浩歌歸去，這才是大智慧大聰明，如果范蠡有一絲猶豫，等待他的將是冰冷的鐵劍。

讓范蠡可惜的是，他的嚴重警告絲毫沒有打動文種，「文種不信其言」，原因大致有兩點：

一、由於文種沒有看透勾踐的真實性格，文種堅信勾踐不會做出過河拆橋的卑劣勾當。

二、因為貪戀名利導致的心理不平衡。

關於第二點，文種拒絕范蠡的勸告，主要還是對十幾年來范蠡一直壓過自己一頭的不滿情緒的表達。眾所周知，范蠡是被文種請出山的，但范蠡卻在越國混到了一人之下，萬人之上，做了宰相，文種不過是跑腿打雜的。在滅吳之前，越國的權力結構沒有絲毫變化，這對自恃才力絕人的文種來說，甚至是一種人生的羞辱，雖然文種依然以國事為重，從來不在這上面找范蠡的麻煩。

但現在范蠡主動離開了，空出的相國位置對男二號文種來說，是一種很難抗拒的誘惑。在越滅吳的過程中，文種的貢獻不比范蠡小，但光芒都被范蠡遮掩住了，文種一直嚥不下這口氣，他急於扳回一局。

文種有治國安邦的大智慧，沒有知進知退的大聰明，作為勾踐受辱的見證人，文種一日戀棧，勾踐就一日不自在。相比之下，范蠡聰明的事可而止，不僅保全了自己，也保全了留在越國的妻兒。更重要的是，保全了勾踐作為天下霸主的面子。

在范蠡離開之後，勾踐長長鬆了一口氣，此時的勾踐不再記得他在吳宮吃糞便時，范蠡是否站在一旁，而只記得范蠡的種種好處。勾踐做了兩件事情：

一、勾踐撥出重金，命工匠打鑄一尊范蠡的金像，放在殿上王位旁邊。勾踐每日必朝拜，世世不忘范蠡大恩大德，同時命令文武大臣每十天朝拜一次。

二、勾踐把會稽附近的三百里肥沃土地封給范蠡的妻兒，並下死命令，包括越王子孫在內，誰敢侵范府封地一寸，寡人就取他的狗頭。

勾踐最後對天發誓：「皇天后土，四鄉地主正之。」其實范蠡當初敢於拋下妻兒遠走他鄉，就是看準了勾踐這一性格特點。知己知彼，百戰不殆，所以范蠡保全了所有人的面子，皆大歡喜。文種知己不知人，看不透人性最深處的惡，最終功虧一簣。

受勾踐猜忌的不僅是戀棧不去的文種，還有功臣計然（范蠡的老師）、大夫曳庸、扶同、皋如都成了勾踐的眼中釘，這些人精子都在裝瘋賣傻，「不親於朝」，勉強保住性命。

文種也察覺到勾踐對自己態度的轉變，稱病不朝，企圖躲過勾踐的猜忌，但已經來不及了。計然等人以前都是打雜的，對勾踐的威脅程度也遠不如文種，縱使文種退避三舍，勾踐也沒打算放過他。

沒過多久，就有人彈劾文種，說文種有謀逆之心，請大王察拿之。明眼人都看得出來，這個所謂的「有人」是勾踐安排跳出來打文種的馬仔，無論如何，文種是必須死的，否則勾踐寢不安枕！

當文種接過勾踐賜死的獨鹿寶劍時，文種仰天長歎：「嗟乎！吾聞大恩不報，大功不還，其謂斯乎？吾悔不隨范蠡之謀，乃為越王所戮。吾不食善言，故哺以人惡。」

直到此時，文種才悟出那個道理：君主的祕密與尊嚴，不是人臣可以消受的。痛哭流涕之後，文種心有不甘的「伏劍而死」。

文種死後，痛哭流涕的還有勾踐。勾踐伏在文種的屍體上失聲痛哭，一是哭失去了文種這位治國賢臣，更主要還是哭文種的不聰明。如果文種能學范蠡，君臣可以兩全，也不至於讓勾踐背負殺忠臣的惡名。勾踐為了紀念賢臣文種，以極隆重的禮儀把文種葬在了會稽山上，僅送葬時出去了樓船之卒三千人，修陵建墓置鼎，讓後世子孫永遠不忘文種的大恩大德。

不知道勾踐在看著文種陵墓緩緩閉上石門的那一刻，是否想起了野服浩歌歸去的陶朱公范蠡。

清朝大才人袁枚的孫女袁綬有一首《詠史》詩，歌頌范蠡的知機而退：亡虜歸來思報復，臥薪嘗膽是英雄。五湖一棹煙波闊，如此功臣竟善終。

詩仙李白在《古風五十九首之十八》中寫道：功成身不退，自古多愆尤。說的應該是文種。

三三、季札和豫讓

如果用一個字來形容被一代鬼才金聖歎稱為第五才子書的《水滸傳》的核心價值觀，這個字只能是「義」字，雖然大多數梁山好漢的所做所為和「義」字沒有任何關係。

人在江湖上行走，必須遵守大多數人所認同的具有普遍意義的道義規矩——義，即人與人之間的行為準則，誰都不能越界，梁山如此，春秋也是如此。孟子常說春秋無義戰，這恰從反角度證明了春秋以仁義為基礎的道德價值體系並沒有完全崩塌，否則也就不存在義不義戰了。

江湖中人都自詡義士，不過真正能「踐義」的並不多，梁山好漢中也只有魯智深、林沖數人而已。春秋風雲人物如過江之鯽，但要麼詭詐多奸，要麼迂腐可笑，算來算去，真正可稱義士的，而且又大名鼎鼎的，只有兩位：吳國季札、晉國豫讓。

之所以把季札和豫讓單列出來講「義」，還有一個重要因素，就是季札和豫讓截然相反的出身。季札出身於吳國王室之家，深得父王寵愛，天生就是混社會上層的，而豫讓出身社會最底層，以做知伯之家客為生。

季札和豫讓，一個高富帥，一個矮窮醜，卻從兩個社會極端層面完美地解釋了人性中的「義」。具體來說，季札的義，更接近於「信」，豫讓的義，更接近於「忠」，下面先講季札。

說到季札，我們首先想到的那個踐行諾言的著名典故——季子掛劍。「義」的基礎是「信」，無信則無義，季札因徐君一言，相贈寶劍，被傳為千古美談。唐人李白有首著名的詩篇，《陳情贈友人》，前八句寫得非常動情，如下：

延陵有寶劍，價重千黃金。觀風歷上國，暗許故人深。歸來掛墳松，萬古知其心。懦夫感達節，壯士激青衿。

這個感動千古的故事，發生在西元前五四四年，這一年春，季札奉吳王之命北上出使魯、齊、鄭、衛、晉，開始了這場著名的文化外交之旅。季札的第一站是魯國，而從吳赴魯，就必須經過徐國（今江蘇泗洪附近）。

出於外交禮儀，徐國國君設宴款待季札，在席間飲酒時，徐君看中了季札隨身佩帶的寶劍。徐君很有眼光，季札的這柄劍是吳國最上等的好劍，史稱「吳之寶」。和季札不熟，徐君不好意思開口索劍，倒是季札看出來了，只是由於他有公事在身，外交場合須臾離不開佩劍，也就沒說什麼。

按季札的想法，等他處理完外交事務後，再路過徐國，把劍送給徐君。沒想到等季札再次回到徐國時，徐君已經去世了。季札做出了一個很驚人的舉動，把吳國的鎮國之劍掛在徐君墓旁邊的樹上。

從人勸季札不要拿寶劍隨便贈人，何況人都死了，還送給誰？難道送給樹上的烏鴉麼？季札的回答讓人很感動，「吾心許之矣。今死而不進，是欺心也。愛劍傷心，廉者不為也。」做人不能欺心，欺心者必被天欺，這就是季札樸素的人生觀。

因為信守承諾，掛劍而去，季札深深感動了歷史，其實這只是季札「義」生中的一個經典鏡頭。季札的「義」，還體現在他對傳統道德價值觀的恪守，絕不越政治雷池一步，保國保家，兩得其美，被後人稱讚伯夷再世。

「義」，在季札身上體現為兩層性，即個人大義，和國家大義。掛劍贈徐君屬於前者，以非嫡長子之由拒絕繼位，屬於後者。《後漢書．丁鴻傳》對國家之義的理解是：「《春秋》之義，不以家事廢王事。」在這一點上，季札幾乎是道德完人，魯國聖人孔子對季札佩服得五體投地。

季札能在春秋絢爛的舞臺上呼風喚雨，首選不得不承認他有一個好祖宗。這一點不能說不重要，誰不想有個金爹銀媽？後天的拼命奮鬥那都是被殘酷的命運逼出來的。

季札是吳王壽夢第四個兒子，如果從輩分上講，季札是吳王僚和闔閭的親叔父，夫差的嫡親叔祖。這一點決定了後來季札在吳國王室「族長」般的地位。

季札之所以在王族享有如此高的威望，這和他以自己非嫡子為由拒絕繼承王位有直接的關係。季札是個恪守傳統道德價值觀的人，他知道自己的身分只是庶四子，上頭還有三個兄長，從來沒有窺視過那個位子。

季札不像趙匡胤和趙光義兄弟，為了本來就不屬於他們的位子殺得頭破血流，問題是老爹壽夢最喜歡季札，一再揚言要越次立季札為君。形勢非常簡單，只要季札點一下頭，那個位子就是他的，長兄諸樊、次兄余祭、三兄余昧都得靠邊站，他們半點機會也沒有。

其實在季札之前，庶子繼承君位的例子並非沒有，他完全可以不背這個心理負擔。只是季札始終無法說服自己背叛心中的「大義」，正如他對父親臨終前要求他即位時所說：「禮有舊制，奈何廢前王之禮，而行父子之私乎？」

季札知道父親疼他寵他，而且這個位子不是他要陰謀手段搶來的，坐上去也心安理得。但如果他坐上去了，置三個兄長於何地，特別是長兄諸樊。在季札的堅持下，壽夢不再為難他，改立長子諸樊為嗣。

講到季札的義，就要講一下他侄子闔閭的不義。在有史料所載的吳國王室中，拋開闔閭的能力不談，闔閭的人品是最有問題的，為了最高權力，闔閭要盡了陰謀詭計，弒君殺兄，置春秋大義於不顧，和季札是沒法比的。

闔閭的人品還不如他的父親諸樊，當初季札堅辭讓位，把諸樊感動的一塌糊塗。諸樊知道這個位子本來是屬於四弟的，他如果坐上去，會覺得心有不安。在先王壽夢的葬禮結束後，諸樊就惴惴不安的要把王位還給季札，被季札拒絕。

以諸樊此時的身分，季札已經固讓，他完全可以順水推舟爬上高臺。但讓人感動的是，「吳人固立季札」，這個吳人，指的只能是諸樊。不能說諸樊是在演戲，因為他沒有必要這麼做，季札不接單，有資格接單的只有諸樊。

季札的大義，體現他對諸樊一根筋似行為的反應。「季札棄其室而耕」，向諸樊及國人表明了自己的態度，不要再浪費時間，我是不會即位的。在萬般無奈之下，諸樊只好心懷愧疚的做了吳王。

都說季札有大義，其實諸樊同樣有大義，諸樊始終為自己的即位心感不安，他只有把位子傳給季札，才能卸下這塊心結。諸樊在臨終時（西元前五四八年）把王位傳給了二弟余祭時稱讚季札有「義」，為了能讓季札有機會即位，王位將兄終弟及。至於自己的兒子姬光，諸樊根本沒有任何考慮。想必諸樊傳位時，姬光就站在父親身邊，看到父親捨子立弟，姬光心中肯定打翻了醋罈子。

十七年後，余祭病死，把位子傳給三弟余昧，為了就是將來余昧死後把位子名正言順地交給季札，了卻父親和長兄的遺願。四年後，也就是西元前五二七年，余昧病死前請求季札接位，但季札鐵了心要恪守傳統，寧死不繼位，「逃去」。

是季札對功名利祿沒有興趣麼？不是，他並沒有退出官場，繼續做他錦衣玉食的延陵公子，同時又是吳國的外交部長，可謂位高權重，名滿天下。

季札認為他在兄弟中排行老末，沒有資格做吳王。讓他做吳王，只有一種可能，就是三位兄長沒有一個子嗣，在這種情況下，季札才有可能接位。僅僅因為他的排行不合舊制，堅持不以壞禮為代價，來博取個人名利。

後人對季札的義歌頌不絕，實際上包括諸樊在內的三兄弟讓賢所體現出來的大義同樣值得歌頌。兄弟和睦，不敗其家，吳國在壽夢之後突然強勢崛起不是偶然的，其內在推動力就是兄弟四人友愛禮讓，團結就是力量，這是歷史的真理。

季札的賢與義，不僅感動了歷史，也給他那位野心比西瓜還大的侄子姬光造成了很大的心理壓力。姬光在請專諸做刺客時，針對專諸的疑問，姬光就抬出了季札做擋箭牌，說天下本就不是王僚的，就算殺之，等季札出使諸國回吳後，也不會廢掉我。

從姬光的這句話可以反映出季札在吳人心目中的地位，姬光要想在輿論上處在有利的位置，就必須在政治上繼續尊崇季札，絲毫不敢少禮。等姬光弒君後，因為季札已經回到姑蘇了，所以姬光不敢造次即位，還要假惺惺作狀，說要把王位還給季札。

季札不接受三位兄長的傳位，自然更不會接姬光的盤子，季札說得很清楚，「爾殺吾君，吾受爾國，是吾與爾為亂也。」你姬光殺人，卻讓我即位，往我頭上扣屎盆子，傻子才會接招。這個侄子是什麼貨色，季札再清楚不過了。

雖然姬光禮待季札，但季札從心底是不認同姬光的。在季札拒絕姬光虛情假義的讓位之後，季札就來到王僚的墳頭痛哭一場，這分明是在否定姬光的弒君惡行。在此之後，季札並沒有再次「逃去」，而是留在朝中，這讓姬光很不自在，從另一個側面再次對姬光的王位繼承進行否定。

從現在的眼光看，季札的選擇似乎有些不合時宜。姬光通過非法手段上位，卻實現了吳國歷史上最偉大的勝利——滅楚，這是王僚沒有做到的。季札應該以吳國大業為重，出山輔佐姬光。但傳統的主流價值觀總要有人出來維護，季札不捍衛傳統，社會就少了一杆道德尺規，這才是季札心中最大的義，這也是後世老夫子們對季札讚不絕口的主要原因。

在季札死後，據說孔仲尼派學生子游去季札墓前，寫下兩個字，「君子」。孔子非常看重「義」，和季札一樣，都在努力維護主流價值觀念，從這層意義上講，孔子和季札是同志，所以孔子稱讚季札是再正常不過的。

司馬遷在《史記‧吳世家》卷尾史評中用了七十五個字，其中王僚、闔閭、夫差等大頭王一字也未提及，卻用了三十字稱讚季札。「延陵季子之仁心，慕義無窮，見微而知清濁。嗚呼，又何其閎覽博物君子也！」

眾所周知，司馬遷非常認同儒家的思想理論，實際上季札也是一個儒家，他傳承的是自周公以來的舊儒，而孔子的新儒也是從周公舊儒的基礎上發展而來。

從年齡上來看，季札長孔子二十多歲，當季札於西元前五四四年來魯國觀樂時，孔子只有七歲。當孔子成名時，季札早已名滿天下，是周公之後，孔子之前的舊儒家的代表人物。季札一生重「義」，以身作則，推行舊儒家的思想理念，這對孔子新儒家思想的形成有著不可低估的重大影響。

講完了季札，再來講豫讓。

豫讓本來是應該放在《春秋刺客篇》中的，專諸、要離都是豫讓的前輩同志。之所以把豫讓和季札同篇，主要是因為雖然三人同為刺客，但性質完全不同。

專諸是貪圖姬光許給他的封其子為上卿的大富貴，他和姬光之間是典型的買賣合同關係。至於要離，純粹是個神經病，什麼都不圖，用全家人的性命拼掉了和自己本沒有任何關係的慶忌，二人和「義」是扯不上關係的。

豫讓行刺趙襄子趙毋恤，即非圖名，也非圖利，只是想為曾經對自己恩重如山的舊主知伯報仇，這才是大仁大義。在《史記．刺客列傳》中的那些刺客們，也只有豫讓才有資格稱為義士，其他人全是糊塗蛋子，都不知道自己到底是在為什麼而活。

司馬遷在名篇《報任安書》中曾經提到一個著名成語，即士為知己者死，女為悅己者容，實際上這句名言的版權所有者就是豫讓，司馬遷只是免費借用了一下。人生一世，如草木一秋，幾十載春秋輪迴而已，總要留下一點什麼，才不會覺得遺憾。有人給兒孫留下了萬貫家財，有人給後世留下了千古罵名，豫讓留下的則是「義」。

豫讓的義和季札的義不甚相同，季札維護的是主流精英為本位的社會價值觀，而豫讓則是在維護一種江湖中人特有的道德價值觀。江湖最推崇的就是義，而不是仁，所以江湖中人拜把子，稱為結義或義結金蘭。

廟堂之上的義，講究的是君君臣臣，天下社稷，萬民安泰否。江湖草野的義，更多的是體現了一種個人化的正確價值觀，做人要恩怨分明，受人一鵝毛，必以千金贈。這方面的例子有很多，伍子胥和韓信在窮困落魄的時候受漂母一飯，他們發達後，立刻相贈千金，以報一飯之德。

豫讓刺趙毋恤，本質和伍子胥、韓信一樣，都是在報恩。不過略有不同的是，伍韓報恩是出於做人「以德報德」的道德本能，而豫讓為舊主尋仇則是出於他心中的江湖大義。因為受知伯恩惠的並不止豫讓一人，而只有豫讓選擇了和趙毋恤血拼到底。

前面講過，豫讓出身於草根，但他的家世並不簡單。我們都知道吳國有一位著名的奸臣伯嚭，間接導致了夫差的滅亡和勾踐的稱霸，伯嚭的祖父是楚國大夫伯州犁，而伯州犁本來是晉國大夫伯宗之子。伯宗在晉國得罪人太多了，為了保護好兒子，伯宗在民間得到了一位奇士畢陽，由畢陽保護伯州犁入楚，不久後，伯宗就在晉國內亂中被殺。而這個義士畢陽，就是豫讓的祖父。

對於畢陽的生平，除了《國語．晉語五》卷尾提到了送伯州犁入楚，再無史料記載。但從豫讓一直生活在晉國來看，畢陽送伯州犁入楚後，很可能又回到了晉國，豫讓也有可能在小時候就生活在祖父身邊。畢陽的義舉，以及家庭的草根地位，會在很大程度上會影響著豫讓價值觀的形成。

豫讓生活在春秋末期，此時距離春秋最後一位霸主勾踐的去世（西元前四六五年）已經過去了十多年，齊桓、晉文爭霸的時代早如過眼雲煙。

齊國自簡公姜壬被殺後，姜氏的權力就落入權臣田常手上，改朝換代只是時間問題。相比於齊國，晉國的形勢更加混亂不堪，齊國是田常一人執政，晉國則是六卿執政，即著名的范氏、中行氏、知氏、韓氏、魏氏、趙氏六家，晉國姬姓公室早已被架空。

六大家族的祖上都是晉國勳貴大臣，平時為了爭奪權力沒少暗中拆牆使絆子。從實力上來看，知氏最強，趙魏韓次之，范、中行最弱。在西元前四五八年，知氏的家主知瑤（即大名鼎鼎的智（知）伯）聯合趙魏韓三家吃掉了相對弱小的范氏和中行氏，四家共同瓜分，利益均沾。

《史記．刺客列傳》說豫讓曾經在范氏和中行氏門下當過差，時間都不太長，豫讓連接炒掉范老闆和中行老闆，跳槽到了知氏公司當員工。豫讓在知伯手下都做了什麼事情，於史不詳，可以肯定的是，知伯非常欣賞豫讓，至少豫讓在知伯那裡得到了重用。而范氏和中行氏也應該是對豫讓不夠尊重，豫讓在他們手下看不到前途，才不得不改換門庭的。

蜀漢第一謀士法正曾經在益州牧劉璋門下做事，但不受重用，後來法正攀上了劉備的高枝，並在劉備取代劉璋自為益州牧的過程立下汗馬奇功。後世一些人就以法正曾經給劉璋效力為藉口，攻擊法正是忘恩負義的小人。

實際上法正和豫讓是同一類人，恩怨分明，你投我以桃，我報你以李，都具有明顯的江湖豪俠之風。劉璋不待法正以國士，法正又憑什麼給劉璋賣命到死？豫讓同樣如此，范氏和中行氏待豫讓如下人，豫讓沒有道理為這樣的人物當一輩子小弟。

知瑤是晉國的正卿執政，沒有兩把刷子，知瑤也爬不到這個位置。西元前四七二年六月，知瑤率晉師伐齊，在犁丘（今山東臨邑）將齊軍打得鼻青臉腫，生擒齊國大夫顏涿聚，可見知瑤的軍事能力不是吹的。

豫讓投奔知瑤麾下，並非是貪圖知瑤的權勢，否則在知氏被滅後，豫讓有一萬個理由拜在新執政的趙襄子門下，而不是去刺殺他。知瑤應該是知人善任的，豫讓重情重義，能力想必也不會太差。《戰國策．趙一》記載，「（豫讓）去而就知伯，知伯寵之。」能讓文武兼備的晉國正卿寵愛有加的，豫讓豈是凡品？

這就是士為知己者死，劉備在親征漢中時，在陣前冒殺箭雨拼殺，法正也不避危險的陪在劉備身邊。以法正恩怨分明的個性，劉備待他如路人，他是斷然不會以死相報的。

不能說法正是在刻意模仿豫讓，但豫讓的大忠大義確實感動了歷史，故事的高潮很快就要到來。西元前四五五年，野心已經極度膨脹，「欲盡併晉」的知瑤，以武力強迫魏桓子魏駒、韓康子韓虔，組成多國部隊，向盤據在晉陽，素來不服知瑤的趙襄子趙毋恤發起強攻，這就是春秋史上著名的晉陽之戰。

形勢本來對知瑤非常有利，這場戰爭打了兩年多，趙毋恤已經堅持不下去了，但在最關鍵的時刻，趙毋恤利用「唇亡齒寒」的心理，說服韓、魏兩家，對知家反攻倒算，實現了人生大逆襲，一代大卿知瑤就這樣稀里糊塗地成了戰國三雄趙魏韓崛起的墊腳石，知家的地盤被三家瓜分。

撇開魏、韓兩家打醬油的不談，趙毋恤和知瑤有不共戴天的死仇。當年知瑤率軍攻鄭，趙毋恤為副將，知瑤有次在帳中飲酒大醉，對趙毋恤強行灌酒，當場讓趙毋恤難堪。

最過分的是知瑤企圖參與趙家的廢立大事，要求趙毋恤的父親趙簡子趙鞅廢掉毋恤。趙鞅當然不會聽知瑤的滿口胡言，但趙毋恤由此恨知瑤入骨。這次滅掉知瑤，趙毋恤的復仇快感可想而知，他在極度的興奮中把知瑤的人頭砍下來，做成酒器，在人群中四處炫耀。

趙毋恤是復了仇，可他對知瑤屍體的污辱卻深深傷害了豫讓，知瑤得罪趙毋恤，那是他們之間的恩怨，和豫讓無關。豫讓只知道知瑤待他如國士，如今恩主死後被辱，作為知家最受寵的臣子，豫讓豈有坐視之理？為子死孝，為臣死忠，這是為人的本分。豫讓唯一能做的，就是復仇，用趙毋恤的一條命來報答知瑤對自己的知遇之重。

故事的過程很簡單，豫讓用了易容術，把自己打扮成一個待罪的奴僕，懷揣一把利刃，趁人不備，混進了趙毋恤家中正在裝修的豪華廁所裡。豫讓假裝在粉刷牆壁，等著趙毋恤自投羅網，沒想到趙毋恤太過敏感，一眼就看這個奴僕有問題，讓身邊人拿下，果然搜出了一把利刃。

豫讓要用死殉義，盡人臣之忠，其實心存大義的，還有他的敵人趙毋恤。豫讓刺殺自己，趙毋恤有一萬個理由殺死豫讓，趙家門人也勸家主除掉豫讓，但趙毋恤卻很大度的赦豫讓不死。理由是「彼義士也，知伯已死無後，而其臣至為報仇，此天下之賢人士。」當然，不能排除趙毋恤赦豫讓樹立自己仁慈形象的嫌疑，但反過來說，豫讓刺殺趙毋恤，不也是圖一個江湖忠義之名麼？

事情至此並沒有結束，趙毋恤釋放豫讓後，豫讓並不感恩，反而用自殘的方式折磨自己，改變自己的外形、聲音，準備再次刺殺趙毋恤。豫讓把全身塗滿了黑漆，導致皮膚潰爛，甚至把燒紅了的炭放在嘴裡，造成聲帶嘶啞。

豫讓的朋友看到後，問他何苦自殘，知瑤已死，你為他報仇又有什麼實際意義？以你的才幹，如果投靠在趙毋恤門下，必能得到重用，做人不能不識時務。豫讓說得斬釘截鐵：我明知事必不成，但我受知伯厚恩，必以死報之，讓後世那些食主之祿卻背主求榮的小人們羞愧至死！

事情發展到這一步，豫讓已經不是在為知瑤報仇了，而是純粹的追求一種人生的存在價值觀，即他心中的大義。或者從人性私的角度來看，豫讓這麼做，是在求死，準確的說，是在求名。只是問題在於，如果心無大義，一般人不敢以死求這樣的名，文天祥是以死求名，但這樣的求名，又有幾人敢做？

豫讓再次刺殺趙毋恤於橋下，結果又被趙家門人活捉，激怒了曾經放他一馬的趙毋恤。趙毋恤有些惱怒的責問豫讓：「你當年也在范氏和中行氏門下做事，范氏和中行氏被知瑤所滅後，怎麼不見你為他們報仇，偏偏要為知瑤報仇，何故？」

「臣事范、中行氏，范、中行氏以眾人遇臣，臣故以眾人報之。知伯以國士遇臣，臣故以國士報之。」這是豫讓對趙毋恤的回答，字字滴血，感人肺腑。范、中行氏待豫讓如路人，豫讓當然不必為他們復仇，知瑤待豫讓如子，恩寵無加。豫讓連番刺殺趙毋恤，就要以死報答知瑤當年對他的知遇之恩。

豫讓向趙毋恤提出了他人生中最後一個要求，他兩次行刺趙襄子，論法當死，但如果不報於知伯，他死不瞑目。「今日之事，臣故伏誅，然願請君之衣而擊之，雖死不恨！」趙毋恤的回覆同樣感人，「義之」，趙毋恤是一代雄傑，如果這點度量也沒有，乾脆別在江湖上玩了。

豫讓的忠誠感動了曾經對知瑤恨得咬牙切齒的趙毋恤，他脫下袍服，讓侍從高高舉起，權當是趙毋恤本人，請豫讓舉劍刺其衣，也算為九泉之下的知瑤報了仇。豫讓淚流滿面的揮舞著利劍，朝著袍服連刺三下，《戰國策．趙一》對豫讓刺衣的橋段寫得簡潔而震撼人心，如下：

> 豫讓拔劍三躍，呼天擊之曰：「而可以報知伯矣！」遂伏劍而死。死之日，趙國之士聞之，皆為涕泣。

同樣是死，專諸和要離的死可以說輕如鴻毛，不甚值錢，但豫讓的卻重於泰山。不過有種觀點認為豫讓為知伯報仇是愚忠，甚至是奴性的表現，此言大謬。豫讓報的並不是主，范氏和中行氏被知伯所滅，豫讓無動於衷。豫讓報的是德，知伯待他如兄弟，他自然要還報兄弟之德，這是人世間最感人的大義之一。能說文天祥為宋殉國是不識時務麼？

三四、孔子閃亮登場

在中國，可以不知道秦皇漢武是哪朝皇帝，蕭何曹參是哪朝宰相，但一定知道孔子是誰。

研究中國近兩千年的歷史，是絕不可能繞過孔子的，不談孔子而談中國歷史，就如同講三國而不講諸葛亮一樣，注定是荒謬的。孔子是中國歷史上極為特殊的一個政治符號，其影響之大、之深，對中國歷史的影響可謂空前絕後。甚至從某種角度講，一部皇皇中國史，就是孔子不斷被神話的過程。

從孔子的社會身分本身來講，他只是一個思想家、教育家，勉強算是一個社會學家，但自從漢武帝劉徹採納董仲舒的建議，「罷黜百家，獨尊儒術」以來，已經逝去四百年的孔子不斷的被後人戴上神聖的光環。

從西漢末年的「褒成宣尼公」，到北魏孝文帝時追封的「文聖尼父」，再到唐玄宗李隆基追尊為「文宣王」，直到西元一一四六年，西夏仁宗李仁孝無償的給孔子扣上一頂「文宣帝」的大帽子。孔老夫子生前窮困窮困潦倒，死後卻享盡「榮華富貴」，成為歷代帝王的至聖先師，這是孔子生前沒有想到的。

孔子在宋朝有一個忠實信徒，就是大名鼎鼎的朱子——朱熹，他在《朱子語類》第九十三卷中對他的先師孔子大吹特捧，「自堯舜以下，若不生個孔子，後人去何處討分曉？」在同卷，朱熹又給予孔子以極高的政治評價：天不生仲尼，萬古長如夜！

雖然從語句來講，朱熹的這句話大有毛病，在孔子出生之前的五百年裡，中國歷史極為輝煌，周武滅殷、周公執政、周室東遷、齊桓晉文相繼稱霸、管仲一聖燭照天下，又如何能當得起「天不生仲尼，萬古長如夜」？不過就漢武帝以後的這兩千多年裡，孔子之於社會各方面的影響是毋庸贅言的，朱熹的吹捧也不是沒有道理。

世界總是相對的，有人愛，就會有人恨，正因為孔子對中國歷史的影響太大了，所以到了近代，一部分具有現代意識的知識份子把中國落後的原因歸罪於孔子學說，結果群情激憤，砸倒了孔家老店，孔子也成了「臭名昭著」的「孔老二」，幾乎到了人人喊打的地步。

有人說孔子是至明至德的大聖人，也有人說孔子是招搖過市的文化騙子，真實的孔子到底是什麼樣的，下面用較長的篇幅全面介紹孔子傳奇的一生，以及被後世奉為圭臬的儒家學說。

下面把孔子的家世傳承簡單的說一下：

微仲衍生宋公稽（宋國君），宋公稽生丁公申（宋國君），丁公申生共公湣，共公湣生弗父何（宋公子），弗父何生宋父周，宋父周生世子勝，世子勝生正考父，正考父生孔父嘉，孔父嘉生木金父，木金父生祈父，祈父生防叔（奔魯為大夫），防叔生伯夏，伯夏生叔梁紇，叔梁紇就是孔丘的父親。

孔子的六世祖孔父嘉，時任宋國的大司馬，處在宋國統治集團的最高層，與太宰華父督同朝為官，是宋穆公子和最為倚重的高官之一。孔父嘉為人忠直，《公羊傳》稱讚孔父嘉「義形於色」，所以在宋穆公死後，孔父嘉作為託孤大臣，與華父督一起輔佐宋穆公的侄子宋殤公子與夷。

作為兩大先朝元老，孔父嘉和華父督之間沒有什麼深仇大恨，但問題卻意外的出在孔父嘉的妻子身上。西元前七六六年，華父督在郊外偶遇外出的孔妻，由於孔妻容貌絕豔，姿態萬方，被好色的華父督盯上了。華父督盯上的，除了美豔的孔妻之外，還有宋國「宰相」的位子。至於華父督在謀反時先殺掉了孔父嘉，霸佔其妻，主要原因還在於削弱宋殤公的勢力。宋殤公對華父督擅殺重臣極為憤怒，「公怒，督懼，遂弒殤公」。其實宋殤公怒不怒，華父督都要對他動手的。果然如人們所料，華父督連殺君臣，控制了宋國政權，立宋穆公之子馮於鄭，就是宋莊公。

孔父嘉的權力被華父督篡奪，他的子孫自然逃不掉政治清算，孔父嘉一系的爵位被降為士。孔父嘉的兒子木金父為了躲避華父督的追殺，率家眷逃離宋國，來到宋的鄰國魯國安身。不過在南宋末年失傳的《世本》卻說離宋入魯的是孔子的曾祖孔防叔，從人性角度講，孔父嘉被殺，他的子孫不太可能在隔了三世之後才逃往魯國，所以《左傳杜預注》說木金父逃魯避難的理由是可以成立的。

木金父雖然是宋國公族之後，又是宋大司馬孔父嘉的兒子，家世顯赫，但落架的鳳凰不如雞，所以木金父這一系在魯國一直沒有混出來。一直傳到了木金父的玄孫，也就是叔梁紇這一代，情況依然沒有太大的改觀，但叔梁紇曾經與臧疇、臧賈等人率甲士三百與齊軍交過手，說明叔梁紇在魯國軍界有一定地位。

關於叔梁紇的婚姻情況，《孔子家語》記載的比較詳細，叔梁紇先娶了魯國的施氏女子為妻，結果老婆不爭氣，一連生了九個女兒，就是不見兒子。叔梁紇特別想要男孩子，又和自己身邊的小妾練了幾回攤，兒子倒是生出來了，就是孟皮，但孟皮卻是天生殘疾，有足疾。

叔梁紇是社會知名人士，有一定的家業，如果沒有一個兒子繼承，家業早晚會被劃進別人的戶頭上。妻妾指望不上了，叔梁紇只好再另覓佳偶，經人介紹，叔梁紇娶了顏氏的女兒顏徵在。

顏氏的社會地位並不高，所以當得到叔梁紇要與他們通婚時，顏家老爹興奮得直搓手，告訴三個女兒：「叔梁紇是卿大夫，父祖雖然只是魯國之士，但他們可是先聖（商朝王室）的後人，血統純正。我久知叔梁紇為人，身高十尺，武力絕倫，是人中之龍。雖然叔梁紇年齡有點老，脾氣有點壞，但成功人士有幾個不是滿臉褶子、霸道蠻橫？實話告訴你們姐仨，我就早想做他的老丈人了。現在人家主動找上門，是我們顏家的福分，你們現在給我表個態，誰願意嫁給這個糟老頭子？」

在三姐妹中，有兩個沉默不語，叔梁紇那麼老，還能活幾天，嫁給他還有什麼幸福可言？沉默就是反對，只有顏徵在表示願意從父之命，為顏家搏得一個美好未來。顏家老爹大喜，稱讚女兒：「我就早看出來你是最合適的。」吹吹打打過門之後，年幼的顏徵在便成了叔梁紇的妻子。顏徵在，就是孔子的生母。

有趣的是，《史記．孔子世家》在介紹叔梁紇和顏徵在結合時，用了「野合」這兩個字。如果單從字面上解釋，野合，就是在野外的荒郊野地上嘿咻，即所謂「野鴛鴦」。實際上並不這樣，「野合」是指叔梁紇與顏徵在的年齡差距實在太大，當時叔梁紇七十二歲，而顏徵在還不滿十五歲，典型的老牛吃嫩草。

叔梁紇求子心切，已經顧不得社會輿論的諷刺挖苦，生個大胖兒子給自己傳宗接代才是最重要的。在一個風雨交加的夜晚，隨著一聲嬰兒清脆的啼哭，這對老夫少妻的愛情結晶終於降臨人間。

孔子出生的地點在魯國的陬邑，即今天的山東省曲阜、泗水、鄒城三縣市交界處，這裡也是郕國第一個國都。陬邑位於沂水（今不存）上游北岸，往東不過二十里，就是沂水的發源地——尼丘山（今尼山）。孔子名丘字仲尼，就是源於這座風景秀麗的山丘。

按為《史記》作注的南宋文學家裴駰（裴松之之子）的說法，孔子並不是生在曲阜，而是生在鄒城，長大後遷往曲阜。「夫子生在鄒，長徙曲阜。」

叔梁紇為有了兒子而興奮，顏徵在也長長出了一口氣，終於生下了兒子，萬一生個女兒，老頭子是不會放過她的。但讓他們沒有想到的是，他們這個兒子，會對東方歷史產生空前絕後的影響，並成為中國歷史上為數不多的能在世界範圍內產生重大影響的超級偉人。

套用一句網路名言：「天空一聲巨響，孔夫子閃亮登場。」

關於孔子的出生年月日，歷來有幾種不同的說法。《史記》記載孔子生於魯襄公二十二年（西元前五五一年），《公羊傳》則說是魯襄公二十一年十月庚子日，而《穀梁傳》稱孔子生於魯襄公二十一年十一月庚子日。如果換算成西曆，孔子的生日也有兩種說法，一說是西元前五五二年十月九日，一說是西元前五五二年九月二十八日。

孔子姓什麼？從字面上講，自然姓孔，實際上孔子姓子。沒錯，孔子是商殷王朝的直系後人，宋國開國君主微子啟的弟弟微仲衍，就是孔子的第十五世祖先，而微仲衍的長兄，就是歷史上大名鼎鼎的暴君商紂王子受辛。

關於孔子的名字，《史記．孔子世家》交代得很清楚：「生而首上圩頂，故因名曰丘雲，字仲尼。」雖然孔子的正式名稱是孔丘，或稱孔仲尼，但為了行文方便，以下皆稱孔子。

其實顏家兩姐妹不願嫁給叔梁紇是有道理的，叔梁紇實在是太老了。在物質生活水準不高的二千五百年前，能活到七十多歲已經是高壽了，但也快到終點站了。果然，在孔家小兒子剛滿三歲的時候，七十五歲的叔梁紇就撇下了年僅十八歲的少妻和正在呀呀學語的兒子，撒手西去。

叔梁紇是家中的主心骨，而且他的社會地位也不是很高，所以，叔梁紇的死，對孔家的打擊幾乎是致命的。孔家的經濟來源成了很大的問題，生活水準急劇下降，所以《史記》說孔子「貧且賤」。

不過相對有利的是，孔子上面有九個姐姐和一個哥哥（孟皮），年齡應該比孔子大很多，在孔子出生之時，她們應該都嫁出去了，孟皮也成家立業了。顏徵在的負擔並不是很重，她只需要把丈夫的骨血撫養長大就可以了，雖然她的娘家也幫不上什麼忙。

顏徵在沒有改嫁，而是獨自一個人撫養兒子，孤兒寡母過早的體會到了生存的艱難。對於顏徵在這個女人，歷史著墨並不多，但從她對孔子的教育來看，她應該具有相當的文化水準，至少有能力對孔子進行幼兒早期教育。或者她知道知識對人成長的重要性，讓孔子從小就接受正規的學前教育。

魯國是周公姬旦的封地，學術氛圍濃厚，被稱譽為「文獻舊邦」，以至於「士大夫以及野老村童，皆習禮儀」，孔子在這樣的環境中薰陶，對他日後能成為學術一代偉人奠定了最堅實的基礎。

有一個證明就是，在孔子六歲時，他經常做一種遊戲，就是把家裡擺放的俎豆（木製祭器）放在地上，年幼的孔子有模有樣的對著俎豆做拜祭狀。如果沒有好的學習環境，很難像有些學者所說孔子陳俎豆是「好禮出於天性」。

後世有人指責孔子虛偽，特別是那句「孝悌也者，其為仁之本與」，孔子認為為人孝敬父母，友愛兄弟，這是仁之根本。在孔子的思想體系中，「孝」是與「仁」並列的，無孝則無仁，孔子並非人前說人話，鬼前說鬼話，他是這麼說的，也是這麼做的。

孔子從小就失去了父愛，在他十七歲（一說是二十四歲）的時候，母親顏徵在也耗盡了她的最後一滴心血，撒手西歸。因為在叔梁紇去世的時候，顏徵在作為寡婦，沒有參加葬禮，所以她不知道叔梁紇具體埋在什麼地方，只知道埋在防山（今曲阜東二十五里）附近。

父先死而母後亡，除非是特別的原因，是一定要將父母合葬的，否則便是不孝。孔子不敢把母親的遺體隨便找個地方埋了，只能將靈柩停在路邊，四處打聽父親的墳頭。陬邑人輓父的母親知道叔梁紇葬在什麼地方，把地址告訴孔子，孔子才風光體面的把母親葬在父親身邊。

當辦完顏徵在的喪事後，有細心的人發現，腰間還繫著孝麻的孔丘已經出落成一位標準的美男子。也許是基因遺傳，叔梁紇身高十尺，孔子繼承了父親的優良基因，根據《史記．孔子世家》的說法，孔子身高九尺二寸。如果按春秋時的尺寸標準換算的話，孔子身高約有兩米至兩米一之間，這是一個讓後人感覺到不可思議的身高。這個身高在現在足可以在NBA撈飯吃了，所以孔子在江湖上有個綽號——長人。對於孔子的身高，《史記》說「人皆謂『長人』而異之」，說明當時像叔梁紇、孔丘父子這樣的身高是異數，不能作為春秋人都身高兩米的依據。

孔子從沒想到靠自己的身高吃飯，此時的孔子已經是聞名於鄉間的學者。而且還有一點，自父親叔梁紇死後，孔子家境一落千丈，不過孔子畢竟是聖人商湯之後，標準的貴族出身，加上叔梁紇在魯國官場積累的一定人脈，所以孔子在江湖上還有一定的知名度。

雖然貴族身分暫時還沒有幫助孔子擺脫貧困，但至少可以在社會中下層尋找到自己的崇拜者。在孔子十九歲的時候，不清楚是通過什麼管道，孔子認識了來自宋國的女人亓官氏，二人很快就辦理了結婚手續。

亓官氏的身分背景，史料無考，只有《孔子家語．本姓解》有力無力地的給了一句：「孔子年十九，娶於宋之亓官氏。」這是亓官氏在史料上唯一一次出場，之後再也找不到有關於這個神祕女人的任何蹤跡。不過就在第二年，亓官氏為丈夫生下了一個大胖小子，就是孔子唯一的兒子孔鯉。

關於孔鯉的名字，有必要多說幾句。《孔子家語·本姓解》記載了魯昭公姬稠給孔子的兒子賜名，但此事在歷史上爭議比較大，因為這涉及了孔子到底是什麼時候進入魯國官場。孔鯉出生的這一年（西元前五三二年），孔子二十歲，而高高在上的魯昭公居然會給足孔子面子，送來一條大鯉魚做為賀禮。出於對魯昭公的尊敬，孔子給兒子起名叫孔鯉，字伯魚。

問題就出在這裡，魯昭公為什麼要給還沒有進入官場的孔子送禮，能想像皇帝給秀才送禮麼？清人崔述就持這一觀點。近人江竹虛在《孔子事蹟考》中提出了比較另類的不同看法，江竹虛認為這條鯉魚很有可能不是魯昭公送的，而是孔子的親友送的，是後人為了抬高孔子的身價，拉魯昭公出場走秀的。

綜合來看，魯昭公給孔子送魚，實際可能是存在的。有這麼一個細節，孔子十七歲時，魯國大夫孟釐子在病死前，經常給兒子孟懿子談過孔子，甚至對孔子的家世瞭若指掌，並讓兒子拜孔子為師，「學禮」。

孟釐子是魯國高官，他對孔子如此高看，是完全有可能在私下場合向魯昭公推薦過孔子的，所以魯昭公知道孔子其人是很正常的。另外還有一點，孔子的父親叔梁紇是魯襄公時代的武將，而昭公又是襄公之子，魯昭公有很多機會能接觸到叔梁紇，或聽父親襄公稱讚過叔梁紇。魯國官場並不大，哪個大臣家中有什麼情況，在官場上是掖不住的，魯昭公器重孔子，賜魚，是符合邏輯的。

魯昭公給足了孔子面子，卻沒有給孔子任何有關仕途的承諾，至少孔子在官場上謀到的第一份差事不是魯昭公給的，而是在魯國大族季氏門下做了一名委吏。《孟子·萬章下》對此事有記載，所謂委吏，其實就是季氏門下的糧草官，相當於倉庫保管科長，替季家管錢糧的。

三五、孔子絕世傳奇

接著講孔子。

歷史上有兩個偉大人物曾經做過糧草官，一個是孔子，志在於學，一個就是韓信，志在於天下。歷史安排他們從保管倉庫做起，確實有些荒謬，他們豈是津津於如此瑣碎事情的人。韓信一心要做大將軍，對糧草官毫無興趣，而孔子則腳踏實地，在這個崗位上混過一段時間。

孔子曾經總結過自己對倉庫保管工作的心得，「幹這一行，一定要心細如髮，不能在數字上出問題。」之後孔子又做過一段時間的「弼馬溫」（司職吏），替季家管理牛羊。

孔子似乎對這樣的基層工作很有興趣，無論是做糧草官，還是做牛羊官，他都把自身的管理價值最大化。做委吏，「料量平」；做司職吏，「畜蕃息」。有後人指責孔子是個讀死書的書呆子，不了解社會，不接地氣，實際上這是誤解。

正如孔子自己所說：「吾少也賤，故多能鄙事。」正因為孔子年輕時家境貧寒，不得不在社會底層找工作謀生，這反而對孔子全面了解社會起到至關重要的作用。做人要腳踏實地，一步一腳印，只要工作努力，總會有升遷機會的。

由於《史記．孔子世家》對孔子早期的活動順序記載的相當混亂，而且語焉不詳，不清楚孔子是何時升任比「委吏」、「司職吏」更高級別的司空的。司空是周朝六官之一，管理範圍非常大，包括農業、林業、城建、交通，幾乎掌管著政權賴以維繫的經濟命脈。

不過以孔子的官場地位，不太可能從司職吏一躍成為大司空的，這樣的肥差，官老爺們早就自己霸佔了，怎麼會讓剛在官場展露頭角的孔子來做？從邏輯上講不通。後人猜測孔子可能確實在司空部門工作過，但不是經濟主官，而是副職，即通常所說的小司空。

以上三個職務都是經濟官員，但在此之外，孔子還做過文化官員，具體職務是在魯國的太廟助祭。《論語．八佾》說孔子經常進入太廟活動，與別人進行業務探討。太廟可不是等閒人物隨便進入的，孔子有資格進太廟，說明孔子的工作和太廟有密切關係。南宋朱熹在《論語集注》也提到這件事情，說「此蓋孔子始仕之時，入而助祭也。」

應該說，在文化教育部門工作是比較適合孔子的志向和性格的，孔子曾經說過：「吾十五志於學」，說明孔子很早就有了投身文化教育事業的想法。而且孔子的性格並非後人所臆想的那般庸猾，而是性烈如火，品性剛直，他是看不慣迎來送往、點頭哈腰的衙門作風的。

努力總會有回報，孔子用了十幾年的時間，基本上在文化教育界打開了局面。。「十五志於學，三十而立」，在孔子三十歲（西元前五二二年）前後，他已經是名滿齊魯大地的公共知識份子了，算是魯國文化教育界執大旗的人物。

孔子的知名度已經不限於魯國，諸侯都知道魯國有一個名叫孔丘的高級知識份子。西元前五二二年，一代名君齊景公姜杵臼和一代名相晏嬰率龐大的代表團出訪魯國，增強齊魯兩國的睦鄰友好關係。按政治級別，孔子不會出現在魯國接待齊國元首的名單中，但作為文化名人，孔子還是得到了姜杵臼的接見。

春秋時代是中國歷史上少有的國界開放時期，雖然諸國林立，但諸國之間的政治、經濟、文化往來頻繁，人員進進出出，而不是「雞犬之聲相聞，老死不相往來」。各國均採取新聞放開政策，所以一國發生什麼事件，其他國家很快就能知道，這也促進了各國之間的交流，為日後中原思想統一奠定了基礎。

孔子也受益於這種新聞開放，他雖然身居魯，卻對天下事瞭若指掌。許多魯國之外的重要人物，比如管仲、姜小白、晏嬰、趙盾、子產等人，都被孔子拿來品頭論足。

其中孔子對管仲和子產的評價是極高的，對於管仲輔佐姜小白九合諸侯，一匡天下，孔子從民族大義的角度稱讚管仲：「微管仲，吾其被髮左衽矣。」至於子產，孔子也不吝筆墨，把子產吹的天上有，地上無，一代治政楷模，不過子產都當之無愧，具體內容將在《子產篇》中詳解。

孔子不僅能風聞各國頂尖人物，更重要的，他有機會離開魯國，去各國遊歷講學，這也拜諸國實行開放政策所賜。孔子遊歷天下，見過許多人中龍鳳，但其中有一個人物，其身後的社會影響絲毫不遜於孔子，也是中國少數的世界級名人，這個人就是老子（李耳）。因篇幅所限，孔子見老子的事情，將放在《老子篇》進行詳解，在此略過。

這次孔子去東周見老子，並非個人行為，而是受魯昭公差遣的半官方行為，具體推薦人是魯國大夫南宮敬叔。孔子應該以是魯國文化交流大使的身分去東周的，所以魯昭公資助了孔子的路費，包括一乘車、兩匹馬，外加一個僕從。孔子並非一個人單獨前往，而是帶著幾個學生，比如顏回、子路等人，算是一個小型的訪問團。

魯昭公對孔子是非常敬重的，如果從派系上來講，孔子是魯昭公的嫡系人馬，但此時的魯昭公已經無法對魯國的權力進行有效控制了。當時的魯國官場有三大門派，史稱「三桓」：一、季孫任司徒兼宗宰，二、叔孫任司馬兼宗伯，孟孫任司空兼司寇，實行「三權分立」。特別是季孫家族，幾乎控制著魯國官場的半壁江山，魯昭公已經被架空成了「精神領袖」，這也是孔子在官場上的地位遲遲得不到升遷的重要原因之一。

雖然魯昭公手上也有一支自己的部隊，但整體實力遠不如季孫氏，更何況季孫氏已經和另外兩家結成了攻守同盟，魯昭公根本看不到勝利的希望。手下大臣勸魯昭公不要拿雞蛋往石頭碰，過程很華麗，結果很難看。

魯昭公不甘心最高權力被人所奪，準備對這些權臣動手。但魯昭公卻忽略了兩個問題，一是叔孫、孟孫是不會坐等季孫倒掉的，否則等著吃刀頭麵的就是他們兩家。二、魯昭公軍隊對國君的忠誠度。

事實證明了魯昭公在這兩點上的疏忽導致了他除奸計劃的慘敗，叔孫的軍隊在魯昭公背後狠插一刀，孟孫的軍隊也跑來打了兩桶油。更讓魯昭公無法接受的是，自己的軍隊居然毫無鬥志，面對強敵，一哄而散，大臣郈昭伯被孟孫所殺。

魯國已經沒有辦法再待下去了，魯昭公唯一能逃亡避難的地方，只能是相近的齊國。齊景公對魯昭公還算客氣，以國禮待之，魯昭公雖然失去了魯公的尊貴地位，但至少可以在齊國當個寓公，總比被那三個賊人做掉要好。這一年是魯昭公在位的第二十五年九月，也就是西元前五一七年，距離孔子離周還魯，只有一年。

對孔子有知遇之恩的魯昭公逃往齊國，孔子緊接著就要面臨一個現實的問題，他是留在魯國當炮灰，還是跟著魯昭公去齊國。留下來肯定是不行的，三家都是追名逐利之徒，孔子在這種人手下做事，別說做出一番事業，腦袋哪天被借走都不知道。

特別是季孫氏，僭用天子八佾舞，被孔子一頓臭罵：「八佾舞於庭，是可忍也，孰不可忍也」，說的就是季孫氏。和季孫的樑子已經結下，留下來會有孔子的好果子吃麼？所以現在來看，追隨魯昭公入齊是比較划算的，如果魯昭公有朝一日能回到魯國執政，孔子作為扈從大臣，自然可以分到一塊大餅。

魯國在齊國之南，孔子從魯至齊，就必須經過泰山，而孔子一行在泰山南側的荒效野地遇到了一位哭祭丈夫的婦人，從而引出了孔子一段著名的論斷「苛政猛於虎」。兩千五百多年前，泰山周圍老虎成堆，所以老虎傷人事件層出不窮，這位女人的舅舅、丈夫和兒子都被老虎咬死。

孔子派學生子貢問這個婦人：「既然老虎傷人，你不何離開泰山以避虎患？」婦人的回答讓人心酸：「此地雖有虎，但無苛暴之政。」子貢回來告訴孔子，孔子歎道：「苛政猛於暴虎」。

雖然後人懷疑孔子在泰山說「苛政猛於虎」於史無據，因為只有《孔子家語．正論解》記載了這件事情，但這句話可以確定是孔子所說，這是最重要的。孔子出身於社會中下層，在基層工作過，了解民間疾苦。雖然孔子是舉世聞名的教育家、思想家，其實他還是一個著名的社會活動家，他周遊列國的目的，一方面是傳經授道，另一方面也是進行社會調查，為自己的理論尋找現實依據。

歷史上曾經存在過兩個孔子，一個是真實的、具有真性情的、悲天憫人、嫉惡如仇、甚至有老頑童本色的可愛孔子，一個是面目莊嚴、呆板教條、供在廟裡給人朝拜的孔子。前一個孔子是真的，後一個孔子其實是後人根據自己的統治需要而打造出來的人造偶像，和孔子本人沒有關係。

孔子是一個偉大的理想主義者，他希望能用公平與正義改變這個人吃人的世界，至少要有一定程度上的糾偏。但當孔子面對權貴集團時才發現所有人都成了他的敵人，他什麼都改變不了。孔子逃避於異國，在齊國沒有人脈交情，如何在齊國生存下來，對孔子來說是最重要的。不要指望魯昭公，他自己也是寄人籬下，根本給不了孔子任何實惠。

為了活下來，孔子不惜自降身分，以堂堂著名社會學家的身分在齊國高昭子家中做了一段時間的家臣。家臣，說好聽些就是高昭子身邊的工作人員，說不好的，就是家丁。

孔子為人豁達，能進能退，他並沒有覺得給人做家臣是自己人生中的污點，但在後世，儒家的忠實信徒們卻紛紛替孔子洗白，說《史記．孔子世家》記載的這件事情是無中生有，降低了孔子做為先聖的尊貴身分，這就有些滑稽了。

其實孔子作為社會文化名流，雖然經濟有些窘迫，但至少孔子還是有機會與齊國高層接觸的，比如齊景公姜杵臼問政於孔子。《論語．顏淵》記載了姜杵臼與孔子之間的一段著名對話，原文如下：

齊景公問政於孔子，孔子對曰：君君、臣臣、父父、子子。」公曰：「善哉！信如君不君，臣不臣，父不父，子不子，雖有粟，吾得而食諸？」

這是孔子留傳下來的觀點中，在後世遭到最嚴厲批判的名句之一，後人經常把孔子的這句名言理解為維護封建綱常，這樣理解也未必有錯。不過人們批判的主要是「君君臣臣」，而不是「父父子子」，君臣綱常是維持封建統治的社會基礎，作為一個封建禮教的維護者，孔子是自然要維護這種社會等級體制的。

至於孟子提出「民為貴，社稷為輕，君次之」，也不要否定君主機制，而是要求君主要以民的利益訴求為自己的利益訴求。孔子所說的「君君臣臣」，其實也是這個意思，孔子與孟子關於

「仁」的內核是相通的，並不矛盾。

而且還有更重要的一點，就是孔子說這句話的時代背景。此時的齊景公執政晚期，內政混亂，君臣各懷鬼胎，兒子們密謀奪權。孔子實際上是在通過與齊景公的對話，警告齊國各派勢力不要玩火，否則將再次上演齊桓公的悲劇。

對於齊國的經濟政策，孔子也進行委婉的批評，孔子認為為政之道，除了君臣父子之外，更要注重「節財」。齊景公生活奢華，揮霍無度，給老百姓造成了很大的經濟負擔，從而影響了齊國的社會穩定。

孔子在魯國一直得不到重用，反而是在齊國出盡了鋒頭，幾乎成了齊景公的大國師，凡事必諮問，而那位著名的齊國宰相晏嬰似乎並不歡迎孔子的到來。至於原因，很好理解，沒人歡迎一個來自國外的流浪漢搶自己的鐵飯碗。孔子在齊國政壇大放異彩，得到了齊景公的賞識，齊景公準備重用孔子，把尼谿的肥田封給孔子。如果孔子能受封，這將意味著他在齊國站穩腳跟，這對晏嬰幾乎是毀滅性的打擊。晏嬰是賢相，但人總會有一點自私的，自己的地位受到威脅，換了誰也不會無動於衷，就像王猛看到苻堅重用慕容垂同樣會吃醋一樣。

不出意外，晏嬰開始了對孔子的大肆攻擊，他向齊景公指控以孔子為代表的儒家犯有三條大罪：一、儒者倨傲自順，不堪為人臣之下；二、儒者重死不重生，崇尚厚葬，破壞純厚的社會風俗；三、儒者不務正業，滿世界流竄，靠三寸不爛之舌到處混飯吃，破壞國家穩定。

晏子倒沒有完全否定孔子，只是說孔子不適合從政，因為孔子太注重人與人之間的禮數，當個教育家沒問題，當政治家差了點。其實晏嬰說了這麼多，最後一句才是晏嬰的真實想法——將孔子踢出齊國政壇。

晏嬰是齊景公的左膀右臂，少了晏嬰，齊景公什麼事也做不成，就相當管仲之於齊桓公。晏嬰直吐酸泡泡，齊景公當然不會因為孔子這個外國學者而得罪晏嬰，齊景公對孔子的態度也漸漸冷淡了下來，但還是給予孔子一定的政治待遇，相當於魯國的季孫之下，孟孫之上的待遇。

不過這可能是齊景公為了不背負「慢賢」的罪名而故意放出的煙霧彈，之後有位齊國的大夫想加害孔子，被孔子告到齊景公，想讓齊景公給自己主持公道。沒想到齊景公說什麼「我已經老了，不能再重用夫子。」言下之意，齊國已經沒有孔子的立足之地，而且你的人身安全我也無法保證，你自求多福吧。

孔子應該是有長期留在齊國從政的打算，但齊國突然來這麼一手，孔子極為憤怒，對齊景公和晏嬰破口大罵，而不是後人臆想中的逆來順受，那並不是孔子真實的性格。《墨子．非儒篇》記載，孔子對齊景公、晏嬰無禮行為的反應是「恚怒」，當場拂袖而去，回到魯國。

關於孔子受辱於齊，《墨子》的記載最為詳盡，但後世儒家普遍不相信《墨子》的記載，認為這是墨家對孔子的栽贓抹黑，不足採信。但司馬遷並不是墨家，他是儒家，而他在《史記．孔子世家》中也記載了孔子受辱於齊的事情，只不過沒有《墨子》那麼詳細，說明這件事情大致上還是可信的。

孔子失去了一次在齊國伸展政治抱負的機會，但失之東隅，收之桑榆，孔子在政治上暫時受挫，卻有利於孔子在另一個層面上成為聖人，就是孔子最喜歡，也是最擅長的教育事業。

自魯昭公被驅逐入齊之後，魯國政壇混亂不堪，雞毛亂飛，這根本不是一個合適的執政土壤。西元前五一〇年，魯昭公客死於齊地乾侯，魯人立昭公的弟弟姬宋為國君，就是魯定公。

魯國的政治形勢是君弱臣強，甚至可以說是主弱僕強。因為此時號稱魯國政壇第一人，不僅不是魯定公，居然也不是季孫氏，而是原季孫氏的家臣陽貨（《史記》記為「陽虎」，也有一說是名虎，字貨）。陽貨趁季平子去世，幼主弱小的時候，陰謀篡奪了季氏權力，從而控制魯國朝政。

以孔子的智商，他絕對不會選擇這個時候重回政壇，高層正在為了權力進行血腥殺戮，孔子犯不著出頭給人當替死鬼。陽貨為了給自己的專權蒙上一層文化的面紗，就像袁世凱想拉章太炎入夥一樣。陽貨三番五次想拉孔子入夥，都被孔子謝絕了，不過孔子卻收下了陽貨送給他的一頭蒸豬。《論語．陽貨篇》對孔子與陽貨的這段糾纏有詳細記載，孔子收下蒸豬後，即不想給外人留下他已經和陽貨結盟的印象，又不想見到陽貨，便趁陽貨外出時去他家致謝。沒想到在半路遇到了陽貨，二人展開了一場針鋒相對的對話。

陽貨還是對孔子拒絕出山為他效力不死心，想再勸孔子入夥，但陽貨比較了解孔子的性格，這個渾身炸刺的老頭子順毛捋不行，只能用激將法了。陽貨問了孔子兩個問題，一是「身懷大才而看坐國家迷亂，可謂仁乎？」孔子說不仁；二是「夫子久有橫平天下之志，卻屢次放棄出仕的機會，可謂智乎？」孔子說不智。

看到孔子頻頻點頭，陽貨真以為孔子動了心，勸孔子迷途知返：「日月逝矣，歲不我與，夫子跟著我走吧，」結果被孔子當頭一棒砸了回去，孔子揮一揮衣袖，曰：「走你！你說的都正確，但我已經下決心致仕了，你另找高人吧。」

孔子拒絕陽貨，理由很充分，但孔子為什麼之前要收下陽貨送來的蒸豬？孔子不是不知道，一旦陽貨被打倒，如果孔子在官場上的敵人拿這件事情做文章，孔子跳進黃海也洗不清了。

孔子收下陽貨送來的蒸豬，歷來有許多解釋，有一種比較合理的解釋是，孔子還不想斷絕與陽貨的關係，至少不想徹底得罪手握生殺大權的陽貨。孔子在魯國講學，就必須和權臣打好交道，否則陽貨天天派馬仔來學堂搗亂，孔子什麼事都別想幹了。

其實孔子並非趨炎附勢之徒，他的品行非常高尚，只是人活在世上，不能為了清高而清高，總是要面對現實的。即使是桃李滿天下的大學者，有時為了生存向強權低下頭，也不會影響他在世人中的良好形象。

孔子是教育家，思想家，但往往被後人忽略的是，孔子也是一位非常有遠見的政治家，至少孔子會做出對自己有利的政治選擇。在拒絕出山為陽貨效力這件事上，孔子並沒有做錯，孔子的考慮主要有兩點：

一、陽貨本是季氏家臣，卻廢主自立，與孔子的政治理念嚴重衝突。如果孔子貪一時之小利上了陽貨的賊船，這將孔子一生中難以洗清的污點。

二、陽貨得位不正，在官場上得罪人太多，難說陽貨的專權能撐到什麼時候。孔子如果和陽貨綁在一起，陽貨要是倒了，孔子還能在魯國混下去嗎？

陽貨獨吞整個蛋糕，官場中人沒有不恨他的。更讓大多數人憤怒的是，陽貨不僅獨吞蛋糕，甚至還要對威脅陽貨地位的人斬盡殺絕，這就觸犯了大多數人的底線。

事情的起因是陽貨想殺掉季孫、叔孫、孟孫三家的正牌後裔，改立聽命於陽貨的庶子。這三家貴族雖然實力大減，但還是有一定自衛能力，在西元前五〇二年十月，以季孫氏為首，三家聯合進攻陽貨，將陽貨逐出曲阜，陽貨狼狽逃到曲阜東北的陽關避難。

陽貨在魯國專政，利益受損的不僅是三家貴族，還包括已經忍了八年的魯定公姬宋。魯定公一直在等待機會恢復公族的統治地位，現在陽貨被三家打跑，正是魯定公鹹魚翻身的絕佳機會。在第二年（西元前五〇一年）夏六月，魯定公集結自己的軍隊，對躲在陽關的陽貨發起總攻，陽貨完全沒有了往日的威風，被官軍打得鼻青臉腫，逃到齊國避難去了。

陽貨被打倒，三桓勢力也日落西山，雖然魯國依然面臨著君弱臣強的問題，但魯定公在一定程度上收復了最高權力，這對蟄伏已久的孔子是非常有利的。魯定公本人很欣賞孔子，特別是孔子拒絕為陽貨效力，讓魯定公看到了孔子對魯國公室的忠誠度，這應該是魯定公決定邀請孔子出山的重要原因。

當然，以孔子在文化界的特殊地位，把孔子拉在自己的旗下，有利於魯定公提高自己的政治形象，這也是當初陽貨想做而沒有做到的。而孔子選擇魯定公，主要還是出於正統觀念，陽貨再強也只是陪臣，名不正言不順，這有些類似於諸葛亮沒有選擇曹操而選擇劉備，也是出於這層考慮。

孔子做的第一個官是中都宰，時間是西元前五〇〇年，這一年孔子五十二歲。中都宰這個職務相當於兩漢時期的司隸校尉，也就是現在的首都市長，算是官場準一線人物。《孔子家語》第一篇《相魯》，開篇講的就是孔子出任中都宰後做出的政績，成績相當不錯，這足以證明孔子並不是個酸文人，他的政治能力同樣不能忽略。

在五十知天命之年，孔子的儒家思想體系已經基本成熟，他所需要的，是一塊能推行自己政治思想的試驗田，中都宰官位不算高，但有實權，是地方一把手，何況還有魯定公的支持。魯定公讓孔子出任中都宰，大概也有讓孔子進行改革試驗的意思。

孔子在中都宰的任上主要做了以下幾件事情：

一、讓老百姓活得有尊嚴，死得也有尊嚴，即制定「養生送死之節」。

二、制定老幼有別的飲食標準。

三、任人唯賢，能力強的人可以獲得更多的發展空間，即「強弱異任」。

四、男女授受不親，這對維護封建道德體系來說非常重要。

五、提倡節儉，禁止在器物上雕琢華文。

六、禁止修建豪華墓地，並在墓地周邊種樹。

孔子在上任之初燒了六把火，政治影響非常大，在「六條新政」實行一年後，各國諸侯都對孔子新政大加讚賞，並在國內推行孔子新政。孔子在出仕之前是以文化教育聞名於諸國，在政治上，孔子並沒有得到認可，而自各國推行孔子新政後，這對孔子仕途所產生的正面影響是無可估量的。

孔子在官場上交出了漂亮的成績單，他自己也信心滿懷，魯定公曾經問他：「老夫子的新政，是否可以在魯國全面推行？」孔子回答得很霸氣：「在天下各國推行都不成問題，何況在魯國！」

魯定公之所以這麼問孔子，用意非常明顯，就是要提拔孔子擔任更重要的職務。孔子擔任的中都宰屬於地方官編制，魯定公要做的，就是把孔子上調至朝廷。

第二年（西元前四九九年），孔子從地方官變成了中央大員，出任司空，相當於主管農業的內閣副總理。孔子在司空任上只做了一件事情，就是將魯國的土地進行分類，即「五土之性」。

所謂五土，是指除了耕地之外的山林、丘陵、沼澤、川澤、高地，孔子將五種不同的土地形態嚴格區分，然後在此基礎上發展特色農業，即「物各所其所生之宜」。現在我們經常講「因地制宜發展農業」，向大自然要效益，其實孔子早在二千五百年前就已經開始做了。

孔子在司空的位子上坐了一段時間，魯定公很快又給孔子安排了新的工作——司寇，司寇主管司法工作，相當於現在主管政法口的內閣副總理。春秋時代的司寇分有大司寇和小司寇，而歷代有兩種觀點，一種認為孔子出任的是大司寇，司馬遷即持此說。一種認為孔子出任的是小司寇，即沒有副總理頭銜的司法部長。

不過根據《孔子家語．始誅篇》的記載，孔子在出任司寇時，同時還出任魯國看守內閣的首相，「孔子為魯司寇，攝行相事」。司馬遷認為孔子以大司寇入攝宰相事，是在幾年之後的魯定公十四年（西元前四九六年）。從時間上來推斷，孔子司空的任期應該不會太短，二三年的時間應該是有的，這就能解釋孔子直接從司空任上接任大司寇並攝宰相事。

司馬遷的記載應該有誤，而《春秋穀梁傳．定公十年》則有這麼一段記載，「夾谷之會，孔子相焉」。這個相並非宰相職務，而是在特定場合擔任的魯國全權代表。說明孔子在此時已經具備了代理宰相的實權，所以《始誅篇》所說的孔子任司寇並攝相事大致是可信的。

孔子在司寇任上，做了許多事情，下面只著重講兩件事情。一件是著名的齊魯夾谷之會，孔子逼退齊人，力保魯定公的人身安全，一件是極具爭議的孔子殺少正卯事件，先講夾谷之會。

夾谷之會發生於西元前五〇〇年，與會是的齊景公姜杵臼和魯定公姬宋，地點位於今山東的萊蕪與新泰之間。春秋時，各國君主為了各自的政治目的，頻繁會面，互結盟友，這是很正常的。魯定公也急於搞好與齊國的外交關係，收到邀請帖之後，魯定公立刻輕車往從，卻被孔子攔住了。

孔子很善意的提醒魯定公，從文事者必有武備，從武事者必有文備，齊人詭詐，不可不防。我們應該帶上甲兵，萬一姜杵臼對我們起了歹心，我們也有個迴旋的餘地。害人之心不可有，防人之心不可無，孔子對齊景公還是有一定了解的，此君一心要學齊桓公稱霸天下，什麼事情都能做得出來。

其實孔子所不知道的是，這場夾谷之會，齊景公真正的目的並不是魯定公，而就是孔子本人。根據《史記．太公世家》的記載，孔子出任魯國司寇，對齊國君臣造成了很大的精神壓力，齊景公知道孔子的本事，一旦讓孔子在魯國全面執政，魯必強而齊必弱，所以齊景公要想辦法打掉孔子。

齊大夫犁鉏給齊景公出了一個餿主意：假借開會之名，把魯定公和孔子都請過來，然後派出生性粗悍的萊夷登場跳舞，伺機拿下魯定公，製造魯國混亂，從而讓孔子無用武之地，齊景公喜而從之。

說到這場充斥著陰謀的夾谷之會，就不能不提及戰國時期那場著名的秦趙澠池之會，藺相如幾乎以一人之力，在虎狼秦兵的刀戟下捍衛趙國的國家尊嚴，將霸氣的秦昭襄王逼得狼狽不堪，從而一舉成名天下知。

孔子在夾谷之會前就已經名揚天下，但時人對孔子的了解主要是文化和政治方面，對孔子的性格卻不甚了解。沒人想得到，表面上溫文爾雅的孔夫子，骨子裡卻有一股剛狠之氣。

如果沒有孔子的及時安排，齊人的計畫將會非常完美，等魯定公一登壇，齊兵立刻拿下魯君，一切都結束了。齊景公可能也沒想到魯定公此來，會帶這麼多兵馬，但齊景公還有第二招，就是暗令萊夷上場擊鼓。這支所謂的齊國樂隊打著旗子，頭戴羽冠，身上圍著皮裙，手中揮舞著矛戟劍刀，亂哄哄的搶上臺，場面非常駭人。

這群「項莊」在臺上舞劍，自然是衝著「劉邦」去的，而「劉邦」身邊的樊噲，就是孔子。臺上群魔亂舞，對魯定公的人身安全構成了極大的威脅，孔子已經看清齊景公要做什麼了，如果魯定公被殺，魯國必將大亂，到時自己的治國理想將無情的破滅。所以即使為了自己的利益，他都必須站出來說話。

孔子懂得一個道理，如果讓敵人聽進去自己的話，就必須要有一定的實力做後盾，否則誰聽你的？孔子從魯國帶來的三百甲兵起到了關鍵的作用，在孔子的強力指揮下，魯國親衛部隊擁上壇子，強行拽走魯定公，剩下孔子一人，站在壇上和齊人鬥嘴，爭取道義上的勝利。

其實自魯兵上壇之後，齊景公的劫持計畫就已經失敗，再加上被孔子好一頓數落，齊景公的臉上很掛不住。不過孔子還是給齊景公留了一點面子，沒有戳穿他的陰謀，只是說兩國國君會談，用夷人為樂，於禮不當，請罷樂，齊景公理屈詞窮，只好垂頭喪氣的照辦。

齊景公估計是老糊塗了，眼前的形勢已經對他非常不利了，他還是不死心，至少也要羞臊一下孔子，一舒心中的悶氣。齊景公又做了一件事情——讓從齊國帶來的優伶侏儒們上臺，在悠哉遊哉的齊國宮廷樂的伴奏下，這些戲子在孔子面前搖頭晃屁股，美其名曰弘揚高雅藝術，醜態百出。

齊景公認為孔子骨子裡只個文人，面對這樣的羞辱，最多也就是說幾句不疼不癢的風涼話。但讓齊景公，以及在場所有人意外的是，孔子只說了一句話，「匹夫熒侮諸侯者，罪應誅，請右司馬速刑焉。」

還沒等齊人反應過來，虎狼似的魯兵已經衝上來，對著這群還沉浸在高雅藝術中的齊國藝術家一通亂砍，血肉橫飛，估計鮮血濺了齊景公一臉，現場慘叫聲如雷貫耳⋯⋯

這就是孔子的手段！

不用霹靂手段，不顯菩薩心腸。如果換成別人站在臺上，可能會指責齊景公對魯國不敬，齊景公早就不要臉了，還在乎挨幾句罵？但孔子突然來這麼強硬的一手，卻把齊景公鎮住了，至少孔子有意無意向齊景公發出警告：真要這麼玩下去，今天我們誰都別想走，大不了拼個魚死網破！

現場的齊魯兵力應該相差不多，真要進行火拼，難說齊景公能全身而退。好漢不吃眼前虧，孔子是光腳的不怕穿鞋的，齊景公可不陪這個瘋子一起完蛋。在孔子的「淫威」之下，齊景公只能服軟，雙方簽訂了一個對齊國來說非常不平等的條約。

當年陽貨逃入齊國，給齊景公帶了一份見面禮，即將原屬魯國鄆、讙、龜陰三地獻給齊國。而此次齊魯夾谷之會，應該就與此事有關，但以齊國的國力，在正常情況下，齊景公不會將這三塊肥肉吐出來。只是經孔子這麼一鬧，齊景公手上已經沒牌可打了，只好不甘心地將三地還給魯國。

所有人原以為在這場夾谷之會中，齊景公和魯定公是兩大主角，結果被配角孔子搶盡了鋒頭，獨佔戲份，兩位國君倒成了跑龍套的臨時演員。魯定公本來就要重用孔子，孔子出鋒頭，對他繼續重用孔子提供了現實依據。

最虧的還是齊景公，好端端的一場大戲演砸了，齊國和他本人的形象被嚴重影響。其實還有一個人更是在孔子的間接對抗中慘敗，就是給齊景公出主意的齊大夫犁鉏。犁鉏認定孔子「知禮而無勇」，所以在制定計劃的時候，完全沒有考慮孔子的因素。結果孔子一個巴掌狠狠的扇在犁鉏的老臉上，犁鉏被抽的眼冒金星，想必齊景公回到臨淄後，少不了臭罵犁大夫。

這次夾谷之會力屈齊景公，是孔子從政生涯中極為輝煌的一場大勝利，體現的是孔子的機智勇敢。雖然有些學者質疑孔子在夾谷之會的英雄表現的真實性，理由也似乎很充分，但《左傳》、《穀梁傳》、《孔子家語》、《史記》都詳細記載了此事，不應該是虛構出來的。

孔子不是聖人，他的那些觀點未必都正確，但孔子至少是一個英雄。歷史上真實的孔子其實是有脾氣的，而不是被後人嚴重神化的那個不苟言笑的道學先生，真實的孔子有缺點，但這樣的孔子才值得後人尊敬。

講完了孔子在夾谷之會力屈齊景公的事情，再來講一講另外一件轟動歷史的大事件，即發生在西元前四九六年的孔子殺少正卯事件。

我們都知道孔子是偉大的教育學家，自從歸魯之後，孔子一向以教育為業，開館授徒，場子鋪得非常大。但話回來，有人的地方就會有競爭，而孔子在教育行業面臨的最大對手，就是時任魯國大夫的少正卯。換句話說，孔子是用最簡單的暴力手段消滅了自己的最大競爭對手。

春秋時的孔子雖然也是一線名流，但還沒有混到像後世那種唯我獨尊的地位，至少孔子能做的，會做的，少正卯都在做，而且成績與孔子相當。眾所周知，孔子的經濟條件一般，但自從開壇講學後，孔子可以收學生交的學費，這幾乎是孔子經濟收入的大頭。

孔子收學生，每人要收十條臘肉，孔子號稱門徒三千，三萬條臘肉……另外，孔子還有一個進錢的的門路，就是對外接辦白事。誰家要辦喪事，都要找些社會名流來撐面子，孔子是魯國文壇大宗師，能請來孔子，自然少不了要給孔子一些辛苦錢。

任何一個行業的經營者都希望自己壟斷本行業，雖然嘴上不會這麼說，但心裡一定是這麼想的。孔子不是神，他也是有私心的，少正卯同樣開壇講學，對孔子來說有兩方面的威脅：

一、經濟上的威脅，因為孔子門下的這些學徒，也經常到少正卯的學校聽課，估計沒少給少正卯交學費。如果錢都讓少正卯賺走了，讓孔子喝西北風？

二，聲望上的威脅，世人皆知孔子是魯國第一大學者，但少正卯的出現，已經嚴重威脅到孔子的社會地位。如果任由少正卯在文化界的勢力發展下去，將來青史留下成名的，可能是少正卯，而不是他孔仲尼。

來自經濟上的威脅，也許還不至於讓孔子對少正卯起殺心，錢少賺點餓不起人，但來自聲望上的威脅，是孔子絕難接受的。三千弟子，只有顏淵一人始終立於門下，其他二千九百九十九人皆分不出孔子與少正卯誰更賢達，這個威脅不除，幾乎要了孔子的老命。

孔子應該很早就對少正卯起了殺心，但當時孔子手中無權，除非搞暗殺，但暗殺將會給孔子的聲譽造成毀滅性的打擊，只能以公權力除掉少正卯。直到孔子出任司寇，掌握了司法大權，孔子才有條件實施自己的計畫。

從時間上來，孔子殺少正卯，是在夾谷之會前，也就是孔子出任司寇的第七天，這個時間充分說明孔子殺少正卯是久有預謀的。少正卯只是魯國兩位文化大師之一，有聲望但沒有權力，而已經掌握相關權力的另一位文化大師孔子要對他下手，簡直易如反掌。

殺少正卯的過程非常簡單，根據記載此事最早的《荀子．宥坐篇》所說，「孔子為魯攝相，朝七日而誅少正卯」。孔子手中有司法權，殺人自有他能公開拿出的藉口，當門人問孔子為什麼要殺少正卯這樣的文化大師時，孔子給少正卯定了五項大罪，「一，心達而險；二，行辟而堅；三，言偽而辯；四，記醜而博；五，順非而澤。」

這就是孔子所謂少正卯犯下的「五惡」，憑心而論，除了第四、第五條屬於文化理念上的差異外，前三條全是無中生中的扣帽子，欲加之罪，其無辭乎！所謂「心達而險、言偽而辯」，這也只是孔子自己的說辭，誰能證明少正卯心險、言偽？如果少正卯擔任司寇，給孔子扣上「心險、言偽」的大帽子，孔子能接受麼？

除了以上「五惡」之外，孔子還大肆攻擊少正卯，說少正卯「聚徒成群」，是「小人之桀雄也，不可不誅也」，甚至還拿商湯誅尹諧、周公誅管叔正相提並論。眾所周知，「聚徒成群」的可不只是少正卯，孔子的門徒不比少正卯少，按孔子這個邏輯，他也是小人之桀雄，不可不誅？

如果說夾谷之會，孔子展示了性格中的剛硬一面，那麼可以說在誅少正卯的事件中，孔子性格中惡的一面被展現的淋漓盡致。通俗的講，孔子對少正卯是一肚子的「羡慕嫉妒恨」，原來偉大的孔老夫子也會忌妒人才，甚至為了私利而殺人。

後世儒者，特別是儒家思想已經嚴重異化的明清時代，一些學者為了維護孔子的正直形象，一直極力否認孔子殺少正卯，認為這是穿鑿附會，比如清人崔述。其實大可不必如此，太陽有黑子，並不影響太陽的光輝。

一代賢相王猛為了保住地位，非常惡毒的設金刀計，欲置慕容垂於死地，也並沒有影響王猛的江湖地位。更何況首先記載孔子殺少正卯的，是儒家最正統的傳人荀子，如果此事並不存在，荀子沒有任何理由去黑自己的學術先祖，這在邏輯上是講不通的。

宋朝學者一般都承認孔子殺少正卯，但認為孔子此舉是正確的，比如蘇洵和司馬光。當然宋人承認此事，還有一個重要原因，就是借孔子殺少正卯，來抹黑王安石變法，把王安石說是少正卯第二，「心達而險、言偽而辯」，對王安石以筆誅之而後快。

孔子殺少正卯，很明顯是出於私心，但宋人卻加以美化，說什麼孔子殺少正卯是大英雄、真豪傑所不能為，吹捧起來極為肉麻，絲毫不顧及持不同意見者的心理承受力。從哪個方面講，孔子以權謀私，擅殺賢人，都是孔子人生中永遠抹不掉的最大污點。

人有一點私心很正常，但不應該用這種極端的手段解決問題，不過除了殺少正卯是出於私利外，孔子在任職期間基本上很出色的完成了任務。孔子當了三個月的代理宰相，根據《史記》記載，魯國「粥羔豚者弗飾賈；男女行者別於塗；塗不拾遺；四方之客至乎邑者不求有司」，這樣的成績是相當不錯的。

孔子殺少正卯，魯定公並沒有改變對孔子的態度，但孔子還是在不久之後離開了魯國。具體的原因，還是和之前夾谷之會上出盡洋相的齊景公和他的狗頭軍師犁鉏有關。

《韓非子．內儲說下》對此事記載的比較詳細，說齊景公已經領教了孔子治政的厲害，擔心孔子繼續在魯國執政，會影響到齊國的爭霸事業。犁鉏又出了一個餿主意，讓齊景公送給魯定公（《韓非子》誤作為「魯哀公」）一支美女樂隊，讓魯定公整日沉浸在美色悅曲之中，自然也就無心聽政了，孔子就無法繼續在魯國執政，齊患去矣。

齊景公此時已經行就將木，但還是滿腦袋的爭霸思想。為了虛幻飄渺的所謂霸業，齊景公用了犁鉏出的這個不入流的主意，派出一隊「西施」入魯，果然成功的迷惑住了魯定公，孔子又被晾到了一邊，沒人管沒人問了。

不過韓非的說法也不太準確，韓非子說孔子離開魯國去了楚國，實際上孔子周遊列國的第一站是魯國西北方向的衛國，時間應該是西元前四九七年（魯定公十三年）。

孔子離開魯國，應該和魯定公沉迷於女色有關，此年的孔子還不到六十歲，在政治上依然還有上升的空間。孔子是個野心勃勃的政治家，他不希望自己未來不太充裕的時間都浪費在和魯定公的對峙上，他需要換個地方尋找夢想。

至於孔子為什麼先去衛國，《論語．子路篇》給出了答案，「子曰：『魯、衛之政，兄弟也。』」這句話包含兩層意思：

一、衛國和魯國同出於姬周王室，衛國先祖衛康叔和魯國先祖周公姬旦是兄弟，私交甚好。

二、在周朝分封的諸國中，魯國和衛國是僅有的兩個嚴格繼承周朝禮法的諸侯國，這種政治上的血緣關係，至少不會讓孔子產生政治上的疏離感。

三、衛國和魯國一樣，都處在一個內政混亂的敏感時期，國有君，朝無相，這對孔子來說是個機會。

不過讓孔子以及所有人沒有想到的是，孔子到了衛國，並沒有得到他想像中的受到衛靈公姬元的重用，反而意外的捲入一場轟動歷史的桃色醜聞之中，這場桃色醜聞的女主角，就是衛靈公的夫人南子，這是孔子人生中唯一的八卦事件，歷史上稱為「孔子見南子」。

實際上並不是孔子好色，急巴巴的要一睹南子的美色，而是南子主動提出要見孔子的。這其實也很好理解，自從少正卯被殺之後，孔子就是天下文壇當之無愧的第一人，學富五車，而且孔子又長得人高馬大，雖然年過五旬，依然魅力如舊，無論孔子走到哪裡，都會引起貴族少女們的陣陣尖叫。

從年齡上看，南子應該比孔子小四十歲，此時南子還不到二十歲，正是女人如花的時節。更為重要的一點，南子的夫妻生活並不如意，因為比她年長三十歲的丈夫衛靈公是一個同性戀者，衛靈公養的小白臉就是彌子瑕——春秋第一美男，著名的「分桃」典故，就是這對同性戀者的天才發明。

南子對孔子是仰慕已久，作為粉絲，能見到自己崇拜的偶像是非常幸福的事情。問題是在男女大防的春秋時代，南子即想見到孔子，又不想授人以柄，便想出一個絕妙的主意。

南子派人來找孔子，說什麼按照衛國的外交慣例，各國來的賢達名流想和衛國君交朋友的話，就必須先來見夫人。孔子來衛國是討飯吃的，不是來撞桃花運的，孔子哪敢往這個桃花裡跳，連連推辭。

估計是來人說了一些威脅的話，逼得孔子只好硬著頭皮去見南子，畢竟如果得罪了南子，孔子在衛國是肯定吃不開的。至於南子派來的說客是什麼人，《史記》沒說，但《鹽鐵論．論儒》卻說是衛靈公的男友彌子瑕，存疑。

孔子不是一個人去見南子的，而是帶上了學生子路，這應該是孔子出於避嫌的考慮，否則孤男寡女同處一室，跳進黃河也說不清楚。其實南子見孔子，也不是想和孔子發生什麼八卦故事，只是想滿足自己的好奇心，看看名聞天下的孔仲尼長得什麼模樣，也僅此而已。

以南子和孔子的社會身分，他們之間是根本不可能發生任何故事的，如果孔子來到衛國做的第一件事就是給衛國國君扣一頂綠帽子，衛靈公能饒得了孔子？朱熹說古時有君子見小君（諸侯夫人）之禮，南子也是在公開的場合會見孔子，衛靈公對此事應該是知情的。

而且南子見孔子之後，衛靈公也親切接見了孔子，並按孔子在魯國的待遇，也給了孔子六萬小斗粟，算是給孔子劃撥的學術經費。待遇不算不優厚，但衛靈公並非想用孔子治國，而是借孔子的國際盛名來給自己裝一點文化門面，孔子只在衛國待了十個月，就拂袖而去，留下了面色尷尬的衛靈公，以及還在幻想見到孔子的南子。

西元前四九五年，五十七歲的孔子「累累若喪家之犬」，來到了位於今河南周口附近的陳國，繼續尋找自己的夢想。陳國是個小國，地不廣，兵不強，君不明，臣不賢，在孔子去陳之前，陳國就已經淪為南方強大的楚國的附庸。此時楚國實力衰落，但位於長江中下游地區的吳國又以極快的速度崛起，陳國經常被吳國踩來踩去。以陳國這樣的破爛局面，是不可能給孔子提供施政空間的，但讓人意外的是，孔子在陳國足足待了三年。

作為一個處在大國夾縫中的小國，陳國是泥菩薩過河自身難保，對孔子來說早已失去留下去的意義，孔子最終還是選擇了離開。至於下一站，孔子的選擇依然讓人有些意外，孔子選擇回到了衛國。

上面講過，當時諸侯中，最適合讓孔子推行施政思想的，除了魯國，就是衛國。孔子曾經說過：「魯衛之政，兄弟也」，在暫時無法回到魯國的情況下，回到衛國等待機會是個不錯的選項。

衛靈公年邁不堪，說不定什麼時候就掛了，如果上來的新君能有志於強國，必然會重用孔子，這是孔子的如意算盤。孔子對自己的能力非常自信，他自負的告訴別人：「苟有用我者，期月而已可也，三年有成。」只要給我機會，一個月的時間，我就有能力讓舊貌換新顏，這是何等的自由豪邁！

孔子曾經和最得意的學生之一子路有過一次談話，內容是假想中的在衛國施政的預備綱領，這段談話應該是在從陳國回到衛國的路上說的。子路問孔子，如果衛靈公重用老師，老師會如何治理衛國？孔子的回答非常乾脆：「必先正名」。

這讓子路產生了疑惑，治國為何先正名，孔子洋洋灑灑說了一通：「名不正，則言不順；言不順，則事不成；事不成，則禮樂不興；禮樂不興，則刑罰不中；刑罰不中，則民無所措手足。故君子名之必可言也，言之必可行也。君子於其言，無所苟而已矣。」

孔子說的「名」，實際上就是我們通常所說的社會道德秩序，孔子重視「名」，不是亂放空炮，而是有現實政治原因的。衛國太子姬蒯聵和庶母南子不和，姬蒯聵不想在繼位之後當傀儡，想除掉南子，結果被南子在衛靈公面前告發，姬蒯聵倉皇出逃宋國，南子基本上控制了局面，而且衛靈公也答應了立南子的兒子姬郢為太子。

春秋時代，各國內政普遍混亂，爭嫡奪利的醜劇不斷上演，南宋學者胡安國對孔子的這段話有非常精闢的評價：「人倫正，天理得，名正言順而事成矣。」禮崩樂壞，人心不古，是任何一個時代末世大亂的典型社會特徵，所以重正禮教，恢復西周時的社會道德秩序，是孔子現階段施政的重點，只是他一直沒有施政的機會。

雖然孔子回來的消息在衛國引起了很大的轟動，衛靈公親自出城迎接孔子，這是很高的政治禮遇，但孔子需要的並不是這些虛與委蛇的客套，而是實實在在的機會。遺憾的是，衛靈公「善善不能用，惡惡不能去」，他只想通過尊崇孔子來追求愛賢的名聲，並沒有打算重用孔子。所以《史記》說「靈公老，怠於政，不用孔子。」

就在孔子去衛的當年（西元前四九三年）夏天，衛靈公就伸腿瞪眼見閻王去了，因為太子姬郢拒絕繼位，南子只好立原太子姬蒯聵的兒子姬輒。其時在晉國執政的趙鞅想利用原太子姬蒯聵大做文章，派兵護送姬蒯聵入衛，被衛人打退，衛國政局嚴重動盪，孔子也失去了留在衛國的意義。

屈指算來，孔子從魯國出走，遊歷天下尋找實現政治理想的機會，一晃已經很多年過去了，孔子除了換來一身的疲憊和灰塵，並沒有得到他想要的東西。孔子和晉文公姬重耳的在外遊歷很相似，不僅是在找自己的政治買家，更是一種人生的積累。

曾經的孔子，特別是在魯國執政期間，有些鋒芒畢露，殺少正卯便是孔子性格中強硬剛狠的證明。但在外遊歷這麼多年，吃了很多苦，反正能讓孔子的性格沉澱下來，孔子的為人和政治思想體系也日益成熟。

有個小故事能很好的說明這一點，孔子有次路過鄭國，與學生們走散了，孔子滿面塵垢，破衣爛衫，神情疲憊的站在城東門。而此時他的學生們也在尋找老師，有個鄭人告訴子貢，說他在城東門發現一個非常落魄的老頭子，「累累若喪家之狗」。後來子貢找到孔子，把這句話告訴了孔子，原以為孔子會大怒，沒想到孔子朗聲大笑，說我現在的情況，就是一隻喪家之狗，鄭人沒有說錯，這就是豁達的孔子。

歷經兩千多年的儒家思想統治，孔子已經被嚴重神話，但同時孔子性格中可愛的一面也被後世一些儒者有意抹去，變得莊嚴卻失去趣味。後世流傳一句著名的話，即「以德報怨」，實際上這句話根本不是孔子說的，而是有人問孔子的原話。

《論語．憲問》中的原話是，有人問孔子：「以德報怨，夫子以為如何？」孔子的反問非常精彩：「（如果以德報怨），何以報德？」接著，孔子給出他認為正確的答案：「（面對仇恨），要以直報怨，以德報德！」說得通俗些，就是孔子認為別人對你自己怎麼樣，你就對他怎麼樣。對方有恩於你，你就必須報恩，對方傷害了你，你就理直氣壯的去傷害他，一報還一報，天經地義！

孔子這些年在國外流浪，一直得不到重用，實際上和他的火爆性格有很大關係。孔子有經天緯地才，又嫉惡如仇，眼裡揉不得沙子，他每到一國，都是當地庸猾官僚們的最大敵人，這很好理解，誰也不歡迎一個來搶自己飯碗的洋和尚，都會想辦法阻止孔子受重用，否則自己只能喝西北風。

晉文公姬重耳遊歷諸國，但他的特殊身分注定了他不可能留在所居國，總有一天他會回到晉國即位的。孔子不一樣，他是魯國人，但為了實現理想，孔子是可以改換國籍的，這就注定了孔子的不受歡迎。孔子說自己是「喪家之狗」，半是戲謔，半是對現實的無奈。

世人很難想像，孔子這樣名聞天下的大政治家、大教育家、大思想家，居然會挨餓，現實就是這樣殘酷。根據《呂氏春秋．任數》的記載，孔子在陳蔡遊歷時，曾經七天沒有吃到米飯，餓得前心貼後背。

還是學生顏回到外面討到了一點米，回來煮著吃，顏回已經餓得兩眼發綠，偷偷的吃了一點，然後捧給老師進食。以孔子這樣的胸懷大度，在他偷看到顏回吃米時，都認為顏回是在偷吃東西，可見孔子已經餓成什麼樣了。

後來孔子遊歷楚國，也是跟叫花子似的，到處討飯吃。有個漁父看孔子實在可憐，就送給孔子幾條魚，孔子礙於面子，堅辭不受。還是漁父說天氣太熱，距離市場太遠，賣了也沒人要，扔了又太可惜，不如送給老夫子食用，也算一件功德，孔子這才勉強接受。

孔子的偉大之處恰就在這裡，以孔子的特殊社會身分，只要他肯低頭，與那班庸俗的官僚同流合污，什麼樣的富貴他得不到？但孔子的道德底線不容許他這麼做，孔子是個好名之人，他曾經說過：「歲寒，然後知松柏之後凋也。」孔子要做的是寒冬迎風而立的松柏，而不是秋風一過便黯然撲地的枯草。

孔子入衛、入陳、入蔡、入楚，遊歷了大半天下，雖然一直沒有獲得成功，但至少可以說孔子是位出色的旅行家。歷經風霜，黃塵撲面，車馬勞頓，甚至有陳蔡之厄，饑於乏食，但枕於江濤之畔，觀紅日初升，望斜陽斷雁，這樣的人生，已經相當成功了。

在政治上，孔子已經不對中原諸國抱有什麼奢想了，他甚至有「浮海而居九夷」的想法。所謂九夷，有一說是南方楚吳之南的夷族部落，但如果要去此地，是用不著坐船浮海的。《漢書》的解釋比較合理，九夷就是現在的朝鮮半島，需要坐船過去。

孔子欲去九夷，一方面是在自己的靈魂深處建一個不被世俗所打擾的居所，另一方面，孔子還是沒有放棄自己的政治理想，在他的潛意識裡，他還是想做一個政治家。雖然孔子最終沒有浮海去九夷，但他心中依然保留著一塊樂土，那是屬於他自己的。

孔子在衛國沒有得到自己渴望得到的機會，那他的下一站，只能是自己的父母之邦——魯國，至少回到魯國，遠比到處流浪更能得到機會。實際上此時的孔子已經是六十多歲的花甲老人了，即將到七十而隨心所欲的年紀，政治上的偉大抱負，終究敵不過「葉落歸根」的遊子情懷。

魯哀公十一年（西元前四八四年），這一年孔子六十八歲。當一行人乘坐的馬車踏進魯國國境的那一瞬間，想必鬍鬚早已花白的孔子心中感慨萬千，孔子也清楚，以他這個年齡，是不可能再周遊列國了。如果能終老於魯，葉落歸根，葬於父母之側，孔子此生不虛活矣。

孔子能回到魯國，和他在魯國做高級將領的學生冉求向執政的季康子推薦有關，但魯國執政對孔子的態度也非常明確——尊而不用，也不敢重用孔子，畢竟孔子的性格不是官場中人能吃得消的。

季康子給孔子安排了一個「從大夫後」的職位，相當於元老院顧問，享受老幹部退休待遇。這麼安排，既保全了孔子和魯國執政的面子，又能保證孔子就魯國施政發表自己的看法，一舉兩得。

季康子的施政理念比較激進，他是魯國歷史上少見的鐵血執政，對加快春秋晚期奴隸制經濟制度的瓦解做出了很大的貢獻，即改變「田賦」。經濟制度是政治制度的基礎，如果這一政策加以推行，孔子的政治理想將完全破滅，所以孔子是極力反對的。季康子非常尊敬孔子，但從來沒有把孔子當成神，他自己認定的事情，就一定會做下去，孔子對此也無可奈何。

孔子在政治上的保守是出了名的，學生冉求因為支持季康子的「土改」工作，被孔子好一頓臭罵，甚至還和冉求斷絕了師生關係。為了表達對冉求等激進派的憤怒，孔子說「求，非我徒，小子鳴鼓而攻之，可也。」可見冉求的激進對保守的孔子帶來多麼大的感情傷害。

不過孔子也知道冉求在政治上是依附於執政季康子的，恨屋及烏，孔子對季康子也沒有多少好感。季康子曾經問政於孔子，孔子抓住機會，對季康子冷嘲熱諷，下嘴非常刻薄，毫無政治家風範。

比如季康子問過孔子三個問題：一、如何治理國家；二、如何解決盜患；三、是否應該多殺壞人以正社會風氣。孔子的回答只有一個：「子帥以正，孰敢不正？」你自己身正就不怕影子斜，你自己克己復禮，就不愁別人和你南轅北轍。

孔子對季康子破壞「先王之法」非常不滿，但孔子在社會道德層面對季康子的勸諫還是非常有道理的，比如季康子問孔子：「如何才能讓士民尊重我，聽我的指揮？」孔子答：「這個很簡單，你尊重百姓，百姓就會尊重你；你當以孝為先，以慈愛為本，百姓自會對你忠心耿耿。選賢與能，給所有人上進的機會。」

孔子也同樣和魯哀公討論過這個問題，哀公問：「何為則民服？」孔子曰：「舉直錯諸枉，則民服；舉枉錯諸直，則民不服。」治國其實就是治吏，用賢與能，庸猾之輩就沒有上升的空間，則百姓受益，反之，則百姓遭殃，歷代興亡都是遵行這條規律，沒有例外。

當然，孔子是站在統治階級的立場來看待治民的問題，其實這並不奇怪。任何歷史人物的一言一行都不可能超越他所處的歷史時代，岳飛也不是無產階級的代表，但至少可以說孔子是開明的地主階級。

縱使孔子有百般不是，但僅憑孔子在與魯哀公討論中的一段話，孔子就足以受到後人的敬愛。事出於《說苑．政理篇》，哀公問孔子有什麼辦法可以增加老百姓的財政收入，孔子就說了三個字：「薄賦斂」，只要做到減輕百姓的經濟負擔，老百姓自然就會富起來。

哀公有些不解，質問孔子：「如果大多數人都富了，我豈不是就窮了？」孔子勸他不要這麼緊張，要相信老百姓的善良，「未見其子富而父母貧者也」，只要老百姓富裕了，自然會有更多的餘錢交稅，而不是在老百姓還窮困的時候就惡狠狠的搶老百姓的救命錢，相比之下，後世一些昏君還不如孔子。

《論語．顏淵篇》記載魯哀公問孔子的學生有若如何才能使國庫充盈，有若的辦法是「百姓足，君孰與不足？」只要老百姓有錢了，國家自然也就有錢，如果百姓窮得喝西北風，君主一毛錢也收不上來。有若的經濟思想和孔子是相通的，或者說有若是受到了孔子的影響。

孔子雖然能夠對魯國執政施加一定的影響，但畢竟孔子只有發言權沒有決定權，只能無限感傷地懷念他的政治偶像周公姬旦。都說孔子是儒家思想的創始人，實際上真正開創儒家思想的，正是周公旦。孔子曾經說過：「鬱鬱乎文哉！吾從周。」孔子只是將在春秋時尚未成熟的儒學打造成一種強大的思想體系，地位有些類似於詞史上的南唐後主李煜。

孔子老了，他曾經在夢中遇到周公，在現實中鬱鬱不得志者往往都會在夢中才能馳騁於江湖，求功名，不朽於萬世。對於一個經歷了太多風雨的老人來說，他最大的幸福就是能兒孫繞膝，安度晚年。

只是讓孔子萬沒有想到的是，他唯一的一個兒子孔鯉卻先孔子而去，只留了一個年幼的兒子子思（有一些學者認為子思是孔鯉的遺腹子）。人生三大至痛之一就是老年喪子，孔鯉的撒手西去，給孔子造成的感情傷害有多深，可想而知。

更讓孔子揪心的是，自己已經來日無多，一旦自己不久就去世，嫡孫子思怎麼辦？最可行的辦法，只有把子思交給自己的一位學生，讓他來代養子思，孔子最終選擇的是他的高足曾參。實際上曾參雖然才學多博，但他在星光燦爛的孔子學生中並不是最耀眼，最耀眼的那顆星星，也在孔鯉去世不久也開了人世，他就是顏回，死於西元前四八一年。

相比於兒子孔鯉的去世，顏回的死，幾乎導致孔子精神世界的徹底崩塌。雖然孔子拒絕了顏路要給顏回置辦外棺的要求，因為孔子要平等的對待每個學生，但孔子對顏回的死還是痛不欲生，無法接受。

顏回是孔子最喜歡的學生，從某種意義上講，孔子一直把顏回當兒子一樣，孔子不止一次「吹捧」過顏回，顏回是除孔鯉之外，孔子的另一根精神支柱。現在兩根精神支柱相繼倒場，換了任何一位普通的老人都難以承受，孔子再偉大，此時他也只是一位普通的父親。

孔子在感情上受到了沉重打擊還沒有結束，一年後，也就是西元前四八〇年，孔子另一位得意門生，時任衛國蒲邑宰的子路，死於衛國孔悝之難。子路比孔子小十歲，和孔子是同代人，與孔子的關係亦師亦友，孔子非常器重子路。所以噩耗傳來，孔子哭倒於地。

每個人都是堅強的，每個人又都是脆弱的，在心靈深處總會留有一片溫柔的芳草地，但當命運之神殘酷在孔子的芳草地上來回踐踏的時候，鐵打的人，也會吃不消。一連串的打擊，孔子終於一病不起。

孔子是個天生豁達的人，他對人生看得很透徹，孔子曾經站在大江邊，看著浩蕩東流的江水感歎：「逝者如斯夫，不捨晝夜。」孔子這一輩子，得到了很多，也失去了很多，從起點回到起點，沒有大閱歷、大智慧、大胸懷的人，是難以承受的。

魯哀公十六年，西元前四七九年四月十八日（杜預認為有可能是五月十二日），心猶不甘的孔仲尼溘然長逝，壽七十三歲。

孔子的死，在魯國引發了巨大的震撼。雖然孔子一直不受重用，但孔子作為魯國的標誌性人物的地位，是誰都撼動不了的。魯哀公當然知道孔子的地位，在孔子死後，他以國家元首的身分，寫了一份祭孔子的祭文。以《左傳》為準，祭文如右：「旻天不弔，不慭遺一老。俾屏余一人以在位，煢煢余在疚。嗚呼哀哉！尼父，無自律！」

孔子死後的葬禮非常隆重，但這一切已經和孔子沒有關係了，葬禮無論搞成什麼規模，都是做給活人看的，也許孔子生前並沒有意識到，在他死後近四百年後，一個名叫董仲舒的學者向一位名叫劉徹的皇帝提出了著名的「罷黜百家，獨尊儒術」的思想方針，並得到了實行，從而極深的影響了中國歷史的進程。甚至從某種角度講，自漢武帝劉徹以後的兩千五百年中華文明史，就是一部《論語》被打開然後闔上，然後再打開的歷史。只是這一切，孔子已經看不到了。

仰俯無愧天地，褒貶自有春秋，孔子做完了他應該做的事情，至於功過得失，自有後人評說。

三六、孔子的七十二門徒

說完了孔子，我們再來說說孔子的學生。

孔子的學生有多少？最流行的一種說法是孔子有三千弟子，其中出類拔萃者七十二人。這條史料出自《史記．孔子世家》：「孔子以詩書禮樂教，弟子蓋三千焉，身通六藝者七十有二人。如顏濁鄒之徒，頗受業者甚眾。」

關於學生精英到底有多少人，同樣是《史記》，在《仲尼弟子列傳》中，司馬遷又給出了「受業身通者七十有七人」的答案，這還是孔子親口認可的人數。實際上這七十七人，並非都是孔子最得意的門生，在這其中又有四十二人是打醬油的，真正能稱上孔子嫡傳弟子，只有三十五人。

如果說在孔子的這些學生中，最周邊的兩千九百多人是跑龍套的臨時演員，內圍外側的四十二人是二線演員，這內側的三十五人可以稱為一線演員或準一線演員。其實這三十五人，打醬油的也不在少數，一般史學界認為孔子學生群體中最核心的精英，只有十幾個人。

孔子曾經對他的這些屬於核心圈的學生進行過分類評價，在《論語．先進篇》中有記載，「德行：顏淵、閔子騫、冉伯牛、仲弓。言語：宰我、子貢。政事：冉有、季路。文學：子游、子夏。」總共十個人，這個評價基本可以認定這十個人是得到孔子認可的精英份子，當然，還要加上沒有進入這份名單的子路。講孔子的學生不提子路，就等於講劉備的五虎上將不講趙雲一樣。

毫無疑問，這在十一個頂層精英中，孔子最器重的是顏回，從名單上顏回排在第一位就可以看得出來。何況在孔子的思想體系中，他最看重的就是德行（仁義），孔子將顏回放在德行之首，也意識著孔子認可顏回是自己的開門大弟子。而漢高祖劉邦在祭孔子的時候，唯一有資格配享孔廟的就是顏回，號稱七十二賢之首，進一步穩固了顏回在孔子學生中的大師兄地位。

顏回字子淵，所以後世也稱為顏淵，他和孔子一樣，都是魯國人，比孔子整整小了三十歲（生於西元前五二一年）。顏回剛出生時，孔子已經成為魯國文壇的大腕，由於他們都生活在魯國，而魯國疆域並不大，所以顏回懂事時，就被孔子收為弟子，這一年，顏回十三歲。

顏回並不是孔子最早收的學生，子路等人早已經成名，但孔子似乎更喜歡性格溫柔如水的顏回。子路、子貢諸君才學都不用多說，但性格過於剛硬，和孔子的關係更接近於同事或朋友，所以孔子很容易把「多餘」的父愛放在顏回身上。

孔子一生都在修身養德，所謂「修身齊家治國平天下」，而顏回的「德行」又是公認的第一，孔子不止一次當著其他學生的面稱讚顏回為人「仁」，也不知道子路他們吃過醋沒有。

子夏曾經問過孔子，顏回為人如何，孔子的回答非常乾脆：「回之仁，賢於丘也。」從孔子特殊的身分，以及他終生追求「仁」的努力來看，能說顏回的「仁」遠強於自己，這不像是在恭維。對為桃李滿天下的孔子來說，他沒有有必要如此放下身段，去恭維一個學生，孔子對顏回的評價如此之高，實際上是顏回的追求和孔子相一致，有著共同的意識形態，這才是最重要的。孔子門下雖然有許多精英學生，但有些人或偏於辯論，或偏於政治，或偏於軍事，這些都不是孔子價值觀的核心，孔子價值觀的核心只有一個「仁」字。

顏回的性格比較沉靜，這一點深得孔子的認同，不像子路那夥強人經常喊打喊殺，雖然孔子也非常欣賞他們。《韓詩外傳》講了這麼一個故事，說子路、子貢和顏回三個人在一起討論如果被人欺負了該怎麼辦？

子路是強硬派，他的回答是：「人善我，我亦善人；人不善我，我必不善人。」不惹我，咱們沒事，敢惹我，老爺直接拎大斧砍將過去，這就是子路的性格。子貢的性格相對比較內斂，如果他受到了不公平的待遇，他會「引之進退而已耳」。意思是說我惹不起你，可以躲得起你，我不和你玩，你能奈我何？

顏回的回答估計能讓性格強硬的子路吐血，「人善我，我亦善之；人不善我，我亦善之。」打我不還手，罵我不還口，真要把我逼急了，我就不理你了。這樣的性格在子路看來，是典型的軟骨頭窩囊廢，人家都騎在你頭上拉屎撒尿，你還和他講仁義道德，豈非滑稽？

用現代人的眼光來看，顏回的看法是典型的逆來順受，在民族主義普遍高漲的現在，顏回的觀點是很難得到大範圍認同的。但在二千五百年前，至少在孔子看來，顏回的「人不善我，我亦善人」的觀點卻是正確的。

對於三個學生的觀點，孔子逐一點評：「子路就知道喊打喊殺，是蠻夷人的作派，不可取。子貢的不善我則讓，是朋友之言，比子路強多了。至於顏回，他所說的才是親人之間應該奉行的交往準則。」

顏回深得孔子的喜愛，實際上顏回和孔老師的人生觀是有一定區別的，具體來說，孔子積極入世，而顏回則渴望出世。根據《莊子．讓王》的說法，顏回家境不算富裕，生產品質一般，孔子問顏回：子淵經濟拮据，住此陋室，何不出來做官，賺取更多的金錢？」

顏回很恬淡的回答：「我不想做官，我雖然家貧，然城外有五十畝田地，足夠我飲食之資，城內有四十畝桑地，足夠我讀書撫琴。」孔子對此感歎道：知足者，不以利自累，行修於內，即使不做官，也會得到快樂。

如果《莊子》所載屬實的話，家裡有九十畝地，無論如何也算不上貧農，差不多是小資階層的生活水準，顏回確實不需要靠做官來養活自己。但這裡還有另外一層意思，就是顏回身上有莊子所嚮往的道家風骨，甚至孔子的讚歎都有一股濃烈的道家味道。其實儒家和道家的內核是相通的，儒家重「仁」，道家重「慈儉」，顏回甘於恬淡靜默，是符合他一貫的精神追求的。

一般來說，具有道家風骨的人士，為人處事往往比較低調，顏回也是如此。孔子曾經把子路和顏回叫到面前，問他們的志向，子路是個現實主義者，他非常積極的入世博取功名，所以他的回答有些「俗氣」，說我要當官發財云云。顏回還是一如既往的低調，他回答：「我的理想是追求更高尚的道德情操，但我不會在別人面前誇耀，我自己的痛苦也不想讓別人分擔。」

作為孔子旗下的兩個樣板徒弟，顏回和子路走的是兩條截然不同的人生道路，子路更外向，激情如火，而顏回則相對內斂，溫柔如水。而孔子的理想和人生追求，基本被顏回成功的黏貼複製過來，所以後世有人稱顏回為小孔子，不是沒有道理。

顏回的人生志趣，在《韓詩外傳》中有記載，略云：「顏淵問於孔子曰：『淵願貧如富，賤如貴，無勇而威，與士交通，終身無患難，亦且可乎？』」孔子經常教導別人「安貧樂道」，不求聞達於諸侯，而顏回則很忠實的奉行了孔子對外宣稱的人生哲學。

對此，孔子極為讚賞，當面吹捧顏回「善哉回也！雖上古聖人，亦如此而已。」對於有強烈世俗進取心的子路，孔子有些不屑，雖然孔子本人成天幻想著宣麻拜相。

顏回不像他的老師那樣，還懷有強烈的政治野心，顏回天生就是做隱士的，優遊林下，與仙鶴同舞、花草同眠。以顏回的這種性格，完全不適合在官場上混，官場上都是些四面不著地的老油條，顏回進了官場也會被擠出來。

從個人理想角度看，孔子非常渴望在政壇大展拳腳，但在內心深處，孔子未必就不想做顏回那樣的隱士，只是孔子的入世思想太強烈了，他自己無法說服自己放棄。孔子不止一次的稱讚過顏回，比如有一次，孔子又閒不住了，在學生們面前拍顏回的馬屁：「賢哉，回也！一簞食，一瓢飲，在陋巷，人不堪其憂，回也不改其樂。賢哉，回也！」

「一簞食，一瓢飲，在陋巷」，這就是顏回簡單而真實的人生。顏回在追求「仁」的同時，實際上他對人生的理解已經達到了道家常說的「致虛極，守靜篤」的思想境界，或者說是「出世」，遠離塵世喧囂，追求無我境界。雖然這樣的人生因為沒有在政治上的轟轟烈烈而略顯平淡，但能在鋪天蓋地的紅塵欲念中達到無我之境，不能不說這是顏回人生的巨大成功。

據《史記》記載，顏回在二十九歲的時候，鬚髮就已經全白，仙風道骨，彷彿神仙中人，難怪會得到孔子的喜愛。遺憾的是，這位孔子口中的賢人，後世儒家所尊奉的復聖，卻死在了大聖至成先師孔子的前面，時間是西元前四八一年。

關於顏回去世的年齡，《孔子家語》說顏回死時是三十二歲，這顯然是錯誤的。根據《論語・先進篇》的記載，顏回是死在孔子的兒子孔鯉之後，而此時的孔子已經七十歲了。顏回比孔子小三十歲，所以很容易得出顏回出生於魯昭公二十九年（西元前五二一年），去世時年僅四十歲。

上一篇講了，顏回的死，對年邁的孔子幾乎造成了致命的感情打擊，孔子唯一的兒子孔鯉去世時，也沒見孔子這麼悲痛，可見顏回在孔子心中的地位是不可取代的。

當聽說顏回去世的消息，孔子當場暈倒於地，痛哭流涕，「天喪我也！天喪我也！」有人勸孔子不要再哭了，孔子一邊老淚縱橫，一邊歎息：「顏淵之死，我失大才，我不為這樣的人才哭，還能為誰哭？」相信子路等人都在孔子身邊，聽到孔子這麼說，心裡想必不是滋味，但孔子是個性情中人，他心裡怎麼想，就會怎麼做，不會考慮別人的看法。

孔子和顏回的師生感情非常深，甚至可以說在孔子的學生中，唯一能和孔子有產生父子感情的，只有顏回。孔子離魯遊歷天下，顏回鞍前馬後的跟著，孔子在陳國挨餓，也是顏回打恭作揖，向別人討了些米，捧回來煮粥給老師吃。

除了一些內心冰冷的政治人物，對共患難的朋友敢下刀子，比如勾踐、趙匡胤、朱元璋之外，一般人是很難忘記曾經在風雨中前行的知己，孔子自然也忘不掉。在顏回的葬禮上，孔子一定回想起在去陳國的路上所遭遇的匡人之難，當時因為形勢較為混亂，孔子和顏回走散，隨後顏回追了上來。當孔子看到顏回時，激動的老淚縱橫，說：我以為你已經被害了。顏回則「嬉皮笑臉」的回答：有老師在，我怎麼敢先走一步呢。

孔子對顏回的感情是深沉而真摯的，即使顏回已經不在人世，依然沒有改變孔子對顏回的高度評價，在孔子心裡，顏回已經不再是一個具體的人，而是一種精神上的存在。

季康子（也有一說是魯哀公）曾經問孔子，在您的學生中，您認為誰的學術成就最高，孔子毫不猶豫地說出了顏回的名字。「有顏回者好學，不幸短命死矣！」孔子始終無法忘記顏回。

講完了顏回，再來講一下孔子另一位著名高足——曾參。

如果從知名度上來講，曾參並不弱於顏回，大名鼎鼎的宗聖，孔子唯一孫子子思的授業師傅，被朱熹稱讚為「曾子傳聖人學，其德後來不可測，安知其不至聖人？」

曾參在儒學史上的地位不用過多介紹，但和光芒四射的超級明星顏回相比，曾參身上總感覺少了一點星味。不過星味和演技並非成正比的，偶像派和實力派的區別只在於站在鎂光燈下的次數而已，真正的大腕向來是不顯山露水的。

當然，這並不是說顏回是個花瓶角色，只是總感覺顏回更像是一個傳道者，而曾參更像是一個佈道者。從性格上來說，顏回和魏晉第一風流名士嵇康非常相似，恬淡而無為，有道家仙骨之風，而曾參和山濤都屬於同一種性格，比較敦厚樸實，這也是曾參和山濤的星味不如顏回和嵇康的主要原因。

在孔子的眾多子弟中，顏回像是一個新聞代言人，或者說在某種程度上代表著孔子的形象，子路像是一個遊俠，而在學術上最接近於孔子，還是曾參。這也是孔子在臨終前，為了給孫子子思找到一個好老師，特意讓曾參做子思老師的重要原因，雖然顏回和子路死在孔子之前。

從某種意義上講，因為有曾參的出現，孔子的學術生命才得以延續下去。孟子是儒家先聖，孟子師從於子思，從輩分上說，曾參是孟子的師爺，而子思的思想在很大程度上是來源於曾參。換句話說，曾參完全有資格與孔、孟並列，稱為三聖。

我們所熟悉的四書，在春秋時成書的有三部，即《論語》、《中庸》和《大學》。《大學》中流傳最廣的名句是「修身、齊家、治國、平天下」，而《大學》實際上就出自曾參之手，雖然《大學》是由孔子講述，曾參筆記的。

不僅是《大學》，在儒家的葵花寶典《論語》中，也記載了大量曾參的談話，而且傳播率極高。比如：

《學而篇》有「吾日三省吾身，為人謀而不忠乎？與朋友交而不信乎？傳不習乎？」

《論語．泰伯篇》，有「鳥之將死，其鳴也哀；人之將死，其言也善」，「可以託六尺之孤，可以寄百里之命」，「士不可以不弘毅，任重而道遠」。

《顏淵篇》有「君子以文會友，以友輔仁」，等等。

孔子門下三大弟子，顏回可稱為儒，子路可稱為俠儒，曾參則可以稱之為道儒。所謂道儒，類似於北宋二程和南宋朱陸等人對理學的研究，可以這麼講，在孔子的三千學生中，曾參是真正繼承了孔子的學術衣缽的，在某種程度也可以稱曾參為小孔子。

曾參和孔子是老鄉，都是魯人，但不清楚曾參是何時拜孔子為師的，不過可以看得出來，孔子對曾參的「精學求道」是極為賞識的，曾經當著學生的面稱讚曾參是「天下賢人」。

一般來說，真正意義上的賢人不屑為官的，他們更在乎的是學術上的成就，更喜歡在山野澗畔結廬而居，讀書著作。在這一點上，曾參和孔子不太相同，孔子有時難以抵抗名利的誘惑，成天想著要做大宰相，治國平天下。

因為曾參的家境不是特別好，為了養活家人，曾參經常和父親曾皙下地種瓜以求自給。曾參因為兜裡沒有多少錢，買不起華麗的衣服，只能穿著破衣爛衫，一邊耕地，一邊刻苦研讀。

魯哀公姬將向來奉孔子如師，對曾參的情況也是比較了解的，有一次魯哀公不知道出於什麼考慮，派人來找曾參，想請曾參出山做官。當官就是鐵飯碗，可以吃公家飯，這是許多人夢寐以求的，但曾參不想做官，推了好幾次，才推掉了這份差事。

有人不解，問曾參：你傻啊，放著鐵飯碗不端，何況這是國君求你做官，你也背不上貪戀富貴的惡名。曾參一本正經的告訴這位朋友：「我聽說受人恩惠，必畏於人，我得了國君的好處，我就有把柄落在他手上，於我何利？而且贈人玫瑰者，多以慈善家自居，即使現在國君沒有向我提出任何要求，我也擺脫貪利者的惡名。」孔子聽說這件事後，對曾參的表態非常欣賞，「參之言足以全其節也」。

另外還有一次，齊國曾經扔給曾參一塊別人無法拒絕的大肉餅，請曾參去齊國當官，位至於卿，但被曾參拒絕。理由是「吾父母老，食人之祿，當憂人之事，故吾不忍遠親而為人役。」

曾參之所以拒絕踏入官場，可能和孔子在官場上受到的挫折有關。官場上的黑暗人所共知，而且曾參本就無志於仕途，如果把精力都放在官場的勾心鬥角上，以曾參這樣的敦厚君子，哪裡是那些官場油子們的對手。

再說以曾參的家世，他即使做官，又能爬到多高？與其如此，不如不去，安心致學，照樣能成就一番後人敬仰的事業。記得貝多芬有句名言：「親王現在有的是，將來也有的是，而貝多芬永遠只有一個。」官場上的庸祿求利者成千上萬，而曾參也只有一個。

在先秦諸子中，每一個「子」都有自己的性格與學術特色，如果說一個字來形容的話，孔子求「仁」、老子求「道」、韓非子求「法」，而曾參則是求「孝」。曾參受儒家供奉兩千多年，香火不衰，靠的就是一個「孝」字。

曾參為子孝，敬奉父母，傳為歷史佳話，而且十三經中的《孝經》就是孝子曾參的大手筆。曾參的「孝」，與孔子所追求的「仁」在本質上是相通的，曾參曾經問孔子：「聖人之德，加於孝乎？」孔子說：「人之行，莫大於孝。」「孝」是西周以來的社會普遍道德規範，社會各界精英無不以「孝」為自我道德約束，曾參在這方面做得更為突出。

曾參年輕時曾經和父親曾晳在田地裡耕作，因為一不小心割斷了瓜苗，脾氣暴躁的曾晳操起棍子對曾參一通暴打，差點沒把曾參打死。等曾參甦醒後，他跪在父親面前向父親認錯，說不應該惹父親大人生氣，這頓棍子挨得值！

曾晳首先做錯了事，一根瓜苗難道有兒子的命值錢？但罵不還口，打不還手，這是兒子對父母最起碼的孝順標準，只不過曾參把「孝」引申到了極致。孔子對此批評曾參，說你不應該坐等父親打你，這樣父親就背了不慈的惡名，你這等於陷父親於不義。

其實孔子從來沒有否定過曾參的孝道，只是覺得曾參還可以做得更好。

更為極端的情況是，在曾晳死後，曾參再沒有吃過一種名叫羊棗的棗子。對於此事，孟子的解釋是曾晳最喜歡吃羊棗，所以曾參為了避諱而不吃羊棗。其實更合理的解釋是因為父親喜歡吃羊棗，所以曾參避吃羊棗是不想因此思念父親的去世而傷心。

曾晳死後，曾參侍母同樣極孝，《搜神記》說曾參曾經跟從孔子赴楚遊歷，半路突然向孔子提出回家的要求，因為他想念母親了。孔子對此大發感歎：「曾參之孝，精感萬里。」

到了戰國時代，曾參的孝行基本成為社會對父母行孝的一種行為準則，孟子在《離婁章句上》告訴天下為人子者：「事親若曾子者，可也。」

沒人否認曾參的「大牌」，但不知道出於什麼原因，司馬遷在《史記．仲尼弟子列傳》寫曾參只用了區區三十四個字！甚至還不如籍籍無名的宓不齊，宓不齊好歹還有七十七個字。在《仲尼弟子列傳》中，司馬遷著墨最多的，是衛人子貢（即端木賜），字數鋪張至二千字，而仲尼弟子之「首」顏回，也不過一百五十字。

和顏回、曾參這些孔子的正牌弟子相比，子貢的情況比較另類。子貢並不是一個專職的求道者，他還有另外一層身分，就是大商人，這在孔子學生中是非常罕見的。

孔子曾經在《論語．先進篇》中評論顏回和子貢，說顏回在道德上幾乎是完人，但就是物質條件比較差，經常餓著肚子談經論道。子貢不信天命不求道，一門心思鑽進錢眼裡，而且市場行情預測能力超強，所以子貢做買賣從來沒有賠本的。

孔子的本意是提醒子貢不要這麼財迷，要向安貧樂道的顏回學習，不然離「道」越來越遠，但從反而也證明了子貢的商業天才。其實孔子大可不必對子貢求全責備，百花齊放才是春，如果他的三千弟子都向顏回那樣「安貧樂道」，不知道孔子如何籌集學術經費？

子貢在孔子身邊學習的時間不長，他更多的時間是在外面跑生意，買賣越做越大，嘴皮子自然也就越來越利索。在孔子的學生中，要說第一名嘴，首推子貢，史稱「利口巧辭」，唐人孔穎達也稱子貢是「言語之士」，專靠嘴皮子混飯吃的。

除了能言善辯，子貢經商久了，眼頭也活泛，從來不說得罪人的話。有次孔子問子貢，你和顏回誰更優秀？子貢立刻拍起了顏回的馬屁，我怎麼能和顏回比呢，「顏回以一知十，我只能以一知二。」當然可以說子貢確實是推崇顏回，但從子貢的性格來看，他應該是不服顏回的，至少顏回過於「迂腐」的性格是子貢所不能認同的。

孔子帶著三大弟子遊農山，孔子問他們的志向選擇，子路說要上疆場殺敵，顏回說要用禮儀教化人民，子貢回答的非常大器。「我希望齊、楚兩軍在疆場上互相廝殺，我穿白衣，戴高帽，站在兩軍陣中，憑我三寸不爛舌，向這些好鬥公雞闡述戰爭的危害，讓他們罷兵和好。而且我相信只有我才能做到這一點，子路和顏回遠不如我。」孔子當然相信子貢的自信，答：「辯哉！」

子貢的辯才是公認的天下第一，這世界上幾乎沒有子貢的利嘴攻不克的堡壘，比如孔子突然大發善心，想勸楚平王的弟弟、楚令尹子西做人不要沽名釣譽，但孔子卻沒想好派誰去合適，子貢自告奮勇，「賜也能。」不久後，子西果然被子貢的連珠炮炸得七葷八素，「（子貢）乃導之，（子西）不復疑也。」

槍能殺人，嘴同樣能殺人，在特殊的時代環境下，嘴的功能甚至可以改朝換代，影響歷史發展的進程。子貢的嘴能厲害到什麼程度？我們所熟悉的勾踐臥薪嘗膽二十年，最終一舉滅吳，復仇稱霸，但「三千越甲可吞吳」的始作俑者是誰，答案是子貢。

司馬遷給子貢立傳，洋洋灑灑兩千字，基本說的就是子貢挑撥吳、越之間的仇恨，引誘吳越大戰，從而使魯國避免遭到亡國之災的傳奇經歷。因為子貢存魯、去齊、引吳越混戰的故事實在精彩，憑此一戰，子貢的「春秋第一名嘴」的地位牢牢不可動搖。

三七、俠儒子路

說完了顏回，再來講講性格上與顏回站在另一端的子路。

只要有人類存在，就必然會在意識形態或性格上分成對立的兩種人，比如有人激進，有人溫和，也就是通常所說的鷹派和鴿派，或者說是一枚硬幣的兩面。在孔子的學生中，能有資格與顏回並立於性格硬幣的兩面的，也只有子路。子路其實是他的字，他本名仲由，也有一說叫季路，孔子喜歡稱呼他的名字，但眾多史料多稱為子路，所以本篇也稱他為子路。

顏回比孔子小了三十歲，所以孔子可以把顏回當成兒子一樣，但子路卻只比孔子小八歲，生於西元前五四二年，和孔子名義上是師生，實際上就是大哥和小弟的關係。在孔子的眾多學生中，子路絕對是個另類，如果說顏回溫柔如水，那可以說子路剛烈如火，顏回像一塊玉，子路就像是一塊生鐵。

孔子的學生多喜歡搖頭晃腦的讀書，臥於林下，飲泉笑談儒者。子路不喜歡這些酸文假醋的作派，如果把子路關在屋子裡面讀書，不出一個時辰，子路準能把門踹開，他的性格和《水滸傳》中的黑旋風李逵極為相似，天生就是個坐不住的人。

顏回好求仁，而子路最大的追求則是長劍，一柄長劍在手，騰雲舞龍，好不自在。孔子曾經問子路，你最大的愛好是什麼，子路很自豪的說，我最喜歡舞長劍。

子路的回答讓孔子很不滿意，這哪裡是一個溫文爾雅的儒生，分明就是一個大塊吃肉、大碗喝酒的綠林強人。孔子勸子路要多學習文化知識，「木受繩則直，人受諫則聖，君子不可以不學。」雖然子路最終接受了孔子的勸學，但一個人的性格不是輕易可以改變的，依然不改自己的強人作派。子路和三國東吳名將呂蒙有些相似，呂蒙也是聽了孫權的建議，開始讀書，但骨子裡的武夫基因是抹不掉的，子路同樣如此。

孔子也知道子路的性格，所以孔子並沒有要求子路全盤照抄顏回的價值觀，這是不可能的，孔子只是希望子路能多一點溫和的色彩，為人處事不要過於強硬。曾經有人問孔子：子路是一個什麼樣的人。孔子的回答是：「勇人也！我不如子路。」《論語．子罕》記載的「勇而無懼」，應該指的就是子路。

孔子稱讚子路為人「勇」，不僅是因為子路為人豪俠仗義，而是孔子曾經親身領教過子路的粗暴。子路是典型的武夫粗人，所以司馬遷說子路「性鄙」，性格直來直去，說話不喜歡拐彎抹角，當面罵人是家常便飯。子路熱衷於打架鬥毆，誰要是把子路惹毛了，後果是不堪想像的。

孔子和子路認識的時間應該比較早，但雙方還沒有確定師生關係，最多算是個熟人。孔子成天宣揚打不還口，罵不還手，所以遭到了子路的輕視。既然老夫子喜歡「人不善我，我亦善人」，子路自然要佔點孔子的便宜，沒少對孔子動手動腳，「陵暴孔子」。

孔子向來是不崇尚武力解決問題的，他就像《大話西遊》中的唐僧一樣，在孫悟空面前念念叨叨，直到子路捂住耳朵投降為止。孔子成天在子路面前大講仁義道德，「設禮稍誘子路」，子路這才「儒服委質」，拜在孔子門下，這充分顯示了子路性格中坦率可愛的一面。

其實以子路的性格，他穿上儒服，照樣是橫著走路，背長劍，踏步如流星，性格豪爽開朗，天生就是一個適合在官場上撈飯吃的人物。子路很渴望功名，入世的心態非常積極。

有一次，孔子帶著顏回、子路、子貢三大樣板學生去遊農山，在山上，孔子讓他們說出各自的理想志向。顏回的回答依然是老套路，仁義道德講了一大堆，無非君明臣賢，愛民如子云云。

子路不像顏回那麼「酸腐」，他的理想是騎著高大的戰馬在疆場上廝殺。子路並自信的告訴孔子，在孔子學生中，能上馬橫劍，擎旗衝殺，斬敵上將於萬馬陣中者，只有他仲由。「鐘鼓之音，上震於天，旍旗繽紛，下蟠於地，由當一隊而敵之，必也攘地千里，搴旗執聝，唯由能之。」

但凡有點才華的人士，骨子裡都或多或少的有一點驕傲感，或者說做人非常的自信，相信自己的才能，子路也不例外。還有一次，子路和曾皙、冉求、公西華陪著老師孔子聊天，孔子給學生們提了個假設，假如你們受到了君主的重用，你們會怎麼做。

子路第一個回答：「我希望能去一個擁有千輛戰車的小國，這個小國夾在兩個大國中間，外部有強敵壓境，內部饑荒連年，國將不國。只要這個小國肯重用我，不出三年，我就有能力改造這個國家的國民性格，有足夠的力量稱雄一世。」

在思想保守的古人看來，顏回遠比子路更值得尊敬，但子路的性格更接近於崇尚個性自由的現代人。現代人對子路的欣賞，不僅限於他的「勇」，更在於他的「俠」，是個可以在一起「鬼混」的哥們，而不是危襟正坐，無求無欲的顏回。

子路在道學先生們看來有些世俗，比如子路從來不掩飾自己對名利的熱愛，這不應該人的缺點而受到批判，這只能說明子路為人的真實。事實上，子路並不是一個為了追逐名利而放棄仁義道德的斤斤小人，從某種角度上講，子路的人生追求比顏回更接近於「仁」。

子路具有很強烈的均富意識，這一點是非常難能可貴的。孔子曾經問子路最想做什麼事情，子路很驕傲的回答：我想成為一個富人，擁有華麗的車馬，美麗的服飾，和我的朋友一起享受榮華富貴。特別是「與朋友共」，這是很標準的梁山「土匪」作派，有福同享，有難同當，這樣灑脫可愛的性格，是非常符合現代人的精神追求的。

子路是個率性的「莽撞人」，他的喜怒哀樂都寫在臉上，他從來不隱藏自己的觀點。比如孔子去衛國求食，被衛國夫人南子強行邀見，雖然孔子是迫不得已，但還是被子路臭罵了一頓。子路是個直筒子性格，孔子是聞名天下的大學者，怎麼可以見南子這個淫蕩婦人？子路性格直爽，但本質是非常善良的。

實際上，後人對子路的印象多集中在他的「勇（有個性）」，卻忽略了子路的「孝」。孔子欣賞子路，不僅因為子路任俠豪爽，子路對父母的孝順，也是孔子大加讚賞的。

《孔子家語·致思》記載了子路和孔子的一段對話，其中子路說告訴孔子自己當年的生活，這應該是子路認識孔子以前發生的事情。子路的家境應該比較差，家裡有一點好吃的東西，子路都要孝敬父母，他自己經常以野果充饑。子路的父母年紀應該比較大了，為了不讓父母勞累，子路經常從一百多里的地方背米回家，孝養雙親。

老話常講，為子不孝，為臣不忠。一個不熱愛父母的人，很難想像他會熱愛自己的國家。子路為人雖然有些莽撞，但心地善良，任俠仗義，孔子實際上是非常欣賞子路的。以子路這種鋒芒外露的性格，是不太適合在官場上混的，官場一般容不下有個性的官員，孔子也曾經和季康子談過這個問題。「由也果，於從政乎何有？」

子路不從政，又不能做顏回那樣的名士，總要做點事情，孔子給子路點明了方向——做將軍。孟武伯問孔子：「子路仁乎？」孔子否定了子路可以達到「仁」的境界，從性格上來說就不合適。孟武伯問子路做什麼合適，孔子給出了答案：「由也，千乘之國，可使治其賦也。」

孔子認為子路適合在軍隊中工作，因為子路的性格比較剛狠強硬，能震得住人，這一點是顏回、子貢、冉求等人所不具備的。在眾多學生中，子路是唯一敢和老師頂嘴拌蒜的，孔子困於陳蔡時，餓得兩眼暈花，孔子還在搖頭晃腦的給學生們講課。子路最受不了孔子的「酸文假醋」，都快要餓死了，還讀個鳥書！子路對孔子冷嘲熱諷：「君子也有餓肚子的時候麼？」

孔子問子路，我們為什麼會落到這步田地，子路又是一頓夾槍帶棒的挖苦：「因為我們的仁德還不夠，所以人家不給我們飯吃。因為我們智謀還不夠，所以人家不放我們離開這鬼地方」，子路只顧過自己的嘴癮，卻氣得孔子直翻白眼。

這種性格很討一般人的喜歡，直爽不做作，是個可以推心置腹的人，但在官場上，這種人性格過於外露，是很容易得罪人了。在子路離開孔子單飛，準備去衛國蒲邑做大夫時，孔子擔心子路的直筒子脾氣會招來麻煩，就耐心給子路上了一堂課。

蒲邑民風剽悍，好勇鬥狠，滿大街都是刺頭，子路也是此道中人，如果子路不收起他的火爆脾氣，遲早會和蒲人打起來。孔子送給子路兩條應對的辦法：一、恭以敬；二、寬以正。待人謙恭低調，沒事別攆雞追狗，盡量不要得罪人。對人要胸懷寬廣，持之公平，不要拉幫結夥，一碗水要端平。只要做到這兩點，天下之事，無往不利。

子路來到衛國做官的時機並不算好，因為此時的衛國正陷入一場可怕的父子爭位的內亂中不可自拔，刀槍無情，隨時可以剝奪所有參與者的生命。關於衛國的政治危機，前面也曾經提到過，就是衛國夫人南子逼走了太子姬蒯聵，由於公子郢不想繼位，所以南子只能選擇姬蒯聵的兒子姬輒。

姬輒在位的時間不算短，在能政治混亂中屹立不倒十二年，說明姬輒還是有一定的政治能力。但他在官場上面對的最大敵人，不是別人，正是他的親生父親姬蒯聵。姬蒯聵非常有野心，他並不甘心本來屬於自己的位子讓兒子霸佔，時刻都在謀劃回國繼位。

衛國大夫孔悝是子路的上級，但子路所不知道的是，孔悝還有另外一個身分，就是前太子姬蒯聵的外甥。姬蒯聵的姐姐伯姬氏就是孔悝的生母，一個生性淫蕩的貴婦人，孔悝的父親死後，伯姬氏就和家臣渾良夫勾搭成姦了。

對於姬輒的繼位，無論是他的父親姬蒯聵、他的姑母伯姬氏、還是他的表兄孔悝都不滿意，就孔悝母子來說，侄子和表弟的關係顯然沒有弟弟和娘舅的關係更親近，所以這娘倆暗中操作，準備對姬輒下手。

子路不知道這些內情，他只有一個信念：食君之祿，忠君之事，他拿姬輒發的工資，他就有義務為姬輒盡忠。所以當子路聽說孔悝一夥把衛公姬輒趕到魯國，迎立前太子姬蒯聵之後，子路的憤怒可想而知。

其實子路完全有機會遠離衛國的宮廷鬥爭，誰做國君和子路沒有什麼直接利害關係，跟誰不是一樣打工？也有人勸子路，說國君已經出逃了，而且城門已經關閉，反正你也進不去城，何不就此離開衛國，何必蹚這個渾水，自取其禍？

別看子路平時吊兒啷當，性烈如火，但他是一個有擔當的男人，他受姬輒厚遇，就必須報答，即使面前是刀山火海，子路也要蹚下去。子路說得很悲壯，「食其食者，不避其難！」

子路知道姬輒並不在城中，而姬蒯聵和孔悝早已經勾搭在一起，為了權力，這夥人是什麼都能幹得出來的。子路面臨兩種選擇，要麼回到魯國，與孔子或姬輒團聚，要麼進城送死。如果是孔子面臨這樣的選擇，以孔子的通權達變，他應該會選擇離開，而子路卻義無反顧的進城送死。子路並不是一根筋撞南牆的人，他也知道自己的生命只有一次，只是他當初答應姬輒到盡忠至死，所以他要踐諾。

子路在城中的高臺上見到了春風得意的姬蒯聵，旁邊站著趾高氣揚的孔悝，子路做的第一件事情後，就是直指孔悝，問姬蒯聵：「孔悝不忠不義，君為什麼要重用這種不忠不義的小人，請君將此賊授臣，臣殺之，以正大義。」

姬蒯聵和孔悝既是近親，又是鐵杆盟友，任憑子路說的有理有據，大義凜然，姬蒯聵也不會動孔悝一根寒毛。此時的城中都是姬孔二人的人馬，子路沒有任何機會贏得他想要的結果，而且姬孔二人並沒有對子路動手，子路完全可以在取得道義勝利的情況下全身而退。

子路並沒有選擇「聰明人」都會選擇的做法，他沒有絲毫後退，而是繼續和命運抗爭到底。子路做出了一個非常驚人的舉動，他堆起柴火，準備燒城，把該死的姬蒯聵和孔悝燒成烤鴨。子路一個人的力量是不可能完成堆柴放火的，說明子路手下有一定數量的軍隊，但不會很多，所以他的勝算並不大。

其實從子路進城的那一刻，勝負早已經注定，子路完全佔據了道義高地，但筆桿子在槍桿子面前，什麼都不是。姬蒯聵的人馬很快就衝下臺去，將子路團團圍住，結果不用多說，子路眾寡不敵，悲壯地踐行了他當初對衛君姬輒的承諾。

子路不是傻子，力量的懸殊讓他沒有任何機會除掉兩個奸人，在這種情況下他還敢進城，就是準備慷慨赴死的。當敵人在亂戰中砍斷了子路的帽纓，子路怒喝敵人住手，留下了在人間的最後一句話：「君子可死，但不可無冠。」子路從容的繫好帽纓，含笑就死。這一年是西元前四八〇年，子路時年六十三歲。

子路的性格決定了他的悲壯人生結局，而最早看出子路必將死於義的，就是他的老師兼朋友孔子。當孔子聽說衛國內亂的消息時，以孔子對子路的深刻了解，他就有一種不祥的預感，子路肯定要出事。果然不久後，噩耗傳來，孔子哭倒於地。

孔子失去的，不僅是一位極有性格的學生，也不僅失去一位知己朋友，確切的說，孔子失去的，是一位敢說真話的諍友。做朋友易，說些好聽話就成，但做諍友不易，是很容易得罪朋友的。當著朋友的面說出對方的不足，是對朋友的愛護，這需要坦蕩的胸懷，說話做事問心無愧。子路對孔子的批評向來是毫不留情的，挖苦諷刺也是家常便飯，但子路是真心赤誠的，孔子最痛惜子路的，就是子路性格中的剛直。

子路可能在小節上不太注意，說話不考慮別人的感受，這樣的人很容易被別人揪住小辮子。但子路之所以是英雄，原因就在於他的胸中存有大義，捨小節而取大義，這才是英雄所為。

英雄往往都是有缺點的，沒有缺點的聖人讓普通人難以親近，而子路身上濃烈的草莽英雄之氣，是子路人生中最大的閃亮點。

除了顏回、子路之外，孔子還有許多優秀的學生，比如子貢、子夏、冉求等人，因為篇幅有限，所以就不多做介紹了。

三八、千古一聖說老子

誰是老子？簡而言之，老子就是爸爸。

古往今來千萬年，人類已經產生了數百億個老子，只要能生娃，你就是老子。但今天我們要講的不是別人的爸爸，而是中國歷史上一位極具傳奇色彩的偉大哲學家——老聃，又稱李耳、李聃，中國所有老子中最偉大的那一個。

由於漢武帝「罷黜百家，獨尊儒術」，以至於儒家在中國唯我獨尊，極大的影響了中國二千年的歷史，甚至到現在，全世界遍地都是孔子學院。就像一枚硬幣，人們只看到了平放在地上的硬幣的這一面，卻忽略了硬幣背後，還有精彩的那一面，這就是老子的道家思想。

不否認儒家的偉大，但我們更應該承認的是道家的偉大。從某種意義講，沒有道家思想對中國歷史潛意識的影響，任由儒家一家主宰中國人的腦袋，歷史將變得極端而不可收拾。而道家思想的開創者，就是偉大的老子。

洋人曾經做了一個世界百位偉大人物排行榜，孔子因為知名度實在太大而排在第五，老子——中國最偉大的哲學家排在第七十五。老子排名落後於孔子，完全是因為儒家思想之於官方的表面影響。

就如同世人皆知蘇格拉底、亞里斯多德、柏拉圖是古希臘的偉大思想家，卻很容易忽略古希臘思想史上的開山鼻祖泰勒士，而老子出生略晚於泰勒士。如果說孔子是中國的蘇格拉底，那老子就是中國的泰勒士。

從來沒有人懷疑過孔子的存在，卻有不少中外學者質疑老子是否真有其人，比如日本學者津田左右吉就認為老子是司馬遷道聽塗說後捏造出來的虛構人物，但大多數學者相信老子的存在。

關於老子的生年，已經於史無考，但有觀點認為老子應該生於周靈王姬泄心即位前後，也就是西元前五七一年，比孔子大二十歲，算是孔子的父輩。而老子卒於周元王姬仁五年，即西元前四七一年，也就是說不庸凡的老子在庸凡的人世間逗留了一百年！

而關於老子的出生地，現在爭議非常大。《史記．老子列傳》說老子生於苦縣厲鄉曲仁里，具體位置不詳，大致有兩種說法，一是指河南鹿邑縣，一是指安徽渦陽縣。老子學說最優秀的繼承者莊子則說老子是沛人（今江蘇沛縣）。老子到底出生在什麼地方，其實答案非常簡單，老子出生在中國，是屬於全中國的。

關於老子的家世，同樣無考，但據學者考證，老子和孔子一樣，都出身於沒落的中下層官僚家庭，父祖幾代都是諸侯國的史官，家庭物質條件相對充裕，這也為老子的早期教育打下了基礎。這一點和司馬遷非常相似，司馬遷也是世家寫史，所以司馬遷有條件最終寫出煌煌巨著《史記》。

有史可考的老子第一任老師是楚人商容，商容是什麼時候，在哪裡教的老子，史無記載，但在《高士傳》中卻留下了商容在病中與老子的一段關於「道」的談話。老子最終形成以「道」為內核的哲學體系，和少年時商容給他灌輸的哲學思想有很大關係。

此時的商容年老力衰齒落盡，老子在榻前問疾，商容問老子一個問題：「我的舌頭還在嗎？」老子心裡可能在想，這個老棺材瓤子盡說廢話，沒舌頭你怎麼說話？老子回答舌還在。商容又問老子一個問題：「我的牙齒還在嗎？」老子搖搖頭，都掉光了。

商容神神叨叨的問老子，你現在知道我想要說什麼了吧。年輕的老子有些不太自信的回答：老師莫非是在說剛強者必亡，而柔弱者能存的道理？商容大笑：孺子可教矣！老子《道德經》中一個最著名的觀點：「上善若水，水善利萬物而不爭，處眾人之所惡，故幾於道。」即柔弱勝剛強，就是吸收了商容和他這段談話的精髓整理而成的。

上面講了老子是中國的泰勒士，其實泰勒士的哲學思想和老子如出一轍，比如他們都從水的存在而悟到比人道更為博大深邃的天道（即哲學），老子說「上善若水」，泰勒士說「水是最好的」。如果說孔子追求的是人道，立足於社會，老子追求的就是天道，將人置於茫茫宇宙之中去探索人的存在價值，也就是人與自然的關係。

「道」是老子哲學思想的核心，「水」又是「道」的內核，什麼是「水」？在老子的哲學體系中，「水」就是一種無為的存在，是所有力量的源泉，表面上看，水是柔弱的，但水的力量卻是世界上最無堅不摧的利器，一滴水會被太陽吸乾，但無數萬億滴水能摧毀整個世界。

著名學者南懷瑾先生在評價「上善若水」的時候，曾經提到過一副對聯，即「水唯能下方成海，山不矜高自及天」，「水」的美德，就如南懷瑾所說，「如水一樣的至柔之中的至剛、至淨、能容、能大的胸襟和器度。」

老子常講：爭是不爭，不爭是爭，強調無為處世，不要事事出鋒頭，要以自己為本位，「自居（水的）下流，藏垢納污而包容一切」。水以柔弱勝剛強，妙處在於水的靜者自靜、動者自動，做人也是如此，要因時而動，不要逆天行事。

道家主張無為，但這並不是保守軟弱，而是一種積極的人生態度，換成現在語言，就是做人要低調。南懷瑾曾經以水為例，研究了儒、佛、道三家對於「水」不同的理解。儒家講究「精進利生」，佛家講究「聖淨無生」，而道家講的是「謙下養生」。

老子的「水」觀，可以用南懷瑾提出的「七善」來總結，就是：

一、居善地，要善於自處甘居人後。

二、心善淵，要有容納百川大海的深沉靜默。

三、與善仁，行為舉止要學習水給予萬物以生命的擔當。

四、言善信，言語吐納要像潮漲潮落一樣定時，不要隨便開口給人承諾。

五、正善治，立身處世要像水一樣持平正衡，不要拉幫結派。

六、事善能，為人處事要圓柔如水。

七、動善時，把握機會，及時而動，像水一樣隨著動盪的形勢而動，隨著平靜的形勢而靜。

特別是第七善，即「動善時」，其實就是老子經常掛在嘴邊的「無為而無不為」。因為從表面上看，水有時也是靜止不動的，但水卻從來沒有停下自己探索未知的腳步，老子也是如此。而此時的老子，還不滿十歲！這是一個思想上的神童，當然，不是所有的神童都能很早參與工作。

有人說，思想境界是與一個人的生存環境大有關係的，這話很有道理。老子偏居草野一隅，再加上商容的知識儲量也是有限的，商容為了不耽誤這棵好苗子，可能是通過自己的人際關係，把老子送到了東周國都雒邑求學。這一年，老子約十五歲左右，相當於現在的初中畢業生。

老子和孔子這兩位中國思想史上偉大的開拓者，他們有一個共同點，就是「十五而志於學」，只不過他們的興趣和研究方向不同，孔子考上了魯國大學的社會系，老子考上了東周大學的哲學系。

在這一點上，老子要比孔子幸運，因為他所在的「大學」是國家最高學府。東周雖然國勢衰落，但作為天下王都，卻有條件保存著豐富的古籍資料，這是地方諸侯大學所不如的，這也是後來孔子來雒邑求學於老子的主要原因。

由於史料稀少，只能略約推算出老子在雒邑的書院裡整整待了十年，而按現在的學歷演算法，四年本科之後，再考碩、博士班，差不多也是十年，也就是說，老子是戴著博士帽子，心事忡忡地走出十年寒窗苦讀的教室。

不知道是託了什麼門路，二十五歲的老子謀到了一份周守藏室之史的差使。所謂守藏之史，也就是東周國家圖書檔案館館長，這是個副部長級待遇的職務。應該說這份工作是非常適合老子的，老子嚮往靜謐如水的人生，而守藏史正可以滿足老子的心意，正所謂躲進小樓成一統，哪管春夏與秋冬。

老子平靜而不庸凡的人生，已經和雒邑緊密聯繫在了一起，司馬遷說老子「居周久之」，實際上老子在雒邑工作生活的時間長達四十二年，即西元前五五七年至西元前五一六年。四十二個春夏秋冬，記載著老子從一個翩翩少年到擁有豐富人生閱歷的老年的點點滴滴，雖然此時老子還沒有編撰《道德經》，但在雒邑擔任守藏史的漫長歲月卻是老子哲學思想形成的最關鍵時期。

國家圖書檔案館是個清水衙門，平時沒有多少油水可撈，老子也不屑追逐那些虛名浮利，除了每天必要的公務應酬外，老子都潛於密室，整理文件資料，在或明或幽的燭光映照下，老子孤獨的仰望著浩瀚無垠的星空，似乎在思考著什麼。

道是什麼？每個人心中都有自己的答案，包括積極入世的儒者。老子眼中所看到的「道」，首先是一種哲學辯證的存在，用現在的角度來看，老子的三觀是唯心主義的。

比如老子的唯心宇宙觀，表現在《道德經》第七章，即「天地所以能長且久者，以其不自生，故能長生。」宇宙是固定不變，自古就有的嗎？根據宇宙大爆炸理論，宇宙是一百五十億年前出現的，也就是宇宙並非是「不自生」的。

但我們不能去苛責一位兩千五百年前的哲學家，歷史是在不斷發展進步的，現代人所取得的成就，哪樣不是建立在前人探索的基礎上？牛頓被蘋果砸了，發現了萬有定律，而現在的中學生也能發現萬有定律，但我們不能說牛頓還不如一個中學生。

老子所追求的道，並不是故弄玄虛，所謂「玄之又玄，眾妙之門」，老子的「道」，從來沒有脫離社會去片面的研究所謂宇宙。或者可以這麼說，老子研究「道」的核心是如何才能做到人與自然的無縫對接，即天人合一學說。比如在《道德經》第七十七章中，老子就把「天道」和「人道」放在一起討論。

有些偏激的觀點認為老子不過是個「神棍」，實在是荒謬透頂，更有甚者，因為歷代皆獨尊儒術，便有人認為道不如儒。其實宣揚道不如儒的，無法面對一個人對這種荒謬觀點的否定，他就是儒家的至聖先師孔子。

在孔子輝煌燦爛的學術人生中，他的老師並不多，但任何否定道家思想的觀點都絕無可能繞過孔子曾經問道於老子的那道歷史鐵門。

孔子問禮於老子的故事，流傳千載，成為千古佳話。不過孔子見老子的時間、內容，歷代爭議非常大，大致有兩種觀點，一是「孔子卑禮於老子」，是道家門徒有意抬高老子地位的炒作。

另一種觀點是孔子年少於老子，老子的生年具體無考，但應該比孔子大二十歲左右，老子成名要早於孔子，所以孔子向長者問道是非常正常的。二人相見的地點，沒有什麼爭議，因為老子時任東周王室的藏室史，相當於周朝的國家圖書館館長，也是名滿天下的國學大師。

孔子「適周」見老子是中國古代思想史上的重大事件，當一位偉大的思想家和一位偉大的哲學家對座而視的時候，對歷史產生的影響可想而知。雖然孔子見老子的史料非常多，但對於二人相見的時間則語焉不詳，學界為此吵來吵去。

大致來說，孔子見老子的時間，分為幾種觀點：一、孔子十七歲時；二、孔子三十歲時；三、孔子三十五歲時；三、孔子五十一歲時。而第三種觀點是老子最著名的學生莊子說的。其中孔子三十五歲時見老子，最為學界所認可，具體時間是魯昭公二十四年（西元前五一八年）五月初一，當天發生了日全食。

從魯國曲阜到東周雒邑，約有五百公里的距離，而且烽火四起，路上並不太平。孔子之所以執意要遠赴千里之外去求見老子，有兩個目的，一是來東周觀「訪樂於萇弘，歷郊社之所，考明堂之則，察廟朝之度」，學習東周先進的政治禮法制度。第二個目的，就是孔子聽子路說起東周有個守藏史老聃，博學通古，且舍下有書無數，孔子急於增長見識，便開始了他人生中最為瑰麗的求學之路。

孔子見老子都說了些什麼，《孔子家語．觀周》和《莊子．天道》對此均有詳細記載。《家語》記載孔子向老子問道，實際上是在老子訴苦，說自己觀於道德價值觀的建議沒有被當權者採納，道行於今世頗難，孔子指的是春秋時代禮崩樂壞的道德滑坡。

對孔子這個觀點，老子用他一貫的哲學思維邏輯回答，「說者流於辯，聽者亂於辭」，意思是官場中人鬼話連篇，而且擅長花言巧語忽悠百姓，而聽者又往往對事實的本相不了解，容易聽信他們的空頭承諾。

而在《莊子．天道》中，孔子和老子展開了一場關於「仁」的精彩辯論，事件的起因是孔子聽說老子藏有許多圖書，便來到東周找老子借書。老子並沒有借書，而是要求孔子用一兩個字來高度概括他所讀過的書，孔子答曰：「仁義」。

「仁義」是儒家學說的精神內核，孔子一生致力於「仁義」，而「仁義」與老子所追求的「道」存在本質上的不同。「仁義」側重於社會人的精神層面，「道」側重於人與自然的共存辯證關係，所以老子對孔子所追求的「仁義」似乎並不太認可，問孔子何為仁義。

孔子回答得也很乾脆：「君子不仁則不成，不義則不生。仁義，真人之性也。……中心物愷，兼愛無私，此仁義之情。」孔子話音剛落，老子就對孔子的仁義論進行了毫不留情的批判，老子不認同仁義是人之本性的觀點，他提出了自己的反對意見。孔子所謂兼愛無私，實則有私，孔子要愛天下所有人，實際上是希望天下所有人都愛他，這本身就是一種自私的表現。

老子反對孔子的仁義論，並不代表老子反對仁義本身，只是道、儒二家對仁義的理解不同所致。老子的用世哲學還是「無為而無不為」，仁義也是如此，老子反對的是刻意贈予別人仁義，因為這違反了天道人性。

老子在《道德經》第三十八章就明確提出道家的仁義觀：「上仁為之而無以為」，真正的仁愛是天性流露，而不是化裝表演舞會，戴上仁義的面具就能欺騙觀眾。儒家最喜歡宣揚仁義德政，而在老子的用世哲學中，「不以德者自居，不以仁者自居」，才是德與仁的最高境界。正如老子所說：「人法地，地法天，天法道，道法自然。」

孔子在東周雒邑逗留的時間不短，他應該和老子進行多場學術上的切磋和辯論，老子以長者的身分多次告誡孔子，「良賈深藏若虛，君子盛德容貌若愚。去子之驕氣與多欲，態色與淫志」。從《史記．老子列傳》記載的這段話來看，孔子的用世思想過於激進，恨不得一日變換城頭大王旗，這是老子所反對的。在老子看來，孔子的世俗心太強，不是能和他談天論道之人。

而根據近代大學者胡適的研究，老子和孔子都是儒家學者，只不過老子抱守舊儒，孔子推倡新儒。「孔子和老子本是一家，本無可疑。後來孔老的分家，也絲毫不足奇怪。老子代表儒的正統，而孔子早已超過了那正統的儒。老子仍舊代表那承順取容的亡國遺民的心理，孔子早已懷抱著『天下宗予』的東周建國的大雄心了。」

從某種角度來講，胡適說的很有道理，比如老子的政治思想相對略比孔子保守一些，甚至更進一步說，老子才是西周禮教宗法思想（即周公之儒）的正宗傳人，孔儒不過是從周公之儒引申出來的新儒家學派。

不過胡適貶低性的認為老子的哲學思想是歷史進步的絆腳石，企圖將歷史拉回到原始初民的社會狀態，實在是有失公允，因為孔子要把社會拉回到西周禮不崩樂不壞時代的心情，比老子還要迫切。

老子是說過「常使民無知無欲，使夫知者不敢為也。（《道德經》第三章）」但這句話並不能成為老子開歷史倒車的證據，否則儒家經常掛在嘴上的「民可使由之，不可使知之」，又當何解？

老子說這句話的前提是統治者「不尚賢（錢財），使民不爭；不貴難得之貨，使民不為盜」。這裡所說的「知」，指的是智慧，而不單純指的是知識。統治者首先要做到不貪利貨，在全社會營造一個全民不貴財貨的道德價值標準體系。統治者貪婪，整個社會都會跟風。底層民眾由於剝削制度的限制，得不到一塊蛋糕，只能逼著他們去造反。

老子在第三章的最後還提到了「為無為，則無不為矣」，這裡所說的「無為」，是勸告統治者不要貪婪，盡最大可能讓利於民。你不希望子民做的事情，你自己首先就不要去做，否則上行下效，社會穩定是無從談起的。

胡適把老子和孔子捆綁一起銷售，甚至讓老子替孔子抵擋來自墨子批判儒家的槍子，實際上老子與孔子的三觀是有很大不同的，不能簡單的將兩位思想家混為一談。孔子對老子發自內心的尊重，也是一些激進儒學者無法理解和接受的。

等到孔子在老子處混了幾頓飽飯後，要離開雒邑回魯國了，老子在城門前送孔子返魯。經過一段時間的觀察，老子對孔子的優缺點已經瞭若指掌，孔子年輕有為，但對過於追求虛名浮利，在黑暗混沌的官場上是很容易得罪人的。

老子送給孔子幾句發人深省的警言：「凡當今之士，聰明深察而近於死者，好譏議人者也；博辯閎達而危其身，好發人之惡者也；無以有己為人子者，無以惡己為人臣者。」老子教育孔子，做人要低調，不要以為地球是圍著自己轉的。

表面上講，老子講的是消極的為人處世，但其中卻包含著積極進取的因素，老子說過：「取天下常以無事，及有其事，不足以取天下。」老子可從來沒說過無為就是消極避世，只不過取天下各有道，道道不同而已。

孔子此次適周求道，收穫頗豐，以至於他在離開雒邑時，深深地長拜老子，「敬奉教」，並把老子抬高到無以復加的程度，稱老子為「龍」，而龍，世界上只有一條。

孔子的偉大就在這裡，對於不同於自己的學說有著出自本能的敬重，孔子並非完全接受老子的說教，但不能否認的是，老子的淡淡數語，卻對孔子思維的開拓有醐醍灌頂之感。《孔子家語》把孔子後來收了學生三千，歸功於老子，「（孔子）自周反魯，道彌尊矣，遠方弟子之進，蓋三千焉。」

對老子來說，孔子只是他絢爛而如迷霧般的人生海洋中的一朵浪花，孔子繼續尋找著自己的夢想，而老子還要在無數的史籍卷宗中追求著對一般人來說並無多少實際意義的「道」。也許除了老子，沒人說得清「道」到底是什麼。

老子的「道」，並非某些人所貶低的不食人間五穀，脫離地氣，更不是什麼「神棍哲學」，而是一種實實在在的用世哲學，不能把出世的道家思想和追求有為結果的「道」本身簡單的混為一談。

老子不是天文學家，每天都在數星星，人與自然的辯證關係，是每一個有為於世的哲學家或思想家都必須面對的。至聖如孔子，也對顏回說過：「通乎物類之變，知幽明之故……既知天道，行躬以仁義……窮神知化，德之盛也。」

後世對老子的研究，過多的集中在老子的哲學思想，總在茫茫宇宙中去尋找自己的答案，卻往往忽略了老子的政治思想，其實老子也是站在地球的表面上看待宇宙天象，人間萬物。

一部煌煌道家經典巨著《道德經》著重講兩個方面，一個是「天」，一個就是「人」。在老子看來，天道即人道，人道即天道，人道如果再細分的話，可以分為抽象的人道與具體的人道（民道），而脫離了以民為本的人道，天道也就不復存在了。

和許多接地氣的思想家一樣，老子對人民大眾的感情是真摯而樸素的。老子非常同情、理解社會底層民眾的苦難與對幸福的嚮往，並經常警告統治者不要把老百姓的忍耐當成逆來順受。

比如在《道德經》第七十二章，老子告誡君主：「民不畏威，大威至。無狹其所居，無厭其所生。夫唯不厭，是以不厭。」老百姓從來都是不怕死的，不迷信權威的，一旦把老百姓逼得走投無路，造反將是他們唯一的選項。

老子並不反對君君臣臣的社會等級制度，但底線是統治者必須要滿足老百姓最基本的物質需要，不要逼得老百姓沒有房子住，不要逼得老百姓連一碗熱飯都吃不上。維護穩定的根本在哪裡？不在於高精尖的武器，而在於讓老百姓活得有尊嚴。做不到這一點，維護穩定只是個夢想。

民眾和政府的關係是成正比的，政府愛民眾，民眾就會愛政府，反之也一樣，這就是老子說的「夫唯（政府）不厭（百姓），是以（百姓）不厭（政府）」。為什麼項羽擁有強大的軍隊卻兵敗如山倒，根本原因，就是項羽沒有參透老子「唯不厭，是以不討厭」的真理。

《道德經》第八十一章中有句話非常發人深省，值得當政者戒！「聖人不積，既以為人已愈有，既以與人已愈多」。翻譯過來就是優秀的當政者從來不為自己謀取私利，而是把自己的一切都貢獻給底層人民，為他們服務。這樣的當政者，他付出的越多，得到來自人民的擁戴就會越多。

為什麼海瑞卒於任上時，當地百姓痛哭流涕，罷市為海瑞送葬，就因為海瑞不謀私利，真正做到了「聖人不積」，而不像有些人嘴上高喊利國利民，實際上鼓動七姑八婆大發橫財，這樣的貪官，老百姓當然會毫不留情的痛罵。

政府要做到不讓百姓討厭，其實非常簡單，只要做到老子所說的「有德司契，無德司徹」就行了。這句話翻譯過來，就有德的政權對人民只有奉獻沒有索取，而無德的政權才反其正道而行之。而歷代百姓造反，說到根子上，就是一些政權「無德司徹」。

民眾普遍貧困是社會動盪的根本原因，為什麼會出現官富民貧的局面？老子一針見血的指出：「民之饑，以其上食稅之多，是以饑。」社會財富有一個相對總量，無論用什麼美麗的語言進行包裝，利益分配從來都是一個濺血的殘酷過程。所謂官富，完全是建立統治者剝削壓迫百姓基礎上的，與民爭利，在把老百姓往絕路上逼的同時還在幻想社會穩定，是根本不可能的。

老子反對用「大威」來壓制底層民眾，因為這是毫無效果的，民眾沒飯吃，就會想辦法給自己找飯吃。官府積糧如山，饑餓的老百姓只好去扛著鋤頭到官府「借」糧了，順便割下幾個肥大的頭顱來平息民憤。

槍桿子很重要，但如果把槍口對準本國平民百姓的槍桿子，就不那麼重要了。自古而今的大量歷史證明，統治者對本國百姓濫施淫威，以暴力阻止百姓追求幸福的，最終都將被憤怒的民眾推翻。

統治者以為百姓怕死，卻往往忽略了一點：當百姓掙扎在死亡線上時，生命的意義對他們來說只有一條，那就是反抗到底。所以老子在《道德經》第七十四章闡述了一個非常著名的政治觀點：「民不畏死，奈何以死懼之！」

槍桿子並不能決定一切，凡是對內實行暴力鎮壓的政權，對外無一例外是軟弱賣國的，而外部勢力不斷的壓榨，會更進一步激發國內的階級矛盾。有些帝王迷信暴力統治法則，以為槍聲一響，天下太平，實際上這只是幻想。

《道德經》第七十五章說得很明白：「人之輕死，以其生求之厚，是以輕死。」老百姓為什麼不怕死？就是因為統治者過於貪婪，不肯讓利於民。歷代亡國，歸其原本，無非就是利益分配的不公導致底層民眾的大規模反抗，殷鑒不遠，在夏后之世。

統治者不愛民，卻又想老百姓無條件服從於他們的統治者，世界上沒有這麼充滿奴性的老百姓。在《道德經》中，我們隨處可見老子閃光的政治思想，孔子勞累大半生，奔波大半個中國，要的無非就是實現天下大同的政治思想，實際上老子也在做這方面的努力。

我們通常會把老子稱為哲學家、思想家，其實老子也是一位優秀的軍事理論家。《道德經》主要論天道，兼及人事，也論軍事，雖然篇幅不是很多，卻散發著高人一籌的軍事智慧。

老子的軍事思想在軍事史上不是很有名，但寥寥數語卻讓後世兵家受益匪淺。大家都讀過《孫子兵法．兵勢篇》那句經典軍事名句：「以正合，以奇勝」，提出了「兵不厭詐」的軍事指導思想。實際上《道德經》第五十七章同樣提出了在當時振聾發聵的軍事思想——以奇用兵！

兵以詐立，在殘酷的戰爭中，軍事家追求的不應該是美麗的過程，而是冰冷的結果，勝利或者失敗。老子應該知道宋襄公賣弄仁義而恥辱失敗的歷史典故，老子提出「以奇用兵」，是有強烈的現實針對性的。

從時間上看，《孫子兵法》的成書時間差不多和《道德經》同時，但老子形成《道德經》腹稿的時間可能略早一些。所以，不妨委屈一下孫子，老子應該是提出兵不厭詐思想的第一人。

戰爭不是兒戲，所以孫子說「兵者，國之大事，死生之地，存亡之道。」一類似的觀點，老子也有，比如在《道德經》第六十九章，老子告誡後世用兵者，「禍莫大於輕敵，輕敵幾喪吾寶」。在戰略或戰術上輕視敵人是極其危險的，歷史上許多著名戰役中的失敗者，都是在兵力佔優的情況下慘敗，究其原因，無非是輕敵二字，比如昆陽之戰、夷陵之戰、淝水之戰。

《道德經》不過區區五千言，但字字都是珠璣，同樣是在第六十九章，老子給後人留下了三個膾炙人口的著名成語：反客為主、得寸進尺、哀兵必勝。全章如下：

用兵有言：「吾不敢為主而為客，不敢進寸而退尺。」是謂行無行，攘無臂，仍無敵，執無兵。禍莫大於輕敵，輕敵幾喪吾寶。故抗兵相加，則哀者勝。

前兩個成語不是老子發明的，卻因為《道德經》而有幸流傳下來，但我們對「哀兵必勝」這條著名的軍事術語再熟悉不過了。這裡所指的「哀」，不僅包含著「置之死地而後生」破釜沉舟的氣概，還有另外一層意思，就是政治思想建設對軍隊的影響，將決定著士氣的高低，而一支沒有思想的軍隊，是不可能取得勝利的。

和許多軍事家，比如田穰苴、孫子一樣，老子同樣反對戰爭，主張謹慎用兵，輕易不開戰端。在《道德經》第三十一章，老子就闡述了他對戰爭的理解：「兵者不祥之器，非君子之器，不得已而用之，恬淡（遠離戰爭）為上。」

一流的政治家是不會用戰爭來實現自己對他國的政治目的，自古不戰而屈人之兵，才是兵之上道，所以老子說「以道佐人主者，不以兵強天下」。老子認為戰爭並不能解決所有問題，老子比田穰苴、孫子等人慎戰的思想更進一步，就是反戰。

「（戰勝）不美，若美之，是樂殺人。夫樂殺者，不可得意於天下。」甚至不妨這樣解釋老子的這句話：主張戰爭的全是殺人犯！

從《道德經》和《司馬法》、《孫子兵法》有關軍事思想來看，三部書有許多共通之處，以田穰苴、孫子在軍事史上的特殊地位，老子對軍事的理解能和二位大軍事家並列，至少從一個側面說明了老子的軍事能力非同一般。甚至可以假想一下，如果老子和田穰苴調換一下，老子同樣有可能做出相同的成績。

老子來到東周雒邑做守藏史，不僅僅是為了謀一個鐵飯碗，更希望能依託周王室這個政治平臺，來尋找機會施展自己的政治抱負。理想總是那樣美好，現實總是那樣殘酷，甚至可以這麼講，老子來雒邑尋找政治平臺，就像諸葛亮去投奔張秀一樣荒謬。

周王室自東遷雒邑以來，諸侯爭霸，周王室只能尷尬地站在一邊當觀眾。諸侯有給面子的，扔給王室仨蔥倆窩頭，有不給面子的，一毛不拔。從綜合國力上講，東周只相當於陳、蔡這樣的醬油國，連宋、衛、鄭這樣的中等諸侯都敢理直氣壯的欺負王室。

老子在雒邑出任守藏史的三十多年中，所侍奉的君主是周景王姬貴（西元前五四四－西元前五二〇年在位），且不說周景王有什麼能耐，只說東周王室的經濟窘迫，如果周公姬旦地下有知，一定會心酸落淚的。

堂堂周天子為了王室的生計，不得不厚著老臉問諸侯國討要財物，沒少受諸侯奚落。有一次晉國不給天子臉面，氣得周景王破口大罵晉國「數典而忘其祖」。在這種尷尬地歷史環境中，東周王室已經自身難保，哪裡還能給志向遠大的老子提供政治平臺？

雖然司馬遷說老子「老子修道德，其學以自隱無名為務」，但隱居於野，不代表在政治上沒有理想。何況司馬遷的下一句話是「居周久之，見周之衰，乃遂去」，如果老子自甘無名，又何必見東周衰落而亡去？歷代高隱之士很多都是政治思想破滅而遁入荒山野林中的，老子也不會例外。

既然東周無法給老子提供施政空間，老子為何不學孔子那樣周遊列國，以老子在學術界的大宗師地位，並非沒有機會求得一飛沖天的機會。究其原因，於史無考，但我們可以猜測一下，諸侯無論大小，卿相位置早就被貴族公子哥佔滿了，哪還有老子的位置？利益集團一旦抱成團，就是水潑不進的銅牆鐵壁，與其四處碰運氣，不如留在雒邑等機會。

只是可惜老子整整守了四十年，坐看青絲變白髮，絲毫看不到彼岸，希望慢慢變成了絕望，當人在絕望的時候，往往是人生大徹大悟的時候。老子此時已經五十多歲了，「五十而知天命」，黃土已經埋到脖子了，再戀棧於此，最終什麼都得不到。

在政治上，老子已經注定無所作為，但在學術上，老子還有很大的上升空間。或者說老子還有一個夢想沒有實現，就是他需要一處安靜的所在，把他關於「道」的腹稿整理出來，就是影響歷史兩千多年的偉大哲學經籍《道德經》。

據學者考證，老子離開雒邑的時間應該是西元前五一六年，而此時正是東周王室為了爭權奪利廝殺最為慘烈的時期。周景王於西元前五二〇年死後，三位王子，即姬朝、姬猛、姬匄互相廝咬，而晉國又深度介入周王室權力之爭，雒邑血光沖天。

在此之前，雒邑雖處天下之中，但卻少見兵火，老子可以大隱隱於朝。而諸子爭位後，雒邑變得極不安全，刀兵無情，難免玉石俱焚，老子可不想陪這幾個公子哥殉葬。以老子的智慧，他當然不會留在雒邑等死，所以就有了道教史上著名的傳奇——老子騎牛入函谷關，紫氣西去，所有的故事都變成了傳說。

說到老子騎入函谷，就不得不提及一個人，就是前函谷關令尹喜。此人的姓名、生卒年已不可考，西漢學者劉向說「關尹子名喜，號關尹子，或曰關令子」。尹喜的從政經歷不甚清楚，但尹喜有一點和老子相同，就是都看破了世事紅塵，有了隱於山野的打算。後人多知老子是偉大的哲學家，其實尹喜的哲學思想同樣博大精深，而尹喜之所以能得「道」，是因為老子的點撥。

老子騎牛西行，應該是去尋找一處遠離塵世喧囂的深山野林，至於老子為什麼去西方，原因不詳，分析起來大致有兩個原因：

一、西方只有秦國，經濟相對落後，名山大川人跡罕至，很適合老子隱居求道。

二、秦國內政相對平穩，名君輩出，屬於新興的發展中國家，不排除老子去秦國尋找發展機會。

從雒邑去秦國，就必須經過著名的函谷關，所以事先得到消息的尹喜就在關下截住了騎牛老子，拜老子為師，雲遊至終南山下歸隱。關於老子見尹喜，大致有兩種說法：

一《史記．老子列傳》記載，尹喜截住老子後，用盡各種手段，強迫老子寫書，就是後來的《道德經》。

二、晉人葛洪《抱朴子》所說，老子和尹喜相遇的地點是在散關，強迫老子寫《道德經》一卷。

除了以上兩種說法之外，還有一種比較神奇的傳說，也有另外一種神奇的說法，認為尹喜是前一年（西元前五一七年）就已經辭官隱居終南山，尹喜於某天夜觀星象，看到一團紫氣從東方緩緩而來，尹喜認為有聖人將路過函谷關，所以尹喜提前一步回到函谷關，迎到了老子。

老子崇尚「道」，但有史可考的學生卻幾乎沒有，要是論影響力，孔子算半個，但老子與孔子所追求的道並不一致，所以孔子化鶴而去。失一孔子、得一尹喜，其實更值得老子高興。尹喜名望不如孔子，但尹喜追求的是「天道」，符合老子的三觀，所以老子很自然的就和尹喜走到了一起，並相伴終生。

甚至單從《史記》的記載來看，尹喜的歷史貢獻要遠大於孔子吸引傳播道家學說的貢獻，因為從某種角度講，沒有尹喜，就沒有《道德經》。《道德經》對中國歷史的影響，絲毫不遜於《論語》。

至於老子的下落，大致有三種觀點：

一、學界普遍認為是歸隱終南山，並傾終生之力，將五千言《道德經》付之青簡。自此之後，江湖上只存在有關周守藏史老聃的神祕傳說。

二、有人說老子騎青牛，攜尹喜，背《道德經》，消失在流河之西的時空之中。現在有一種觀點認為老子在過函谷關（或散關）與尹喜相會之後，繼續向西遊走，最終在河西某地飛升，應該就是根據「俱之流沙之西」而推測出來的。

三、《後漢書·襄楷傳》記載，東漢末年就有傳說，認為老子「或言老子入夷狄為浮屠。」去印度參拜釋迦牟尼做了和尚。

第三條幾乎不可信，且不說老子和釋迦牟尼同時代，以當時的信息傳輸能力，老子無論如何也不可能知道西天還有個佛祖。何況老子本身就是得道之神，他追求的天道與佛教格格不入，而佛、儒兩家有關「人道」的研究倒有些接近。孔子不能放棄儒家而歸入道家，老子又怎麼可能放棄道家而歸入佛家？

老子消失在歷史的茫茫迷霧之中，對後人來說也許是一件好事，這給了後人對老子這位至聖先師以無盡的遐想。神話中許多以歷史人物為原型的神仙，他們在真實的歷史中許多都是「下落不明」，很多人都有這樣一種心態：越神祕，越好奇。

在中國的諸子百家中，唯一被後世各種傳說拜為神仙的，數來數去，也只有老子一人，就是大名鼎鼎的太上老君。諸子封神，是孔子都沒享受到的「待遇」，當然歷代儒學信徒對孔子的造神運動也足以讓歷史歎為觀止。

雖然道教在中國政治史上的影響可能略遜於儒家思想，這可能和道家的出世情結有關，但老子從來沒有宣揚過避世，相反，老子的用世之心是非常積極的。

從某個角度來說，道家思想的始祖是老子，但道教的一些理論雜揉了各個歷史時期的社會思想，就如同東亞漢文化圈中的儒教和儒家思想不完全是一個概念。

中國的宗教起源相對較晚，老子也不會知道他死後，會被後世信教尊奉為圍著個爐子煉丹的太上老君，因為老子更在意的是他的思想能否教化傳世。不過老子也應該明白一點，哲學不是人人都有興趣學的，「天道」也不是人人都能看懂的，不像致力於解決社會問題的儒學比較通俗易懂。

《道德經》的相當篇幅也是在講如何解決社會問題，為什麼自漢武帝以後，歷代皆以儒為尊，即使是道教盛行的時代也是如此，比如北魏、唐、北宋末期。前面講過，道家著重講「天道」，儒家著重講「人道」，其實道家也講「人道」，只不過道家的「人道」對執行人的自身修養過高。

儒家能經通世務便能參透他們的「人道」，而道家要求執行人「致虛極，守靜篤」，達到一種空靈而清虛的狀態，這並非人人都能做到。換句話說，儒家需要社會學家來治理社會，而道家則需要哲學家來治理社會，地球上又會有幾個哲學家？

現在社會上有一種傾向，認為道德缺失，禮崩樂壞，應該拾起《論語》，重新黏合人心。《論語》自然可以治病救人，但人們是否可以打開身邊已經落滿灰塵的《道德經》，用《道德經》的力量整肅殘局，收拾舊山河？答案當然是肯定的。

拋開那些玄而又玄的哲學理論，《道德經》中隨處可見做人的大智慧，老子社會意義上的偉大，多半是指這一點，即教會後世身處紅塵欲海的人們如何做人，下面挑幾條著名的警言講一下。

一、《道德經》第三十三章：「知人者智，自知者明。勝人有力，自勝者強。知足者富，強行有志。」

做人要有自知之明，這句話就是老子講的。為什麼有些人表面上非常風光，最終仍難免失敗的命運，一個最大的原因就是沒有認清自己的弱點和敵人的優點，當進不進，當退不退。

真正取得成功的人，往往是即了解自己，也了解敵人，也就是孫子所說的「知己知彼，百戰不殆」。現在人們常說真正的強者能戰勝自己，這既是老子所說的「自勝者強」。人生最大的敵人，永遠是自己，戰勝自己未必能戰勝敵人，但戰勝敵人的一定能戰勝自己。

二、《道德經》第四十四章：「名與身孰親？身與貨孰多？得與亡孰病？是故甚愛必大費，多藏必厚亡。故知足不辱，知止不殆，可以長久。」

不可否認的是，人性從本質上來說是屬私的，所以功名利祿、榮華富貴成了許多人為之奮鬥的目標，而由此引發的人間悲劇數不勝數。老子質問那些熱衷名利而失節的人們：名利與生命哪個更重要？生命與財產哪個更重要？許多人都會言不由衷的回答：生命更重要，實際上一旦陷入名利是非圈，不經歷大苦大痛是不會大徹大悟的。

老子善意的警告那些人：過於貪婪必定會付出比你所得到更多的人生代價！在這一章中，老子還提出了一個非常樸素的人性真理：你得到的越多，失去的也就會越多（多藏必厚亡），任何意義的得失總是成正比的，有人不信老子的箴言，結果都在現實的中銅牆鐵壁面前撞得頭破血流，幾乎沒有例外。做人不要太貪心，不要既得隴，復望蜀，「知足不辱」，足以為後世貪婪者戒！

三、《道德經》第十三章：「寵辱若驚，貴大患若身。何謂寵辱？寵為上，辱為下。得之若驚，失之若驚，是謂寵辱若驚。何謂貴大患若身？吾所以有大患，為我有身，及我無身，吾有何患！」

什麼樣的人在生活中最容易招致失敗？答案是患得患失的人，即想得到，又怕失去，結果將什麼也得不到，到頭來空空如也。

老子所謂寵辱皆驚，主要還是指當事人對物質的態度過於自卑，對人生的嚴重不自信。

古代有個人去拎著瓶子打醬油，結果不小心把瓶子打碎了，但他繼續昂首前行。有人不解，問他醬油瓶子碎了，你怎麼也不低頭看一下？他的回答是：我看不看，瓶子都已經碎了，那我何必再看？

得到的一定是屬於我的，失去的一定就不屬於我的，即所謂得不足喜，失不足憂，這是一種淡定的境界。老子提倡寵辱不驚，前提是戒絕貪欲，患得患失，擔心被打擊報復，是因為想得到太多的物質利益，在利益江湖上，沒有誰是乾淨的。

老子勸告那些貪婪的人們，「及我無身（身即「欲望」），吾有何患」，什麼都不奢求，平平淡淡做人，就不怕招來災難（天災除外）。只是老子的諄諄善誘，卻喚不起古往今來的物質追求者們，利字當頭，誰願意放棄？所以悲劇不斷發生，但這恰好從反而證明了老子斷言的偉大。

四、《道德經》第三十六章：「將欲翕之，必故張之；將欲弱之，必故強之；將欲廢之，必固興之；將欲奪之，必固與之。」

這一條既是軍事術語，類似於《孫子兵法．兵勢篇》所說的「予之，敵必取之。以利動之，以卒待之」的誘敵原則，也是飽含人生哲理的警句。

人們都知道相對論是愛因斯坦提出來的，實際上老子同樣提出了具有中國歷史特色的「相對論」。大自然有日有月、有陰有晴，人生也是如此，有得有失，有取有奪，任何一種事物的興趣衰亡都是一個相對作用力的過程，這和做人的道理是一樣的。

人在江湖飄，哪能不挨刀，對手無處不在，我們要時刻觀察他們的表現，特別是那些笑裡藏刀的對手。這些人在做有損於他人利益的事情時，往往會製造出一些假像迷惑人們，所以人們要從反方向去理解對手的行為，不要輕易上當。還有一些人在經濟生活中為了騙取不義之財，往往會大張旗鼓的搞假排場，騙取別人的信任，這就符合老子說的「將欲弱之，必故強之」。

人們經常會把哲學看得高深而神祕，其實哲學並非「玄而又玄」，在普通的生活中時刻閃耀著哲學的光輝，老子的哲學思想也是如此。如果說《論語》是一部社會百科全書，那麼《道德經》就是一部人生百科全書，教會人們掌握鬥爭的哲學。從這個層面上講，《道德經》之於普通人的意義，就相當於《孫子兵法》之於軍事家的意義。

因為篇幅有限，老子的事情就講到這裡。

三九、三家分晉始末

關於春秋時代的下限，在《序言》中曾經提到過，雖然分法有很多，但最主流的一種分法還是以發生於西元前四〇三年的趙、韓、魏三家分晉為春秋與戰國的年代界限。

這種分法有一定道理，但也有一定問題。眾所周知，三國時代正式出現的標誌是西元二二〇年，魏王曹丕在洛陽廢漢稱帝，隨後劉備、孫權相繼稱帝。

問題在於，有誰會看沒有呂布、關羽、孫策、周瑜、曹操、郭嘉，沒有宛城之戰、官渡之戰、赤壁之戰、漢中之戰的三國？這些偉大的人物和偉大的事件都發生於西元二二〇年之前。

三國鼎足的真正確立點是西元二〇八年的赤壁之戰，曹操從此再無力南下，孫權守住江東，劉備據荊圖益，終成三分天下。同理，雖然在西元前四〇三年，周威烈王姬午頒詔天下，正式承認趙、魏、韓三家諸侯，但之所以是這三家瓜分晉國，原因還在於西元前四五八年那場著名的晉陽之戰。

《春秋左氏傳》的最後一年是魯哀公二十七年（西元前四六八年），但左丘明卻在正文結束之後突然插了一段四年後的後話，講的就是晉陽之戰的起因，可見《左傳》實際上也認為晉陽之戰是春秋的下限。

在不可思議的晉陽之戰後，晉國第一大卿知氏的勢力被趙、魏、韓三家瓜分，標誌著曾經威震天下的晉國統治的徹底崩潰，也意味著轟轟烈烈的戰國七雄時代也緩緩朝著歷史的近處走來。

關於趙、魏、韓三家分晉併成為戰國七雄的故事，人們耳熟能詳，其實戰國七雄本有可能成為戰國五雄，趙、魏、韓三雄差點成為歷史上的醬油客。晉國的百年世家知氏本來最有可能取代晉國單獨稱雄，結果歷史開了一個不大不小的玩笑，實力最強的知氏家族突遭經典逆轉，大好形勢急轉直下，笑到最後的是趙、魏、韓，知氏卻成了悲催的醬油客。

先把與晉陽之戰有關的各方勢力簡要地介紹一下，也就是常說的晉國六卿：

知氏，首任宗主是荀首，西元前五九七年晉楚邲之戰，荀首出任下軍大夫。因荀首的封地在智（今山西永濟北），是第一任知（智）伯，史稱知莊子。現任宗主是荀瑤，也就是待豫讓如國士的那位知伯（即知襄子），荀瑤是荀首的六世孫。

中行氏，首任宗主是荀林父（荀首之兄），邲之戰中的晉軍最高統帥。因為荀林父主持的晉中軍後來被改為中行，所以以中行為氏，荀林父史稱中行桓子。最後一任宗主是荀寅，即中行文子。

范氏，首任宗主是士會，邲之戰中任晉上軍主將，士會是士蔿的孫子。士會本來受封於隨，後改封於范，所以世稱范氏。最後一任宗主是范吉射，晉國名相士鞅之子。

魏氏，首任宗主是魏絳，魏絳即晉文公五賢臣之一的魏犨之孫。魏氏本來封於畢，魏絳時改封於魏，所以稱為魏氏。時任宗主是魏駒，也稱魏桓子。閒插一句，後來為報荀瑤國士之恩的豫讓和魏駒是同宗兄弟。

趙氏，堪稱晉國第一大卿，首任宗主便是文公五賢臣之一的趙衰，執政晉國二十年的趙盾即趙衰之子。現任宗主是趙毋恤，也稱趙襄子，即被豫讓到處尋仇的那位趙家大爺。趙氏世系是（皆為父子）：趙成子趙衰——趙宣子趙盾——趙莊子趙朔——趙文子趙武——趙景叔趙成（未為宗主）——趙簡子趙鞅——趙襄子趙毋恤。

韓氏，正式的首任宗主是韓虎子，雖然韓氏就封很早，但政治地位較低，轉捩點是韓獻子韓厥被趙衰收養，後來平步青雲，成為晉國的執政大卿，這標誌韓氏正式成為晉國的頂尖豪門。時任宗主是韓康子韓虎。

除此之外，還有欒氏、先氏、原氏等一等大族，但歷史的大浪淘沙之下，這些曾經威赫一時的大族都無奈地躺在了歷史長河的河床上，浮在河面上的，只有以上提到的六家。

之所以是這六家大卿主宰晉國政壇，一個重大標誌是，從晉悼公三年（西元前五六六年）至晉定公三年（西元前五〇九年）的五十八時間裡，六家大卿輪流執政。

知氏：荀罃，執政七年，從西元前五六六年至西元前五六〇年。

中行氏：荀偃，執政七年，從西元前五六〇年至西元前五五四年。

范氏：士匄，執政七年，從西元前五五四年至西元前五四八年。

趙氏：趙武，執政八年，從西元前五四八年至西元前五四一年。

韓氏：韓起，執政二十八年，從西元前五四一年至西元前五一四年。

魏氏：魏舒，執政六年，從西元前五一四年至西元前五〇九年。

除了韓宣子韓起執政長達不可思議的二十八年之外，其他諸家執政均在七年左右，大家都有肉吃，保證了各自家族在一定時間內的權力壟斷。

按不成文的規定，某家的執政期結束後必須讓位於其他家族。魏舒死後，由范獻子士鞅執政九年（西元前五〇九年至西元前五〇一年），但自知氏宗主荀躒執政之後，情況發生了微妙的變化。

荀躒執政九年（西元前五〇一年至西元前四九三年）之後，由著名的趙簡子趙鞅接位，開始了長達十九年的輝煌執政生涯。趙鞅在趙氏開國立基過程中的作用極為重要，是他夯實了趙氏在晉國的獨特地位，相當於西晉王朝的實際創建者司馬懿。

趙鞅於西元前四七五年去世之後，晉國大卿的位子應該出自中行、韓、魏三家。但接替趙鞅執政的，依然出自知家，就是晉國最後一位不是出自趙、魏、韓三家的執政者——大名鼎鼎的知伯知瑤。

後人皆知趙、魏、韓三家分晉，但與其說三家分晉，不如說是三家分知。當歷史的滾滾車輪碾過西元前六世紀的黃塵古道時，曾經威赫天下數百年之久的晉國早已經名存實亡，公族權力被知瑤牢牢控制。如果不是知瑤狂妄自大，目中無人，正如上面所講，戰國將會出現五雄：秦、楚、齊、燕、知。

知瑤本有機會改寫歷史，只是讓他本人意外的是，他及他家族的命運卻歷史輕飄飄的翻了過去，從此消失在煙波浩渺的歷史長河之中。知氏被三家瓜分之後，後人最為可惜的並不是知瑤，而是他的那位本來可以做司馬懿的祖父荀躒。

在晉國知氏的發展過程中，曾經出現過一次空前的政治危機，即西元前五三三年六月，晉下軍佐荀盈在赴齊國迎娶齊國宗女後，在返回晉國時卒於戲陽（今河南內黃）。

此時的晉侯姬彪（晉平公）正在飲酒作樂，荀盈暴死的噩耗傳到晉宮，姬彪興奮的大呼小叫。姬彪之前和荀盈有些過節，打算趁荀盈之死，廢掉自己橫豎看不順眼的知氏。

幸虧晉國的廚師長屠蒯替知氏說了幾句公道話，姬彪這才取消廢黜知氏的惡念，當年八月，封荀盈之子荀躒襲父位為晉下軍佐。知氏這才轉危為安，駛出險石林立的小河灘，從此在千里望不盡煙波的大江中自由航行。

荀躒為人沉默寡言，但並非沒有主見，在他執政的九年時間裡，他做得最正確的一件事情，就是幫助趙簡子趙鞅扛住了范氏和中行氏的進攻。趙鞅對荀躒的拔刀相助感激涕零，在趙鞅於西元前四九三年執政之後，對知氏多加照顧，荀躒的兒子荀甲也在趙鞅的內閣中擔任卿士，繼續保持知氏在晉國政壇的高層地位。

西元前四七五年，趙鞅死後，晉國執政的位子落在了荀甲之子知瑤（應該稱為荀瑤，為行文方便，以下皆稱知瑤）手上，這應該和知氏與趙鞅保持密切的政治關係有關。

除了晉國執政大卿需要換人之外，知氏家族內部也面臨著父死子繼的問題，荀甲做為知氏宗主，有資格選擇一個兒子做知氏的少東家。荀甲有兩個兒子：嫡長子知瑤，庶次子知宵。按宗族禮法制度，荀甲沒有任何意外的準備立知瑤為宗主，但卻遭到了與荀甲同族的大夫知果的強烈反對。

知果勸荀甲放棄知瑤為嗣，改立為人貪殘的次子知宵，荀甲對此非常不解，知宵是典型的花花大少，而且長得就不像個好人，立他為嗣，豈不是要滅知氏百年宗族？

知果駁斥荀甲的觀點：「知宵貪殘，但不過是個尋花問柳的惡少，而知瑤為人美鬚髯，性賢明，又擅弓馬、辯言辭，遇事明斷，幾乎是全才。但知瑤有一個最大的弱點，就是面善心黑，一旦別人觸及他的底線，他是什麼事情都能做得出來。」

知果在最後警告荀甲：「若果立瑤也，知宗必滅。」很可惜，知果的先見之言被荀甲當成了耳旁風，荀甲甚至有理由懷疑知果居心不良，有篡位的野心，自然也就沒有聽知果的。

知果堅信自己的判斷沒有錯誤，既然荀甲不聽良言，那自己也就沒有必要在踩在知氏的這條破船上一起沉到河裡餵魚，知果立刻帶著自己的族人辦理了脫離知氏家族的手續，改為輔氏，以避知瑤之禍。

知果並沒有看錯知瑤，知瑤萬般都好，但就是人品太差，特別是恃強凌人，這是犯官場大忌的。知瑤從小生長的環境非常優越，沒有經歷過大苦大難，他對官場人生的理解就是一句話：權大一級壓死人，只要自己混得好，就有資格欺侮人。

最早受知瑤欺侮的，是趙簡子趙鞅的太子趙毋恤。按道理講，趙鞅有恩於知氏，知瑤應該善待趙毋恤，而且趙毋恤將來鐵定要成為趙氏宗主，搞好與趙氏的關係，對知氏在官場上的發展至關重要，可惜知瑤並沒有看透這一層利害關係。

事情發生在西元前四六四年，知瑤為了在國際上給自己掙臉面，對南邊的鄭國發起了超強度的武裝進攻。知瑤是晉國執政，作為晉國的二號人物，趙簡子趙鞅要給足執政官面子，出兵相助，因為趙鞅身染重疾，只好派太子趙毋恤代父出征。

知瑤為什麼討厭趙毋恤，史載不詳，但知瑤應該看在趙鞅的面子上，不要為難趙毋恤，而這位晉國執政大人卻狂妄得簡直無以復加。在一次軍前酒會上，知瑤灌了一肚子貓尿，大腦不聽使喚的知瑤開始強行勸趙毋恤喝酒，趙毋恤稍有不滿，知瑤甚至舉起酒杯之類的東西去砸趙毋恤。

趙毋恤是趙家的太子爺，身分同樣尊貴，在公開場合受這樣的污辱，趙氏家臣們對知瑤的不知輕重極為不滿，義憤填膺的要殺掉知瑤，替趙太子雪恥。

趙毋恤當然恨知瑤不給他面子，但此時是不能動晉國執政大臣的，否則必須會導致晉國目前相對平衡的權力格局崩潰，對趙氏來說並非有利。趙毋恤面色平靜地告訴家臣們：「家主（趙鞅）之所以立我為趙氏嗣，就是因為我能忍！」

這句話應該是當著知瑤的面說的，所以這自然被知瑤視為是趙毋恤對自己的挑釁。等到打敗鄭國，「取九邑」，回到絳都後，知瑤就跑到趙鞅面前說趙毋恤的壞話，甚至極為無理的干涉趙氏家政，要求趙鞅廢掉趙毋恤。趙鞅當然沒聽知瑤的胡說八道，毋恤是他最優秀的兒子，趙家的香火全指望著毋恤，傻瓜才會聽知瑤的。

如果說趙毋恤之前對知瑤強行灌酒還只是心存不滿的話，但知瑤這次要砸掉趙毋恤的飯碗，算是徹底得罪了趙毋恤。「毋恤由此怨知伯」，此次知、趙交惡，打下了十二年後知趙晉陽之戰，並導致三家分晉的伏筆。

除了趙毋恤之外，另一家大族的宗主韓康子韓虎也是知瑤狂妄凌人的受害者。按《國語．晉語九》的說法，知瑤欺侮韓虎是在伐鄭取九邑之後，具體原因不詳，同時受辱的還有韓虎家臣段規。但《韓非子．十過篇》卻說是知瑤聯合趙、魏、韓三家滅掉范氏、中行氏，瓜分其地之後的數年。

知氏確實參與了滅范與中行氏的戰爭，但知、趙、韓、魏聯盟的盟主卻是趙簡子趙鞅，何況當時在位的知氏家主是知瑤的祖父荀躒。西元前四九七年，魏襄子魏曼多和范昭子范吉射有私仇，二人已經極不相容，魏曼多聯合荀躒、韓簡子韓不信等人密謀廢掉范吉射，改立范氏族人范皋夷。

當年十一月，荀躒聯合韓不信、魏曼多，並與晉定公姬午結成小團夥，共同進攻范氏與中行氏。勢力稍顯單薄的范氏與中行氏根本架不住這群殺紅了眼的虎狼，范氏宗主范吉射和中行氏宗主荀寅被晉人打跑，逃到朝歌避難。

范氏和中行氏在晉國的失勢，引發了一場國際上轟轟烈烈的營救范、中行的外交事件。春秋三大名君魯定公姬宋、齊景公姜杵臼、衛靈公姬元，再加上屢被晉欺侮的鄭聲公姬勝，四國非常高調的組成反晉聯盟，聲言必欲救范氏與中行氏。

在反晉四國中，齊國和衛國鬧得最歡，一面給范氏和中行氏輸送糧草，一面勾結晉國內部的范氏和中行氏的黨羽，比如趙氏的別支邯鄲氏，上竄下跳，好不威風。但問題是晉國是百年大國，實力遠強於齊、衛，任憑姜杵臼和姬元使盡了吃奶的力氣，也奈何晉人不得。最終，范氏和中行氏被知、趙、韓、魏聯合吃掉，原來的晉國六卿格局，變成了四卿格局。

韓非子說知瑤與趙國等盟友滅范與中行氏，應該指的是西元前四五八年，四個贏家瓜分了原來屬於范氏和中行氏的封地。在這場內部火拼中，知瑤並沒有出過什麼大力，但因為知氏實力最強，所以分到的贓款最多。發了橫財的知瑤胃口越來越大，他開始插手晉公室的君位繼承問題。

因為晉出公姬鑿對四家滅范、中行氏的行為極為不滿，準備聯絡齊國和魯國，討伐不把晉公室當盤菜的四家大族。四卿雖然各有利益訴求，但大敵當前，他們還是組成了反晉聯盟，將雄心萬丈的姬鑿踢出了晉國，轟到齊國當寓公去了。

隨後不久，又是由知瑤出面，改立晉昭公的曾孫姬驕為晉侯，就是晉哀公。此時的晉國，大局已完全被知瑤控制，《史記・晉世家》云：當是時，晉國政皆決知伯，晉哀公不得有所制。知伯遂有范、中行地，最強。

知瑤作為官二代，人生中基本沒有受到什麼挫折，事業反而順風順水，這在相當程度上吊起了知瑤的胃口。在免費得到了第一塊蛋糕，知瑤還想再得到更大的第二塊蛋糕。

知瑤首先向韓武提出了領土要求，韓武手上也沒多少閒地，當然不會割己肉以啖人，準備拒絕知瑤的無理要求，卻被家臣段規勸住了。段規給韓武分析了知瑤的為人：「好利而鷙愎。彼來請地而弗與，則移兵於韓必矣。」如果韓氏拒絕知瑤，以知瑤的狂暴性格，必然發兵攻韓，韓弱而知強，勝負不問可知。

現在最好的辦法就是繼續養肥知瑤的胃口，讓知瑤去繼續搜刮趙與魏的封地，趙與魏必不予地，知瑤必攻趙、魏，則韓可以觀三家之變，從中漁利。

韓武聽進了段規的建議，把萬家之縣送給了知瑤，韓武的退讓果然讓知瑤的自信心極度暴發。隨後知瑤又向趙鞅要地，本來趙鞅也不是打算給知瑤面子的，家臣趙葭和段規一樣狡猾，說韓氏給了地，如果我們不給，知瑤就會進攻我們，我們不能給韓武當替死鬼。趙鞅暫時不想得罪知瑤，也給了知瑤一個萬家之縣。

既得隴、復望蜀，知瑤的胃口已經收不住了，沒過多久，他又向趙氏提出了割讓藺（舊史多作「蔡」，誤，地在今山西離石西）和皋狼（離石西北）的要求。此時的趙家宗主是趙毋恤，以趙毋恤的性格，加上知瑤曾經羞辱過趙毋恤，他豈肯當這個冤大頭，當場拒絕了知瑤，弄得知瑤好沒面子。

知瑤之所以連續向趙索地，主要是考慮到趙在三卿中實力最強，是知氏的心腹大患，必欲除之。知瑤做了兩手準備，如果趙毋恤給地，則趙氏實力必然減弱，再徐圖之；如果趙毋恤不給地，正好給了知瑤一個滅趙的藉口，先滅趙，再圖韓、魏，最終統一晉國，實現代晉大業。

對於趙毋恤來說，他和知瑤已經鬧翻了臉，給不給地，知瑤都不會放過自己。關於這一點，《戰國策．趙一》說得很清楚：「夫知伯之為人，陽親而陰疏，三使韓、魏而寡人不與焉，其移兵寡人必矣。」與其不停的讓地求和，不如賭一把大的。對趙毋恤也知道趙氏與知氏的實力差距太大，他對能否戰勝知瑤沒有多少信心。

趙毋恤問家臣張孟談有何計以自保，張孟談只說了一句話：「退保晉陽」，理由是晉陽兵精甲足，有精銅高牆，府庫充足，足以對付知瑤的軍隊。眼下的形勢非常清楚，無論趙割不割地，知瑤對趙氏的軍事形勢已經不可避免。知氏強而趙氏弱，趙毋恤如果能死守住晉陽，以待時機之變，未必就沒有可能逆轉取勝。

趙毋恤拒絕割地，果然激怒了脾氣暴漲的知瑤。西元前四五五年，晉國頭號大軍閥知瑤聯合韓、魏二家之兵北上進攻晉陽，對不聽話的趙氏軍事集團進行毀滅性打擊。

如果知瑤滅趙，而知氏統一晉國的進程會大步提前，至於韓、魏為何跟著知瑤進攻趙氏？原因也很簡單，韓虎和魏駒細胳膊擰不過粗大腿，韓、魏不聽知瑤的，知瑤就首先滅掉比趙氏更弱的他們。與其如此，不如先讓趙氏當炮灰，他們多活一天算一天。

韓、魏和知瑤本就不是一路人，此次與知氏聯兵是被逼無奈才上了賊船，從各自利益考慮，韓虎和魏駒是絕不希望趙氏被知氏滅掉的。當初知瑤向魏索地，魏駒不想割地，家臣任章說得很清楚：只有割地給知瑤，才能長其驕恃之心，同時逼迫趙、韓、魏組成抗知聯盟。韓魏雖然表面上與趙為敵，實際上他們是出工不出力的，甚至在暗中與趙毋恤勾勾搭搭。

韓虎和魏駒對知瑤的三心二意，知瑤竟然毫無察覺，他還在做著滅趙之後再兼併韓、魏的美夢。當初知瑤調戲韓虎和段規時，他的族兄知伯國就勸過他不要到處得罪人，「螻蟻之毒，尚能害人，何況韓虎這樣的實力派。」知瑤不但聽不進去任何良言，反而極度狂妄的表示：只有我向別人發難的資格，沒有別人向我發難的資格。

知瑤堅信這個世界是由實力組成的，誰的拳頭硬誰代表著真理，即使沒有韓、魏的支持，僅憑知氏一家的兵力，也絕對有能力把不聽話的趙毋恤踢出由知瑤主宰的這個星球。

知瑤還是低估了趙毋恤的抵抗能力，趙毋恤依靠晉陽城的高牆深溝、糧秣精銅，任憑知家軍連撲帶咬三個月，晉陽城紋絲不動。知瑤雖然暫時沒有攻下晉陽，但時間卻站在他這一邊，因為他有足夠的後勤糧草運輸保證自己在前線的供應，而趙毋恤在晉陽城中的糧草卻是有限的，吃一天就少一天。

趙家軍的作戰意志不用懷疑，即使知瑤掘開汾河水澆灌晉陽，趙家軍也咬牙挺了過來，但沒有糧草，鐵打的身軀也是堅持不下去的。晉陽城在交戰之前的糧食儲備應該是驚人的，至少可以保持一年之需，但知瑤已經鐵了心要餓死趙毋恤，不見到趙毋恤餓癟的屍體，知瑤是不會退兵的。

關於趙毋恤在知瑤的饑餓戰中到底挺了多久，各史說法不一。《戰國策．趙一》說趙毋恤堅持了整整三年，《史記．趙世家》則說是知家軍包圍了晉陽一年後才放水淹城。從字面上看，《趙策》的說法更為可靠，晉陽在知瑤的圍攻下奇蹟般的堅持了三年，真不知道趙毋恤是怎麼度過這三年的。

當初趙簡子趙鞅派家臣董安于守晉陽時，就把晉陽當成趙氏的戰略根據地來經營的，所以儲備了上限可以支撐三年的大量糧草，沒想到果然派上了用場。當趙家班人馬在晉陽度過第三個新年時，城中已經是一片破敗景象，糧草基本吃光，不用知瑤出兵攻城，趙家軍已經倒死了一大片，史稱「財食將盡，士卒病羸。」

在圍城之初，對抵抗知瑤最有信心的是趙毋恤，但在三年之後，最先提出向知瑤認輸的，還是趙毋恤。無論是從現實還是從心理上，趙毋恤都已經堅持不下去了，他親口承認：「糧食匱，城力盡，士大夫病，吾不能守矣。」

從保全晉陽城中士庶百姓的角度考慮，早投降早安生。但對於晉國的百年大族趙氏來說，一旦投降，趙氏的下場比范氏、中行氏還不如。因為就憑知瑤偏狹剛狠的性格，曾經得罪過知瑤的趙毋恤要是落入知瑤手上，是斷然沒有活路的。

在知瑤的強力包圍下，趙毋恤已經看不到翻盤的任何希望，趙氏家臣張孟談卻笑了，他嘲笑趙毋恤在看到知瑤致命軟肋的情況下，為什麼不刺出致命的那一劍。張孟談所謂的知氏軟肋，就是知氏盟軍韓氏與魏氏的態度。

上面講過，韓虎和魏駒是被知瑤脅迫著才參加對趙氏的圍攻，這一點就注定了韓魏二家是極有可能被趙氏說服反水的。只有趙氏活下來，韓魏才同樣可以活下來，否則大家一起完蛋。赤壁之戰時，魯肅堅決要求孫劉聯盟抗曹，也是這個道理。

形勢果如張孟談分析的那樣，韓虎、魏駒早就盼著趙毋恤派人與他們密洽反對知瑤的大事。張孟談親自溜下晉陽城，躡手躡腳的鑽進韓虎的大帳，先質問韓魏為何助知為虐，趙氏被滅，下一個就是你們這倆倭瓜。韓魏當然知道這一點，他們急需要做的是與趙氏約好日期，然後三家裡應外合，滅掉知瑤，三家共分晉之天下。

張孟談回城的當天晚上，趙、韓、魏三國聯盟就已經做好了剿滅知氏的一切準備。趙毋恤派出一隊精銳之兵，趁著茫茫夜色，溜到了城外的汾水大堤上，還沒等守堤的知軍官吏叫出聲，幾十顆人頭早已落地。

張孟談的計策並不複雜，就是決水倒灌，利用知瑤挖好的坑，請知瑤跳進坑裡。自古道水火無情，知瑤只看到了水的利己性，卻沒有看到同樣一條河也有被敵人利用的可能性，當汾河的水勢掌握在趙毋恤手中時，知瑤的狂妄人生已經走到了盡頭。

在之前的汾河決水時，因為在城中有較高的地勢，所以趙氏軍隊並沒有受到大水多少影響。而當趙毋恤對城外放水時，情況就完全不同了，城外地勢低平，沒有建築物抵擋洶湧而來的大水，知家軍很快就被大水沖得七零八落，「知伯軍救水而亂」。

知瑤可能已經意識到水權的喪失，但已經晚了。被大水沖得頭昏腦脹的知瑤還沒有擦乾身上的水，就發現已經被困在晉陽三年的趙家軍吶喊著從城中殺了出來，帶頭的是趙家班主趙毋恤，「襄子將卒犯其前」。

這是趙毋恤對抗知瑤的最後一次機會，趙家軍幾乎是拼盡了最後一口力氣，衝進了遍地是水的陣中，和已經潰不成列的知家軍纏鬥在一起。對知瑤來說，最可怕的是並不是「病贏」的趙家軍，而是之前三年一直在晉陽城下養精蓄銳的韓、魏兩支軍隊。

如果韓、魏兩軍站在知瑤這一邊，趙毋恤必死無疑，但韓虎和魏駒現在最想做的就是親手將知瑤送上西天。知家軍本來實力強勁，但被大水沖亂，同時又被趙毋恤的哀兵捅了一刀，也基本沒什麼抵抗力了。

韓魏二軍撿了一個現成便宜，「翼而擊之」，韓虎攻知之左，魏駒攻知之右。再加上趙軍，三支對知瑤懷有深仇大恨的軍隊在歷史老人的見證下，完成了一次歷史上的奇蹟大逆轉，最有可能代晉自立的知氏一朝覆滅，狂妄自信到極點的知瑤也死在亂軍之中。

知氏的滅亡，意味著原來屬於知氏的封地將被趙、韓、魏三家瓜分，三家分晉的格局正式形成。晉國早已經名存實亡，除了絳都和曲沃兩地，其他晉國所有土地都不屬於晉君所有。

由於趙家的實力最強，在這場晉陽之戰中受損最大，所以趙毋恤理所當然獲得了最肥的那塊肉，甚至這場分贓大會也是趙毋恤本人主持的。史稱「趙北有代，南併知氏，強於韓、魏。」

對韓、魏來說，趙毋恤吃到了大頭，一強兩弱的局面並沒有改變，不過已經打破了之前一超三弱的局面。趙的實力還不足以吞併韓、魏，這就讓能三家實力達到恐怖的平衡，而不是之前恐怖的不平衡。

最可惜的還是知瑤，他只差一步就可以取代姜齊的田和成為戰國第一個易姓諸侯。但知瑤的狂妄自大，導致他不能做出準確的戰略判斷，以及性格上的嚴重缺陷，生生斷送了大好前程，正如《戰國策·趙一》的評價，「知伯身死、國亡、地分，為天下笑，此貪欲無厭也。」

知瑤之亡，實際上就是亡在一個「貪」字上。如果知瑤不是過於露骨的四處伸手搶地，也不至於把本來置身於知趙恩怨事外的韓、魏兩家逼得走投無路，最終和趙聯手滅知。西漢淮南王劉安對此發了一通感慨：「（知瑤）軍敗晉陽之下，身死高梁之東，頭為飲器，國分為三，為天下笑，此不知足之禍也。」

大好天下，從知瑤的手指縫中溜走，從此知氏淹沒於發黃的舊紙堆中，再無重見天日之機，時也命也。歷史上大名鼎鼎的三晉趙魏韓三國正式登上歷史舞臺，即戰國七雄之其三。

《資治通鑒》卷一開篇「威烈王二十三年戊寅（西元前四〇三年），（天子）初命晉大夫魏斯、趙籍、韓虔為諸侯。」

四〇、《詩經》的魅力

今天講一講文學。

每個時代都有自己帶有明顯社會烙印的文學，這話很有道理，唐有唐詩，宋有宋詞，元有元曲，春秋自然也不例外。說到春秋時代的文學作品，其中不用多作介紹，我們可以張口說出中國文學上第一部詩歌總集——《詩經》的名字。

雖然《詩經》的出現，距離現代社會已經有二千五百多年了，但直到今天，我們依然能在生活中大量遇到與《詩經》有關的著名詩句，這也是《詩經》魅力長久不衰的明證。簡單列一下家喻戶曉的《詩經》名句：

《國風．周南．關雎》：關關雎鳩，在河之洲。窈窕淑女，君子好逑。這句是詩經中最著名的。同出此詩的還有「輾轉反側」、「言者無罪，聞者足戒。」

《小雅．車轄》：高山仰止

《國風．秦風》：所謂伊人，在水一方。

《邶風．擊鼓》：執子之手，與子偕老。

《小雅．伐木》：出自幽谷，遷于喬木。（「喬遷之喜」的出處）

《小雅．鶴鳴》：它山之石，可以攻玉。

《國風．黍離》：知我者，謂我心憂；不知我者，謂我何求！

《國風・桃夭》：桃之夭夭（「逃之夭夭」的出處）
《衛風・碩人》：巧笑倩兮，美目盼兮。
《大雅・蕩》：靡不有初，鮮克有終。
《周南・兔罝》：赳赳武夫，公侯干城。
《邶風・谷風》：新婚燕爾
《邶風・北風》：攜手同行
《衛風・氓》：信誓旦旦
《唐風・綢繆》：今夕何夕

還有許多，不再一一列舉。

《詩經》並非一人一時所作，而是春秋時人整理了從商周時期到春秋中葉的各類文學作品的總和，就像我們不能說詩是自唐朝才有的一樣。因為《詩經》所載詩歌的來源比較複雜，有宮廷舞宴詩，有民間愛情詩，也有諷刺時政詩，所以《詩經》沒有一個固定的作者。

據《史記・孔子世家》記載，孔子曾經整理過《詩經》，最終將原來散落的《詩經》三千多篇刪定為三百零五篇，也就是俗稱的「詩三百」。不過這個說法遭到後人的質疑，認為孔子並沒有刪定過《詩經》，此持觀點的，遠有朱熹、葉適，近有胡適、錢玄同。該派學者最有力的一個證據，就是《詩經》創作時間最晚的《陳風・株林》的出現，比孔子出生那一年（西元前五五一）足足早了四十七年。

對後人來說，孔子是否刪定過《詩經》並不重要，重要的是我們有幸看到了華夏先民給後世留下的這份無價的精神遺產。正如近代學者顧頡剛所說：「我們要研究文學和史學都離不掉《詩經》，它經過了二三千年，本質還沒有損壞，這是何等可喜的事！我們承受了這份遺產，又應該何等的寶貴！」

孔子刪定《詩經》，在史學界爭議非常大，但西漢毛亨、毛萇修定《詩經》是確定無疑的，幾乎沒有爭議。我們現在看到的《詩經》其實就是二毛所編集的版本，所以自西漢以來，《詩經》也稱為《毛詩》。

《詩經》現在所存三百零五篇，外加六篇笙詩。上面講了，《詩經》是當時各階層創作詩歌的總集子，體裁相當於《全唐詩》，存集了上至帝王、下至寒士的作品。

關於《詩經》的分類，宋人蘇軾曾經對個一個下聯，就是著名的「四詩風雅頌」。《詩經》分為三大塊，分別是《風》、《雅》、《頌》，而《雅》又分為大雅和小雅，所以稱為四詩。

在三百零五篇中，《風》的篇幅最多，有一百六十首；其次是《小雅》，七十四首；《大雅》三十一首，《頌》四十篇。其中《頌》和《大雅》主要是講述商周貴族對自己祖先的歌功頌德，類似於後代王朝的廟舞，內容相當枯燥乏味。

比如《頌．執競》篇：「執競武王，無競維烈。不顯成康，上帝是皇。自彼成康，奄有四方，斤斤其明。鐘鼓喤喤，磬筦將將，降福穰穰。降福簡簡，威儀反反。既醉既飽，福祿來反。」這是肉食者吃得滿嘴流油之後，歌頌自己的富貴生活，完全不接地氣。

單純從藝術上講，《頌》和《大雅》不屬於民間創作，但也有值得肯定的地方，比如二篇在一定程度上起到了記載商周時重大歷史事件的作用。比如《大雅．文王之什．綿》提到了周武王姬發伐紂，戰於牧野，「殷商之旅，其會如林。矢於牧野。……牧野洋洋，檀車煌煌，駟原彭彭。師維尚父，肆伐大商，會朝清明。」描寫了周軍伐商的浩大場面。

還有就是《大雅．文王之什．綿》，描寫了周人從弱至強的發展過程，涵蓋了政治制度、人事制度、經濟制度，還有周人建設城市的場面，是研究周朝歷史必須要用到的珍貴史料。

特別值得一提的是，四大古典名著之一的《水滸傳》書名，就是取自《綿》篇的第二段：「古公亶父，來朝走馬。率西水滸，至於岐下。」講述了周文王姬昌的祖父姬亶父率族人沿著渭水西行，來到岐山定居的歷史。「水滸」，故名思議，就是水邊，《水滸傳》書名的本義，就是水邊發生的故事。

相對於《頌》和《大雅》，《小雅》具有明顯的士大夫情懷，對下層的人文關懷更為強烈，視野往下看。而不是像《頌》那樣高高在上，不管百姓死活。當然，《小雅》也有不少描寫士大夫飲酒享樂的詩篇，但比那些描寫肥頭大耳的貴族篇章更有藝術氣質。正如近代學者朱東潤所說：「《小雅》多言人事，《大雅》多言祖宗。」

在享樂的同時兼顧對下層的關懷，這並不矛盾，歷朝以來的士大夫都是如此，這是知識份子的階級雙重性所決定的。白居易一邊和妙齡歌姬打情罵俏滾床單，一邊痛罵貪官污吏，為底層百姓鼓與呼，就是最典型的例子。

三國梟雄曹操有一首著名的《短歌行》，其中這幾句「呦呦鹿鳴，食野之蘋。我有嘉賓，鼓瑟吹笙。」實際上這幾句並非曹操的原創，而是曹操全文照抄《詩經．小雅．鹿鳴》的原句。

這首著名的《鹿鳴》位列《小雅》第一篇，在文學史上的影響非常深遠。曹操就做了一回文抄公，曹操的兒子曹丕也寫了一篇《短歌行》，其中「呦呦遊鹿，銜草鳴麑。」一句，也是化用了

《鹿鳴》的句子。

之所以說《小雅》中的詩篇要比《頌》更具有文學性和士大夫氣質，主要是因為二者之間的傳播性有天壤之別。《頌》則讓人看的昏昏欲睡，幾乎沒有名句流傳下來，而《小雅》的名句數量，在《詩經》中僅稍次於《風》，而多於《大雅》和《頌》。

除了《鹿鳴》，《小雅》中膾炙人口的名篇還有：

《皇皇者華》（載驅載馳）

《常棣》（兄弟鬩于牆，而禦其侮）

《伐木》（出自幽谷，遷于喬木）

《採薇》（昔我往矣，楊柳依依；今我來思，雨雪霏霏。）

《出車》（豈不懷歸？畏此簡書。）

《菁菁者莪》（既見君子，我心且喜。）

《庭燎》（夜如何其？夜未央。）

《鶴鳴》（他山之石，可以攻玉。）

《北山》（溥天之下，莫非王土；率土之濱，莫非王臣。）

《甫田》（萬壽無疆）

《白華》（天步艱難，之子不猶。）

大家都知道，《詩經》裡有許多歌頌愛情的篇什，多集中在《風》，其實《小雅》也有幾篇愛情詩，其中以上面提到的《菁菁者莪》最為特殊。說它特殊，不是因為這首詩的句子有什麼與眾不同，而在於它的朦朧意境，以及留給後人解讀的廣泛空間。

《菁菁者莪》和《小雅》中的另一篇愛情詩《隰桑》在文字結構上非常相似，而且主題接近，都描寫了一位美麗的女人在鬱蔥的山丘中遇到讓她一見傾心的男子。

《隰桑》的敘事方法比較直白，如「心乎愛矣，遐不謂矣？中心藏之，何日忘之？」將少女敢於向心上人示愛的勇敢表現得淋漓盡致。《菁菁者莪》則有些像李商隱那首著名的《無題》詩，欲說還休，即可以解釋為君子之交，也可以理解成愛情詩，全詩如下：

菁菁者莪，在彼中阿。既見君子，樂且有儀。菁菁者莪，在彼中沚。既見君子，我心則喜。菁菁者莪，在彼中陵。既見君子，錫我百朋。泛泛楊舟，載沉載浮。既見君子，我心則休。

古人對這首詩的解讀有一定分歧，《毛詩》將此詩解讀為培養教育音樂人才，而朱熹卻批評《毛詩》的觀點是胡說八道，朱熹認為這是一種君子交往的詩篇。由於歷史環境的不同，近現代人則更多的從愛情角度解讀此詩，依然可以說得通。

近人胡適批判漢朝文人扭曲愛情詩的本意，「《詩經》裡面描寫的那些男女戀愛的事體，在那班道學先生看起來，似乎不大雅觀，於是對於這些自然的有生命的文學不得不另種種附會的解釋。明明是一首男女的戀歌，他們故意說是歌頌誰、諷刺誰的。」

就《菁菁者莪》所描寫的內容，再結合邏輯的合理性來判斷，一個男子在山間遇到另外一個修養、涵養俱佳的男子，心情激動，面色潮紅，被解讀為君子之交，實在太過勉強，也不符合詩中的意境。《隰桑》中有「既見君子」，這裡的「君子」是指令妙齡女郎心動的漂亮男生，《菁菁者莪》中的「我」不應該是男人，而是一個對愛情充滿渴望的女孩。

在《小雅》七十四首詩中，愛情詩並非主流，反映民間疾苦的詩最多。如果說《頌》和《大雅》是「鐘鼎烹食」，《風》的主色調是民間純樸的情感抒發，《小雅》的主格調是就是「悲天憫人」。這些歷史上無名的詩人，同情社會底層的螻蟻百姓，以筆作戈，投向殘暴腐朽的統治者，《小雅．大東》就是這方面的典型詩篇。

《大東》創作於西周時期，作者是譚國（今山東濟南附近）的卿大夫，姓名沒有留傳下來。這首詩反映的是西周王朝（極有可能是周幽王時期）對東方百姓的殘暴壓迫，可謂字字血淚，讓人不忍卒讀。

《大東》原詩共七段，每一段文字都充滿了對西周貴族剝削百姓的極度痛恨，特別是第一段直入主題，底層人民的痛苦與心酸躍然紙上。這一段講述西周貴族把從譚國搶奪來的財物裝上大車，向西快樂的馳行，而譚國百姓眼睜睜看著自己的勞動成果被他人所蠶食，轉過身去，淚流滿面。

第二段是怒斥西周掠奪百姓財物的強盜行徑，造成百姓的極度貧窮。「小東大東，杼柚其空；糾糾葛屨，可以履霜？佻佻公子，行彼周行。既往既來，使我心疚。」家裡的織機都被惡如虎狼的地主們搶光了，只給穿著草鞋，冬天如何抵禦霜寒冰刀？但地主老爺們依然向窮苦百姓徵收苛捐雜稅，毫不手軟。

第三段以下是作者的大聲疾呼，「契契寤歎，哀我憚人。哀我憚人，亦可息也。」作者希望周王朝的貴族能夠稍微體諒民生艱難，減輕百姓負擔。杜甫在著名的《茅屋為秋風所破歌》的結尾也作同樣呼籲：「安得廣廈千萬間，大庇天下寒士俱歡顏。」詩人憂國憂民，但卻不會打動貪婪殘暴的統治階層，不奪民利，這夥寄生蟲就無法生存，所以這種痛徹心肝的呼籲這在當時顯然是不可能實現的。

孔子說過「《詩》三百，一言以蔽之，思無邪。」拋開《大雅》和《頌》廉價的歌頌，其他詩篇的思想境界非常純淨博大，基本涵蓋了社會道德層面的所有範疇，有愛，有恨，當然也有孝。

孝是什麼，很簡單，孝順父母，禮敬長輩。在中國古代的道德體系中，「孝」本來是排「忠」前面的，後來統治者為了治下萬民對自己賣命，變成了「忠孝」，甚至將「忠」與「孝」對立，說什麼忠孝不能兩全。

《孝經．三才章》開宗明義地講道「夫孝，天之經也，地之義也，民之行也」，這是孔子說的。在《聖治章》中，孔子再次強調「孝」的重要性，「天地之性，人為貴；人之行，莫大於孝。」孝，是對人類最基本的道德要求。而在《五刑章》中，孔子奮聲疾呼「五刑之屬三千，而罪莫大於不孝！」孔子認為，世界上最罪大惡極的事情就是對父母不孝，特別是那些弒父弒母的人，更為法律人倫所不容。

一個人活在世上，不一定有親生子女，但一定有親生父母。《孝經》大力宣揚子女對父母的孝道，對中國歷史影響極大，這也是中華民族傳統美德最核心的思想體系，不孝者即為獸行，天可誅之，地可絕之。

《詩經》中多以民風詩為主，反映孝道的作品不多。但其中有一篇，論藝術感染力，論給人們帶來的心靈震撼，論催人淚下的程度，在詩三百中都是首屈一指的，就是《詩經．小雅．蓼莪》。

全詩如下：

蓼蓼者莪，匪莪伊蒿。哀哀父母，生我劬勞。
蓼蓼者莪，匪莪伊蔚。哀哀父母，生我勞瘁。
瓶之罄矣，維罍之恥。鮮民之生，不如死之久矣。
無父何怙？無母何恃？出則銜恤，入則靡至。
父兮生我，母兮鞠我。拊我畜我，長我育我，顧我復我，出入腹我。欲報之德。昊天罔極！
南山烈烈，飄風發發。民莫不穀，我獨何害！
南山律律，飄風弗弗。民莫不穀，我獨不卒！

《蓼莪》有一點特殊之處在於，雖然這首詩是孝子感念父母養育之恩，但該詩的立意主旨，卻是控訴統治者的殘暴。通過來展現一個孝子濃濃的思親之情，所以後世作注者多把此詩歸入諷刺詩，比如《毛詩》就說《蓼莪》「刺幽王也。」

故事的情節並不複雜，《蓼莪》講的是一個農家孩子被官府徵兵入伍，不得不離開父母，去異地服役。後來從家鄉傳來噩耗，父母已經亡故，士兵站在河邊，看著隨風搖盪的蘆葦，哭訴著父母的思念，以及未能在二老面前盡孝的自責。這首詩行文流暢，感情真摯，感人肺腑，非大手筆不能出此。

《蓼莪》沒有用太多的情景鋪墊，就直接切入思念父母的正題。前兩段中的「哀哀父母，生我劬勞，……生我勞瘁。」我們會聯想到一個場景：白髮蒼蒼的父母，腰彎背駝，在煙薰火燎之間品嘗著生活的艱辛。

孩子長大後，會因為各種原因抱怨父母。我們總認為向父母索取是天經地義的，但我們卻很容易忽略父母把我們一把屎一把尿的拉扯大，是何等的不易。有句話說的好：「不養兒不知父母恩」，等孩子成家立業生兒育女後，會更深刻地體諒父母的辛苦。

第三段是講對父母離世的徹入骨髓的痛，「鮮民之生，不如死之久矣。」接下來緊跟一句：「無父何怙？無母何恃？」看著讓人心酸，父母都不在了，無依無靠的我還在這個世界上還有什麼意義？

經過前面的鋪墊，詩人的感情越來越飽滿，情緒越來越激動，高潮即將到來。

第五段是《蓼莪》最精彩的段句，「父兮生我，母兮鞠我。拊我畜我，長我育我，顧我復我，出入腹我。」這一段並沒有用直白的感情抒發，而是客觀描述士兵還在襁褓的時候，父母抱著他的場景，可謂字字深情，情感表達反而更加強烈。

如果換成白話文，就是「父親生下我，母親撫養我，你們愛我養我，撫養我長大，教我做人，出門抱我。」天下的父母之愛是相通的，不論古今中外。除了一些不幸的嬰兒，大多數人都被母親柔軟溫暖的身體抱過，能嗅到母親身上那股深沉而博大的母愛。

當士兵流著眼淚講完他對父母的思念之情，突然情緒失控，仰天哭喊「我想報答父母的大恩大德，可他們現在在哪裡！蒼天可恨！」雖然後面還有兩段，但感情已經基本平復，算是給這首感情飽滿真摯的孝親詩實現了軟著陸。

歷代詩評家對《蓼莪》的評價極高，其中以清晚期的詩評家方潤玉的評價最有代表性，方潤玉在《詩經原始》卷十一中，稱《蓼莪》是「千古孝思絕作，盡人能識。」甚至可以這麼說，《蓼莪》在歷代孝親詩中的地位，就相當於《三國演義》在通俗小說中的地位，當得起開山鼻祖。

一向提倡孝道的孔子對此詩極為推崇，說「於《蓼莪》見孝子之思養也。」自此之後，「蓼莪」也成為孝子的別稱，後世許多詩人都在自己的詩篇中用到了「蓼莪」一詞，比如在曹植的五言詩名篇《靈芝篇》中就寫道：「蓼莪誰所興。念之令人老。退詠南風詩。灑淚滿禕抱。」唐人牟融在《邵公母》也飽含深情的歌頌母愛的偉大，「傷心獨有黃堂客，幾度臨風詠蓼莪。」

特別值得一提的是，在中國著名孝子故事集《二十四孝》中，也有「蓼莪」孝子的一席之地，就是著名的「王裒聞雷泣墓」，排在《二十四孝》最後一位。

王裒是魏晉人，其父王儀是司馬昭屬下司馬，因事被司馬昭殺害。王裒痛恨司馬昭，終生不為晉臣，在父親墓前築廬教書。每天早晨和傍晚，王裒都要給父親掃墓，跪在墓前痛哭流涕，淚水淹濕了墓前的樹木，樹為之枯死。

後來母親病故，因為母親懼怕雷聲，每次天空打雷，王裒都來到墓前對著天空大喊：「有兒在此，阿母莫驚。」因為思念父母過度，王裒每次讀到《詩經·小雅·蓼莪》「哀哀父母，生我劬勞」的時候，王裒總會情緒失控，失聲痛哭。學生們擔心老師的身體，以後讀書時就把《蓼莪》刪掉了，以免刺激到老師。

王裒的孝思是天生的，並非刻意做作，以至於連性命都不要了。西晉末年，天下大亂，家族成員紛紛逃到江南避難，王裒不忍拋棄父親墓舍，號啕不去。後來亂兵闖到墓前，王裒動了逃跑的心思，但最後還是堅定地留了下來，「遂為賊所害」，除了《蓼莪》，《詩經》中還有一篇悲戀父母的孝親詩，就是《國風·唐風·鴇羽》。《鴇羽》和《蓼莪》的結構形式大體相同，都是孝子在邊彊服兵役，而且起句皆借物言志。士兵看到天上飛翔的鴇鳥，聯想到自己的父母在家無依無靠，淚如雨下，悲憤的痛斥統治者的貪婪殘暴：「父母何怙？父母何食？父母何嘗？」情義真摯，同樣感人至深，只不過《鴇羽》沒有過多的鋪開講述孝子之思，從藝術感染力上比《蓼莪》弱了許多。

說完了《小雅》，我們接著講《風》。

關於《風》與《雅》、《頌》在歌頌形式上的區別，宋人鄭樵在《六經奧論》中認為「風土之音曰風」，而《雅》是朝廷音，《頌》是宗廟之音，換言之，《風》是屬於民間的。《風》的正式名稱其實是《國風》，顧名思義，「國」就是周朝分封的諸侯，按朱熹的解釋，「凡詩之所謂風者，多出於里巷歌謠之作，所謂男女相與詠歌，各言其情者也。」這個解釋和鄭樵是相近的。

《國風》共分為十五個部分，即十五國之歌風，為《周南》、《召南》、《邶風》、《鄘風》、《衛風》、《王風》、《鄭風》、《齊風》、《魏風》、《唐風》、《秦風》、《陳風》、《檜風》、《曹風》、《豳風》，共一百六十首詩。

還要講兩個問題，一是作為西周和春秋前期的重要國家，《國風》中為何沒有魯風和宋風。其實魯國和宋國並非沒有作品入選《詩經》，而是都放在了《頌》的部分裡，魯歌稱為《魯頌》、宋歌稱為《商頌》。

至於原因，其實很簡單。宋國是商殷子姓後裔，受周朝禮待，可以用天子禮樂。魯國是周公姬旦之後，王國維說魯國「親則同姓，尊則王朝」，所以魯國和宋國的地位較高，得以進入《頌》，與《周頌》並列。這就相當於司馬遷著《史記》，把項羽放進了本紀，把孔子放進了世家，以顯示他們與眾同的歷史地位。

第二個問題，《國風》為何沒有楚風和晉風，而楚晉都是當時首屈一指的超級大國。實際上《唐風》就是《晉風》，因為晉國的開國始祖姬叔虞本來封在唐國，後改名為晉。

關於楚風，實際上就是《周南》和《召南》二篇，《二南》文學覆蓋的範圍大致在長江流域和漢水流域，和楚國的統治區域基本重疊，近人胡適就堅持這個觀點。《二南》在《詩經》中的地位非常重要，排在各篇之首，我們再熟悉不過的《關雎》就是《周南》第一篇。

《國風》的藝術價值，可以說是四詩中最高的。《小雅》雖然盡可能的接了地氣，但畢竟是用士大夫的眼光往下看，有時難免帶有一絲清高，更注重於寫作技巧。

《國風》是民歌合集，從底層百姓的角度反映了當時社會的各方面生活形態，真實、純樸、質樸，沒有過於精細的雕琢，更注重原生態的釋放。《國風》堪稱中國古代文學中的大百科全書，大致可以分為感情生活類、社會勞動類、諷刺官府類、歌頌英雄類。

感情生活類，這類在《國風》中的比重最大，相關詩章有《桃夭》（女子出嫁）、《汝墳》（思念遠方的丈夫）、《女曰雞鳴》（夫妻的和諧生活）、《野有死麇》（男女幽會）、《綠衣》（悼念亡妻）、《木瓜》（戀人互贈禮物）、《狡童》（戀人之間產生小矛盾）、《風雨》（夫妻久別重逢），等等。

我們都知道，愛情是人類社會永恆的主題，也是維繫著人類生存繁衍的重大使命，甚至有人說沒有愛情的詩篇是灰暗的。打開這些情詩篇，撲面而來是的一股帶有遠古質樸氣息的真實，雖然相隔二千多年，依然感覺到那麼的親切。

《小雅》中有幾篇愛情詩，但從影響力上講，《國風》的愛情詩更勝一籌，有許多家喻戶曉的名句。《關雎》就不用多介紹了，小學生都會張口即來：「關關雎鳩，在河之洲。」下面講講幾首知名度不如《關雎》，但藝術魅力同樣精彩的愛情詩篇。

現代社會生活節奏加快，人與人之間的距離反而日漸疏遠，特別是婚姻，「七年之癢」，幾乎成了夫妻談虎色變的名詞。其實婚姻並不可怕，可怕的是對婚姻的不自信，只要雙方相敬如賓，忠於對方，就不會出現什麼危機。婚姻危機，往往都來自背叛。說到夫妻和睦，我們會想到東漢梁鴻和妻子孟光「舉案齊眉」的故事，其實要說文學作品第一例反映夫妻生活和諧的，當屬《詩經·國風·鄭風·女曰雞鳴》。

與其說《女曰雞鳴》是首詩，不如說她是一副動態的家庭生活組畫，語言生動，畫面感很強。《女曰雞鳴》繪聲繪色的描述了一對夫妻一天的幸福生活，恩愛禮敬，讓後人羨嘆不已。全詩如下：

女曰雞鳴，士曰昧旦。
子興視夜，明星有爛。
將翱將翔，弋鳧與雁。
弋言加之，與子宜之。
宜言飲酒，與子偕老。
琴瑟在御，莫不靜好。
知子之來之，雜佩以贈之。

知子之順之，雜佩以問之。
知子之好之，雜佩以報之。

詩的開頭其實是夫妻剛睡醒的一段有趣對話，看到丈夫還在呼呼大睡，妻子搖醒了丈夫，然後指著窗外說道：「該起床了，雞都打鳴了。」丈夫似乎還沒有睡醒，揉著惺忪的雙眼，反駁妻子：「你胡說什麼呀，沒看到天上的啟明星燦爛嗎？再讓我睡一會。」妻子很可愛，她在床上做了一個射箭的動作，然後撒起嬌來：「早點起來吧，一會我們到外面打幾隻野鴨子，改善一下伙食。」

看來丈夫已經答應了妻子的請求，妻子依偎在丈夫懷裡，用輕柔的聲音告訴丈夫：「等你把野味打來後，我下廚做菜，再給你準備一壺好酒。我願意和你共品美味，共用幸福人生。我彈琴，你鼓瑟，歌唱美好的生活，就這樣我們一起牽著對方的手慢慢老去。」

這對夫妻家境並非大富大貴，丈夫的職業應該是以打獵為生，生活品質並不高，但幸福與否，並不完全取決於物質財富，精神財富更重要。我們可以想到這樣一副場景：丈夫哼著小曲，拎著野鴨回家，妻子輕輕撲打丈夫衣服上的灰塵，然後把野味拿到廚房，丈夫在旁邊打下手。夫妻有說有笑，什麼叫幸福，這就是幸福。

講完《鄭風·雞鳴》，再來講一下《齊風·雞鳴》。二者的結構基本相同，都是天剛濛濛亮的時候，夫妻在床上的對話，但《女曰雞鳴》洋溢著夫妻恩愛的幸福，《齊風·雞鳴》重在諷刺貪吃好睡的丈夫，有很強的視覺笑果。

根據《毛詩·雞鳴詁訓傳》的解釋，這個好吃懶惰的傢伙是齊哀公姜不辰，也有觀點認為此詩是諷刺齊襄公姜諸兒的。《雞鳴》和《女曰雞鳴》中的女主人公，非常的善良賢慧，天要亮了，妻子有責任催促丈夫起床，去忙營生。

所不同的是，《女曰雞鳴》中的丈夫知道男人肩上的責任，很順從的起床去打獵，而《雞鳴》中的丈夫，不但不聽妻子的話，反而胡攪蠻纏，和妻子打嘴仗，場面非常有趣。

還是妻子先推醒沉睡的丈夫，說「沒聽到雞在打鳴嗎？大臣們都來了，你該起床上朝了。」同樣遭到了丈夫的反駁，不過這位丈夫也許天生就是一個搞笑派，他的回答足以讓人噴飯，讓妻子氣得差點背過氣去。

「匪雞則鳴，蒼蠅之聲。」你聽錯了，哪有什麼雞打鳴的聲音，明明是一群蒼蠅在嗡嗡亂叫。丈夫慵懶地回答完，然後翻過身去，又想繼續睡覺。妻子有些不高興了，蒼蠅的叫聲怎麼能和雞鳴一樣，一定是丈夫不想起床。她告訴丈夫天色已經大亮，結果丈夫又無厘頭的回了一句：「你看錯了，那不是天亮，那是月亮的餘光。」

第三段是丈夫的「反擊」，他似乎不滿於妻子對他的催促，反而想讓妻子再陪他多睡一會。「蟲飛薨薨，甘與子同夢。」丈夫說蒼蠅的嗡嗡聲非常悅耳，可以起到催眠作用，夫妻二人同入好夢。

面對這個懶丈夫，妻子被徹底激怒了。雖然詩中有沒有動作描寫，但可以想像一下：妻子滿面怒氣，一把掀開了被子，或者乾脆一腳把丈夫踢下床。然後妻子作河東獅吼狀：「還睡個屁！大臣們等不到你，都下朝回家了！你再這樣懶散，會招人罵的，不知內情的還以為我是個狐狸精，老娘可不想替你背這個黑鍋！」

關於《雞鳴》中的男女主人公的身分，歷來爭議很大。有人認為這對夫妻不是國公與妃，只是普通士人家庭，還觀點認為這對夫妻是一對偷情的野鴛鴦。其實這對夫妻是什麼身分並不重要，國君也有正常的夫妻生活，也和普通人一樣，該懶的照樣懶，該壞的照樣壞。

《詩經》能被歷代儒家奉為國學經典，不是沒有道理的。《詩經》不僅是一部優質的文學作品，抑或是反映當時社會生活百態的史料集，更重要是的拓寬了華夏先民的文學創作思路，對後世的文學、美術、音樂，乃至政治都產生了極為深刻的影響，這才是《詩經》留給後人最大的價值所在。

說到《詩經》對中國美術史的影響，就不得不提及一首極為著名的詩篇，就是特別受文藝青年追捧的《詩經．國風．秦風．蒹葭》。《蒹葭》是詩經中最富有「小資情調」的一首詩，意境之朦朧、視覺之豐富、感情之幽深，歷代詩中無出其右。有觀點認為，《蒹葭》是中國朦朧詩的鼻祖，這種說法很有道理。

對於《蒹葭》的解讀，《毛詩》認為這是諷刺秦襄公嬴開不用賢人的，實在有些牽強。西漢的道學先生們從來不用愛情的視角來審讀《詩經》，動輒諷刺這個國主，諷刺那個夫人，現代人看歷史的角度與古人是所區別的，我們更願意從人性的角度來解讀歷史，對《蒹葭》同樣如此。

《蒹葭》基本上被現代人看作是一首讓人動情的愛情詩篇，其實這也不難理解。這首詩的第一句就會讓人怦然心動，讀者會不由自主的被帶入一幅動態的水墨畫之中，隨之悲，隨之喜。

「蒹葭蒼蒼，白露為霜。所謂伊人，在水一方。溯洄從之，道阻且長。溯游從之，宛在水中央。」翻譯過來，就是「一個初冬的清晨，長滿蘆葦的河邊，白露點點滴滴在蘆葦的葉上，晨風輕拂，蘆葦搖盪，河水輕輕地流淌。有一個男人站在岸邊，透著河上泛起的輕薄霧氣，癡情著望著對岸，他似乎發現了一個長髮飄散，素衣輕盈的女子，漂在清澈的河水中，在霧氣朦朧之中，看不真切。」

這已經不是一首詩了，這是一位畫者在宣紙上盡情潑灑著墨香，幾筆連下，遂成千古巨製，讓人愛不釋手。近人王國維對這首詩推崇備至，他在《人間詞話．卷上》中說過：「《蒹葭》一篇，最得風人深致。」以《蒹葭》筆下之美，當之無愧。

北宋詞人晏殊那首著名的《蝶戀花》「昨夜西風凋碧樹，獨上高樓，望盡天涯路。」就是借用了《蒹葭》的意境，但按王國維的說法，《蝶戀花》意氣悲壯，不如《蒹葭》灑落輕盈。

其實，要說意境與《蒹葭》最為相似的，並不是晏殊的《蝶戀花》，而是三國第一才子曹植那篇感動千古的《洛神賦》。《洛神賦》之所以能打動人，大致有兩點，一是曹植對甄洛割捨不下的感情，二是賦中縹緲朦朧的情景描寫，讀之彷彿置身於仙境中。河水中升騰的霧氣，影襯著一位美麗女人的憂傷，打濕了詩人的心扉，也感動了讀者。

雖然《蒹葭》是詩，《洛神賦》是賦，但二者的精神內核是相同的，充滿了彷徨和憂傷，而且主場景都發生在河邊。從曹植悲劇性的人生來推測，《蒹葭》的詩人也應該是一位鬱鬱不得志的士大夫，只能寫詩以歌志。「國家不幸詩家幸，話到滄桑句便工」，他們個人的不幸，恰恰成就了後世讀者們的幸運。

春秋原來是這樣 / 姜狼著. -- 一版.-- 臺北市：大地, 2016.01
面： 公分. --（History：84）
ISBN 978-986-402-094-2（平裝）
1. 春秋史 2. 通俗史話
621.62 104026590

春秋原來是這樣

作者	姜狼
發行人	吳錫清
主編	陳玟玟
出版者	大地出版社
社址	114台北市內湖區瑞光路358巷38弄36號4樓之2
劃撥帳號	50031946（戶名 大地出版社有限公司）
電話	02-26277749
傳真	02-26270895
E-mail	vastplai@ms45.hinet.net
網址	www.vastplain.com.tw
美術設計	普林特斯資訊股份有限公司
印刷者	普林特斯資訊股份有限公司
一版一刷	2016年1月

HISTORY 084

大地
定　價：360元
版權所有・翻印必究
Printed in Taiwan